実施料率

〔第５版〕

技術契約のためのデータブック

発明協会研究センター 編

社団法人 発明協会

は　じ　め　に

当協会は、昭和48年９月に「実施料率（資料とその解析）」の初版を刊行した。これは、昭和43年から昭和46年までの外国技術導入の際に、外国企業とわが国企業が契約した実施料を調査し、その実施料率データを技術分野別に集計したものであった。

その後、昭和47年と昭和48年のデータを加え、昭和50年４月に改訂版を刊行し、昭和55年11月には、昭和49年から昭和52年までのデータを加えた第３版を刊行した。

さらに、平成５年８月には、昭和63年度から平成３年度までのデータを加え、第４版を刊行している。

しかし、平成４年度以降、日本を取り巻く環境はグローバリゼーションの高まりのなかで大きく変化した。

平成７年のＷＴＯの発足、平成９年のアジア通貨危機などを経験した世界経済は、その後より一層のボーダレス化が進展することとなり、特にその後の東アジア地域のめざましい発展はダイナミックな国際産業構造の変化をもたらした。このような環境の変化の中で、わが国経済は、長引く不況から回復への道を模索している。

一方、知的財産権関連においては、数度にわたる特許法等の改正が行われ、知的財産の適切な保護、活用が図られてきている。平成14年７月には「知的財産戦略大綱」が策定され、12月には知的財産基本法が制定されるなど、「知的財産立国」を目指した国家的な取り組みがなされようとしている。

また、実施契約において、実施料を設定するガイドラインの一つとしてしばしば参照されてきた特許庁の国有特許権実施契約書は、運用を定めていた通達が平成10年６月に廃止され、新たに「特許権等契約ガイドライン」が制定された。従来の通達は、民間企業の特許紛争事件における損害賠償の算定基準としても採用されていたため、この見直しにより、損害賠償額の高額化が図られる等知的財産権の強い保護に寄与すると期待されている。

これらの状況を踏まえ、当協会では、最近の７年間（平成４年度から平成10年度）における外国からの技術導入の実施料率データを、企業インタビュー調査、経済紙誌の関連記事の調査等により、独自に収集した上で、往時の記録と対比しながら分析を加え、本書を刊行した。

このデータが、技術導入、技術供与の際の契約条件の原案作成の参考資料の一つとして、また、現在および将来のライセンシング、企業戦略等を検討するための一資料として、わが国の産業界のお役に立てば幸甚である。

なお、本書の作成に対し、インタビューに応じていただいた企業とご協力をいただいた文部科学省科学技術政策研究所に対し、末筆ながら感謝の意を表するものである。

平成15年９月

社団法人　発　明　協　会
研究センター

目　　次

付　録

参　考　文　献

第1章

データの概要

１．データと用語

(1)　データとそのアウトライン

本書は、昭和43年１月１日から昭和52年12月31日までと、昭和63年４月１日から平成11年３月31日までの間に締結された外国技術導入契約の中で、対価条項に契約製品等の出来高とリンクする実施料（ランニング・ロイヤルティ）が採用され、かつその実施料が料率で表示されていたもの（実施料率）17198件と、昭和63年から平成10年３月31日までの料率以外で表示されていたその他の実施料（例えば、従量実施料、定額実施料等）8659件を収集した。

これらのデータをイニシャルペイメント条件の“有り”と“無し”に区分した上で、次頁に示す４つの年代区分と表１－１及び表１－２に示す日本標準産業分類に対応する３１の技術分野に細分して図表化し、外国技術導入条件、特にその中で実施料の取り扱い、実施料率等の変化を分析した。

外国技術導入の関係者のためだけでなく、技術輸出の関係者や国内の技術取引の関係者が実施料（率）の原案を作成するときの基礎材料の一つとして、また、特許権、商標権、著作権（コンピュータ・ソフト含む）等の評価を必要とするときの参考材料として、有用なデータを提供しようというものである。

(2)　用語と定義

1)　実施料と実施料率

“実施料”とは、特許権・意匠権・商標権・ノウハウ等の実施（使用・利用）許諾対価であって、種類が多い。あるものにはその支払い方法の違いを説明する数文字がつき、またあるものにはその性格の違いを示す数文字がつく。

また別に同じ意味を示すものでも、外国語から翻訳されたときの翻訳者の知識や捉え方の違いによって異なる表現が並行的に使われているものもある。

この本で使用する実施料率関係用語は表１－３の通りである。当該表は平成４年に当協会が行った“技術評価とロイヤルティ”に関する大手企業（ライセンシングの専門家の多数擁するところ）対象のヒヤリング調査でも用い専門家のアドミットを得られた表である。最近のデータにいくつかトピック（IT、バイオ関連産業）を加えたものである本書も、この表を用いて関連用語の統一を図る。

同表が示すように、実施料は大きく分けると“出来高にリンクする実施料”(A)と“出来高にリンクしない実施料”(B)、及びこの(A)、(B)のいずれかと併用されるもので、“独立して用いられることのない実施料”(C)からなっている。

“実施料率”は、同表の(A)に位置する料率実施料(percentage royalty)のその料率のことである。一般的には「売上高の3％とか5％」という形で広く用いられる。外国技術導入契約等の実施許諾契約において採用される件数が多く、各種の統計処理により数値間の比較が容易であるという特徴がある。

本書ではこの“実施料率”の特性を利用し、本質的にはケース・バイ・ケースの独立的な存在である実施契約事例を、4つの年代区分と31の技術分野に分けて統計的な分析を試みたものである。

2) 年代区分

① 4つの年代区分

本書が採用した4つの年代区分は次の通りである。

・平成4年度～平成10年度

・昭和63年度～平成3年度

・昭和49年～昭和52年

・昭和43年～昭和48年

なお、これらの年代区間のデータを比較する際には実施料率のウェイトの格差に留意する必要がある。それは技術分野によって、産業構造の変化、景気の変動、技術革新の速度の異なり等によって、同一の実施料率値が、ライセンサーの実手取り額に異なるウェイトを持って評価された事例は多い。

各年代の実施料率値は様々な要素を背景に約定されたものである。現時点の視点で同一値を等価値視することは可能であるなら避けたいところであるが、データの中途半端な補正はかえってその客観性を損なう危険があるので、本書では一律同一のデータとして取り扱うこととしている。本書のデータを利用される方々は、この問題があることを念頭においていただきたい。

次に、年代別データを比較するときの参考として各区分における経済と技術の概況を列挙する。

② 平成4年度～平成10年度

昭和53年以来、長期にわたる好景気を維持していた世界経済は、平成3年には主要国における景気の鈍化、停滞が見られる。我が国でもこの時期にバブル経済の崩壊を経験することとなる。

また平成7年のWTOの発足、平成9年のアジア通貨危機などを経験した世界経済は、その後より一層のボーダレス化が進行することとなり、特にその後の東アジア地域のめざましい発展は日本企業の生産拠点の海外移転などを加速することとなった。

工業技術の分野では、PCの一般家庭への普及とインターネット、それに伴う通信機器分野のめざましい発展、遺伝子工学とそれを応用した創薬技術の発展など枚挙にいとまがない。

いずれにしてもグローバリゼーションの大きな潮流の中、技術、情報のみならず、あらゆるものが国境を越えて流通する時代にさしかかった現在、わが国がどのようなポジションを占めていくことになるのかが案じられる。

③　昭和63年度～平成３年度

この４年間は、工業技術の分野では、マイクロエレクトロニクス技術の応用が爆発的に拡大した。また経済の分野では、株と土地の高騰に伴った資金効果により、産業の各分野が激しく刺激された。世にいう“平成景気”の中核をなす時期である。

また我が国への技術輸出国の中で最大である米国の司法省や裁判所において、アンチ・パテント（特許行使の抑制）からプロ・パテント（特許保護の強化）へと思潮の変換がほぼ終わり、特許侵害での原告勝率の上昇、損害賠償額の高騰等があった時期である。

さらにまたこの４年間は、我が国の国民生活が様変わりし、家計の支出が多様化し、またサービス業のバランスも動き、特定の技術分野においてのみであるが、商標権の価格・使用料等の上限が急騰した時期であった。

また別な観点からすれば、我が国の経済がこの時期に巨大な“バブル”を成長させ、平成３年度にその崩壊と出逢った時期である。平成３年度末には設備投資の冷え込みも始まっていた。しかしこの年度においてはまだ“平成景気”の強力な流れが産業の各分野を支え、我が国の貿易収支も黒字基調そのままで、若干の技術分野においては、この年度においても実施料率の上限の更新があった。

④　昭和49年～昭和52年

この４年間のことは、この４年間に先立つ２年間のことを抜きにして、その実態を語ることはできない。昭和47年から48年にかけてわが国は世に言う“列島改造景気”のピークを迎え、昭和47年からの地下公示価格は全国平均でも35.9%という急騰を示していた。

しかしこの“列島改造景気”も昭和48年10月の第一次石油ショックで打撃を受けた。OAPECは石油の生産削減を実施し、アラブ敵対国への供給を制限し、わが国に“狂乱物価”を巻き起こした。昭和48年11月および12月の物価はそれぞれ前年同月比22.3%、29%の上昇であり、同年のわが国の経済収支は、赤字額134億4300万ドルという記録的数値を示した。

昭和49年に入って、わが国は国も企業も総力を挙げてこの問題解決に取り組んでいる。同年12月のわが国のGNPは前年比0.6%減であり、戦後初のマイナス成長の年となったが、後に“奇跡の・・・”といわれた景気の回復が始まった年でもある。

昭和49年から52年にかけてはこの回復期であって、経済は拡大し、国際収支は大幅に黒字化している。また国際収支における円安批判が始まり、内需主導型経済下の努力が始まった時期である。

なお実施料率のデータにおいては、電子計算機のソフトウェアの高率契約事例に、少数であるが50%が初めて出現したことを別にすれば、大局的には往年のものに対比し、変化の少ない時期であった。

⑤ 昭和43年〜昭和48年

昭和43年は外国技術導入手続きが７分野（航空機、武器、火薬、原子力、宇宙開発、電子計算機、石油化学）を除き簡素化された年である（第１次自由化）。また昭和47年には全面的に自由化された（第２次自由化）。この結果もあってこの時期のわが国の外国技術導入件数は急増した。

前記した外国技術導入の自由化前、外国企業とわが国企業との間で締結された技術導入契約が発効するためには、外為法、外資法等の法律の規制があって政府の認可を必要とするものであった。

また、この認可が下りる前には政府機関による、国益の観点からの厳しい審査があった。約定された実施料率もそれが高率なものであった場合、このチェックをクリアすることは容易ではなかった。この審査制度の末期には、国家経済の見地から高付加価値性が認められたものは、それなりの高率が認められたため、自由化時期が近づくにつれて、大局的には実施料率５％以下という契約が多かった。

外国技術導入が自由化されたとき、技術導入の実施料率はこの制度による押さえを失って全体的に従来のものより、高めなものへと移行している。この時代の上昇幅は、当時の関係者にとってはかなり衝撃的なものであった。

この時代、多数の企業が外国技術導入に対する国の保護施策が厚かったことを改めて認識したことであろう。また実施許諾の対価というものが、実施許諾契約の全条項に密接に関連するものであって、ただ単に“対価条項”の問題だけではないことをライセンシー側において、現在または将来支払う“経費”の代償の問題だけではないことを、この時代に初めて学んだ企業も多かった。

3） 技術分野と年代区分

本書は収録した全データを表１－１及び表１－２に示す３１の技術分野に細分し、各技術分野にはタイトルとコード番号を付した。またそれぞれの技術分野は、日本標準産業分類とリンクさせた。日本標準産業分類上の各産業が関連する技術を包含する。

またこの３１の技術分類は、５つの技術区分とリンクする。それぞれにリンクする技術分類は表１－１の通りである。

また表１－２は上記した３１の技術分野とそれぞれにリンクした日本産業分類を示す。日本標準産業分類の各産業が関連する技術は、第２章　技術分野別データにおいて例示する。

4)データ分析における留意点

①　法令の改正について

平成10年度は、法令の改正(1997.5.23)により、3000万円以下の契約については報告義務がなくなっているために、対価の額が3000万円以下で確定しているイニシャルペイメントのみの契約を中心に技術導入件数が大きく減少することとなっている。このため、本書では平成10年度についてはその他の実施料のデータは掲載していない。

②　特定商標の契約について

平成６年度以降における特殊事情として、英国から導入されている繊維関係のある商標が、平成７年度４月末をもって従前の契約がすべて解除になっており、その後改めて1997年度に集中して新規導入契約が行われた。1997年度の件数が多いのはこのためである。

③　日本標準産業分類の改訂について

平成５年10月に日本標準産業分類の第10回改訂（平成14年10月調査から使用）が行われたため、本書で採用している技術分類と最新の日本標準産業分類との対応が若干変更になっている。

表１－１　技術分野と技術区分の対応表

技術区分	コード	技術分野
化学	1	無機化学製品
	2	有機化学製品
	3	化学繊維
	4	石油・石炭製品
	5	医薬品・その他の化学製品
金属	6	鉄鋼・非鉄金属
	7	金属製品
機械	8	原動機・ボイラ
	9	農業・建設・鉱山用機械
	10	金属加工機械
	11	繊維機械
	12	特殊産業用機械
	13	輸送用機械
	14	精密機械器具
	15	一般産業用機械
	16	その他の機械
電気	17	発送電・配電・産業用電気機械
	18	民生用電気機械・電球・照明器具
	19	ラジオ・テレビ・その他の通信音響機器
	20	電子計算機・その他の電子応用装置
	21	電子・通信用部品
	22	電気計測器・工業計器・その他の電気機器
その他	23	食料品・たばこ
	24	ガラス・セメント・その他の窯業・土石製品
	25	繊維及び繊維製品
	26	プラスチック製品
	27	ゴム製品
	28	パルプ・紙・紙加工・印刷
	29	木製品・皮製品・貴金属製品・レジャー製品
	30	建設技術
	31	他に分類されない製造業・産業の技術

表１－２　技術分野と日本産業分類対応表

コード	技術分野	日本標準産業分類	
1	無機化学製品	F201	化学肥料製造業
		F202	無機化学工業製品製造業
2	有機化学製品	F203	有機化学工業製品製造業
3	化学繊維	F204	化学繊維製造業
4	石油・石炭製品	F211	石油精製業
		F212	潤滑油・グリース製造業(石油精製業によらないもの)
		F213	コークス製造業
		F214	練炭・豆炭製造業
		F215	舗装材料製造業
		F219	その他の石油・石炭製品製造業
5	医薬品・その他の化学製品	F205	油脂加工製品・石けん・合成洗剤・界面活性剤・塗料製造業
		F206	医薬品製造業
		F207	化粧品・歯磨・その他の化粧用調整品製造業
		F209	その他の化学工業
6	鉄鋼・非鉄金属	F261	高炉による製鉄業
		F262	高炉によらない製鉄業
		F263	製鋼・製鋼圧延業
		F264	製鋼を行わない鋼材製造業（表面処理鋼材を除く）

コード	技術分野	日本標準産業分類
		F265　表面処理鋼材製造業
		F266　鉄素形材製造業
		F269　その他の鉄鋼業
		F271　非鉄金属第１次製錬・精製業
		F272　非鉄金属第２次製錬・精製業（非鉄金属合金製造業を含む）
		F273　非鉄金属・同合金圧延業（抽伸・押出を含む）
		F274　電線・ケーブル製造業
		F275　非鉄金属素形材製造業
		F279　その他の非鉄金属製造業
7	金属製品	F281　ブリキ缶・その他のめっき板等製品製造業
		F282　洋食器・刃物・手道具・金物類製造業
		F283　暖房装置・配管工事用付属品製造業
		F284　建設用・建築用金属製品製造業（製缶板金業を含む）
		F285　金属素形材製品製造業
		F286　金属被覆・彫刻業、熱処理業（ほうろう鉄器を除く）
		F287　金属線製品製造業（ねじ類を除く）
		F288　ボルト・ナット・リベット・小ねじ・木ねじ等製造業
		F289　その他の金属製品製造業
8	原動機・ボイラ	F291　ボイラ・原動機製造業
9	農業・建設・鉱山用機械	F292　農業用機械製造業（農耕具を除く）
		F293　建設機械・鉱山機械製造業（建設用・農業用・運搬用トラクタを含む）
10	金属加工機械	F294　金属加工機械製造業
11	繊維機械	F295　繊維機械製造業
12	特殊産業用機械	F296　特殊産業用機械製造業
13	輸送用機械	F311　自動車・同附属品製造業
		F312　鉄道車両・同部分品製造業
		F313　自転車・同部分品製造業
		F314　船舶製造・修理業、舶用機関製造業
		F315　航空機・同附属品製造業
		F319　その他の輸送用機械器具製造業
14	精密機械器具	F321　計量器・測定器・分析器具・試験製造業
		F322　測量機械器具製造業
		F323　医療用機械器具・医療用品製造業
		F324　理化学機械器具製造業
		F325　光学機械器具・レンズ製造業
		F326　眼鏡製造業（枠を含む）
		F327　時計・同部分品製造業
15	一般産業用機械	F297　一般産業用機械・装置製造業
16	その他の機械	F298　事務用・サービス用・民生用機械器具製造業
		F299　その他の機械・同部分品製造業
17	発送電・配電・産業用電気機械	F301　発電用・送電用・配電用・産業用電気機械器具製造業
18	民生用電気機械・電球・照明器具	F302　民生用電気機械器具製造業
		F303　電球・電気照明器具製造業
19	ラジオ・テレビ・その他の通信音響機器	F304　通信機械器具・同関連機械器具製造業
20	電子計算機・その他の電子応用装置	F305　電子計算機・同附属装置製造業
		F306　電子応用装置製造業
21	電子・通信用部品	F308　電子部品・デバイス製造業
22	電気計測器・工業計測器・その他の電気機器	F307　電気計測器製造業
		F309　その他の電気機械器具製造業
23	食料品・たばこ	F121　畜産食料品製造業
		F122　水産食料品製造業
		F123　野菜缶詰・果実缶詰・農産保存食料品製造業

コード	技術分野	日本標準産業分類
		F124　調味料製造業 F125　糖類製造業 F126　精穀・製粉業 F127　パン・菓子製造業 F128　動植物油脂製造業 F129　その他の食料品製造業 F131　清涼飲料製造業 F132　酒類製造業 F133　茶・コーヒー製造業 F134　製氷業 F135　たばこ製造業 F136　飼料・有機質肥料製造業
24	ガラス・セメント・その他の窯業・土石製品	F251　ガラス・同製品製造業 F252　セメント・同製品製造業 F253　建設用粘土製品製造業（陶磁器製を除く） F254　陶磁器・同関連製品製造業 F255　耐火物製造業 F256　炭素・黒鉛製品製造業 F257　研磨材・同製品製造業 F258　骨材・石工品等製造業 F259　その他の窯業・土石製品製造業
25	繊維及び繊維製品	F141　製糸業 F142　紡績業 F143　ねん糸製造業 F144　織物業 F145　ニット生地製造業 F146　染色整理業 F147　綱・網製造業 F148　レース・繊維雑品製造業 F149　その他の繊維工業 F151　織物製（不織布製及びレース製を含む）外衣・シャツ製造業（和式を除く） F152　ニット製外衣・シャツ製造業 F153　下着類製造業 F154　毛皮製衣服・身の回り品製造業 F155　和装製品・足袋製造業 F156　その他の衣服・繊維製身の回り品製造業 F159　その他の繊維製品製造業
26	プラスチック製品	F221　プラスチック板・棒・管・継手・異形押出製品製造業 F222　プラスチックフィルム・シート・床材・合成皮革製造業 F223　工業用プラスチック製品製造業 F224　発泡・強化プラスチック製品製造業 F225　プラスチック成型材料製造業（廃プラスチックを含む） F229　その他のプラスチック製品製造業
27	ゴム製品	F231　タイヤ・チューブ製造業 F232　ゴム製・プラスチック製履物・同附属品製造業 F233　ゴムベルト・ゴムホース・工業用ゴム製品製造業 F239　その他のゴム製品製造業
28	パルプ・紙・紙加工・印刷	F181　パルプ製造業 F182　紙製造業 F183　加工紙製造業 F184　紙製品製造業 F185　紙製容器製造業 F189　その他のパルプ・紙・紙加工品製造業 F191　新聞業

コード	技術分野	日本標準産業分類
		F192　出版業
		F193　印刷業（謄写印刷業を除く）
		F194　製版業
		F195　製本業，印刷物加工業
		F199　印刷関連サービス業
29	木製品・皮製品・貴金属製品・レジャー用品	F161　製材業，木製品製造業
		F162　造作材・合板・建築用組立材料製造業
		F163　木製容器製造業（竹，とうを含む）
		F169　その他の木製品製造業（竹，とうを含む）
		F171　家具製造業
		F172　宗教用具製造業
		F173　建具製造業
		F179　その他の家具・装備品製造業
		F241　なめし革製造業
		F242　工業用革製品製造業（手袋を除く）
		F243　革製履物用材料・同附属品製造業
		F244　革製履物製造業
		F245　革製手袋製造業
		F246　かばん製造業
		F247　袋物製造業
		F248　毛皮製造業
		F249　その他のなめし革製品製造業
		F341　貴金属製品製造業（宝石加工含む）
		F342　楽器・レコード製造業
		F343　玩具・運動競技用具製造業
		F345　装身具・装飾品・ボタン・同関連品製造業（貴金属・宝石製を除く）
30	建設技術	E09　総合工事業
		E10　職別工事業（設備工事を除く）
		E11　設備工事業
31	他に分類されない製造業・産業の技術	F331　銃製造業
		F332　砲製造業
		F333　銃弾製造業
		F334　砲弾製造業（装てん組立業を除く）
		F335　銃砲弾以外の弾薬製造業（装てん組立業を除く）
		F336　弾薬装てん組立業（銃弾製造業を除く）
		F337　特殊装甲車両(銃砲を搭載する構造を有する装甲車両であって，無限軌道装置によるもの)・同部分品製造業
		F339　その他の武器製造業
		F344　ペン・鉛筆・絵画用品・その他の事務用品製造業
		F346　漆器製造業
		F347　畳・傘等生活雑貨製品製造業
		F349　他に分類されない製造業
		A　農業
		B　林業
		C　漁業
		D　鉱業
		G　電気・ガス・熱供給・水道業
		H　運輸・通信業
		I　卸売・小売業・飲食店
		J　金融・保険業
		K　不動産業
		L　サービス業
		M　公務（他に分類されないもの）
		N　分類不能の産業

表１－３　実施料関係用語一覧表

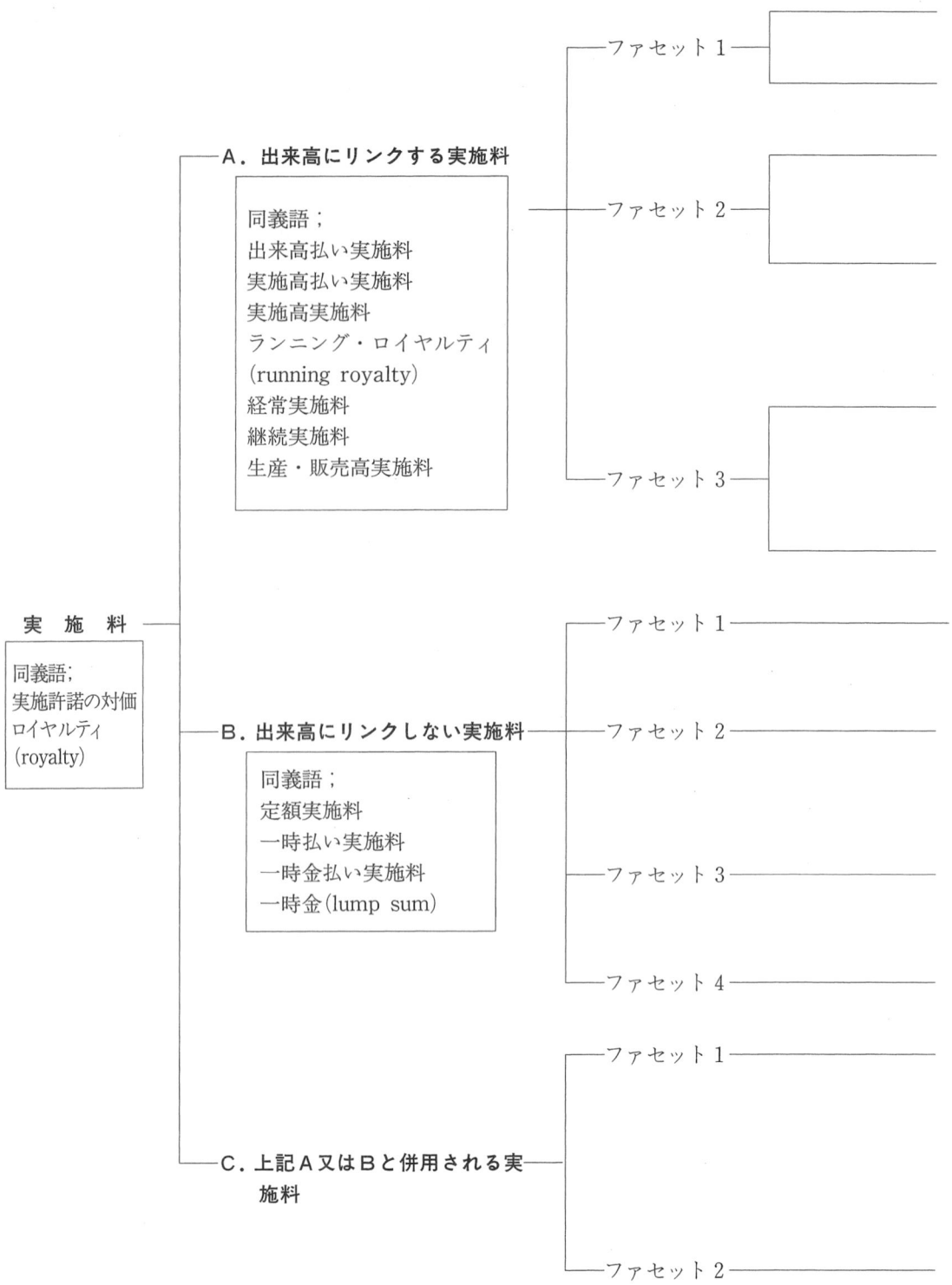

- **実　施　料**
  - 同義語;
    実施許諾の対価
    ロイヤルティ
    (royalty)
  - **A．出来高にリンクする実施料**
    - 同義語；
      出来高払い実施料
      実施高払い実施料
      実施高実施料
      ランニング・ロイヤルティ
      (running royalty)
      経常実施料
      継続実施料
      生産・販売高実施料
    - ファセット１
    - ファセット２
    - ファセット３
  - **B．出来高にリンクしない実施料**
    - 同義語；
      定額実施料
      一時払い実施料
      一時金払い実施料
      一時金(lump sum)
    - ファセット１
    - ファセット２
    - ファセット３
    - ファセット４
  - **C．上記Ａ又はＢと併用される実施料**
    - ファセット１
    - ファセット２

a　**料率実施料**(percentage royalty)；例えば、純販売高の何パーセントなどと規定された実施料
同義語；従価実施料

b　**従量実施料**(per-quantity royalty)；例えば、１個当たり、１トン当たり、又は１kW当たり何円などと規定された実施料

a　**ミニマム・ロイヤルティ**(minimum royalty)；契約で決められた期間にロイヤルティが発生しないとき、又は決められた額以下のとき支払わねばならない最低額が定めてある実施料
同義語；最低支払い保証実施料、最小（低）実施料

b　**マキシマム・ロイヤルティ**(maximum royalty)；契約で決められた期間におけるロイヤルティが定められた額を超した場合、ライセンシーの営業活動刺激などのために、その超過分の支払いが免除される定めのある実施料
同義語；最大（高）実施料

a　**逓減・逓増実施料**(royalty calculated by stepping-method)；販売高に対し、一定の数量・金額を基準に計算料率を変えることが定めてある実施料。例えば、生産の最初の10万個に対し３％、次の20万個に対し２％などと定めた実施料
同義語；telescopic royalty

b　**スライド実施料**(royalty calculated by sliding-method)；物価指数、外貨交換率などの変化に応じて計算料率を変える実施料

定額実施料(fixed sum royalty)；契約期間中の区分された一定期間について、例えば、４半期当たり何千万、何百万などと定められた実施料。性格的には最低支払い保証実施料と似ていたり、最大実施料と似ていたりする。

支払い済実施料(paid-up royalty)；能力あたりに定められた実施料を一定期間中に支払うよう定められた実施料。例えば、生産量が１万トンまで10億円などと定められた実施料。一時払いと分割払いがある。

準同義語；完納実施料(fully paid-up royalty；量の限定なし、自由にプラントの拡大可能)

一括払い実施料(lump sum payment)；契約全期分の実施料の金額を契約締結時に決めて一括払いする実施料。ただし分割払い、延べ払いは可能。プラント輸出などの場合よく用いられる。

同義語；一時払い実施料、一時金払い実施料

マイルストーンペイメント(milestone payment)；製品の開発段階に応じて支払うように定められた実施料。他の実施料契約と併用される場合が多く、医薬品などに多く見られる。

イニシャル・ペイメント(initial payment)；契約発効時又は一定期間内に、契約製品の生産・販売・使用等に基づく実施料支払い債務の発生の有無にかかわらず、独立的に支払われるまとまった金額で、内容的には、研究開発費の一部負担分とか、ノウハウ開発費の一部負担分等にかかる独立の補償額である場合が多いが、また、将来支払われる経常実施料の一部前払い的性格のものであったり、最低支払い保証実施料的な性格のものであったり、ノウ・ハウ開示などの諸費用であったりすることもある。

準同義語；頭金(down payment；正確には分割払いの第１回目であるが、イニシャルと同義的使用もある。)

前払い実施料(advanced royalty)；実施料支払い債務の一部又は全部の前払い。支払い時期が契約製品の生産・販売等に基づく実施料支払い債務の発生の以前であるものをいう。したがって、その後のロイヤルティの支払いは、既支払い額よりの差引残がなくなったときから開始される。

2．データの内容

昭和43年１月１日から昭和52年12月31日までと、昭和63年４月１日から平成11年３月31日までの間に締結された外国技術導入契約の中で、対価条項に契約製品等の出来高とリンクする実施料（ランニング・ロイヤルティ）が採用され、かつその実施料が料率で表示されていたもの（実施料率）17198件と、昭和63年から平成10年3月31日までの料率以外で表示されていたその他の実施料（例えば、従量実施料、定額実施料等）8659件を収集した。

まず今回新たに収録した７年間のデータを俯瞰してみると、平成３年以前からなだらかに増加していた件数は平成７年前後に年間2500件前後となりピークを迎え、その後またなだらかな減少傾向に転じる。全体の件数を引っ張っているのは、電子計算機、医薬品、繊維及び繊維製品である。

電子計算機の分野では、ほとんどの契約が一般に高率契約の目安とされる８％を越えるものであり、その中でもソフトウェア関連の技術が圧倒的に多い。この傾向は実施料率が高率になるほどに顕著である。

医薬品関連の契約件数は実数こそ緩やかな減少傾向が見られるものの、８％超の実施料が全体に占める割合、上位５件の実施料率の平均などを見ても分かるように、全体に高率化へシフトしている傾向が見られる。これは近年医薬品の開発には莫大な費用がかかるようになっていることを裏付けるものであり、外資系の企業が強い分野であることを考えると今後もこの傾向は続くものであると考えられる。

繊維及び繊維製品の分野については、他の分野と比較して商標の占める割合が大きく、またそれらの実施料率が高率であることが特徴的である。ただしこの傾向は近年特に著しく見られるようになったものではない。

またこれら以外のハードウェア関連の技術分野については、件数、料率についても比較的安定して推移していることがうかがえる。

データの概要として以下の表を付記する。

○表１－４　外国技術導入契約の実施料率契約件数の技術分野別、年代区分別一覧表

この表は外国技術導入契約の実施料率契約件数を、技術分野別、年代区分別にまとめたものである。

○表１－５－１～１－５－５、図１－５－１～１－５－５　外国技術導入契約の技術分野別、年代区分別実施料率契約年平均件数一覧

これらの表、図は、外国技術導入契約の実施料率契約件数（各年代区分別のイニシャルペイメント条件の有り無しを合計したもの、年平均件数）を、技術分野別、年代区分別にまとめたものである。

○表１－６　平成4年度～10年度における外国技術導入契約の技術分野別、年度別契約件数一覧

この表は平成4年度～10年度における外国技術導入契約の契約件数を、イニシャル有り、無し、全件数（その他の実施料の契約を含む。但し、これについては平成10年度のデータはない）について、技術分野別、年度別にまとめたものである。

○表１－７－１～１－７－３１、図１－７－１～１－７－３１　技術分野別、年代区分別の外国技術導入契約の実施料率の比較

これらの表、図は、技術分野毎の外国技術導入契約の実施料率の変遷を年代別に比較したものである。その分野全体の実施料率の平均値、上位５件の平均値、実施料率が８％を超えるものの全体に占める割合を、昭和43年～48年、昭和49年～52年、昭和63年度～平成３年度、平成４年度～10年度のそれぞれの年代でどのように変化しているかをグラフ化したものである。

表1－4　外国技術導入契約の実施料率契約件数の技術分野別、年代区分別一覧表

技術分野		昭和43年～昭和48年			昭和49年～昭和52年		
		契約件数			契約件数		
		イニシャル有	イニシャル無	小　計	イニシャル有	イニシャル無	小　計
1	無機化学製品	26	37	(63)	7	14	(21)
2	有機化学製品	111	71	(182)	24	30	(54)
3	化学繊維	4	3	(7)	1	4	(5)
4	石油・石炭製品	15	11	(26)	9	18	(27)
5	医薬品・その他の化学製品	164	226	(390)	93	129	(222)
(化学小計)		(320)	(348)	(668)	(134)	(195)	(329)
6	鉄鋼・非鉄金属	37	50	(87)	22	26	(48)
7	金属製品	76	58	(134)	47	47	(94)
(金属小計)		(113)	(108)	(221)	(69)	(73)	(142)
8	原動機・ボイラ	38	20	(58)	13	12	(25)
9	農業・建設・鉱山用機械	48	22	(70)	16	27	(43)
10	金属加工機械	151	78	(229)	54	40	(94)
11	繊維機械	64	26	(90)	7	8	(15)
12	特殊産業用機械	114	82	(196)	50	49	(99)
13	輸送用機械	158	93	(251)	67	70	(137)
14	精密機械器具	97	51	(148)	70	52	(122)
15	一般産業用機械	475	289	(764)	230	177	(407)
16	その他の機械	122	74	(196)	60	84	(144)
(機械小計)		(1,267)	(735)	(2,002)	(567)	(519)	(1,086)
17	発送電・配電・産業用電気機械	65	41	(106)	37	32	(69)
18	民生用電気機械・電球他	17	32	(49)	9	24	(33)
19	ラジオ・テレビ他	82	236	(318)	40	239	(279)
20	電子計算機他	44	48	(92)	31	41	(72)
21	電子・通信用部品	83	151	(234)	25	75	(100)
22	電気計測器・工業計器他	18	13	(31)	3	7	(10)
(電気小計)		(309)	(521)	(830)	(145)	(418)	(563)
23	食料品・たばこ	37	74	(111)	22	50	(72)
24	ガラス・セメント他	89	37	(126)	23	20	(43)
25	繊維及び繊維製品	67	308	(375)	55	341	(396)
26	プラスチック製品	199	88	(287)	70	37	(107)
27	ゴム製品	27	15	(42)	8	14	(22)
28	パルプ・紙・紙加工・印刷	35	34	(69)	12	13	(25)
29	木製品・皮製品他	116	187	(303)	160	227	(387)
30	建設技術	28	11	(39)	10	18	(28)
31	他に分類されない製造業他	6	11	(17)	1	15	(16)
(その他小計)		(604)	(765)	(1,369)	(361)	(735)	(1,096)
合　　計		2,613	2,477	5,090	1,276	1,940	3,216

昭和63年度～平成３年度			平成４年度～平成10年度			合　計		
契約件数			契約件数			契約件数		
イニシャル有	イニシャル無	小　計	イニシャル有	イニシャル無	小　計	イニシャル有	イニシャル無	合　計
6	4	(10)	5	3	(8)	44	58	102
31	25	(56)	55	32	(87)	221	158	379
4	2	(6)	2	6	(8)	11	15	26
0	2	(2)	0	1	(1)	24	32	56
211	141	(352)	327	205	(532)	795	701	1,496
(252)	(174)	(426)	(389)	(247)	(636)	(1,095)	(964)	(2,059)
18	10	(28)	22	14	(36)	99	100	199
61	25	(86)	37	76	(113)	221	206	427
(79)	(35)	(114)	(59)	(90)	(149)	(320)	(306)	(626)
10	4	(14)	8	15	(23)	69	51	120
10	9	(19)	3	13	(16)	77	71	148
41	20	(61)	24	22	(46)	270	160	430
9	0	(9)	1	3	(4)	81	37	118
73	27	(100)	57	45	(102)	294	203	497
123	39	(162)	88	50	(138)	436	252	688
59	84	(143)	78	176	(254)	304	363	667
86	62	(148)	157	71	(228)	948	599	1,547
28	21	(49)	33	31	(64)	243	210	453
(439)	(266)	(705)	(449)	(426)	(875)	(2,722)	(1,946)	(4,668)
20	16	(36)	22	12	(34)	144	101	245
8	4	(12)	5	8	(13)	39	68	107
60	30	(90)	136	70	(206)	318	575	893
222	207	(429)	541	719	(1,260)	838	1,015	1,853
147	41	(188)	263	84	(347)	518	351	869
21	7	(28)	52	11	(63)	94	38	132
(478)	(305)	(783)	(1,019)	(904)	(1,923)	(1,951)	(2,148)	(4,099)
24	64	(88)	17	58	(75)	100	246	346
29	32	(61)	36	36	(72)	177	125	302
66	565	(631)	65	878	(943)	253	2,092	2,345
58	37	(95)	56	63	(119)	383	225	608
5	16	(21)	5	21	(26)	45	66	111
12	14	(26)	12	23	(35)	71	84	155
55	301	(356)	42	303	(345)	373	1,018	1,391
15	21	(36)	11	15	(26)	64	65	129
42	65	(107)	63	206	(269)	112	297	409
(306)	(1,115)	(1,421)	(307)	(1,603)	(1,910)	(1,578)	(4,218)	(5,796)
1,554	1,895	3,449	2,223	3,270	5,493	7,666	9,582	17,248

表１－５－１　化学の外国技術導入契約の技術分野別、
年代区分別実施料率契約年平均件数一覧

	昭和43年～48年	昭和49年～52年	昭和63年度～平成3年度	平成4年度～10年度
無機化学製品	11	5	3	1
有機化学製品	30	14	14	12
化学繊維	1	1	2	1
石油・石炭製品	4	7	1	0
医薬・その他の化学製品	65	56	88	76

図１－５－１　化学の外国技術導入契約の技術分野別、
年代区分別実施料率契約年平均件数一覧

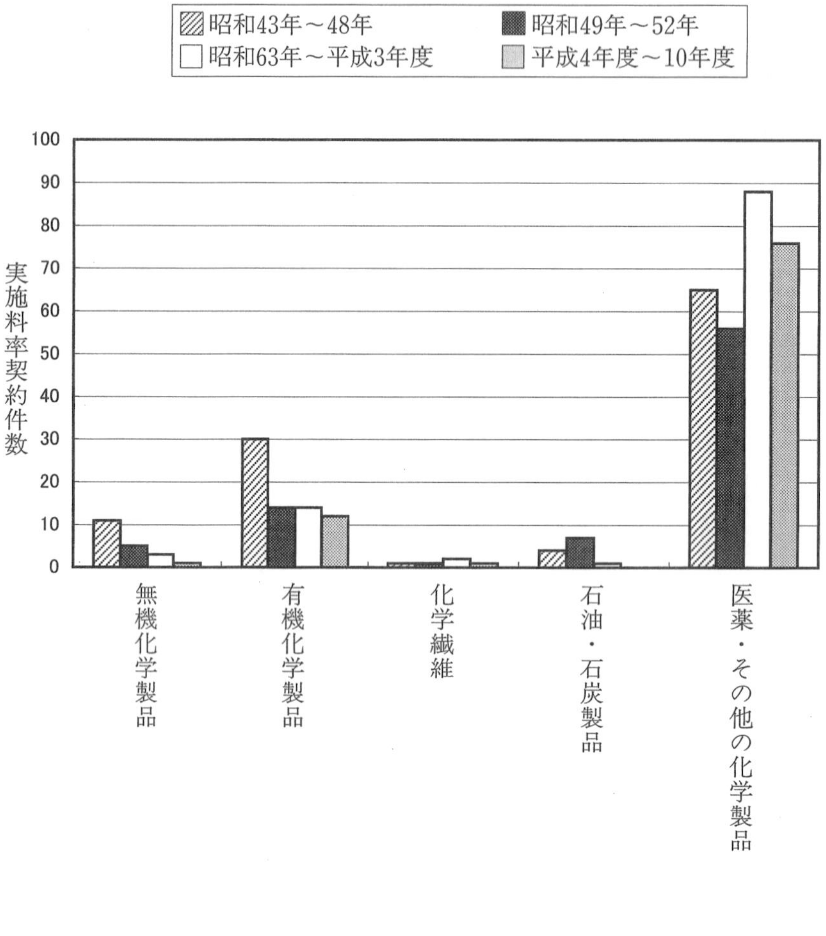

表１－５－２　**金属**の外国技術導入契約の技術分野別、
年代区分別実施料率契約年平均件数一覧

	昭和43年～48年	昭和49年～52年	昭和63年度～平成3年度	平成4年度～10年度
鉄鋼・非鉄金属	15	12	7	5
金属製品	22	24	22	16

図１－５－２　**金属**の外国技術導入契約の技術分野別、
年代区分別実施料率契約年平均件数一覧

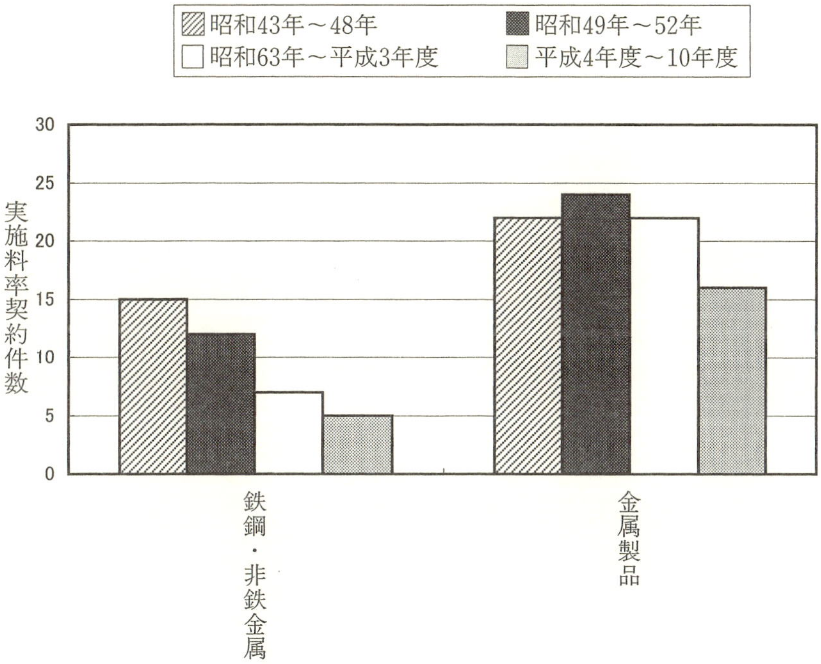

表１－５－３　機械の外国技術導入契約の技術分野別、
年代区分実施料率契約年平均件数別一覧

	昭和43年～48年	昭和49年～52年	昭和63年度～平成3年度	平成4年度～10年度
原動機・ボイラ	10	6	4	3
農業・建設・鉱山用機械	12	11	5	3
金属加工機械	38	24	15	7
繊維機械	15	4	2	1
特殊産業用機械	33	25	25	15
輸送用機械	42	34	41	20
精密機械器具	25	31	36	36
一般産業用機械	127	102	37	33
その他の機械	33	36	12	9

図１－５－３　機械の外国技術導入契約の技術分野別、
年代区分実施料率契約年平均件数別一覧

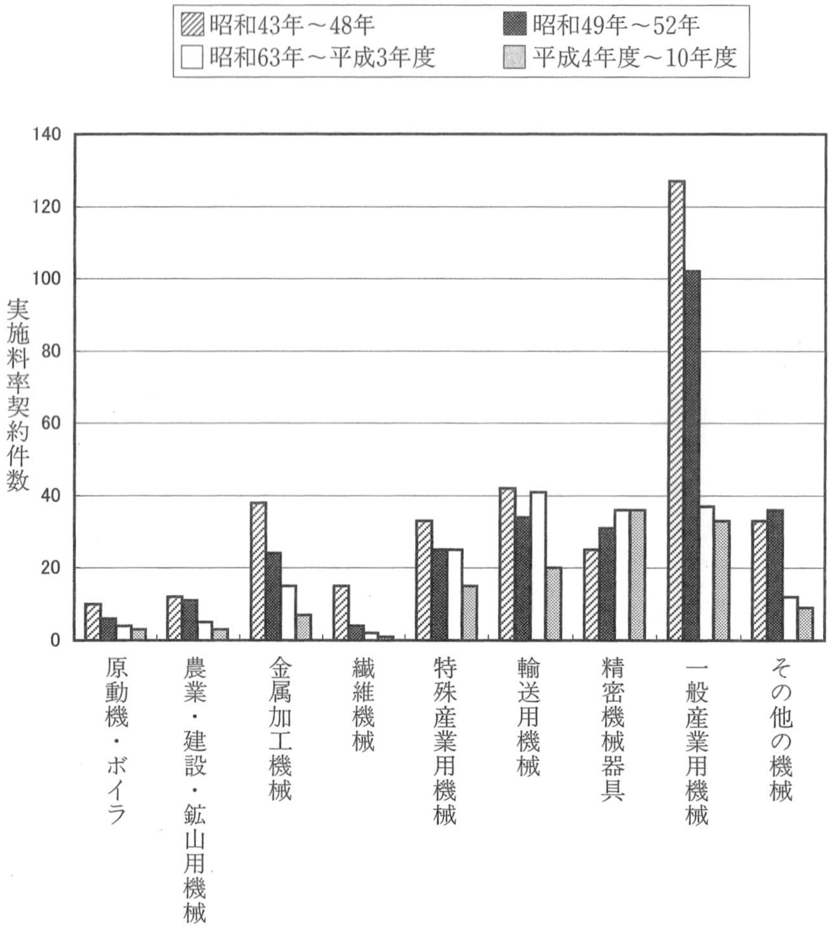

表１－５－４　電気の外国技術導入契約の技術分野別、
年代区分別実施料率契約年平均件数一覧

	昭和43年～48年	昭和49年～52年	昭和63年度～平成3年度	平成4年度～10年度
発送電・配電・産業用電気機械	18	17	9	5
民生用電気機械・電球・照明器具	8	8	3	2
ラジオ・テレビ・その他の通信音響機器	53	70	23	29
電子計算機・その他の電子応用装置	15	18	107	180
電子・通信用部品	39	25	47	50
電気計測器・工業計器・その他の電気機器	5	3	7	9

図１－５－４　電気の外国技術導入契約の技術分野別、
年代区分別実施料率契約年平均件数一覧

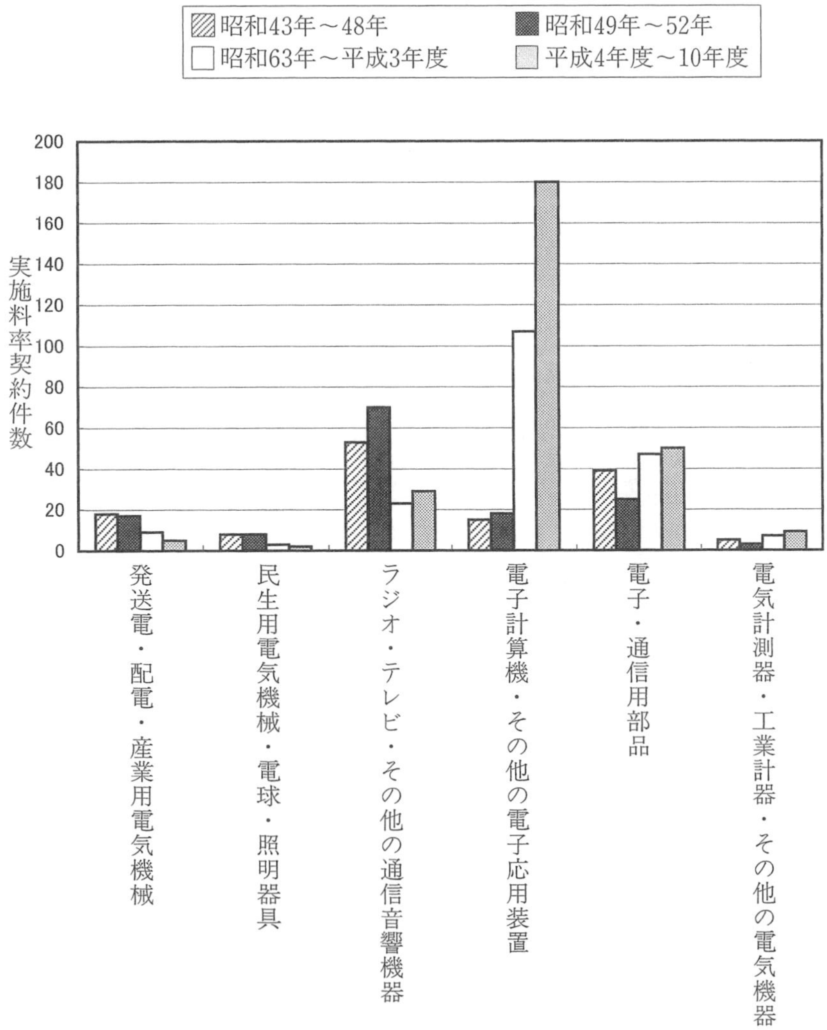

表１－５－５　その他の外国技術導入契約の技術分野別、
年代区分別実施料率契約年平均件数一覧

	昭和43年～48年	昭和49年～52年	昭和63年度～平成3年度	平成4年度～10年度
食料品・たばこ	19	18	22	11
ガラス・セメント・その他の窯業・土石製品	21	11	15	10
繊維及び繊維製品	63	99	158	135
プラスチック製品	48	27	24	17
ゴム製品	7	6	5	4
パルプ・紙・紙加工・印刷	12	6	7	5
木製品・皮製品・貴金属製品・レジャー製品	51	97	89	49
建設技術	7	7	9	4
他に分類されない製造業・産業の技術	3	4	27	38

図１－５－５　その他の外国技術導入契約の技術分野別、
年代区分別実施料率契約年平均件数一覧

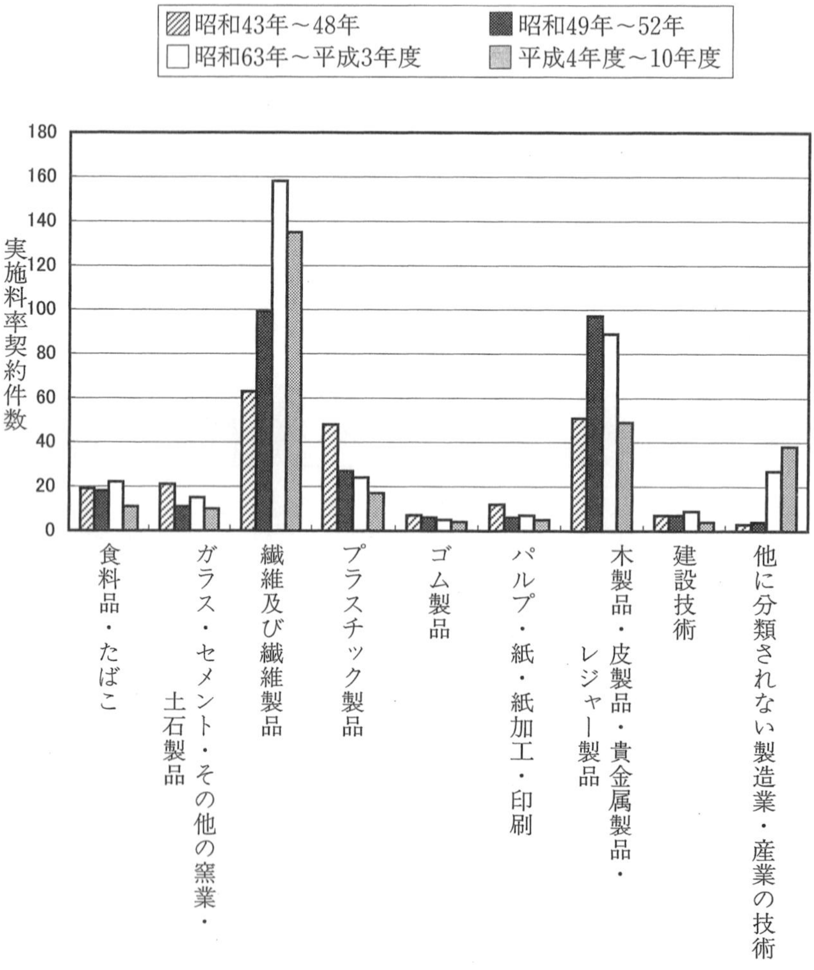

表1－6　平成4年度～10年度における外国技術導入契約の技術分野別、年度別契約件数一覧

技術分野		平成4年度			平成5年度			平成6年度		
		イニシャル有り	イニシャル無し	全件(その他含む)	イニシャル有り	イニシャル無し	全件(その他含む)	イニシャル有り	イニシャル無し	全件(その他含む)
1	無機化学製品	1	0	(1)	2	0	(3)	0	0	(2)
2	有機化学製品	8	5	(16)	3	4	(11)	11	4	(19)
3	化学繊維	0	0	(0)	0	0	(0)	0	2	(2)
4	石油・石炭製品	0	0	(6)	0	0	(5)	0	0	(3)
5	医薬品・その他の化学製品	64	42	(120)	42	40	(95)	46	29	(84)
6	鉄鋼・非鉄金属	4	3	(11)	1	1	(5)	1	2	(8)
7	金属製品	5	7	(23)	7	43	(55)	3	5	(12)
8	原動機・ボイラ	0	1	(8)	3	3	(18)	1	3	(14)
9	農業・建設・鉱山用機械	3	1	(5)	0	1	(4)	1	2	(5)
10	金属加工機械	5	2	(7)	4	4	(10)	5	2	(8)
11	繊維機械	0	1	(4)	0	0	(3)	0	0	(0)
12	特殊産業用機械	9	8	(33)	12	9	(24)	12	7	(26)
13	輸送用機械	23	6	(55)	13	14	(46)	7	4	(23)
14	精密機械器具	22	14	(43)	19	25	(53)	14	39	(66)
15	一般産業用機械	32	15	(66)	22	15	(48)	15	12	(56)
16	その他の機械	10	2	(17)	8	9	(23)	3	4	(11)
17	発送電・配電・産業用電気機械	3	2	(9)	4	4	(12)	4	0	(7)
18	民生用電気機械・電球他	4	2	(7)	0	1	(2)	0	1	(2)
19	ラジオ・テレビ他	14	14	(105)	17	8	(70)	16	3	(87)
20	電子計算機他	64	97	(663)	68	97	(650)	64	125	(900)
21	電子・通信用部品	46	9	(85)	51	15	(96)	32	17	(77)
22	電気計測器・工業計器他	7	3	(14)	8	1	(13)	5	3	(8)
23	食料品・たばこ	1	10	(17)	1	9	(16)	7	10	(19)
24	ガラス・セメント他	11	4	(18)	2	10	(19)	9	6	(20)
25	繊維及び繊維製品	15	130	(163)	10	127	(162)	6	138	(229)
26	プラスチック製品	6	7	(16)	12	10	(28)	11	14	(26)
27	ゴム製品	2	1	(4)	1	4	(6)	0	1	(3)
28	パルプ・紙・紙加工・印刷	1	5	(7)	2	7	(11)	1	2	(5)
29	木製品・皮製品他	10	52	(75)	5	55	(65)	4	49	(61)
30	建設技術	3	1	(9)	1	0	(2)	1	1	(3)
31	他に分類されない製造業他	15	21	(44)	7	17	(33)	5	22	(36)
合　計		388	465	(1,651)	325	533	(1,588)	284	507	(1,822)

平成７年度			平成８年度			平成９年度			平成10年度		
イニシャル有り	イニシャル無し	全件(その他含む)	イニシャル有り	イニシャル無し	全件(その他含む)	イニシャル有り	イニシャル無し	全件(その他含む)	イニシャル有り	イニシャル無し	全件(その他含まず)
0	1	(2)	0	1	(2)	1	1	(3)	1	0	(1)
9	3	(18)	10	7	(21)	13	4	(23)	1	5	(6)
0	1	(1)	2	3	(5)	0	0	(0)	0	0	(0)
0	1	(5)	0	0	(1)	0	0	(0)	0	0	(0)
58	33	(96)	42	26	(75)	39	18	(64)	36	17	(53)
7	3	(14)	3	0	(6)	4	5	(10)	2	0	(2)
8	8	(19)	6	4	(12)	4	6	(11)	4	3	(7)
2	5	(10)	1	2	(6)	0	1	(4)	1	0	(1)
2	3	(6)	2	4	(8)	0	0	(2)	0	2	(2)
1	4	(19)	4	4	(10)	3	4	(10)	2	2	(4)
0	1	(1)	1	1	(3)	0	0	(1)	0	0	(0)
8	6	(21)	5	5	(11)	8	8	(27)	3	2	(5)
16	8	(39)	11	5	(34)	10	8	(29)	8	5	(13)
9	22	(40)	6	25	(35)	3	25	(29)	5	26	(31)
19	12	(50)	25	4	(55)	29	5	(56)	15	8	(23)
2	6	(15)	4	4	(11)	3	4	(9)	3	2	(5)
2	1	(7)	3	1	(4)	4	1	(6)	2	3	(5)
1	1	(2)	0	0	(3)	0	0	(1)	0	3	(3)
30	7	(83)	21	8	(56)	20	7	(72)	18	23	(41)
86	115	(776)	121	109	(653)	76	78	(562)	62	98	(160)
29	8	(56)	38	13	(75)	39	12	(81)	28	10	(38)
12	1	(13)	8	0	(13)	5	3	(11)	7	0	(7)
1	11	(17)	3	8	(17)	3	2	(10)	1	8	(9)
4	5	(12)	3	3	(8)	6	3	(15)	1	5	(6)
4	130	(1,002)	10	152	(341)	16	124	(254)	4	77	(81)
5	4	(11)	7	8	(17)	7	12	(24)	8	8	(16)
1	0	(1)	0	7	(12)	0	5	(7)	1	3	(4)
1	1	(3)	5	3	(11)	1	3	(4)	1	2	(3)
6	47	(61)	8	39	(49)	6	37	(52)	3	24	(27)
4	11	(15)	1	2	(7)	1	0	(3)	0	0	(0)
12	23	(40)	13	55	(74)	8	33	(57)	3	35	(38)
339	482	2,455	363	503	1,635	309	409	1,437	220	371	591

表１－７－１　無機化学製品の年代区分別の
外国技術導入契約の実施料率の比較

	昭和43年～48年	昭和49年～52年	昭和63年度～平成3年度	平成4年度～10年度
全件の平均値	5.2	5.2	6.6	3.8
上位5件の平均値	12.2	9.8	10.4	4.4
8％超の件数の割合	14.3	28.6	30.0	0.0

図１－７－１　無機化学製品の年代区分別の
外国技術導入契約の実施料率の比較

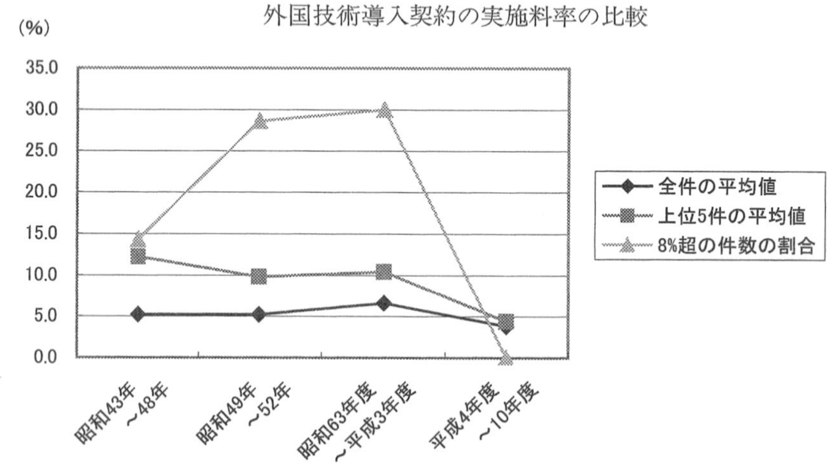

表１－７－２　有機化学製品の年代区分別の
外国技術導入契約の実施料率の比較

	昭和43年～48年	昭和49年～52年	昭和63年度～平成3年度	平成4年度～10年度
全件の平均値	2.9	3.1	3.5	4.2
上位5件の平均値	5.4	6.4	7.4	19.4
8％超の件数の割合	0.0	1.9	1.8	8.0

図１－７－２　有機化学製品の年代区分別の
外国技術導入契約の実施料率の比較

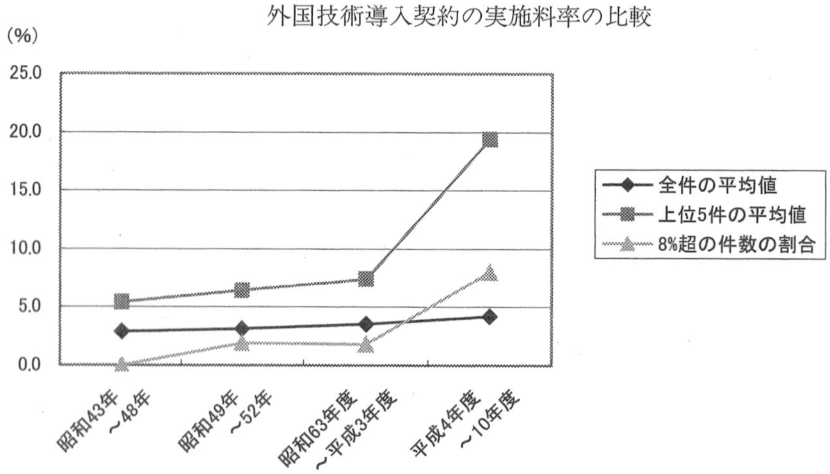

表１－７－３　化学繊維の年代区分別の
外国技術導入契約の実施料率の比較

	昭和43年～48年	昭和49年～52年	昭和63年度～平成3年度	平成4年度～10年度
全件の平均値	2.7	1.6	2.7	4.3
上位5件の平均値	3.2	1.6	2.8	5.6
8%超の件数の割合	0.0	0.0	0.0	12.5

図１－７－３　化学繊維の年代区分別の
外国技術導入契約の実施料率の比較

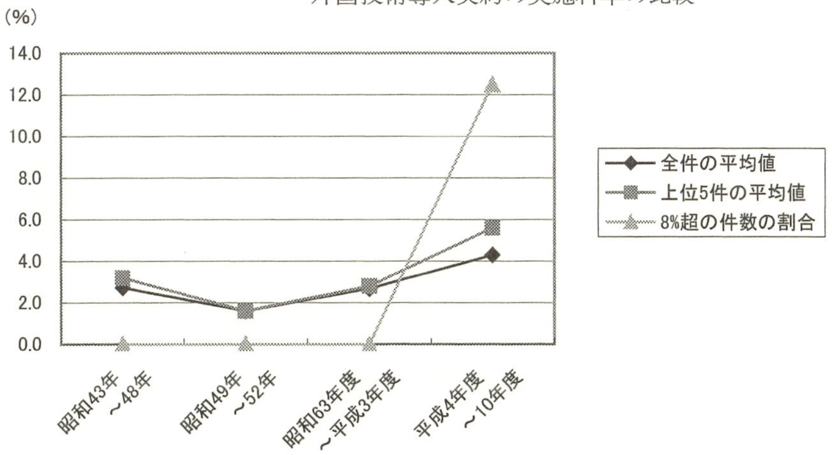

表１－７－４　石油・石炭製品の年代区分別の
外国技術導入契約の実施料率の比較

	昭和43年～48年	昭和49年～52年	昭和63年度～平成3年度	平成4年度～10年度
全件の平均値	6.1	4.9	7.0	4.0
上位5件の平均値	11.6	10.6	7.0	4.0
8%超の件数の割合	24.0	14.8	50.0	0.0

図１－７－４　石油・石炭製品の年代区分別の
外国技術導入契約の実施料率の比較

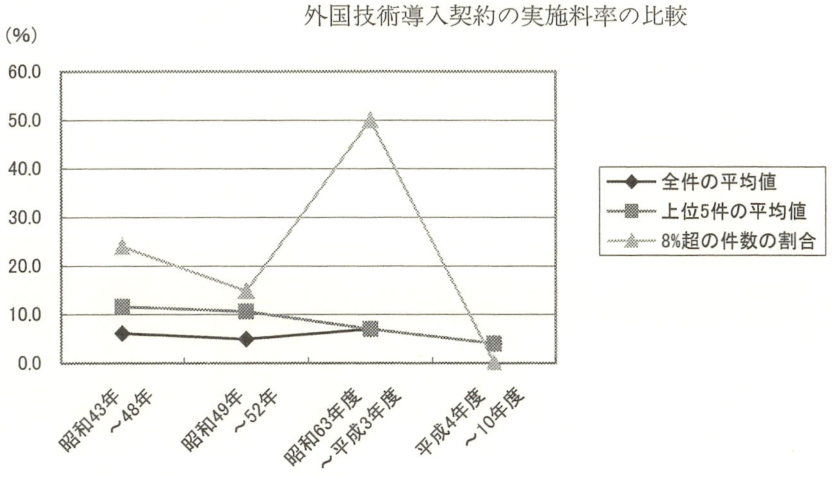

表１－７－５　医薬品・その他の化学製品の年代区分別の
外国技術導入契約の実施料率の比較

	昭和43年～48年	昭和49年～52年	昭和63年度～平成3年度	平成4年度～10年度
全件の平均値	4.8	4.3	5.5	6.9
上位5件の平均値	15.0	12.8	35.0	50.0
8%超の件数の割合	12.1	11.3	16.8	25.8

図１－７－５　医薬品・その他の化学製品の年代区分別の
外国技術導入契約の実施料率の比較

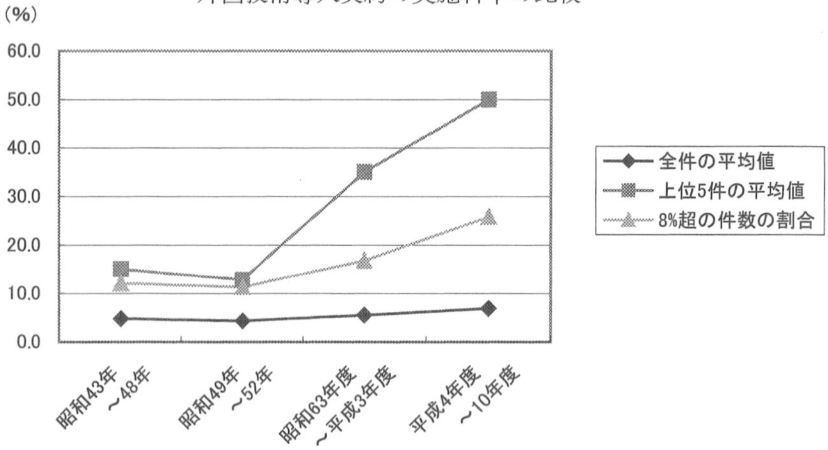

表１－７－６　鉄鋼・非鉄金属の年代区分別の
外国技術導入契約の実施料率の比較

	昭和43年～48年	昭和49年～52年	昭和63年度～平成3年度	平成4年度～10年度
全件の平均値	3.8	3.8	5.9	3.4
上位5件の平均値	8.4	8.4	20.4	9.4
8%超の件数の割合	4.6	8.3	14.3	8.3

図１－７－６　鉄鋼・非鉄金属の年代区分別の
外国技術導入契約の実施料率の比較

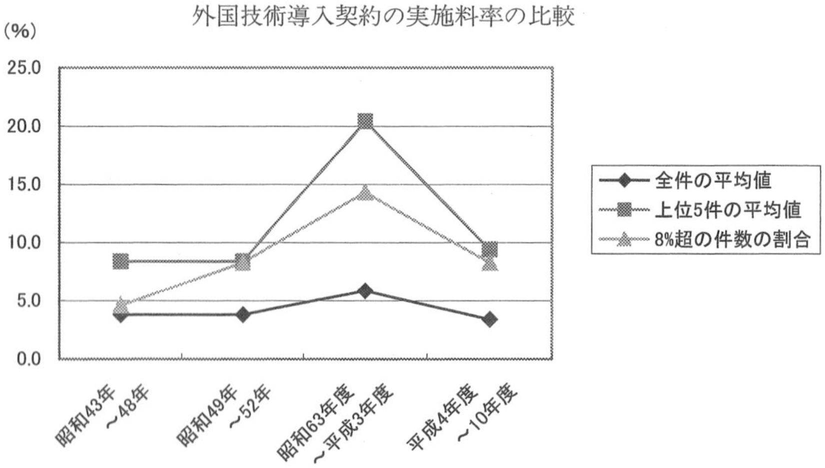

表１－７－７　金属製品の年代区分別の
外国技術導入契約の実施料率の比較

	昭和43年～48年	昭和49年～52年	昭和63年度～平成3年度	平成4年度～10年度
全件の平均値	4.5	4.4	4.0	4.0
上位5件の平均値	11.0	12.6	9.6	13.0
8%超の件数の割合	9.0	8.5	4.7	8.0

図１－７－７　金属製品の年代区分別の
外国技術導入契約の実施料率の比較

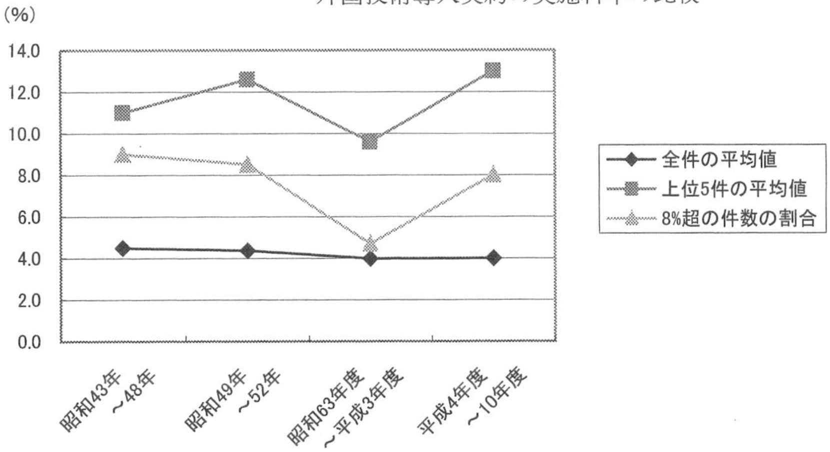

表１－７－８　原動機・ボイラの年代区分別の
外国技術導入契約の実施料率の比較

	昭和43年～48年	昭和49年～52年	昭和63年度～平成3年度	平成4年度～10年度
全件の平均値	4.7	4.4	6.9	3.9
上位5件の平均値	9.2	6.6	13.6	7.2
8%超の件数の割合	10.3	4.0	21.4	4.3

図１－７－８　原動機・ボイラの年代区分別の
外国技術導入契約の実施料率の比較

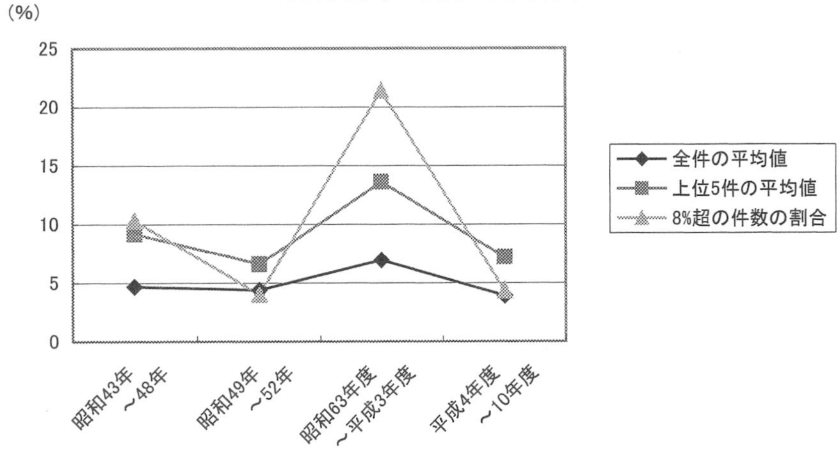

表１－７－９　農業・建設・鉱山用機械の年代区分別の
外国技術導入契約の実施料率の比較

	昭和43年～48年	昭和49年～52年	昭和63年度～平成3年度	平成4年度～10年度
全件の平均値	5.2	5.0	4.5	3.6
上位5件の平均値	10.4	9.0	8.0	5.6
8%超の件数の割合	14.3	9.3	10.5	0.0

図１－７－９　農業・建設・鉱山用機械の年代区分別の
外国技術導入契約の実施料率の比較

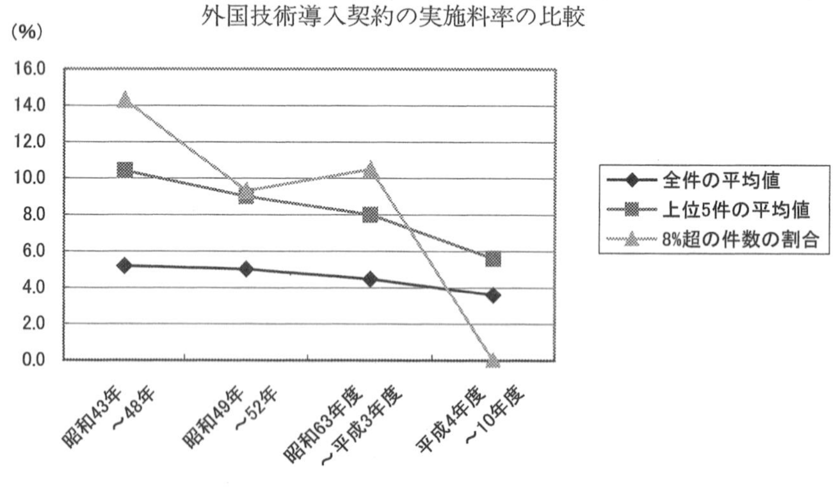

表１－７－10　金属加工機械の年代区分別の
外国技術導入契約の実施料率の比較

	昭和43年～48年	昭和49年～52年	昭和63年度～平成3年度	平成4年度～10年度
全件の平均値	5.8	5.3	4.1	3.9
上位5件の平均値	13.6	10.4	8.6	8.4
8%超の件数の割合	17.9	16.0	4.9	6.5

図１－７－10　金属加工機械の年代区分別の
外国技術導入契約の実施料率の比較

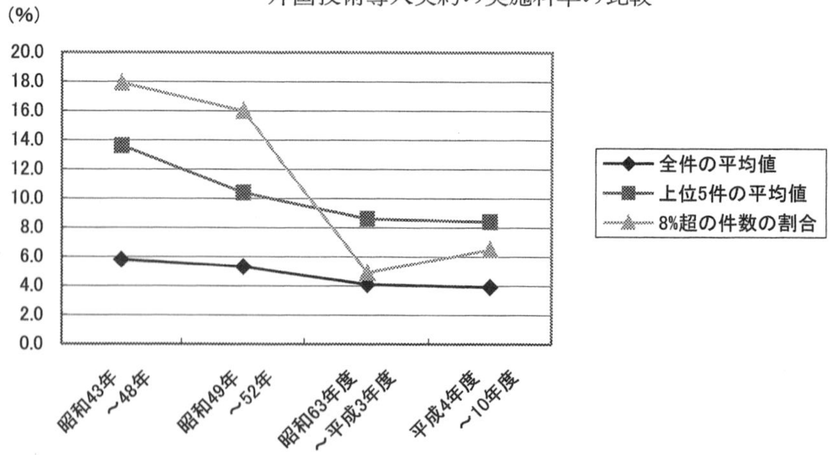

表１－７－11　繊維機械の年代区分別の外国技術導入契約の実施料率の比較

	昭和43年～48年	昭和49年～52年	昭和63年度～平成3年度	平成4年度～10年度
全件の平均値	5.9	5.2	3.7	7.5
上位5件の平均値	11.2	8.0	4.8	7.5
8%超の件数の割合	24.4	20.0	0.0	25.0

図１－７－11　繊維機械の年代区分別の外国技術導入契約の実施料率の比較

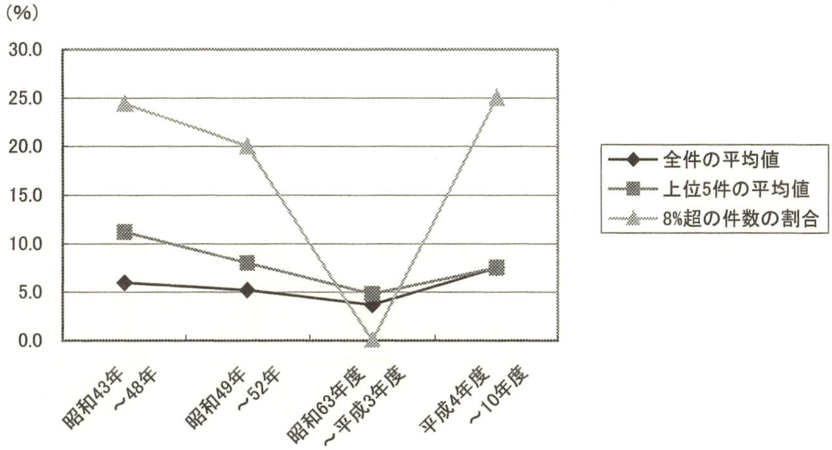

表１－７－12　特殊産業用機械の年代区分別の外国技術導入契約の実施料率の比較

	昭和43年～48年	昭和49年～52年	昭和63年度～平成3年度	平成4年度～10年度
全件の平均値	6.2	6.0	5.0	5.8
上位5件の平均値	13.2	14.4	12.4	32.0
8%超の件数の割合	26.0	26.3	17.0	11.8

図１－７－12　特殊産業用機械の年代区分別の外国技術導入契約の実施料率の比較

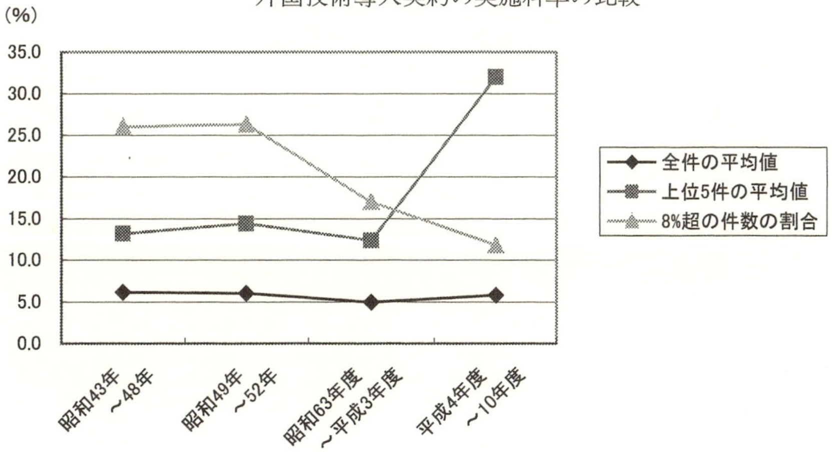

表1－7－13　輸送用機械の年代区分別の
外国技術導入契約の実施料率の比較

	昭和43年～48年	昭和49年～52年	昭和63年度～平成3年度	平成4年度～10年度
全件の平均値	4.5	3.9	4.7	5.1
上位5件の平均値	10.8	9.8	12.8	23.2
8%超の件数の割合	6.0	4.4	11.7	16.7

図1－7－13　輸送用機械の年代区分別の
外国技術導入契約の実施料率の比較

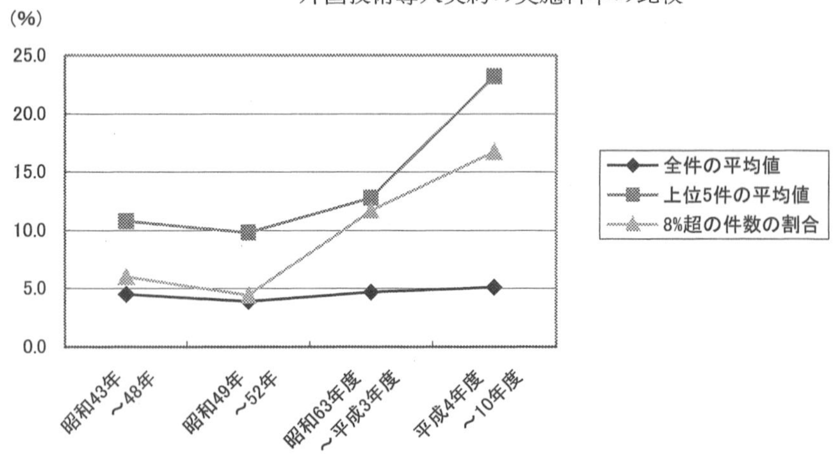

表1－7－14　精密機械器具の年代区分別の
外国技術導入契約の実施料率の比較

	昭和43年～48年	昭和49年～52年	昭和63年度～平成3年度	平成4年度～10年度
全件の平均値	4.7	4.0	6.4	6.3
上位5件の平均値	14.2	10.0	20.4	26.8
8%超の件数の割合	16.2	9.0	27.3	29.5

図1－7－14　精密機械器具の年代区分別の
外国技術導入契約の実施料率の比較

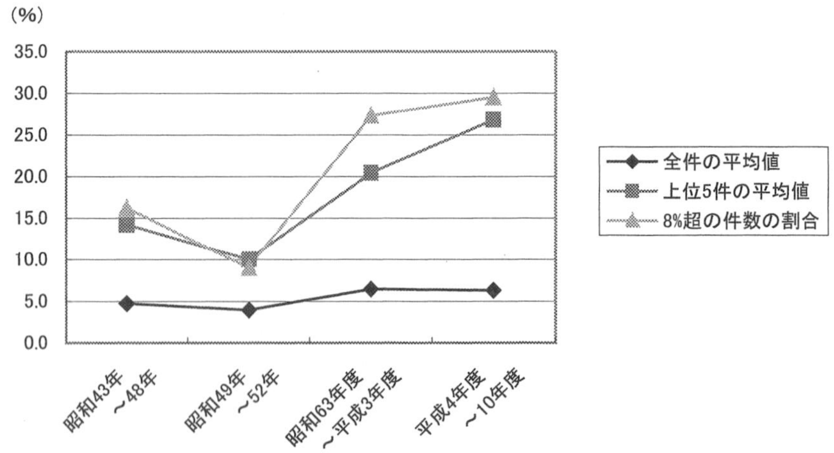

表１－７－15　一般産業用機械の年代区分別の
外国技術導入契約の実施料率の比較

	昭和43年～48年	昭和49年～52年	昭和63年度～平成3年度	平成4年度～10年度
全件の平均値	5.5	5.2	4.4	4.3
上位5件の平均値	14.8	14.0	11.6	23.0
8%超の件数の割合	16.2	15.0	11.5	6.6

図１－７－15　一般産業用機械の年代区分別の
外国技術導入契約の実施料率の比較

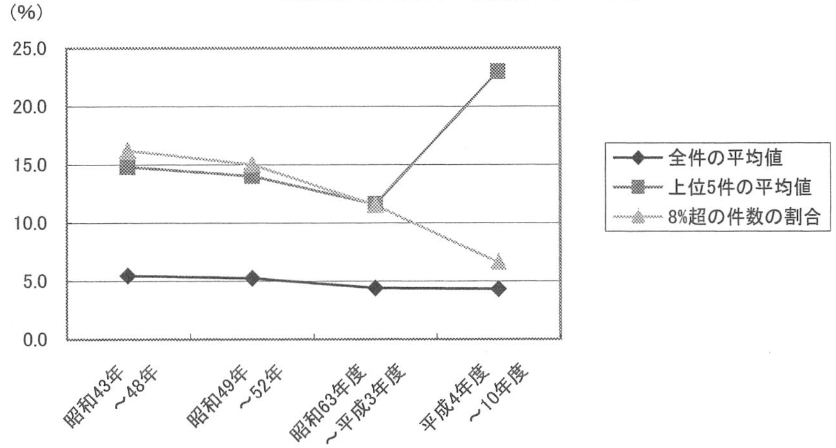

表１－７－16　その他の機械の年代区分別の
外国技術導入契約の実施料率の比較

	昭和43年～48年	昭和49年～52年	昭和63年度～平成3年度	平成4年度～10年度
全件の平均値	4.8	4.6	4.7	4.4
上位5件の平均値	11.8	14.0	11.6	10.0
8%超の件数の割合	7.7	9.0	8.2	14.1

図１－７－16　その他の機械の年代区分別の
外国技術導入契約の実施料率の比較

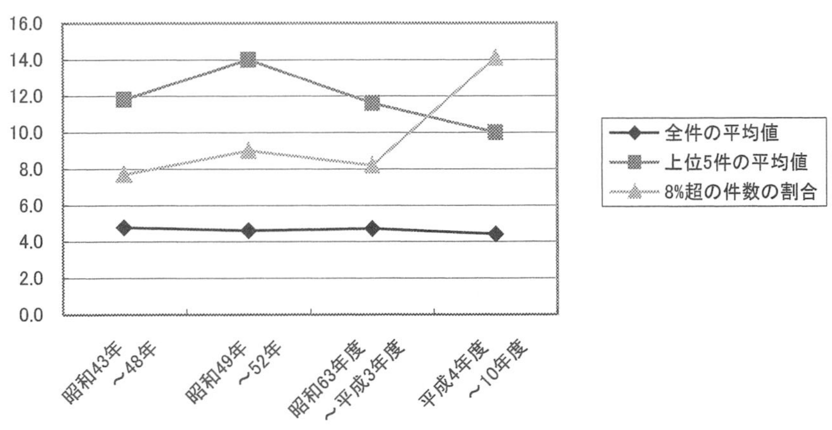

表1－7－17　発送電・配電・産業用電気機械の年代区分別の外国技術導入契約の実施料率の比較

	昭和43年～48年	昭和49年～52年	昭和63年度～平成3年度	平成4年度～10年度
全件の平均値	4.6	4.4	4.2	4.0
上位5件の平均値	10.0	9.8	9.4	9.0
8%超の件数の割合	7.5	11.6	16.7	11.8

図1－7－17　発送電・配電・産業用電気機械の年代区分別の外国技術導入契約の実施料率の比較

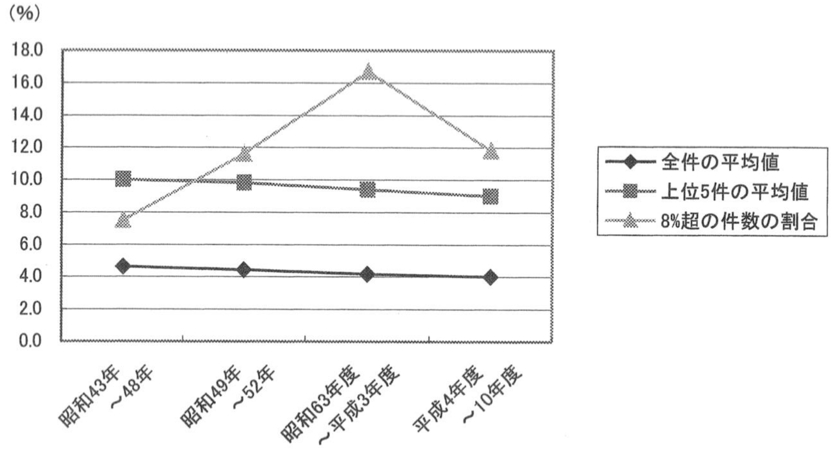

表1－7－18　民生用電気機械・電球・照明器具の年代区分別の外国技術導入契約の実施料率の比較

	昭和43年～48年	昭和49年～52年	昭和63年度～平成3年度	平成4年度～10年度
全件の平均値	4.3	4.2	2.8	3.9
上位5件の平均値	7.2	7.6	4.8	6.2
8%超の件数の割合	4.1	9.1	8.3	15.4

図1－7－18　民生用電気機械・電球・照明器具の年代区分別の外国技術導入契約の実施料率の比較

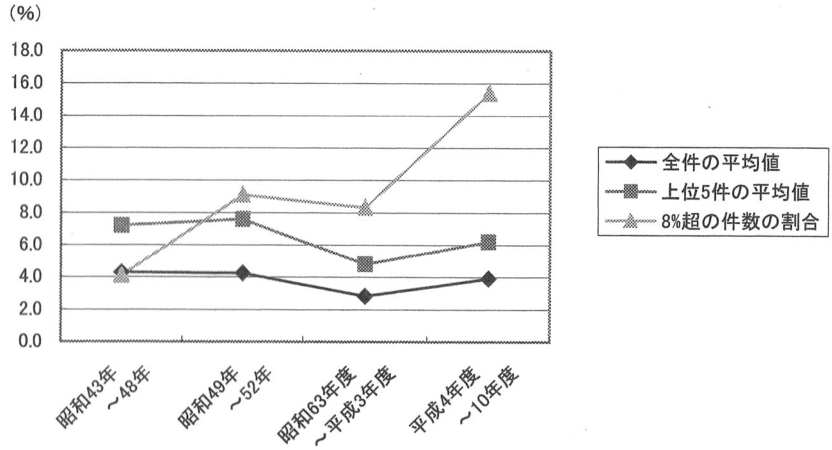

表１－７－19　ラジオ・テレビ・その他の通信音響機器の年代区分別の外国技術導入契約の実施料率の比較

	昭和43年～48年	昭和49年～52年	昭和63年度～平成3年度	平成4年度～10年度
全件の平均値	2.0	1.9	3.2	4.1
上位5件の平均値	10.4	9.0	20.0	47.0
8%超の件数の割合	2.2	1.4	4.4	8.7

図１－７－19　ラジオ・テレビ・その他の通信音響機器の年代区分別の外国技術導入契約の実施料率の比較

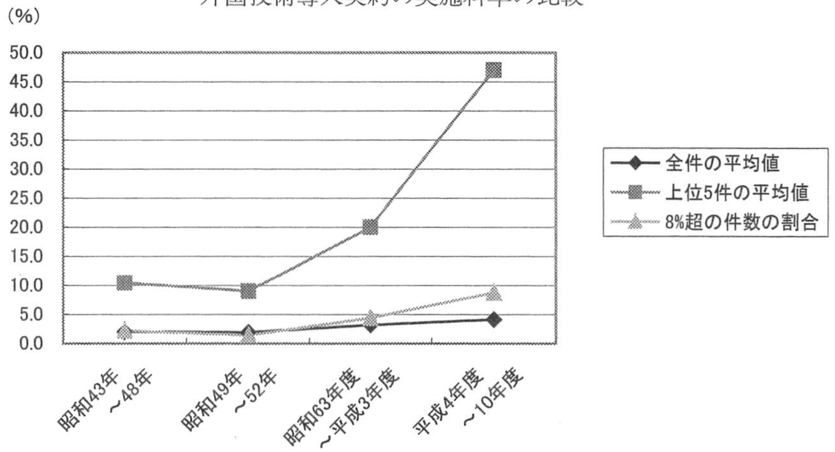

表１－７－20　電子計算機・その他の電子応用装置の年代区分別の外国技術導入契約の実施料率の比較

	昭和43年～48年	昭和49年～52年	昭和63年度～平成3年度	平成4年度～10年度
全件の平均値	5.1	7.8	19.4	24.7
上位5件の平均値	17.8	35.0	50.0	50.0
8%超の件数の割合	16.3	27.8	52.9	63.9

図１－７－20　電子計算機・その他の電子応用装置の年代区分別の外国技術導入契約の実施料率の比較

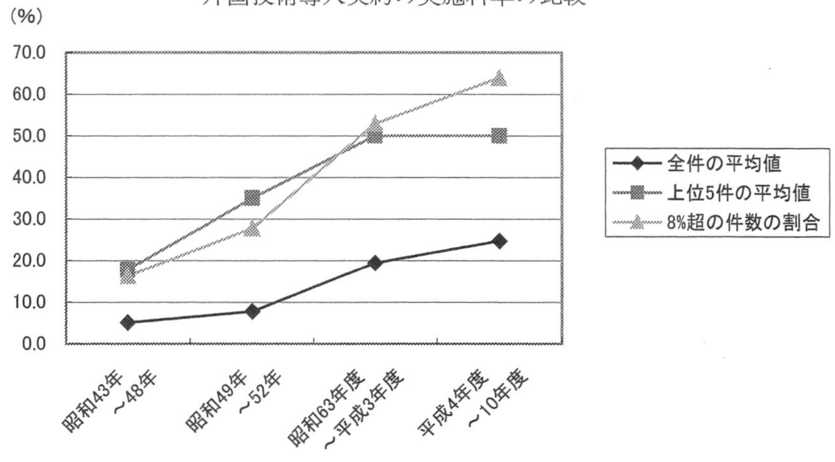

表１－７－21　電子・通信用部品の年代区分別の
外国技術導入契約の実施料率の比較

	昭和43年～48年	昭和49年～52年	昭和63年度～平成3年度	平成4年度～10年度
全件の平均値	3.2	3.6	3.4	3.5
上位5件の平均値	9.8	8.2	18.6	37.4
8%超の件数の割合	3.0	4.0	7.4	6.1

図１－７－21　電子・通信用部品の年代区分別の
外国技術導入契約の実施料率の比較

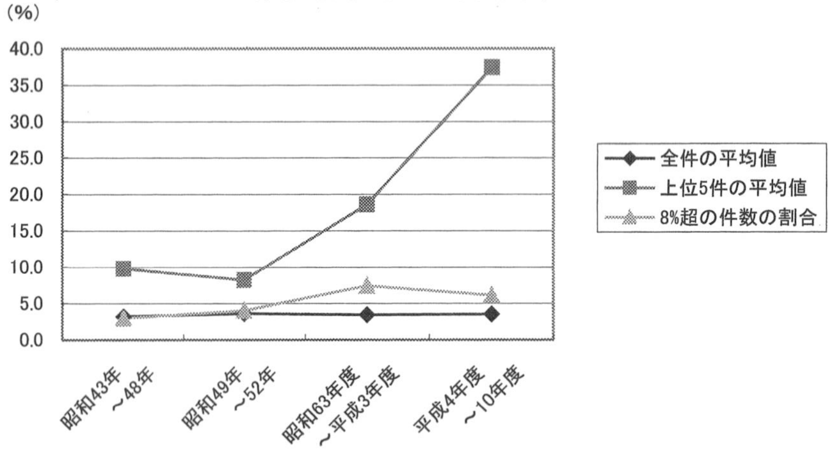

表１－７－22　電気計測器・工業計器・その他の電気機器の年代区分別の
外国技術導入契約の実施料率の比較

	昭和43年～48年	昭和49年～52年	昭和63年度～平成3年度	平成4年度～10年度
全件の平均値	4.6	4.8	2.7	3.4
上位5件の平均値	7.4	7.2	5.2	14.6
8%超の件数の割合	6.5	20.0	0.0	4.8

図１－７－22　電気計測器・工業計器・その他の電気機器の年代区分別の
外国技術導入契約の実施料率の比較

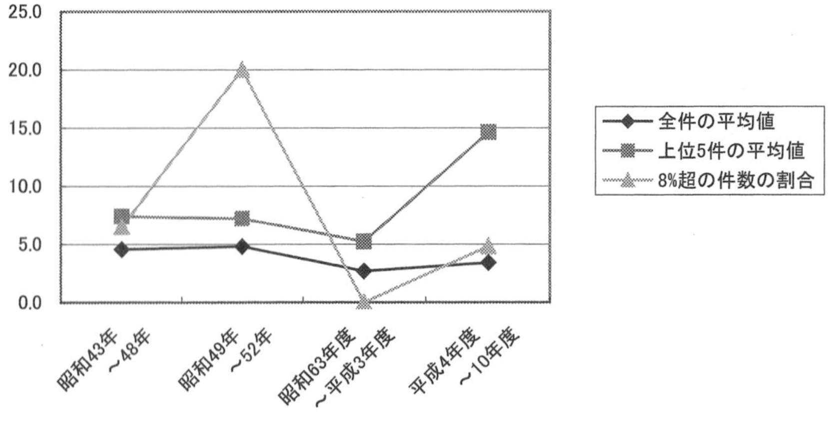

表１－７－23　食料品・たばこの年代区分別の
外国技術導入契約の実施料率の比較

	昭和43年～48年	昭和49年～52年	昭和63年度～平成3年度	平成4年度～10年度
全件の平均値	2.9	3.5	3.5	3.4
上位5件の平均値	7.2	9.6	13.2	9.2
8%超の件数の割合	0.9	6.9	3.4	2.7

図１－７－23　食料品・たばこの年代区分別の
外国技術導入契約の実施料率の比較

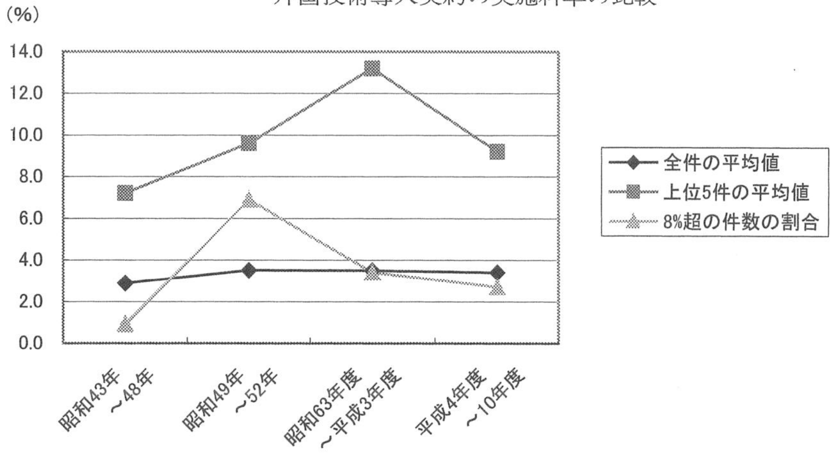

表１－７－24　ガラス・セメント・その他の窯業・土石製品の年代区分別の
外国技術導入契約の実施料率の比較

	昭和43年～48年	昭和49年～52年	昭和63年度～平成3年度	平成4年度～10年度
全件の平均値	3.7	4.2	4.6	5.3
上位5件の平均値	8.2	10.0	14.4	20.0
8%超の件数の割合	3.2	11.6	16.4	23.6

図１－７－24　ガラス・セメント・その他の窯業・土石製品の年代区分別の
外国技術導入契約の実施料率の比較

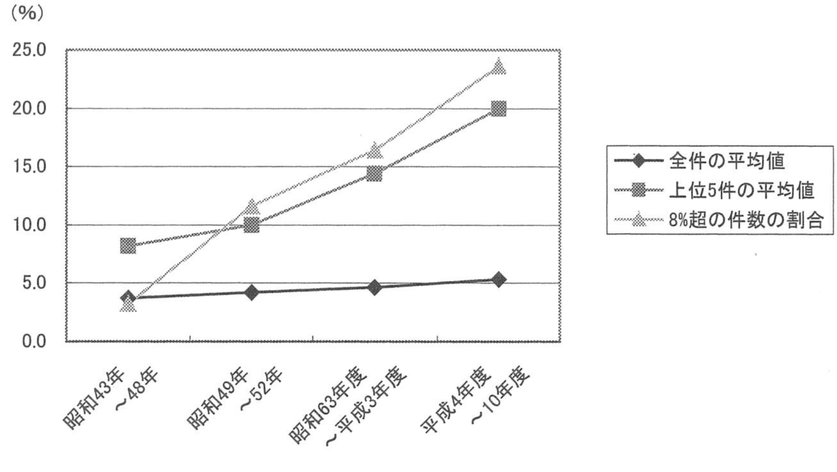

表１－７－25　繊維及び繊維製品の年代区分別の
外国技術導入契約の実施料率の比較

	昭和43年～48年	昭和49年～52年	昭和63年度～平成3年度	平成4年度～10年度
全件の平均値	3.9	4.4	5.4	6.0
上位5件の平均値	9.6	10.4	33.2	50.0
8%超の件数の割合	3.5	6.3	12.4	14.5

図１－７－25　繊維及び繊維製品の年代区分別の
外国技術導入契約の実施料率の比較

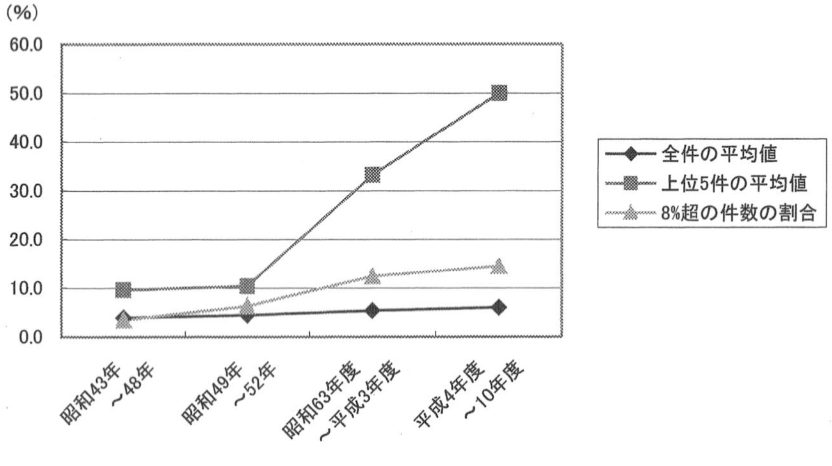

表１－７－26　プラスチック製品の年代区分別の
外国技術導入契約の実施料率の比較

	昭和43年～48年	昭和49年～52年	昭和63年度～平成3年度	平成4年度～10年度
全件の平均値	3.6	3.4	4.3	3.5
上位5件の平均値	12.4	10.4	21.6	13.8
8%超の件数の割合	5.6	2.8	8.4	5.9

図１－７－26　プラスチック製品の年代区分別の
外国技術導入契約の実施料率の比較

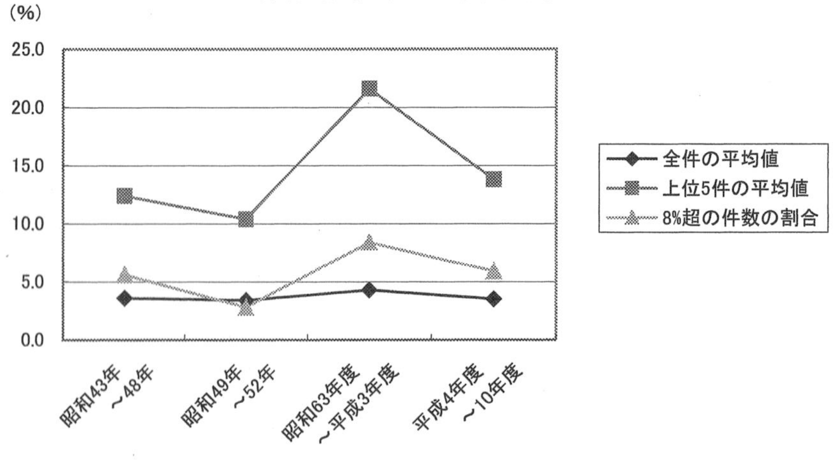

表１－７－27　ゴム製品の年代区分別の
外国技術導入契約の実施料率の比較

	昭和43年～48年	昭和49年～52年	昭和63年度～平成3年度	平成4年度～10年度
全件の平均値	3.4	3.2	5.1	5.8
上位5件の平均値	7.2	7.6	10.6	10.4
8%超の件数の割合	7.1	9.1	9.5	26.9

図１－７－27　ゴム製品の年代区分別の
外国技術導入契約の実施料率の比較

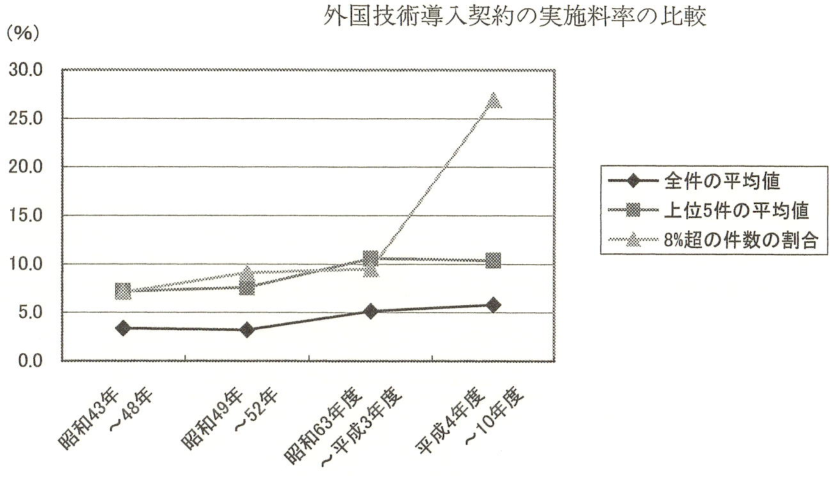

表１－７－28　パルプ・紙・紙加工・印刷の年代区分別の
外国技術導入契約の実施料率の比較

	昭和43年～48年	昭和49年～52年	昭和63年度～平成3年度	平成4年度～10年度
全件の平均値	3.6	3.7	6.6	6.5
上位5件の平均値	8.0	6.4	17.0	18.8
8%超の件数の割合	4.3	4.0	15.4	25.7

図１－７－28　パルプ・紙・紙加工・印刷の年代区分別の
外国技術導入契約の実施料率の比較

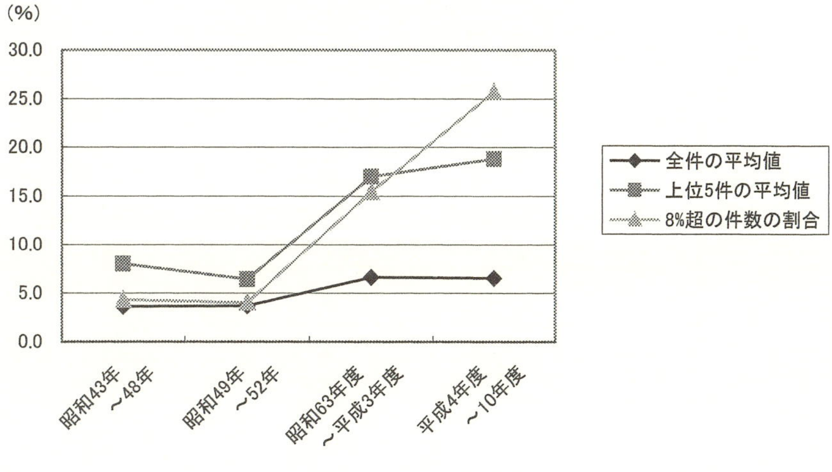

表1－7－29　木製品・皮製品・貴金属製品・レジャー製品の年代区分別の外国技術導入契約の実施料率の比較

	昭和43年～48年	昭和49年～52年	昭和63年度～平成3年度	平成4年度～10年度
全件の平均値	4.5	5.1	5.7	5.8
上位5件の平均値	13.2	13.8	24.0	21.8
8％超の件数の割合	7.6	11.4	16.0	17.7

図1－7－29　木製品・皮製品・貴金属製品・レジャー製品の年代区分別の外国技術導入契約の実施料率の比較

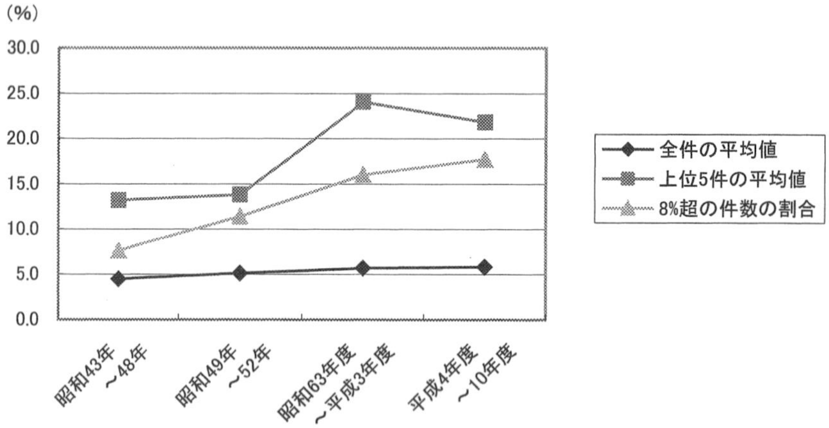

表1－7－30　建設技術の年代区分別の外国技術導入契約の実施料率の比較

	昭和43年～48年	昭和49年～52年	昭和63年度～平成3年度	平成4年度～10年度
全件の平均値	3.6	4.5	5.6	3.1
上位5件の平均値	8.0	11.8	17.4	6.2
8％超の件数の割合	5.1	17.9	8.3	3.8

図1－7－30　建設技術の年代区分別の外国技術導入契約の実施料率の比較

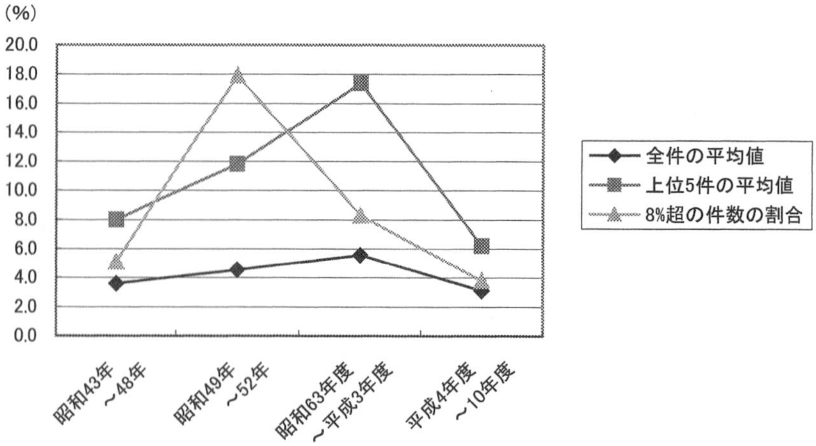

表1－7－31　他に分類されない製造業・産業の技術の年代区分別の外国技術導入契約の実施料率の比較

	昭和43年～48年	昭和49年～52年	昭和63年度～平成3年度	平成4年度～10年度
全件の平均値	3.6	4.5	5.6	3.1
全件の平均値	7.4	4.0	7.0	7.9
上位5件の平均値	17.0	8.4	42.4	50.0
8%超の件数の割合	35.3	18.8	16.8	25.3

図1－7－31　他に分類されない製造業・産業の技術の年代区分別の外国技術導入契約の実施料率の比較

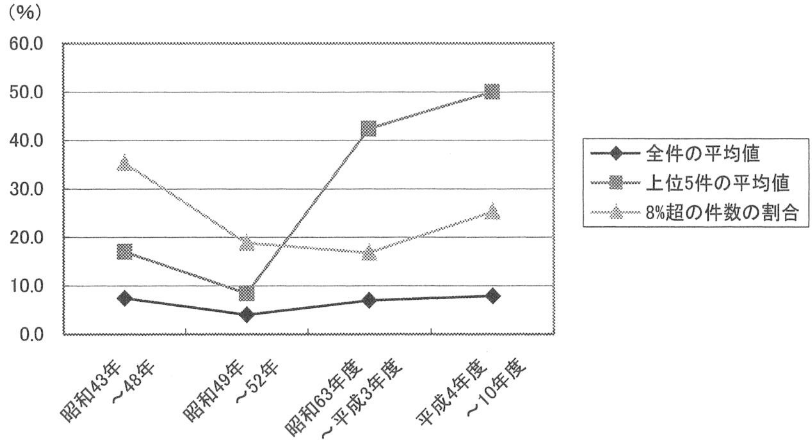

第 2 章

技術分野別実施料率データ

１．無機化学製品

この技術分野は、日本標準産業分類F201及びF202が関連する技術を扱う。化学肥料製造技術、無機化学工業製品製造技術である。具体的には、触媒製造技術、無機化学物質生成技術等を含む。

図２－１－１、２－１－２は、この技術分野における外国技術導入契約の実施料が、許諾製品の出来高にリンクした料率表示であったものの年（年度）別契約件数を、イニシャル・ペイメント条件の有り・無しに分けて、実施料率別にグラフ化したものである。

また**表２－１－１、２－１－２**は、上記のデータに加え、さらにミニマム・ロイヤルティ条件付件数データと、最近の10年間（昭和63年度～平成９年度）の、外国技術導入契約の実施料が料率以外のもの（例えば、従量実施料、定額実施料等）であった契約件数データを、それぞれ「ミニマム付件数」及び「その他の実施料」として表したものである。

○契約件数について

図２－１－１、２－１－２及び**表２－１－１、２－１－２**が示すように、この技術分野における外国技術導入契約の平成４年度～平成10年度の７年間の件数は、イニシャル有りが５件（表２－１－１の「平成４年度～平成10年度総件数累計」合計。他の技術分野も同様）、同様に年平均件数は0.7件／年（表２－１－１の「平成４年度～平成10年度総累計」年平均件数。他の技術分野も同様）、また、イニシャル無しの累計は３件（表２－１－２の「平成４年度～平成10年度総累計」合計。他の技術分野も同様）、同様に年平均件数は0.4件／年（表２－１－２「平成４年度～平成10年度総件数累計」年平均件数。他の技術分野も同様）である。これは、昭和63年度～平成３年度の４年間と比較すると、イニシャル有りが1.5→0.7件／年、イニシャル無しが1.0→0.4件／年と、いずれも半減している。この結果、イニシャル有り、イニシャル無しを合計した契約件数は、全技術分野中３番目に少ない（第１章の表１－４参照。他の技術分野も同様）。

また、平成４年度～平成10年度のミニマム付件数の全体に占める割合については、イニシャル有りが0.20、イニシャル無しではミニマム付の契約はなかった。

平成４年度～平成９年度のその他の実施料の件数については、イニシャル有りが4件（0.7件／年）、イニシャル無しが２件（0.3件／年）であった。イニシャル有り、イニシャル無しを合計したその他の実施料の契約件数は、全技術分野中２番目に少ない（第１章の表１－４参照。他の技術分野も同様）。

この技術分野は、実施料率を採用した契約件数、その他の実施料を採用した契約件数がいずれも他の技術分野と比較して少なく、外国技術導入が少ない技術分野である。

○実施料率について

実施料率の平均値については、平成４年度～平成10年度は、イニシャル有りが3.6%、イニシャル無しが4.0%であり（表２－１－１及び表２－１－２「平成４年度～平成10年度総件数累計」平均値参照。他の技術分野も同様）、昭和63年度～平成３年度と比較すると、イニシャル有りが3.5→3.6%、イニシャル無しが11.3→4.0%となっている。平成４年度以前はイニシャル無しで実施料率６％以上の例が見られたものの、平成４年度以降はイニシャル有り、無しともに、８件全てが実施料率５％以下であり、この結果、イニシャル無しの実施料率の平均値は大きく低下した。ただし、昭和63年度～平成３年度のイニシャル無しの実施料率の平均値が11.3%となっているのは、他の年代を見る限りは通常の水準を表すものではなく一時的に突出したものであると考えられ、平成４年度～平成10年度は通常の水準に戻ったともいえる。

平成４年度～平成10年度は、上述のように８％以上の契約はなかった。昭和63年度～平成３年度の４年間では、イニシャル有りでは８％以上の契約はなく、イニシャル無しでは3件（0.8件／年）あった。

この分野に属する技術の中には、重厚長大と呼ばれるものが多く、その種の分野でのわが国の産業界の技術レベルが高い水準に達し、かつそのままに推移しているものと考えられる。

○関連判決

この技術分野の実施料率に関連した判決を紹介する。

・「クロム酸鉛顔料」：昭和56（ワ）3940（H2.2.9東京地裁、侵害損害賠償請求事件）

被告製品は、本件発明（クロム酸鉛顔料およびその製法／特許952065）の技術的範囲に属するとし、原告の被った損害額としての実施料相当額を科学技術庁及び発明協会が調査した結果等を考慮して販売価格に５％を乗じた額と認定した事例である。

・「植物からミネラル成分を抽出する方法」：平成9（ワ）9548（H12.1.25大阪地裁、侵害差止等請求事件）

本件特許（植物からミネラル成分を抽出する方法／特公昭61-8721）に対する先使用に基づく通常実施権を被告らは有してなく、また本件特許方法は本件出願時に公知でもないとして、差止請求、売上高の５％に相当する損害賠償請求が認められた事例である。

図２－１－１　無機化学製品（イニシャル　有）の実施料率別契約件数

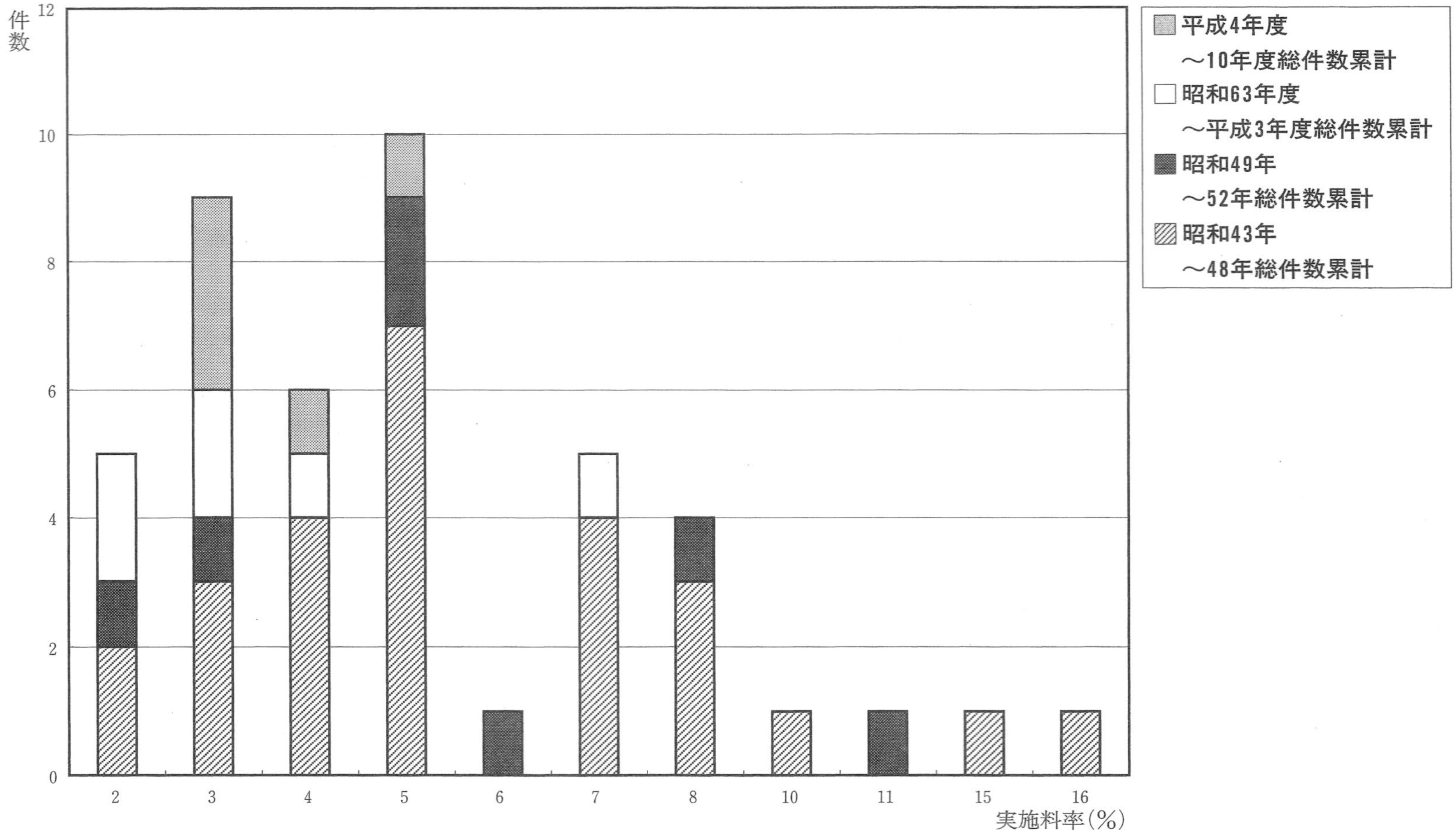

表２－１－１　無機化学製品（イニシャル　有）の実施料率別契約件数

契約件数 / 期間（年/年度）	実施料率(%)																			その他の実施料	
	1	2	3	4	5	6	7	8	9	10	12	20	50	合計	ミニマム付割合	年平均件数	最頻値	中央値	平均値	件数	年平均
昭和43年～昭和48年　総件数累計	6	29	27	9	6	3	1		1	1				83		13.8	2	3	3.1	—	—
														0						—	—
昭和49年～昭和52年　総件数累計	3	5	10	1	3		1	1		1				25		6.3	3	3	3.5	—	—
〃　ミニマム付件数	1	1			1		1			1				5	0.20	1.3				—	—
昭和63年度～平成3年度総件数累計	44	27	29	21	13	2	4	2	2	1	2			147		36.8	1	3	3.0	61	15.3
〃　ミニマム付件数		1	3	1	4	1								10	0.07	2.5				6	1.5
平成4年度総件数	14	14	5	8	4	1								46						17	
〃　ミニマム付件数	1													1						1	
平成5年度総件数	16	12	9	4	2	1	4	1	1	1				51						20	
〃　ミニマム付件数	1		1		1		1							4						1	
平成6年度総件数	9	11	4	5				1	1				1	32						21	
〃　ミニマム付件数														0						4	
平成7年度総件数	7	12	1	2	1		3	3						29						13	
〃　ミニマム付件数	1	1												2							
平成8年度総件数	14	10	4	3	5	1							1	38						16	
〃　ミニマム付件数				2	2									4						2	
平成9年度総件数	10	7	5	5	5	3	1	1		1		1		39						18	
〃　ミニマム付件数			1		4		1							6							
平成10年度総件数	6	5	6	3	2	2	1	2					1	28						—	—
〃　ミニマム付件数		1			1	1								3						—	—
平成4年度～平成10年度総件数累計	76	71	34	30	19	8	9	8	2	2	0	1	3	263		37.6	1	2	3.5	105	17.5
〃　ミニマム付件数	3	2	2	2	8	1	2	0	0	0	0	0	0	20	0.08	2.9				8	1.3

（注）その他の実施料：実施料率以外の実施料（例えば、従量実施料、定額実施料等）のもの。

図２－１－２　無機化学製品（イニシャル　無）の実施料率別契約件数

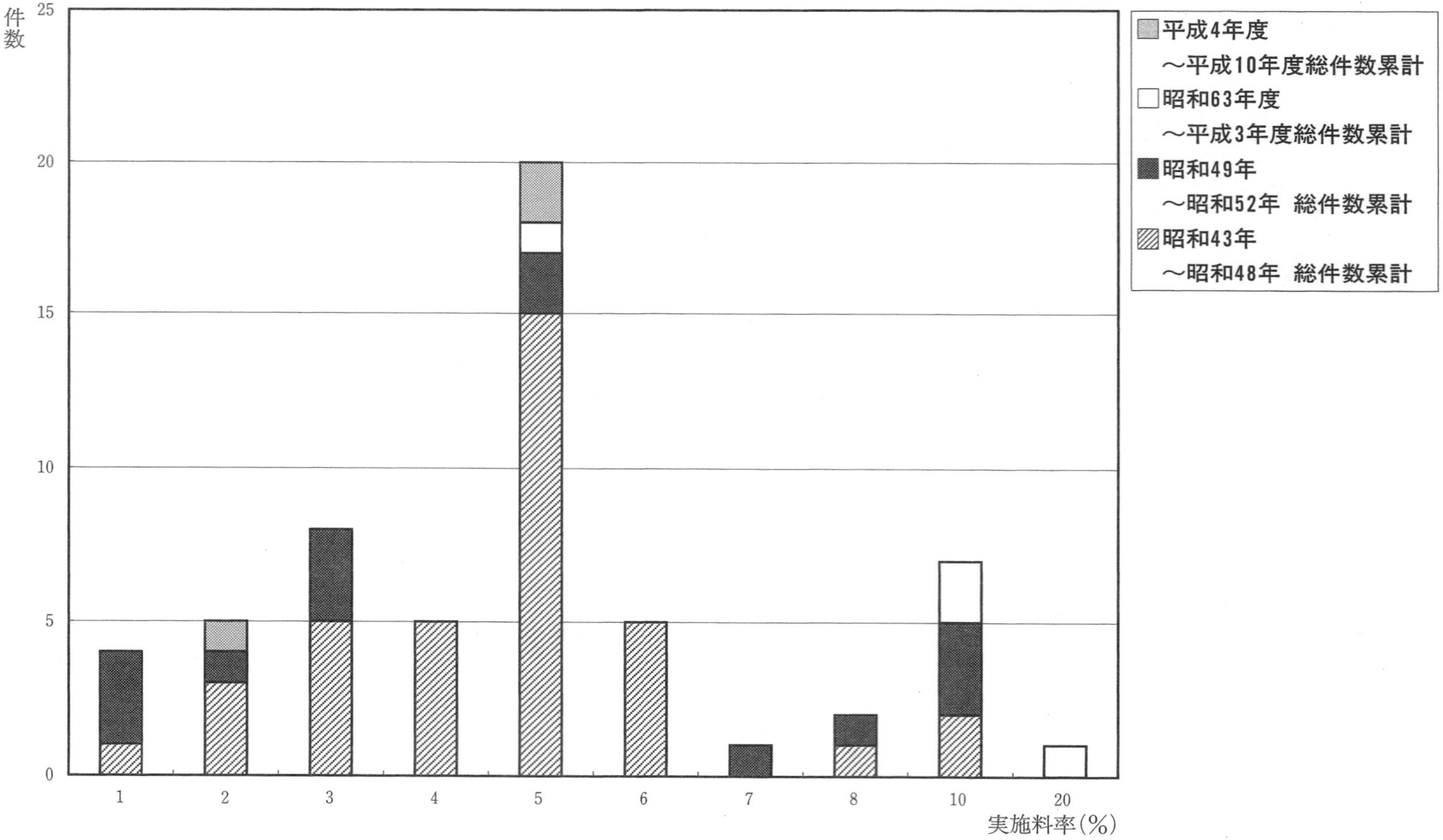

表２－１－２　無機化学製品（イニシャル　無）の実施料率別契約件数

期間（年/年度）＼契約件数	実施料率(%) 1	2	3	4	5	6	7	8	10	20	合計	ミニマム付割合	年平均件数	最頻値	中央値	平均値	その他の実施料 件数	年平均
昭和43年～昭和48年　総件数累計	1	3	5	5	15	5		1	2		37		6.2	5	5	4.7	—	—
																	—	—
昭和49年～昭和52年　総件数累計	3	1	3		2		1	1	3		14		3.5	1･3･10	4	4.9	—	—
〃　ミニマム付件数											0	0.00	0.0				—	—
昭和63年度～平成3年度総件数累計					1				2	1	4		1.0			11.3	3	0.8
〃　ミニマム付件数											0	0.00	0.0					0.0
平成4年度総件数											0							
〃　ミニマム付件数											0							
平成5年度総件数											0						1	
〃　ミニマム付件数											0							
平成6年度総件数											0							
〃　ミニマム付件数											0							
平成7年度総件数					1						1							
〃　ミニマム付件数											0							
平成8年度総件数					1						1						1	
〃　ミニマム付件数											0							
平成9年度総件数		1									1							
〃　ミニマム付件数											0							
平成10年度総件数											0						—	—
〃　ミニマム付件数											0						—	—
平成4年度～平成10年度総件数累計	0	1	0	0	2	0	0	0	0	0	3		0.4	5	5	4.0	2	0.3
〃　ミニマム付件数	0	0	0	0	0	0	0	0	0	0	0	0.00	0.0				0	0.0

（注）その他の実施料：実施料率以外の実施料（例えば、従量実施料、定額実施料等）のもの。

2．有機化学製品

この技術分野は、日本標準産業分類F203が関連する技術を扱う。有機化学工業製品製造技術である。具体的には、有機の化学物質、組成物等の製造技術、液晶材料、化学物質分離用ゲル、合成ゴムの製造技術等である。

図２－２－１、**２－２－２**は、この技術分野における外国技術導入契約の実施料が、許諾製品の出来高にリンクした料率表示であったものの年（年度）別契約件数を、イニシャル・ペイメント条件の有り・無しに分けて、実施料率別にグラフ化したものである。

また**表２－２－１**、**２－２－２**は、上記のデータに加え、さらにミニマム・ロイヤルティ条件付件数データと、最近の10年間（昭和63年度～平成９年度）の、外国技術導入契約の実施料が料率以外のもの（例えば、従量実施料、定額実施料等）であった契約件数データを、それぞれ「ミニマム付件数」及び「その他の実施料」として表したものである。

○契約件数について

図２－２－１、**２－２－２**及び**表２－２－１**、**２－２－２**が示すように、この技術分野における外国技術導入契約の平成４年度～平成10年度の７年間の件数は、イニシャル有りが55件（7.9件／年）、イニシャル無しが32件（4.6件／年）である。これは昭和63年度～平成３年度の４年間と比較すると、イニシャル有りは7.8→7.9件／年とほとんど変化はなく、イニシャル無しは6.3→4.6件／年とやや減少している。

また、平成４年度～平成10年度のミニマム付件数の全体に占める割合については、イニシャル有りで0.24、イニシャル無しで0.16であり、ほとんど変化はない。

平成４年度～平成９年度のその他の実施料の件数については、イニシャル有りでは12件（2.0件／年）、イニシャル無しでは15件（2.5件／年）である。イニシャル無しではほぼ横ばいであるが、イニシャル有りで約3分の1に大きく減少している。

○実施料率について

実施料率の平均値については、平成４年度～平成10年度は、イニシャル有りが3.5％、イニシャル無しで5.5％であり、昭和63年度～平成３年度と比較すると、イニシャル有りが3.5→3.5％、イニシャル無しが3.5→5.5％となっており、イニシャル有りでは変化はなく、イニシャル無しでは上昇している。イニシャル無しでの実施料率の上昇の一因として、従来見られなかった高率の契約である、45％、15％の契約があったことが挙げられる。

平成４年度～平成10年度は、実施料率８％以上の契約が、イニシャル有りについては４件（0.6

件／年)、イニシャル無しについては3件（0.4件／年）あった。昭和63年度～平成3年度の4年間と比較すると、イニシャル有りでは0.0→0.6件／年、イニシャル無しで0.3→0.4件／年であり、ともに増加している。先述の45％の契約の技術内容はポリプロピレンの製造に関するもので、15％のものは反射防止コーティングに関するものであった。また、イニシャル有りの17％の契約の技術内容も反射防止コーティングに関するものであった。

図２－２－１　有機化学製品（イニシャル　有）の実施料率別契約件数

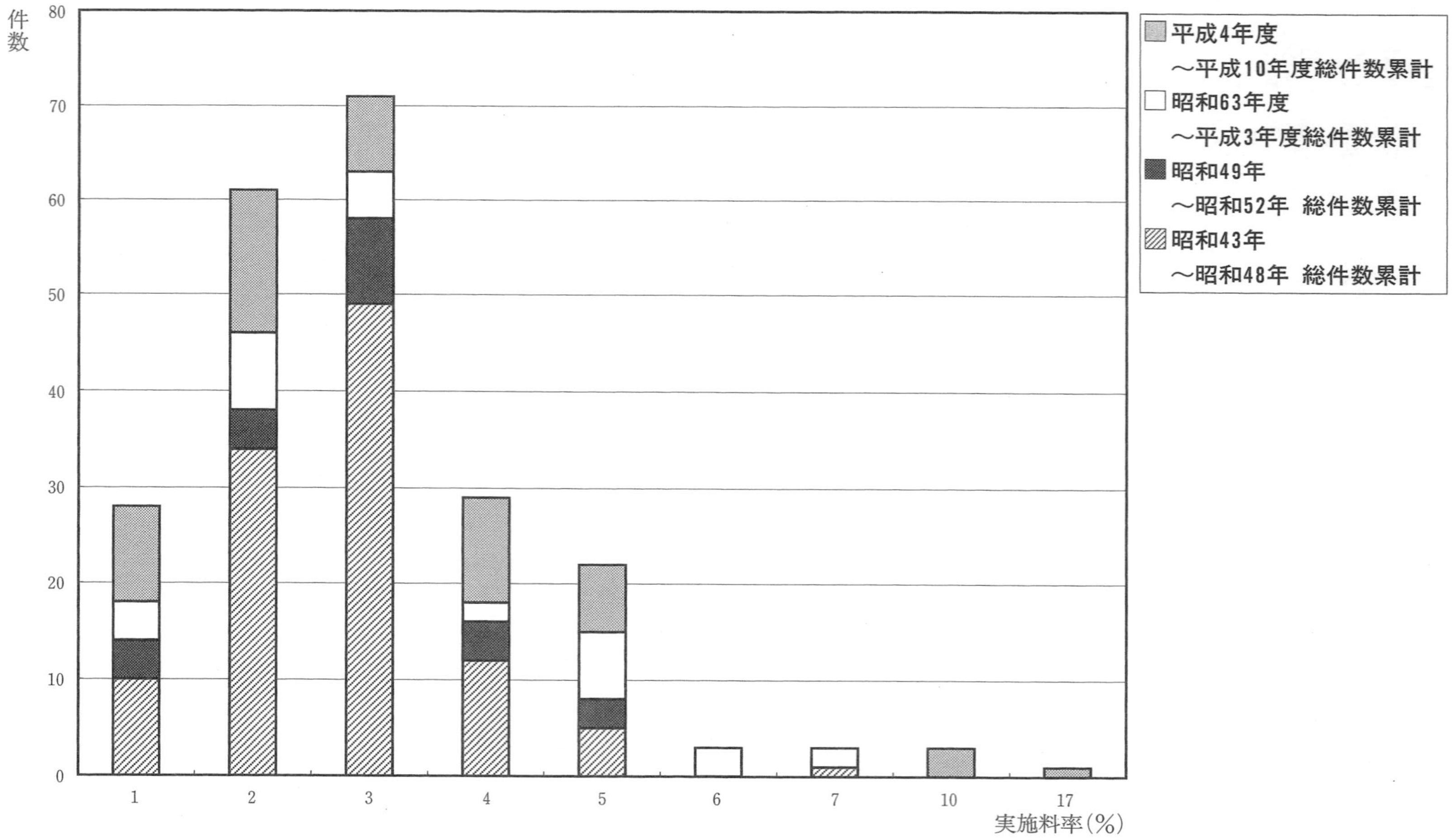

表２－２－１　有機化学製品（イニシャル　有）の実施料率別契約件数

期間（年/年度）＼契約件数	実施料率(%) 1	2	3	4	5	6	7	10	17	合計	ミニマム付割合	年平均件数	最頻値	中央値	平均値	その他の実施料 件数	年平均
昭和43年～昭和48年　総件数累計	10	34	49	12	5		1			111		18.5	3	3	2.7	—	—
																—	—
昭和49年～昭和52年　総件数累計	4	4	9	4	3					24		6.0	3	3	2.9	—	—
〃　ミニマム付件数	1	2	3							6	0.25	1.5				—	—
昭和63年度～平成3年度総件数累計	4	8	5	2	7	3	2			31		7.8	2	3	3.5	26	6.5
〃　ミニマム付件数	1	2			2	1	1			7	0.23	1.8				1	0.3
平成4年度総件数	2	3	1		2					8						1	
〃　ミニマム付件数	1	2								3							
平成5年度総件数		1	1	1						3						2	
〃　ミニマム付件数		1	1							2							
平成6年度総件数	2	1	2	4	1			1		11						2	
〃　ミニマム付件数	1									1							
平成7年度総件数	2	3		1	2			1		9						3	
〃　ミニマム付件数										0						1	
平成8年度総件数	1	3	2	2	1			1		10							
〃　ミニマム付件数				2						2							
平成9年度総件数	3	4	1	3	1				1	13						4	
〃　ミニマム付件数	2	2		1						5						2	
平成10年度総件数			1							1						—	—
〃　ミニマム付件数										0						—	—
平成4年度～平成10年度総件数累計	10	15	8	11	7	0	0	3	1	55		7.9	2	3	3.5	12	2.0
〃　ミニマム付件数	4	5	1	3	0	0	0	0	0	13	0.24	1.9				3	0.5

（注）その他の実施料：実施料率以外の実施料（例えば、従量実施料、定額実施料等）のもの。

図２－２－２　有機化学製品（イニシャル　無）の実施料率別契約件数

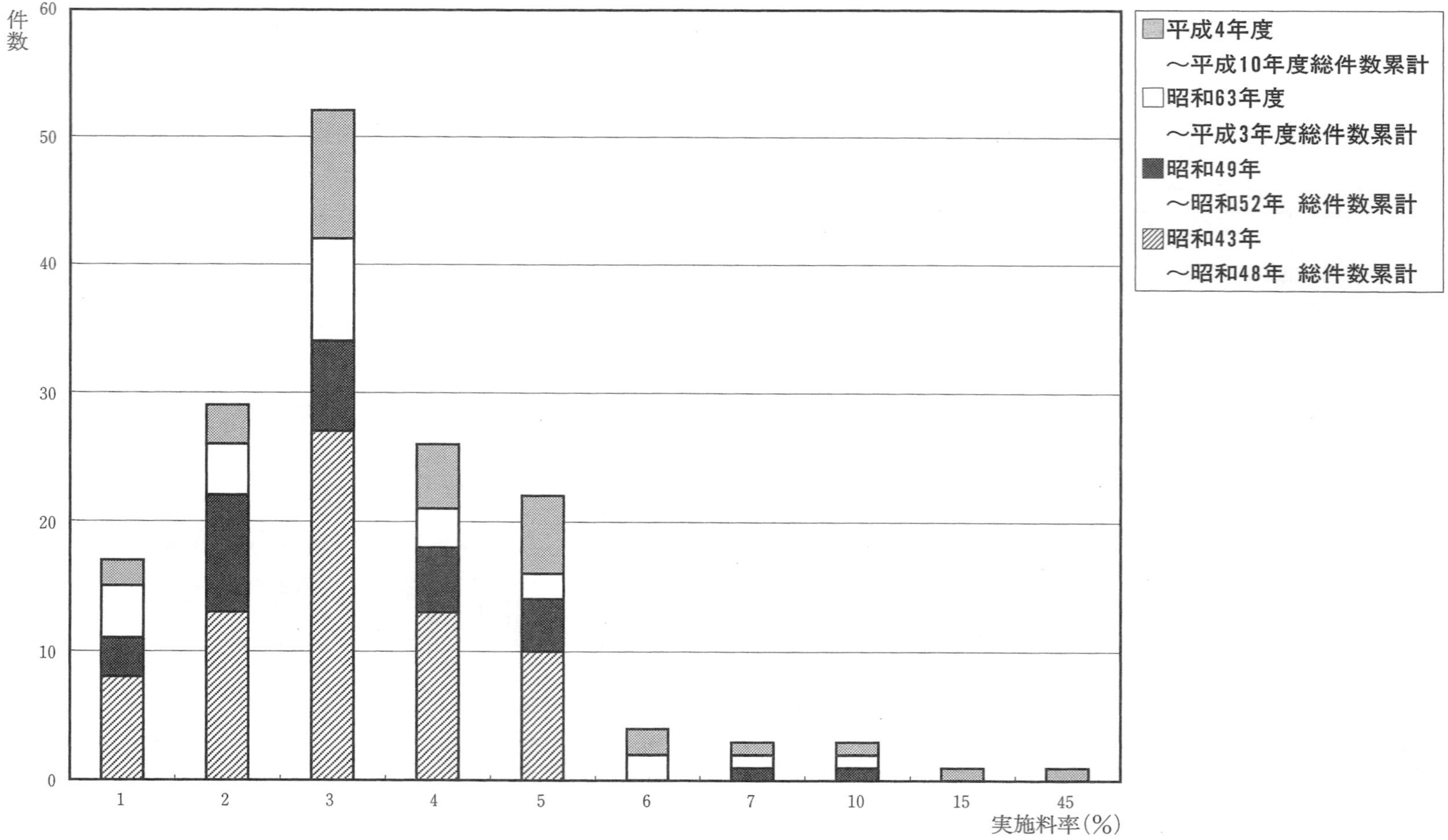

表2－2－2　有機化学製品（イニシャル　無）の実施料率別契約件数

期間（年/年度）＼契約件数	実施料率(%)																その他の実施料	
	1	2	3	4	5	6	7	10	15	45	合計	ミニマム付割合	年平均件数	最頻値	中央値	平均値	件数	年平均
昭和43年～昭和48年　総件数累計	8	13	27	13	10						71		11.8	3	3	3.1	—	—
																	—	—
昭和49年～昭和52年　総件数累計	3	9	7	5	4		1	1			30		7.5	2	3	3.3	—	—
〃　ミニマム付件数	1	3									4	0.13	1.0				—	—
昭和63年度～平成3年度総件数累計	4	4	8	3	2	2	1	1			25		6.3	3	3	3.5	8	2.0
〃　ミニマム付件数	1	1					1	1			4	0.16	1.0					0.0
平成4年度総件数		2	1	1	1						5						2	
〃　ミニマム付件数											0							
平成5年度総件数	1		1	1						1	4						2	
〃　ミニマム付件数											0							
平成6年度総件数			3	1							4						2	
〃　ミニマム付件数			1								1							
平成7年度総件数		1	1		1						3						3	
〃　ミニマム付件数		1									1							
平成8年度総件数	1		1	2		1	1	1			7						4	
〃　ミニマム付件数				1							1						2	
平成9年度総件数			1		1	1			1		4						2	
〃　ミニマム付件数					1						1							
平成10年度総件数			2		3						5						—	—
〃　ミニマム付件数					1						1						—	—
平成4年度～平成10年度総件数累計	2	3	10	5	6	2	1	1	1	1	32		4.6	3	4	5.5	15	2.5
〃　ミニマム付件数	0	1	1	1	2	0	0	0	0	0	5	0.16	0.7				2	0.3

（注）その他の実施料：実施料率以外の実施料（例えば、従量実施料、定額実施料等）のもの。

3．化学繊維

この技術分野は、日本標準産業分類F204が関連する技術を扱う。化学繊維製造技術である。

図２－３－１、２－３－２は、この技術分野における外国技術導入契約の実施料が、許諾製品の出来高にリンクした料率表示であったものの年（年度）別契約件数を、イニシャル・ペイメント条件の有り・無しに分けて、実施料率別にグラフ化したものである。

また、**表２－３－１、２－３－２**は、上記のデータに加え、さらにミニマム・ロイヤルティ条件付件数データと、最近の10年間（昭和63年度～平成９年度）の、外国技術導入契約の実施料が料率以外のもの（例えば、従量実施料、定額実施料等）であった契約件数データを、それぞれ「ミニマム付件数」及び「その他の実施料」として表したものである。

○契約件数について

図２－３－１、２－３－２及び**表２－３－１、２－３－２**が示すように、この技術分野における外国技術導入契約の平成４年度～平成10年度の７年間の件数は、イニシャル有りが２件(0.3件／年)、イニシャル無しが６件（0.9件／年）である。これは、昭和63年度～平成３年度の４年間と比較すると、イニシャル有りが1.0→0.3件／年、イニシャル無しが0.5→0.9件／年となっている。イニシャル有り、イニシャル無しを合計した契約件数は、全技術分野中3番目に少ない。

また、平成４年度～平成10年度のミニマム付件数の全体に占める割合については、イニシャル有りでは契約がなく、イニシャル無しが0.17であった。

平成４年度～平成９年度のその他の実施料の件数については、イニシャル有り、イニシャル無しとも契約がなかった。

この技術分野は、実施料率を採用した契約とその他の実施料を採用した契約の合計件数が全技術分野中最も少なく、他の技術分野に比べて外国技術導入が非常に少ない分野である。

○実施料率について

実施料率の平均値については、平成４年度～平成10年度は、イニシャル有りが1.5％、イニシャル無しが5.2％であり、昭和63年度～平成３年度と比較すると、イニシャル有りが2.8→1.5％、イニシャル無しが2.5→5.2％となっている。イニシャル無しでは、平成５年度以前は見られなかった５％以上の例が３例あったため、平均値が上昇している。

平成４年度～平成10年度は、実施料率８％以上の契約が、イニシャル有りについては契約がなく、イニシャル無しについては８％の契約が１件(0.1件／年)あるのみであった。昭和63年度～平成３年度の４年間は、イニシャル有り、無しとも８％以上の契約はなかった。実施料率が８％の契約の技術内容は、芳香族アラミド系繊維に関するものであった。

図２－３－１　化学繊維（イニシャル　有）の実施料率別契約件数

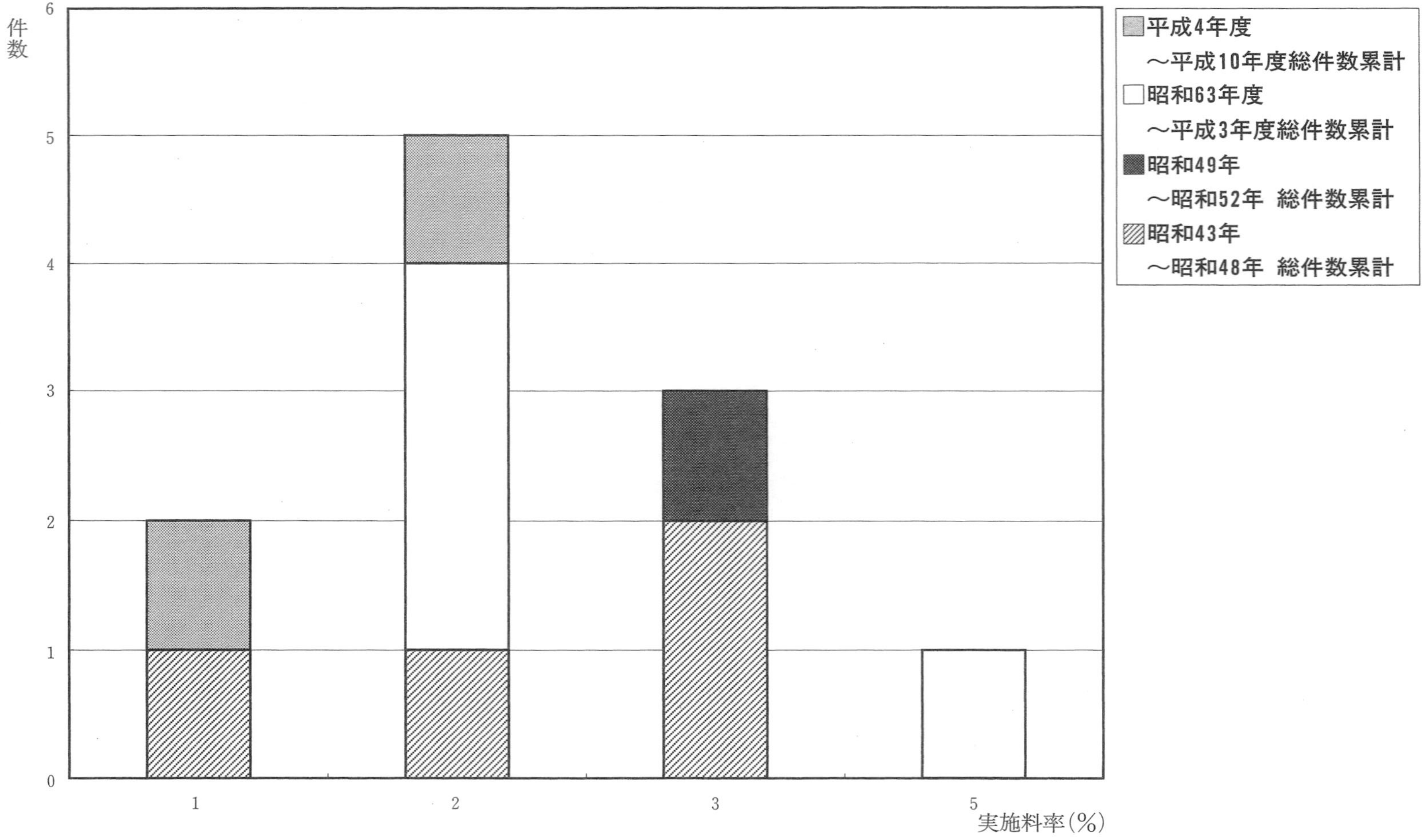

表2－3－1　化学繊維（イニシャル　有）の実施料率別契約件数

期間（年/年度）＼契約件数	実施料率(%) 1	2	3	5	合計	ミニマム付割合	年平均件数	最頻値	中央値	平均値	その他の実施料 件数	年平均
昭和43年～昭和48年　総件数累計	1	1	2		4		0.7			2.3	—	—
											—	—
昭和49年～昭和52年　総件数累計			1		1		0.3			3.0	—	—
〃　ミニマム付件数			1		1	1.00	0.3				—	—
昭和63年度～平成3年度総件数累計		3		1	4		1.0			2.8	1	0.3
〃　ミニマム付件数		1			1	0.25	0.3					0.0
平成4年度総件数					0							
〃　ミニマム付件数					0							
平成5年度総件数					0							
〃　ミニマム付件数					0							
平成6年度総件数					0							
〃　ミニマム付件数					0							
平成7年度総件数					0							
〃　ミニマム付件数					0							
平成8年度総件数	1	1			2							
〃　ミニマム付件数					0							
平成9年度総件数					0							
〃　ミニマム付件数					0							
平成10年度総件数					0						—	—
〃　ミニマム付件数					0						—	—
平成4年度～平成10年度総件数累計	1	1	0	0	2		0.3	1・2	1・2	1.5	0	0.0
〃　ミニマム付件数	0	0	0	0	0	0.00	0.0				0	0.0

（注）その他の実施料：実施料率以外の実施料（例えば、従量実施料、定額実施料等）のもの。

図２－３－２　化学繊維（イニシャル　無）の実施料率別契約件数

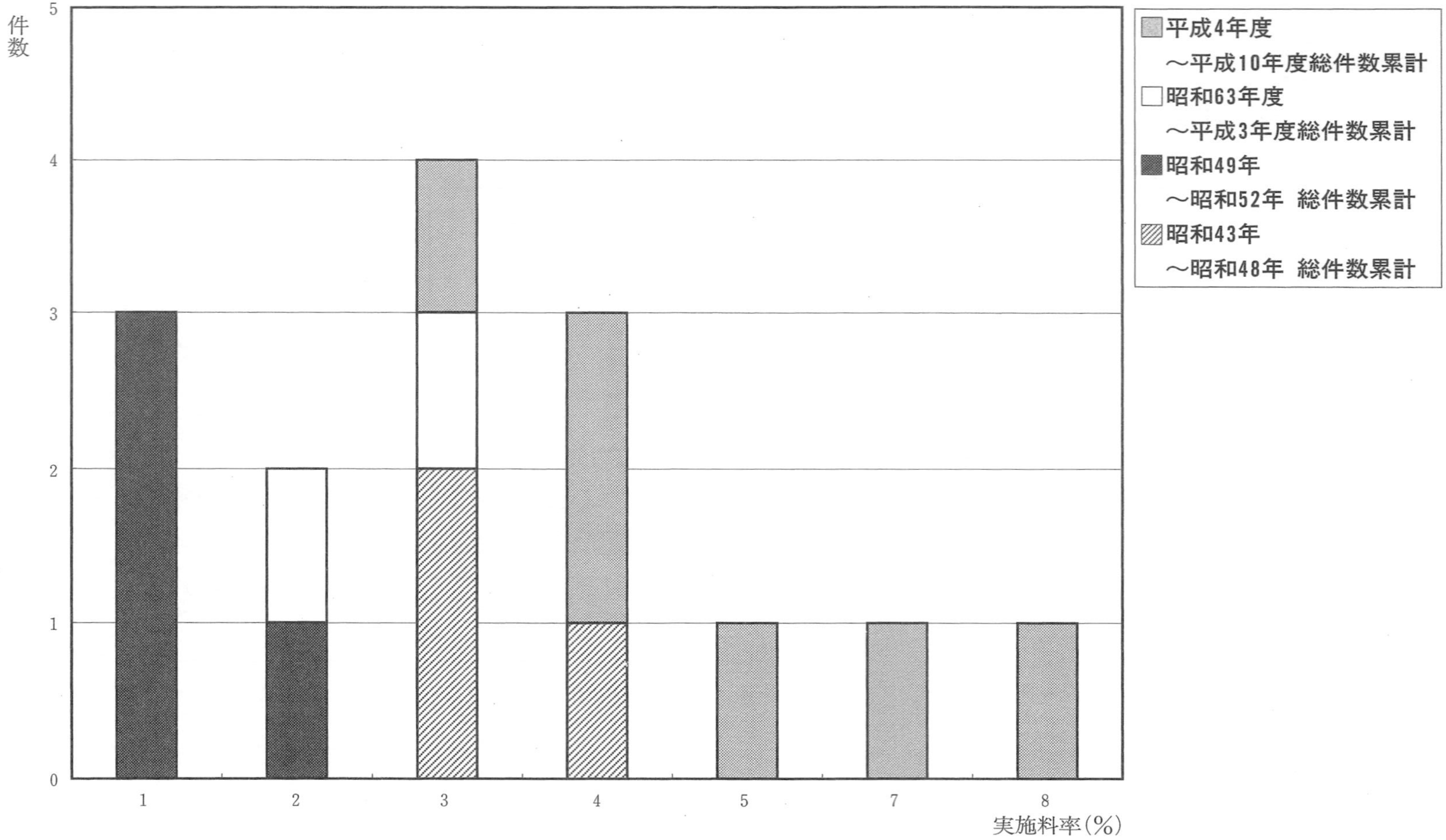

表2－3－2　化学繊維（イニシャル　無）の実施料率別契約件数

期間（年/年度）＼契約件数	実施料率(%) 1	2	3	4	5	7	8	合計	ミニマム付割合	年平均件数	最頻値	中央値	平均値	その他の実施料 件数	年平均
昭和43年～昭和48年　総件数累計			2	1				3		0.5			3.3	—	—
								0						—	—
昭和49年～昭和52年　総件数累計	3	1						4		1.0			1.3	—	—
〃　ミニマム付件数		1						1	0.25	0.3				—	—
昭和63年度～平成3年度総件数累計		1	1					2		0.5			2.5	1	0.3
〃　ミニマム付件数								0	0.00	0.0					0.0
平成4年度総件数								0							
〃　ミニマム付件数								0							
平成5年度総件数								0							
〃　ミニマム付件数								0							
平成6年度総件数				1			1	2							
〃　ミニマム付件数								0							
平成7年度総件数						1		1							
〃　ミニマム付件数								0							
平成8年度総件数			1	1	1			3							
〃　ミニマム付件数				1				1							
平成9年度総件数								0							
〃　ミニマム付件数								0							
平成10年度総件数								0						—	—
〃　ミニマム付件数								0						—	—
平成4年度～平成10年度総件数累計	0	0	1	2	1	1	1	6		0.9	4	4･5	5.2	0	0.0
〃　ミニマム付件数	0	0	0	1	0	0	0	1	0.17	0.1				0	0.0

（注）その他の実施料：実施料率以外の実施料（例えば、従量実施料、定額実施料等）のもの。

４．石油・石炭製品

この技術分野は、日本標準産業分類F21が関連する技術を扱う。石油精製技術、潤滑油・グリース製造技術、コークス製造技術、練炭・豆炭製造技術、舗装材料製造技術及びその他の石油・石炭製品製造技術である。

図２－４－１、２－４－２は、この技術分野における外国技術導入契約の実施料が、許諾製品の出来高にリンクした料率表示であったものの年（年度）別契約件数を、イニシャル・ペイメント条件の有り・無しに分けて、実施料率別にグラフ化したものである。

また、**表２－４－１、２－４－２**は、上記のデータに加え、さらにミニマム・ロイヤルティ条件付件数データと、最近の10年間（昭和63年度～平成９年度）の、外国技術導入契約の実施料が料率以外のもの（例えば、従量実施料、定額実施料等）であった契約件数データを、それぞれ「ミニマム付件数」及び「その他の実施料」として表したものである。

○契約件数について

図２－４－１、２－４－２及び**表２－４－１、２－４－２**が示すように、この技術分野における外国技術導入契約の平成４年度～平成10年度の７年間の件数は、イニシャル有りでは契約がなく、イニシャル無しで４％（ミニマム無し）の契約がわずかに１件（0.1件／年）あるのみであった。なお、昭和63年度～平成３年度の４年間についても、イニシャル有りでは契約がなく、イニシャル無しで２件（0.5件／年）あるのみであった。イニシャル有り、無しを合計した契約件数は、全技術分野中最も少ない。

一方、平成４年度～平成９年度のその他の実施料の件数については、イニシャル有りで14件(2.3件／年)、イニシャル無しで５件（0.8件／年）となっており、昭和63年度～平成３年度の４年間と比較すると大幅に減少しているものの、依然として契約があった。

この分野の契約で、実施料率よりもむしろ、その他の実施料が採用される理由は、製品価額の変動が比較的に頻繁であるものが多いこともあろうが、業界の慣行の強さもまた関係するものと考えられる。

図２－４－１　石油・石炭製品（イニシャル　有）の実施料率別契約件数

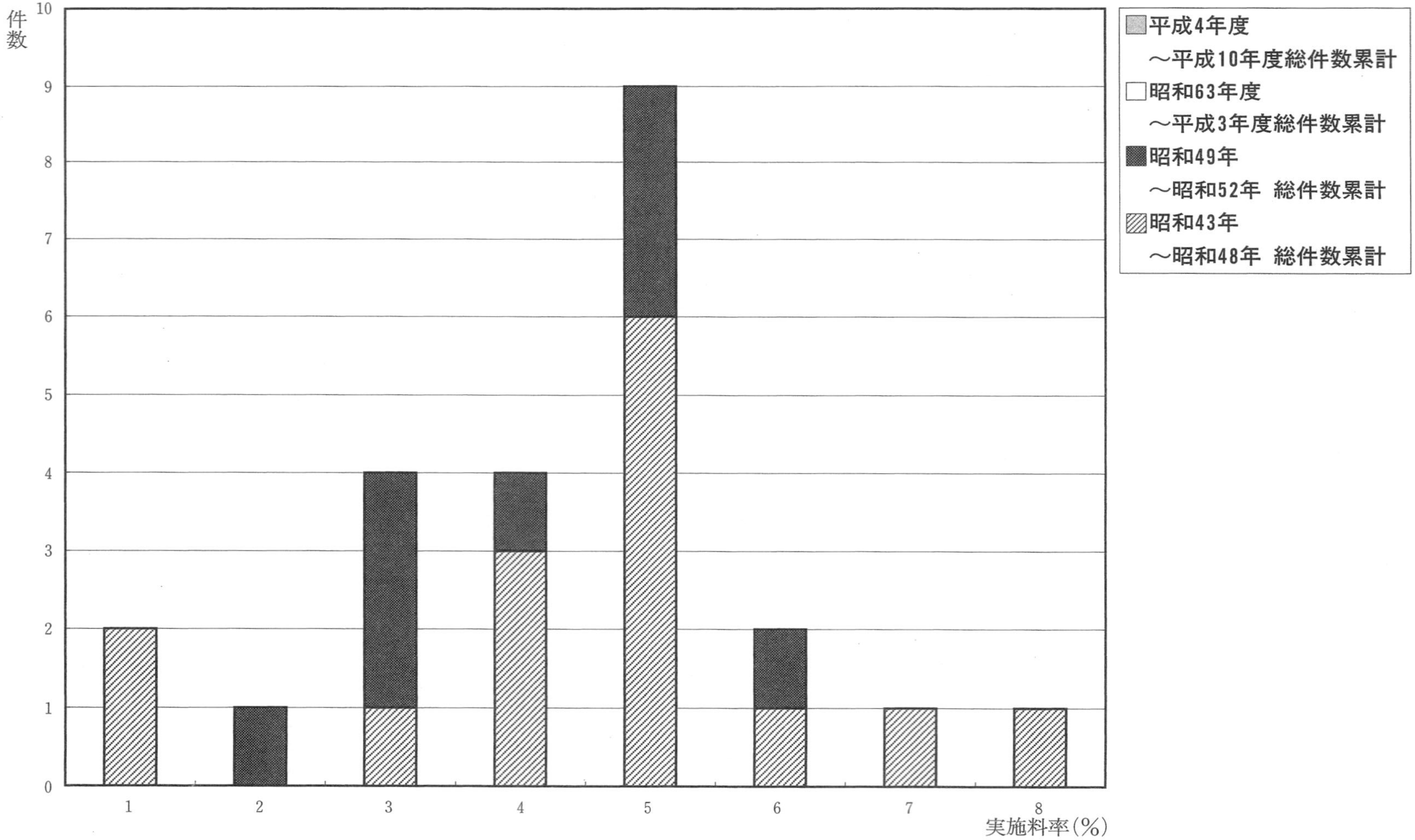

表2－4－1　石油・石炭製品（イニシャル　有）の実施料率別契約件数

期間（年/年度）＼契約件数	実施料率(%)														その他の実施料	
	1	2	3	4	5	6	7	8	合計	ミニマム付割合	年平均件数	最頻値	中央値	平均値	件数	年平均
昭和43年～昭和48年　総件数累計	2		1	3	6	1	1	1	15		2.5	5	5	4.5	—	—
									0						—	—
昭和49年～昭和52年　総件数累計		1	3	1	3	1			9		2.3	3･5	4	4.0	—	—
〃　ミニマム付件数			2						2	0.22	0.5				—	—
昭和63年度～平成3年度総件数累計									0		0.0			-	20	5.0
〃　ミニマム付件数									0	-	0.0					0.0
平成4年度総件数									0						4	
〃　ミニマム付件数									0							
平成5年度総件数									0						4	
〃　ミニマム付件数									0							
平成6年度総件数									0						2	
〃　ミニマム付件数									0							
平成7年度総件数									0						3	
〃　ミニマム付件数									0							
平成8年度総件数									0						1	
〃　ミニマム付件数									0							
平成9年度総件数									0							
〃　ミニマム付件数									0							
平成10年度総件数									0						—	—
〃　ミニマム付件数									0						—	—
平成4年度～平成10年度総件数累計	0	0	0	0	0	0	0	0	0		0.0			-	14	2.3
〃　ミニマム付件数	0	0	0	0	0	0	0	0		-	0.0				0	0.0

（注）その他の実施料：実施料率以外の実施料（例えば、従量実施料、定額実施料等）のもの。

図２－４－２　石油・石炭製品（イニシャル　無）の実施料率別契約件数

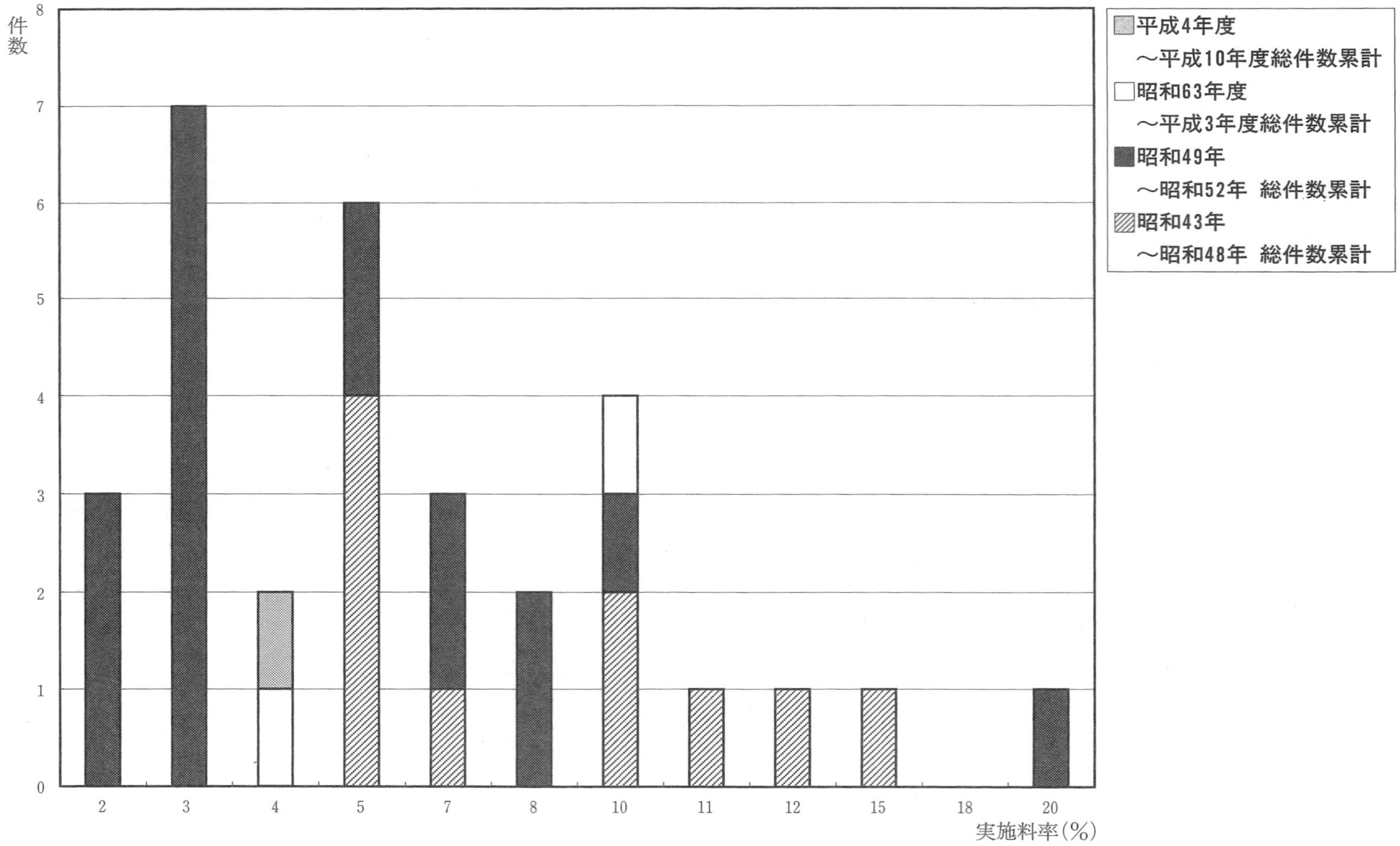

表2－4－2　石油・石炭製品（イニシャル　無）の実施料率別契約件数

契約件数 ／ 期間（年/年度）	実施料率（%）																		その他の実施料	
	2	3	4	5	7	8	10	11	12	15	18	20	合計	ミニマム付割合	年平均件数	最頻値	中央値	平均値	件数	年平均
昭和43年～昭和48年　総件数累計				4	1		2	1	1	1			10		1.7	5	10	8.5	—	—
													0						—	—
昭和49年～昭和52年　総件数累計	3	7		2	2	2	1					1	18		4.5	3	3	5.4	—	—
〃　ミニマム付件数				1			1						2	0.11	0.5				—	—
昭和63年度～平成3年度総件数累計			1				1						2		0.5			7.0	14	3.5
〃　ミニマム付件数			1				1						2	1.00	0.5				1	0.3
平成4年度総件数													0						2	
〃　ミニマム付件数													0							
平成5年度総件数													0						1	
〃　ミニマム付件数													0							
平成6年度総件数													0						1	
〃　ミニマム付件数													0							
平成7年度総件数			1										1						1	
〃　ミニマム付件数													0							
平成8年度総件数													0							
〃　ミニマム付件数													0							
平成9年度総件数													0							
〃　ミニマム付件数													0							
平成10年度総件数													0						—	—
〃　ミニマム付件数													0						—	—
平成4年度～平成10年度総件数累計	0	0	1	0	0	0	0	0	0	0	0	0	1		0.1	1	1	4.0	5	0.8
〃　ミニマム付件数	0	0	0	0	0	0	0	0	0	0	0	0		0.00	0.0				0	0.0

（注）その他の実施料：実施料率以外の実施料（例えば、従量実施料、定額実施料等）のもの。

５．医薬品・その他の化学製品

この技術分野は、日本標準産業分類F205、F206、F207及びF209が関連する分野を扱う。油脂加工製品・石けん・合成洗剤・界面活性剤・塗料製造技術、医薬品製造技術、化粧品・歯磨製造技術･その他の化粧用調整品製造技術、火薬類製造技術、農薬製造技術、香料製造技術、ゼラチン・接着剤製造技術、写真感光材料製造技術、天然樹脂製品・木材化学製品製造技術、試薬製造技術、他に分類されない化学工業製品製造技術である。

図２－５－１、２－５－２は、この技術分野における外国技術導入契約の実施料が、許諾製品の出来高にリンクした料率表示であったものの年（年度）別契約件数を、イニシャル・ペイメント条件の有り・無しに分けて、実施料率別にグラフ化したものである。

また、**表２－５－１、２－５－２**は、上記のデータに加え、さらにミニマム・ロイヤルティ条件付件数データと、最近の10年間（昭和63年度～平成９年度）の、外国技術導入契約の実施料が料率以外のもの（例えば、従量実施料、定額実施料等）であった契約件数データを、それぞれ「ミニマム付件数」及び「その他の実施料」として表したものである。

○契約件数について

図２－５－１、２－５－２及び**表２－５－１、２－５－２**が示すように、この技術分野における外国技術導入契約の平成４年度～平成10年度の７年間の件数は、イニシャル有りが327件(46.7件／年)、イニシャル無しが205件（29.3件／年）である。これは昭和63年度～平成３年度の４年間と比較すると、イニシャル有りが52.8→46.7件／年、イニシャル無しが35.3→29.3件／年といずれも減少している。なお、減少してはいるものの、イニシャル有りの契約件数については「20.電子計算機他」に次いで２番目に多く、イニシャル有り、無しの合計契約件数でも全技術分野中３番目に多い。

また、平成４年度～平成10年度のミニマム付件数の全体に占める割合は、イニシャル有りで0.19、イニシャル無しで0.11であった。

平成４年度～平成９年度のその他の実施料の件数は、イニシャル有りでは35件（5.8件／年）、イニシャル無しでは20件（3.3件／年）である。昭和63年度～平成３年度と比較すると、大幅に減少している。また、この技術分野では、実施料率の契約件数に対するその他の実施料率の契約件数の割合が他の技術分野と比較して低いという特徴がある。

ところで、この技術分野、特に医薬品に関しては特徴的な契約形態が存在する。これはマイルストーン・ペイメントと呼ばれ、開発段階に応じた支払金である。マイルストーン・ペイメントは、実施料契約と併用されることが多い。

○実施料率について

実施料率の平均値については、平成４年度～平成10年度は、イニシャル有りが6.7％、イニシャル無しで7.1％であり、昭和63年度～平成３年度と比較すると、イニシャル有りで5.9→6.7％、イニシャル無しで5.0→7.1％と、いずれも上昇している。この技術分野の実施料率の平均値は、他の技術分野と比較すると、イニシャル有りでは全技術分野中３番目、イニシャル無しでは同４番目、イニシャル有り、無しの合計では同４番目と、比較的高率である。

平成４年度～平成10年度は、実施料８％以上の契約件数が、イニシャル有りで90件（12.9件／年）、イニシャル無しで47件（6.7件／年）あった。昭和63年度～平成３年度の４年間と比較すると、イニシャル有りでは10.0→12.9件／年、イニシャル無しで4.8→6.7件／年であり、ともに増加している。上述のように、実施料率全体の契約件数は減少しているものの、８％以上の契約に限れば件数が増加しており、この結果、前述のように実施料率の平均値が高率にシフトしている。

○高率契約について

表２－５－３では、実施料率の高率側での伸びの内容を捉えるために、平成４年度～平成10年度の実施料率８％以上の契約について、イニシャル有り、無しを合計した137件を技術内容別、実施料率別に集計したものである。

ここでは、技術内容を油脂加工･石けん等（F205関連技術）、医薬品（F206関連技術）、その他の化学製品（F2091～F2099関連技術）の三つに細分化した。**表２－５－３**から分かるように、実施料率８％以上の契約137件のうち、油脂加工・石けん等が５件、医薬品が114件、その他の化学製品が18件と、大半が医薬品であった。また、この中でも高率の実施料率21％以上に限ると、19件全てが医薬品であった。

医薬品の実施料率８％以上の114件のうち、50％の契約２件を含む19件の技術内容はＤＮＡ、遺伝子関連の技術（ＤＮＡの増幅、遺伝子組替え医薬品に関するもの）であった。他の実施料率50％の契約の技術内容は、血圧降下剤、消炎鎮痛剤等、全て医薬品の製造技術に関するものであった。

このように、この技術分野が他の技術分野と比較して実施料率が高率であることと、実施料率の高率へのシフト傾向は、医薬品が支配的であるが、これは近年医薬品の開発には莫大な費用が必要となってきており、また、代替が難しい技術が他の技術分野と比較して多いためであると考えられる。

○関連判決

この技術分野の実施料率に関連した判決を紹介する。

・「硬化性樹脂被覆シート材料」：平成7（ワ）10353（H10.3.30東京地裁、侵害差止等請求事件）

被告が公知技術として主張する特許発明や製品によっては、本件発明（硬化性樹脂被覆シート材料／特公平5-35193）の「潤滑材」の解釈は作用されないとして、被告製品は本件発明の技術的範囲に属すると判断され、補償金請求、損害賠償請求については、最近の実施料率の推移、外国からの技術導入あたっての実施料率データ、先進諸国におけるランニングロイヤルティー率の一般的傾向、本件発明の技術分野、従来技術との関係および被告製品の侵害行為の態様等一切の事情を総合考慮すれば本件発明の実施に対し通常受けるべき金銭の額としては売上高の７％と認めるのが相当とされた事例である。

・「シアノグアニジン化合物の製法」：平成5(ワ)11876(H10.10.12東京地裁、損害賠償請求事件)

シメチジンは原告特許出願の優先権主張日当時、日本国内において公然知られたものではないから、被告製剤に使用されているジメチジン原末は本件特許方法（シアノグアニジン化合物の製造方法／特公昭56-1309)により製造されたものと推定されるとし、逸失利益25億円と、実施料率3.5%にあたる実施料５億円の不当利得返還請求権が認められた事例である。

・「示温材料」：平成4（ワ）474、平成4（ワ）808（H10.3.6名古屋地裁、損害賠償請求事件、損害賠償請求反訴事件)

被告製品が本件発明（示温材料／特公昭51-44706）の技術的範囲に属するとして、原告の請求を認容し、反訴請求を斥け、実施料相当額を算定するに当たっては、本件特許発明は被告製品に欠かせないものであるから、示温材料の販売のみを基礎とすることは相当ではないとされた事例である。

図２－５－１　医薬品・その他の化学製品（イニシャル　有）の実施料率別契約件数

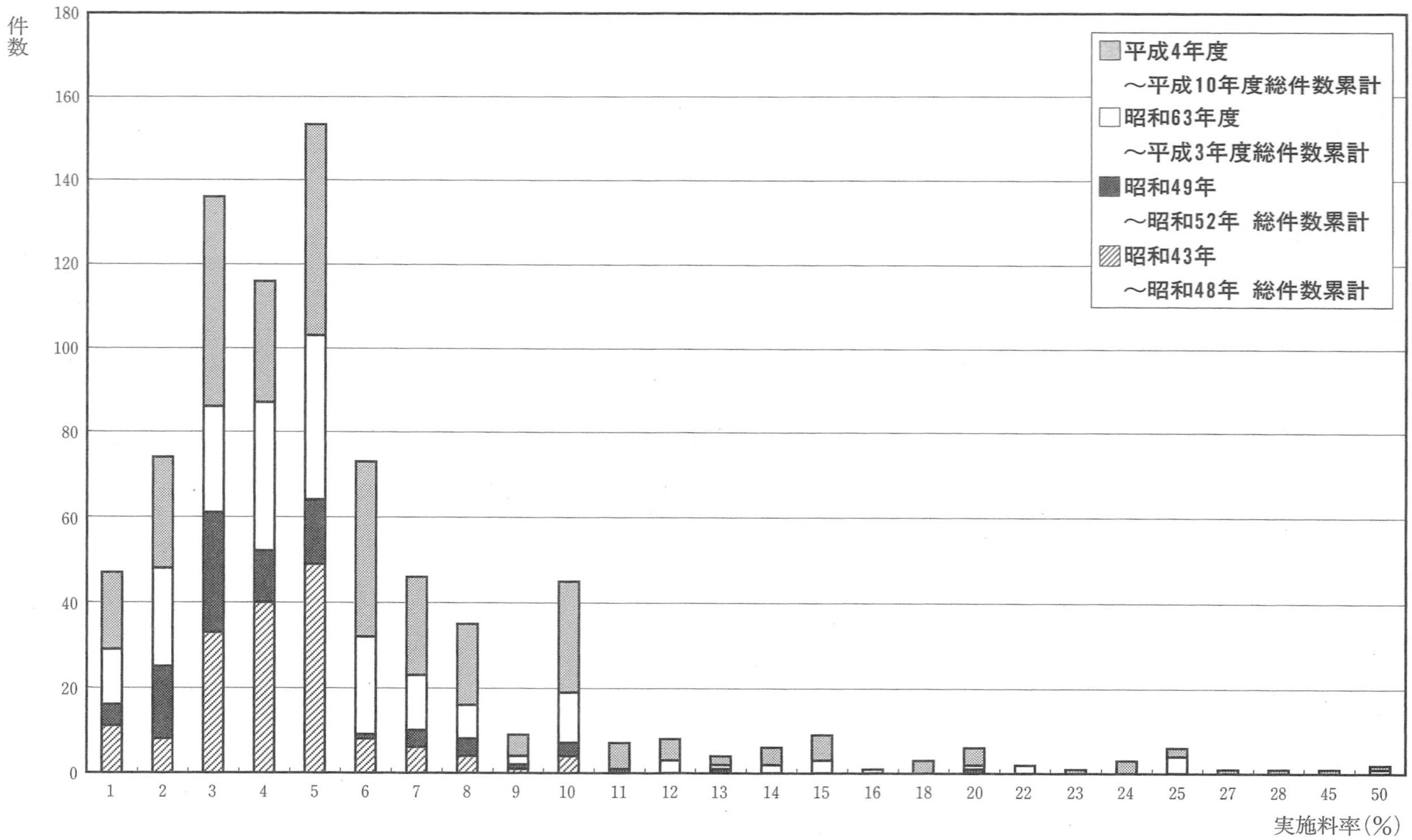

表２－５－１　医薬品・その他の化学製品（イニシャル　有）の実施料率別契約件数

期間(年/年度) ＼ 契約件数	実施料率(%) 1	2	3	4	5	6	7	8	9	10	11	12	13	14	15	16	18	20	22	23	24	25	27	28	45	50	合計
昭和43年～昭和48年　総件数累計	11	8	33	40	49	8	6	4	1	4																	164
																											0
昭和49年～昭和52年　総件数累計	5	17	28	12	15	1	4	4	1	3	1		1					1									93
〃　ミニマム付件数		11	11	5	6		2	2			1		1					1									40
昭和63年度～平成3年度総件数累計	13	23	25	35	39	23	13	8	2	12		3	1	2	3	1		1	2			4				1	211
〃　ミニマム付件数	4	5	8	12	9	7	7	5		5									1								63
平成4年度総件数	3	11	10	3	12	7	4	5	1	2	1	1		2	1		1										64
〃　ミニマム付件数	1	5	3		4	3				1	1																18
平成5年度総件数	1	1	9	1	11	6	1	2		3		1	1		2		2	1									42
〃　ミニマム付件数	1		2		1	1							1														6
平成6年度総件数		3	8	8	2	8	5		3	4	2	1			1					1							46
〃　ミニマム付件数		1	3	1	1						1																7
平成7年度総件数	2	3	7	8	10	6	6	3		7					2			2			2						58
〃　ミニマム付件数		1		1	2	2				2																	8
平成8年度総件数	7	3	3	5	4	4	3	4	1	3		1										2	1			1	42
〃　ミニマム付件数	1			1	1		1			1																	5
平成9年度総件数	2	3	7	1	5	7	3	4		4		1	1	1													39
〃　ミニマム付件数	2		1		1		2			1		1															8
平成10年度総件数	3	2	6	3	6	3	1	1		3	3			1				1			1			1	1		36
〃　ミニマム付件数	2		3	1	2	1					1													1			11
平成4年度～平成10年度総件数累計	18	26	50	29	50	41	23	19	5	26	6	5	2	4	6	0	3	4	0	1	3	2	1	1	1	1	327
〃　ミニマム付件数	7	7	12	4	12	7	3	0	0	5	3	1	1	0	0	0	0	0	0	0	0	0	0	1	0	0	63

期間(年/年度) ＼ 契約件数	実施料率(%)					その他の実施料	
	ミニマム付割合	年平均件数	最頻値	中央値	平均値	件数	年平均
昭和43年～昭和48年　総件数累計		27.3	5	4	4.3	—	—
						—	—
昭和49年～昭和52年　総件数累計		23.3	3	3	4.2	—	—
〃　ミニマム付件数	0.43	10.0				—	—
昭和63年度～平成3年度総件数累計		52.8	5	5	5.9	40	10.0
〃　ミニマム付件数	0.30	15.8				10	2.5
平成4年度総件数						7	
〃　ミニマム付件数							
平成5年度総件数						7	
〃　ミニマム付件数							
平成6年度総件数						6	
〃　ミニマム付件数							
平成7年度総件数						5	
〃　ミニマム付件数						1	
平成8年度総件数						7	
〃　ミニマム付件数							
平成9年度総件数						3	
〃　ミニマム付件数							
平成10年度総件数						—	—
〃　ミニマム付件数						—	—
平成4年度～平成10年度総件数累計		46.7	3・5	5	6.7	35	5.8
〃　ミニマム付件数	0.19	9.0				1	0.2

（注）その他の実施料：実施料率以外の実施料（例えば、従量実施料、定額実施料等）のもの。

図２－５－２　医薬品・その他の化学製品（イニシャル　無）の実施料率別契約件数

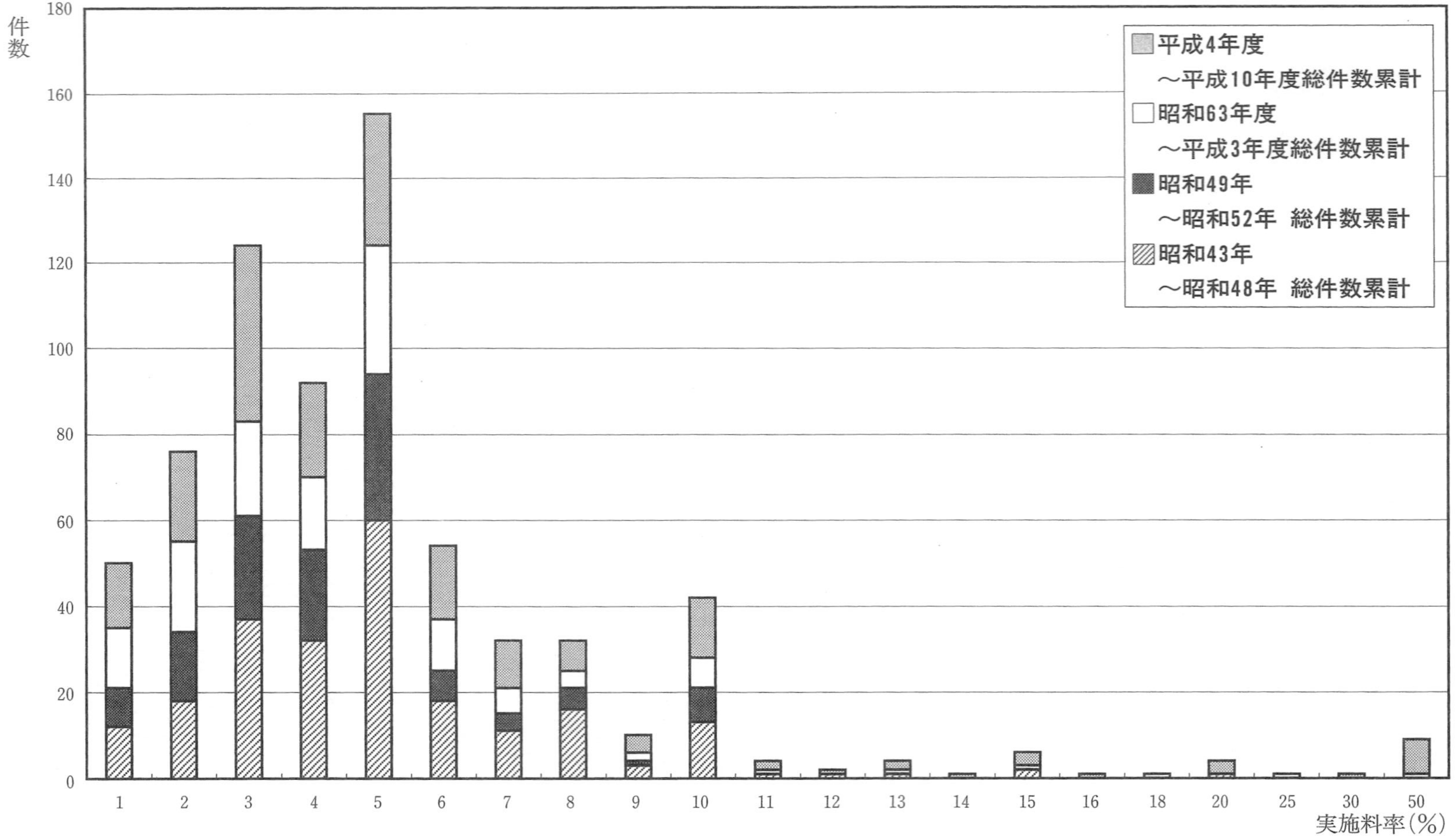

表2－5－2　医薬品・その他の化学製品（イニシャル　無）の実施料率別契約件数

期間(年/年度) ＼ 契約件数	実施料率(%) 1	2	3	4	5	6	7	8	9	10	11	12	13	14	15	16	18	20	25	30	50	合計	ミニマム付割合	年平均件数	最頻値	中央値	平均値
昭和43年～昭和48年　総件数累計	12	18	37	32	60	18	11	16	3	13	1	1	1		2			1				226		37.7	5	5	5.1
																						0					
昭和49年～昭和52年　総件数累計	9	16	24	21	34	7	4	5	1	8												129		32.3	5	5	4.4
〃　ミニマム付件数	1		5	2	6	1	1			2												18	0.14	4.5			
昭和63年度～平成3年度総件数累計	14	21	22	17	30	12	6	4	2	7	1		1		1		1		1		1	141		35.3	5	4	5.0
〃　ミニマム付件数		3	3	3	3	4	2	1		1	1											21	0.15	5.3			
平成4年度総件数	4	4	10	2	7	3	2	1	1			1								1	6	42					
〃　ミニマム付件数			1		1	1																3					
平成5年度総件数	5	4	8	3	6	5	1	2	1	1					1	1		1			1	40					
〃　ミニマム付件数	1	1			1			1		1												5					
平成6年度総件数	2	2	4	4	5	3	3	1	1	1	2		1									29					
〃　ミニマム付件数				1			1															2					
平成7年度総件数	1	4	2	7	4	2	2	2	1	6			1								1	33					
〃　ミニマム付件数			1	1	2	1				1												6					
平成8年度総件数		1	12	1	4	2				4				1				1				26					
〃　ミニマム付件数			1							1												2					
平成9年度総件数	1	3	2	3	3		3			1					1			1				18					
〃　ミニマム付件数				1						1												2					
平成10年度総件数	2	3	3	2	2	2		1		1					1							17					
〃　ミニマム付件数				2						1												3					
平成4年度～平成10年度総件数累計	15	21	41	22	31	17	11	7	4	14	2	1	2	1	3	1	0	3	0	1	8	205		29.3	3	5	7.1
〃　ミニマム付件数	1	1	3	5	4	2	1	1	0	5	0	0	0	0	0	0	0	0	0	0	0	23	0.11	3.3			

期間(年/年度) ＼ 契約件数	その他の実施料 件数	年平均
昭和43年～昭和48年　総件数累計	—	—
	—	—
昭和49年～昭和52年　総件数累計	—	—
〃　ミニマム付件数	—	—
昭和63年度～平成3年度総件数累計	28	7.0
〃　ミニマム付件数	7	1.8
平成4年度総件数	7	
〃　ミニマム付件数		
平成5年度総件数	6	
〃　ミニマム付件数		
平成6年度総件数	3	
〃　ミニマム付件数		
平成7年度総件数		
〃　ミニマム付件数		
平成8年度総件数		
〃　ミニマム付件数		
平成9年度総件数	4	
〃　ミニマム付件数		
平成10年度総件数	—	—
〃　ミニマム付件数	—	—
平成4年度～平成10年度総件数累計	20	3.3
〃　ミニマム付件数	0	0.0

(注)その他の実施料：実施料率以外の実施料（例えば、従量実施料、定額実施料等）のもの。

2－5－3　医薬品・その他の化学製品の実施料率８％以上の契約件数（平成4年度～平成10年度）

技術内容 ＼ 実施料率	実施料率(%) 8～10	11～20	21～30	31～50	総計
油脂加工・石けん等	3	2			5
医薬品	60	35	9	10	114
（内）DNA関連	7	10		2	19
（内）その他	53	25	9	8	95
その他の化学製品	12	6			18
総　計	75	43	9	10	137

6．鉄鋼・非鉄金属

この技術分野は、日本標準産業分類F26及びF27が関連する技術を扱う。高炉による製鉄技術、高炉によらない製鉄技術、製鋼・製鋼圧延技術、製鋼を行わない鋼材製造技術、表面処理鋼材製造技術、鉄素形材製造技術、その他の鉄鋼技術、非鉄金属第1次製錬・精製技術、非鉄金属第2次製錬・精製技術（非鉄金属合金製造技術を含む）、非鉄金属・同合金圧延技術（抽伸・抽出技術を含む）、電線・ケーブル製造技術、非鉄金属素形材製造技術、その他の非鉄金属製造技術である。

図2－6－1、**2－6－2**は、この技術分野における外国技術導入契約の実施料が、許諾製品の出来高にリンクした料率表示であったものの年（年度）別契約件数を、イニシャル・ペイメント条件の有り・無しに分けて、実施料率別にグラフ化したものである。

また、**表2－6－1**、**2－6－2**は、上記のデータに加え、さらにミニマム・ロイヤルティ条件付件数データと、最近の10年間（昭和63年度～平成9年度）の、外国技術導入契約の実施料が料率以外のもの（例えば、従量実施料、定額実施料等）であった契約件数データを、それぞれ「ミニマム付件数」及び「その他の実施料」として表したものである。

○契約件数について

図2－6－1、**2－6－2**及び**表2－6－1**、**2－6－2**が示すように、この技術分野における外国技術導入契約の平成4年度～平成10年度の7年間の件数は、イニシャル有りが22件（3.1件／年）、イニシャル無しが14件（2.0件／年）である。これは、昭和63年度～平成3年度の4年間と比較すると、イニシャル有りが4.5→3.1件／年、イニシャル無しが2.5→2.0件／年と、いずれも減少している。

また、平成4年度～平成10年度のミニマム付件数の全体に占める割合については、イニシャル有りが0.27、イニシャル無しが0.14であった。イニシャル有り、無しともに昭和63年度～平成3年度から低下している。

平成4年度～平成9年度のその他の実施料の件数については、イニシャル有りが9件（1.5件／年）、イニシャル無しが11件（1.8件／年）である。イニシャル有りでは半減しているが、イニシャル無しではほぼ横ばいである。

○実施料率について

実施料率の平均値については、平成4年度～平成10年度は、イニシャル有りが3.5%、イニシャル無しが3.3%であり、昭和63年度～平成3年度と比較すると、イニシャル有りが6.2→3.5%、イニシャル無しが5.3→3.3％と、いずれも大きく減少している。この結果、この技術分野のイニシャル有り、無しを合計した実施料率の平均値は全技術分野中３番目に低いものとなった（イニシャル無しでは最も低い技術分野の一つである）。

平成４年度～平成10年度は、実施料率８％以上の契約が、イニシャル有りについては10％が２件（0.3件／年）、イニシャル無しについては15％が１件（0.1件／年）あった。昭和63年度～平成３年度の４年間と比較すると、イニシャル有りでは0.8→0.3件／年、イニシャル無しで0.3→0.1件／年であり、いずれも契約件数全体の減少幅以上に減少している。また、実施料率の最頻値、最高値、中央値のいずれもが昭和63年度～平成３年度から低下しており、実施料率の低率側へのシフトがはっきりと表れている。

なお、実施料率が15％の契約の技術内容は鋳鉄技術に関するものであり、10％の契約の技術内容は原子燃料に関するものと合金メッキに関するものであった。

この技術分野では、契約件数、実施料率とも減少傾向にあり、わが国企業の技術レベルの向上が、世界レベルで最先端に位置することを反映していると考えられる。

図２－６－１　鉄鋼・非鉄金属（イニシャル　有）の実施料率別契約件数

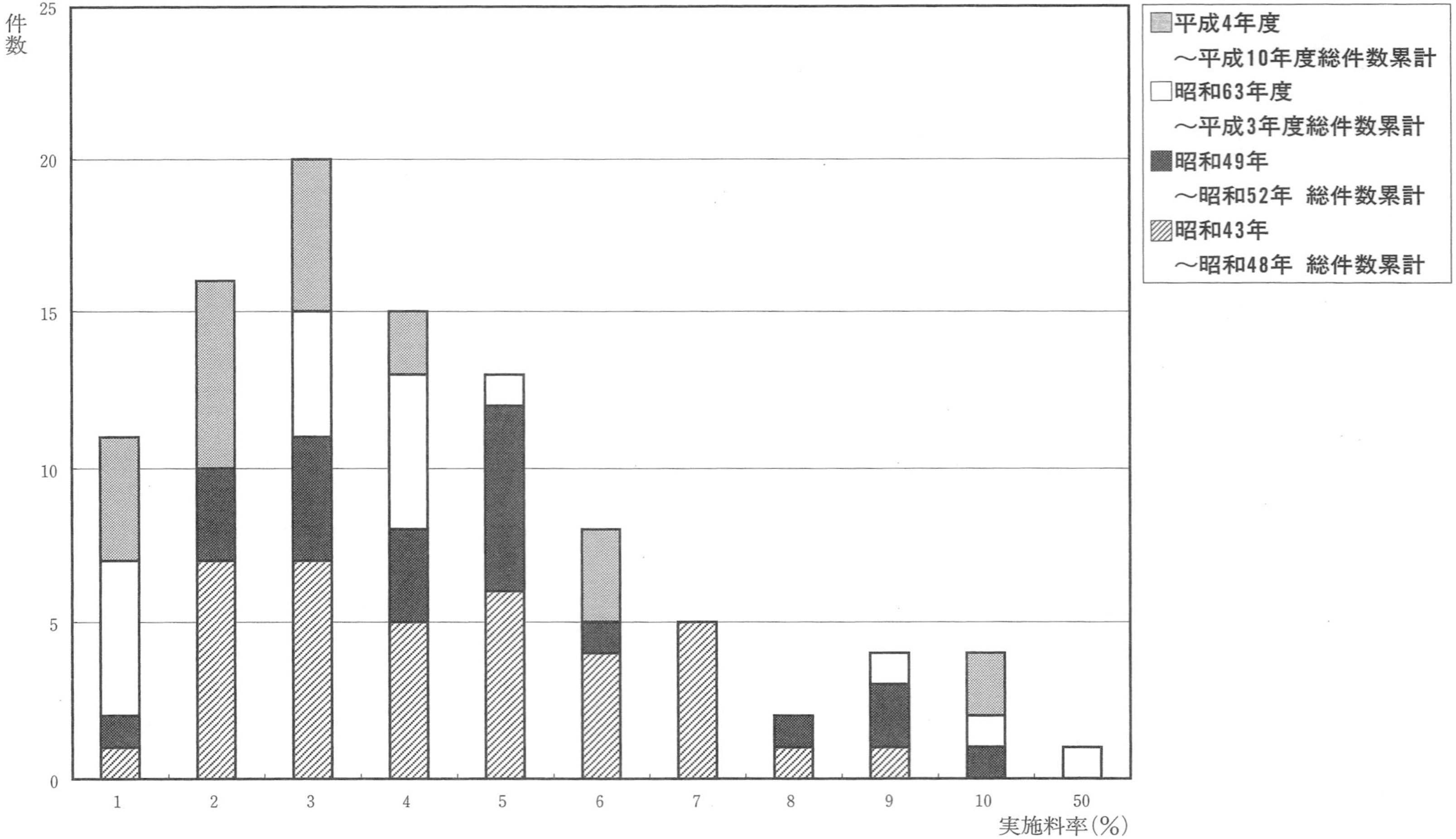

表2－6－1　鉄鋼・非鉄金属（イニシャル　有）の実施料率別契約件数

期間（年/年度）＼契約件数	実施料率(%) 1	2	3	4	5	6	7	8	9	10	50	合計	ミニマム付割合	年平均件数	最頻値	中央値	平均値	その他の実施料 件数	年平均
昭和43年～昭和48年　総件数累計	1	7	7	5	6	4	5	1	1			37		6.2	2･3	4	4.4	—	—
												0						—	—
昭和49年～昭和52年　総件数累計	1	3	4	3	6	1		1	2	1		22		5.5	5	5	4.7	—	—
〃　ミニマム付件数	1	1	2	1	3			1		1		10	0.45	2.5				—	—
昭和63年度～平成3年度総件数累計	5		4	5	1				1	1	1	18		4.5	1･4	4	6.2	12	3.0
〃　ミニマム付件数			2	3	1					1		7	0.39	1.8				2	0.5
平成4年度総件数	1		2	1								4						2	
〃　ミニマム付件数			2									2						1	
平成5年度総件数				1								1						1	
〃　ミニマム付件数												0							
平成6年度総件数						1						1						4	
〃　ミニマム付件数												0							
平成7年度総件数	2	1	2			1				1		7						1	
〃　ミニマム付件数						1						1						1	
平成8年度総件数			1			1				1		3						1	
〃　ミニマム付件数			1							1		2							
平成9年度総件数		4										4							
〃　ミニマム付件数		1										1							
平成10年度総件数	1	1										2						—	—
〃　ミニマム付件数												0						—	—
平成4年度～平成10年度総件数累計	4	6	5	2	0	3	0	0	0	2	0	22		3.1	2	3	3.5	9	1.5
〃　ミニマム付件数	0	1	3	0	0	1	0	0	0	1	0	6	0.27	0.9				2	0.3

（注）その他の実施料：実施料率以外の実施料（例えば、従量実施料、定額実施料等）のもの。

図２－６－２　鉄鋼・非鉄金属（イニシャル　無）の実施料率別契約件数

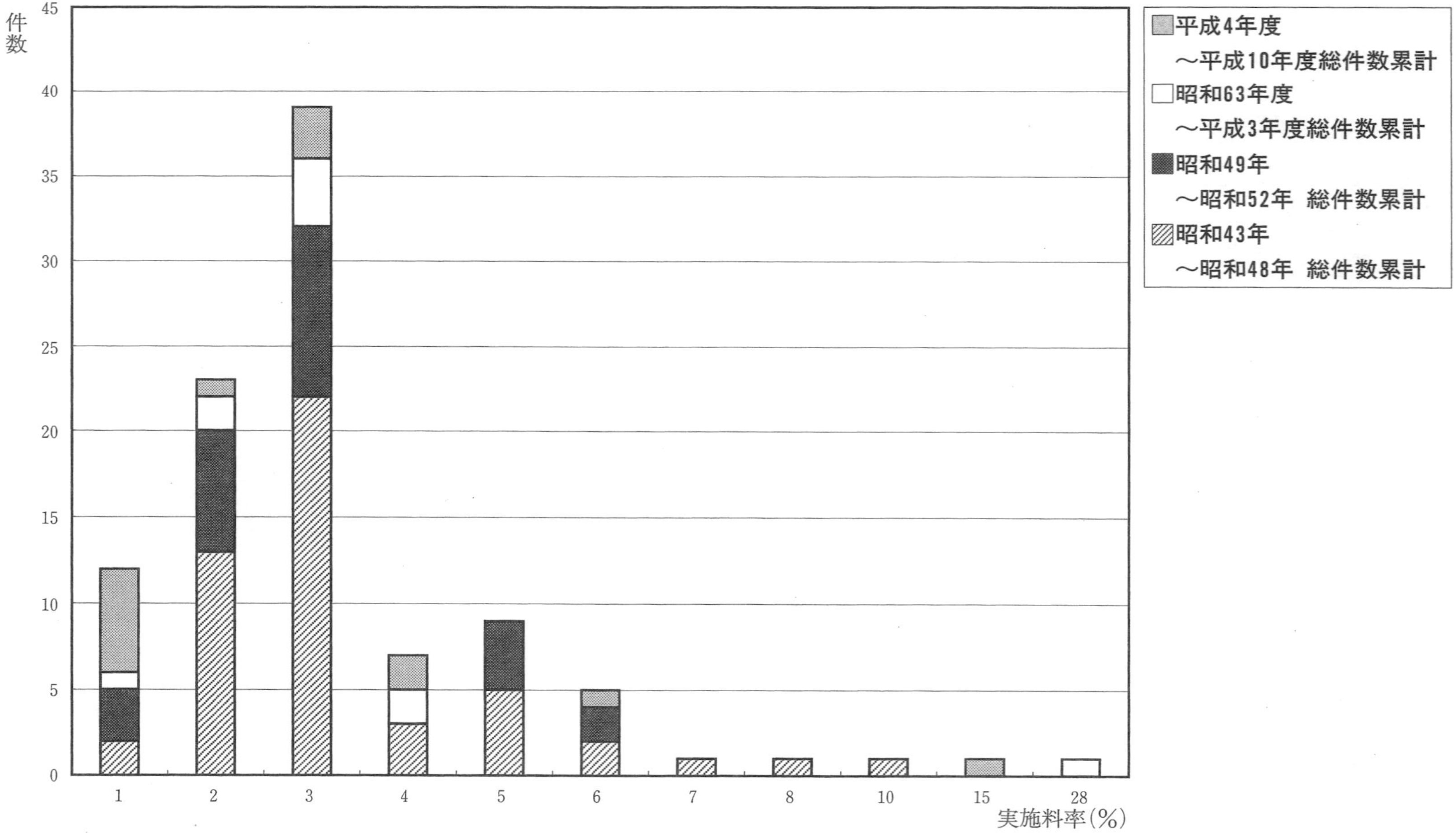

表２－６－２　鉄鋼・非鉄金属（イニシャル　無）の実施料率別契約件数

契約件数 ／ 期間（年/年度）	実施料率(%)																	その他の実施料	
	1	2	3	4	5	6	7	8	10	15	28	合計	ミニマム付割合	年平均件数	最頻値	中央値	平均値	件数	年平均
昭和43年～昭和48年　総件数累計	2	13	22	3	5	2	1	1	1			50		8.3	3	3	3.4	—	—
												0						—	—
昭和49年～昭和52年　総件数累計	3	7	10		4	2						26		6.5	3	3	3.0	—	—
〃　ミニマム付件数		1			1	1						3	0.12	0.8				—	—
昭和63年度～平成3年度総件数累計	1	2	4	2							1	10		2.5	3	3	5.3	6	1.5
〃　ミニマム付件数		1	1									2	0.20	0.5					0.0
平成4年度総件数	1	1								1		3						2	
〃　ミニマム付件数												0							
平成5年度総件数						1						1						2	
〃　ミニマム付件数												0							
平成6年度総件数	1		1									2						1	
〃　ミニマム付件数												0							
平成7年度総件数	1		1	1								3						3	
〃　ミニマム付件数												0							
平成8年度総件数												0						2	
〃　ミニマム付件数												0							
平成9年度総件数	3		1	1								5						1	
〃　ミニマム付件数	1			1								2							
平成10年度総件数												0						—	—
〃　ミニマム付件数												0						—	—
平成4年度～平成10年度総件数累計	6	1	3	2	0	1	0	0	0	1	0	14		2.0	1	2・3	3.3	11	1.8
〃　ミニマム付件数	1	0	0	1	0	0	0	0	0	0	0	2	0.14	0.3				0	0.0

（注）その他の実施料：実施料率以外の実施料（例えば、従量実施料、定額実施料等）のもの。

7．金属製品

この技術分野は、日本標準産業分類F28が関連する分野を扱う。ブリキ缶・その他のメッキ板等製品製造技術、洋食器・刃物・手道具・金物類製造技術、暖房装置・配管工事用付属品製造技術、建設用・建築用金属製品製造技術（製缶板金技術含む）、金属素形材製品製造技術、金属被覆・彫刻技術、熱処理技術（ほうろう鉄器技術を除く）、金属線製品製造技術、ボルト・ナット・リベット・小ねじ・木ねじ等製造技術、その他の金属製品製造技術である。

図２－７－１、**２－７－２**は、この技術分野における外国技術導入契約の実施料が、許諾製品の出来高にリンクした料率表示であったものの年（年度）別契約件数を、イニシャル・ペイメント条件の有り・無しに分けて、実施料率別にグラフ化したものである。

また、**表２－７－１**、**２－７－２**は、上記のデータに加え、さらにミニマム・ロイヤルティ条件付件数のデータと、最近の10年間（昭和63年度～平成９年度）の、外国技術導入契約の実施料が料率以外のもの（例えば、従量実施料、定額実施料等）であった契約件数データを、それぞれ「ミニマム付件数」及び「その他の実施料」として表したものである。

○契約件数について

図２－７－１、**２－７－２**及び**表２－７－１**、**２－７－２**が示すように、この技術分野における外国技術導入契約の平成４年度～平成10年度の７年間の件数は、イニシャル有りが37件（5.3件／年）、イニシャル無しが76件（10.9件／年）である。これは昭和63年度～平成３年度の４年間と比較すると、イニシャル有りが15.3→5.3件／年、イニシャル無しが6.3→10.9件／年となっており、イニシャル有りではほぼ３分の１にまで減少しているのに対し、イニシャル無しでは大幅に増加しているのが分かる。イニシャル無しの大幅な増加は、平成5年度に集中して同一技術（締結部品に関するもの）の契約が行われたためである。

また、平成４年度～平成10年度のミニマム付件数の全体に占める割合については、イニシャル有りで0.38、イニシャル無しで0.62となっており、いずれも増加している。特にイニシャル無しで大幅に増加しており、全体の半分以上にミニマム・ロイヤルティが設定されている。この結果、この技術分野は他の技術分野と比較してミニマム付件数割合が高く、イニシャル有り、無しの合計では４番目である（イニシャル有りでは５番目、イニシャル無しでは４番目）。これも前述の平成５年度に集中的に行われた契約にミニマム付の契約が多かったことが原因である。

平成４年度～平成９年度のその他の実施料の件数については、イニシャル有りで17件（2.8件／年）、イニシャル無しで９件（1.5件／年）となっている。イニシャル有り、無しともに減少しており、特にイニシャル有りではほぼ半減している。

○実施料率について

実施料率の平均値については、平成４年度～平成10年度は、イニシャル有りが4.6%、イニシャル無しが3.7%であり、昭和63年度～平成３年度と比較すると、イニシャル有りで3.8→4.6%、イニシャル無しでは4.4→3.7%と、イニシャル有りではわずかに上昇、イニシャル無しではわずかに低下している。

平成４年度～平成10年度では、実施料率８％以上の契約件数が、イニシャル有りで５件（0.7件／年）、イニシャル無しで4件（0.6件／年）あった。昭和63年度～平成３年度の４年間と比較すると、イニシャル有りでは0.5→0.7件／年、イニシャル無しで0.5→0.6件／年となっており、いずれもわずかに上昇しているものの、ほぼ横ばいである。イニシャル有りに20%、15%と比較的高率の契約がそれぞれ１件ずつあったが、これらの技術内容はそれぞれ、表面処理に関するものと、ねじ切り加工工具の製造に関するものであった。

○関連判決

この技術分野の実施料率に関連した判決を紹介する。

・「異質クラッド板の製造方法」、「連続クラッド製造方法」：昭和54（ワ）11717（S58.12.23東京地裁、報酬金請求事件）

職務発明の譲渡に対して、使用者が支払うべき対価の額が、他社に実施させたと仮定した場合の実施料に基づいて計算され、異質クラッド板については２％、連続クラッド板については0.7%の実施料率が相当と認められ、特許を受ける権利を譲渡したことに対する対価はその10%とされた事例である。

・「ケーブル又はチューブ誘導用フレキシブル・パイプ」：平成２（ワ）10671（H6.9.21東京地裁、侵害差止等請求事件）

補正によって削除された実施例は、意識的に本件発明から除外されたものではないとして、被告製品は本件発明の構成を充足するとし、原告の専用実施権の実施料率をもとに損害額を算定し、売上額の7.5%とされた事例である。

・「ユニオン型接手ナット嵌装方法」：昭和57（ワ）2303（H1.10.20名古屋地裁、侵害差止請求事件）

特許法80条１項所定の善意の要件を満たさないことを理由に、同条同項規定に基づく通常実施権（いわゆる中用権）の成立が認められないとして、差止が容認され、本件特許権の通常実施権の実施料相当額の金員を不当利得として返還すべきであるとされた事例である。

図２－７－１　金属製品（イニシャル　有）の実施料率別契約件数

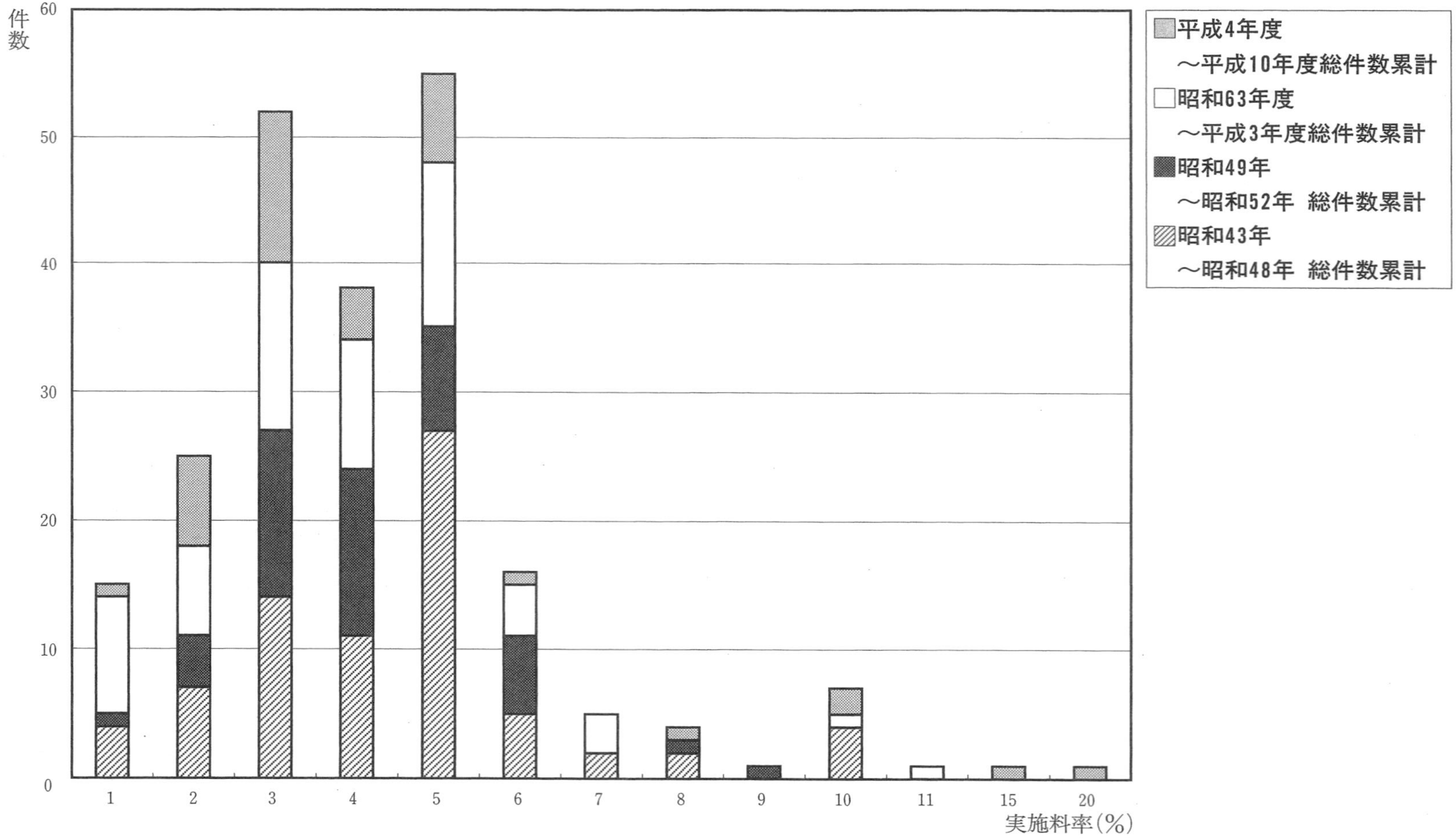

表２－７－１　金属製品（イニシャル　有）の実施料率別契約件数

期間(年/年度)＼契約件数	実施料率(%) 1	2	3	4	5	6	7	8	9	10	11	15	20	合計	ミニマム付割合	年平均件数	最頻値	中央値	平均値	その他の実施料 件数	その他の実施料 年平均
昭和43年～昭和48年　総件数累計	4	7	14	11	27	5	2	2		4				76		12.7	5	5	4.5	—	—
														0						—	—
昭和49年～昭和52年　総件数累計	1	4	13	13	8	6		1	1					47		11.8	3・4	4	4.1	—	—
〃　ミニマム付件数		1	7	5	4	3		1						21	0.45	5.3				—	—
昭和63年度～平成3年度総件数累計	9	7	13	10	13	4	3			1	1			61		15.3	3・5	4	3.8	20	5.0
〃　ミニマム付件数	1	2	5	3	3	1	2							17	0.28	4.3				7	1.8
平成4年度総件数		2	2		1									5						8	
〃　ミニマム付件数					1									1							
平成5年度総件数		2	2		2								1	7						3	
〃　ミニマム付件数		1	1		2									4							
平成6年度総件数				1		1				1				3						3	
〃　ミニマム付件数						1								1						1	
平成7年度総件数	1	1	1	3	2									8							
〃　ミニマム付件数	1	1												2							
平成8年度総件数			2		1			1		1		1		6						2	
〃　ミニマム付件数			1		1			1						3						1	
平成9年度総件数		1	3											4						1	
〃　ミニマム付件数		1	2											3						1	
平成10年度総件数		1	2		1									4						—	—
〃　ミニマム付件数														0						—	—
平成4年度～平成10年度総件数累計	1	7	12	4	7	1	0	1	0	2	0	1	1	37		5.3	3	3	4.6	17	2.8
〃　ミニマム付件数	1	3	4	0	4	1	0	1	0	0	0	0	0	14	0.38	2.0				3	0.5

(注)その他の実施料：実施料率以外の実施料(例えば、従量実施料、定額実施料等)のもの。

図２－７－２　金属製品（イニシャル　無）の実施料率別契約件数

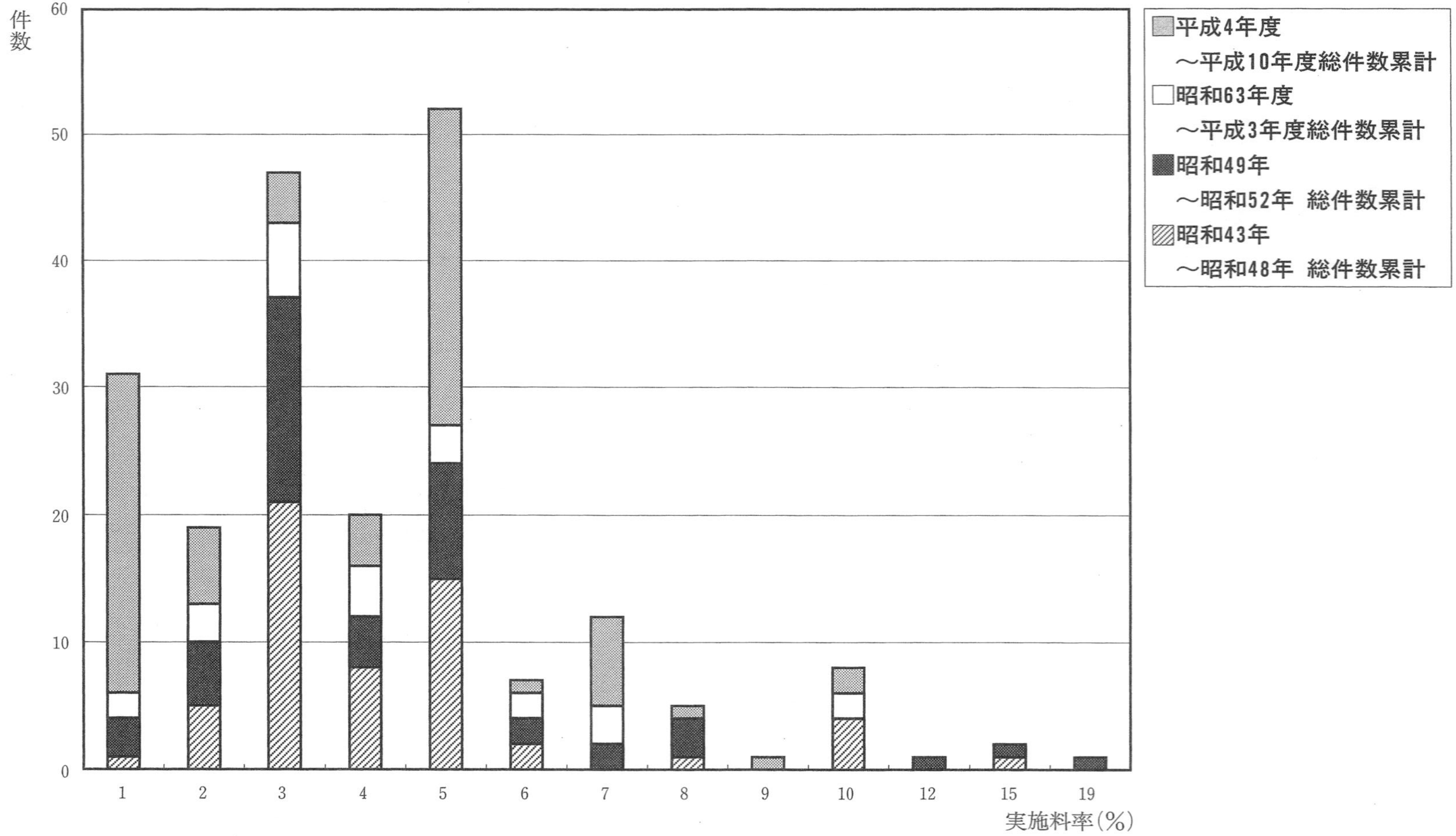

表２－７－２　金属製品(イニシャル　無)の実施料率別契約件数

期間(年/年度) ＼ 契約件数	実施料率(%)																			その他の実施料	
	1	2	3	4	5	6	7	8	9	10	12	15	19	合計	ミニマム付割合	年平均件数	最頻値	中央値	平均値	件数	年平均
昭和43年～昭和48年　総件数累計	1	5	21	8	15	2		1		4		1		58		9.7	3	4	4.4	—	—
														0						—	—
昭和49年～昭和52年　総件数累計	3	5	16	4	9	2	2	3			1	1	1	47		11.8	3	3	4.6	—	—
〃　ミニマム付件数	1	1	2		4		1						1	10	0.21	2.5				—	—
昭和63年度～平成3年度総件数累計	2	3	6	4	3	2	3			2				25		6.3	3	4	4.4	7	1.8
〃　ミニマム付件数	1		1	2										4	0.16	1.0				2	0.5
平成4年度総件数	4		1	1						1				7						3	
〃　ミニマム付件数			1							1				2						1	
平成5年度総件数	17	3	1	1	19		1	1						43						2	
〃　ミニマム付件数	13	1			18									32						2	
平成6年度総件数	1	1		1	1		1							5						1	
〃　ミニマム付件数		1			1		1							3							
平成7年度総件数	1		2	1		1	2		1					8						3	
〃　ミニマム付件数						1	2							3							
平成8年度総件数	2	1								1				4							
〃　ミニマム付件数		1								1				2							
平成9年度総件数		1			3		2							6							
〃　ミニマム付件数		1			1		2							4							
平成10年度総件数					2		1							3						—	—
〃　ミニマム付件数							1							1						—	—
平成4年度～平成10年度総件数累計	25	6	4	4	25	1	7	1	1	2	0	0	0	76		10.9	1･5	4	3.7	9	1.5
〃　ミニマム付件数	13	4	1	0	20	1	6	0	0	2	0	0	0	47	0.62	6.7				3	0.5

(注)その他の実施料：実施料率以外の実施料(例えば、従量実施料、定額実施料等)のもの。

8．原動機・ボイラ

この技術分野は、日本標準産業分類Ｆ291に関連する分野を扱う。ボイラ製造技術、蒸気機関・タービン・水力タービン製造技術（船用を除く）、汎用内燃機関製造技術、その他の原動機製造術である。また沸騰水型や加圧水型等の原子炉製造技術、同原子炉用炉内配管、炉心支持、制御棒集合体等の設計・製造技術および原子炉の安全性・信頼性等に関する管理技術、事故解析技術等を含む。

図２－８－１、２－８－２は、この技術分野における外国技術導入契約の実施料が、許諾製品の出来高にリンクした料率表示であったものの年（年度）別契約件数を、イニシャル・ペイメント条件の有り・無しに分けて、実施料率別にグラフ化したものである。

また、**表２－８－１、２－８－２**は、上記のデータに加え、さらにミニマム・ロイヤルティ条件付件数データと、最近の10年間（昭和63年度～平成９年度）の、外国技術導入契約の実施料が料率以外のもの（例えば、従量実施料、定額実施料等）であった契約件数データを、それぞれ「ミニマム付件数」及び「その他の実施料」として表したものである。

○契約件数について

図２－８－１、２－８－２及び**表２－８－１、２－８－２**が示すように、この技術分野における外国技術導入契約の平成４年度～平成10年度の７年間の件数は、イニシャル有りが８件（1.1件／年）、イニシャル無しが15件（2.1件／年）である。これは昭和63年度～平成３年度の４年間と比較すると、イニシャル有りが2.5→1.1件／年、イニシャル無しが1.0→2.1件／年となっている。

また、平成４年度～平成10年度のミニマム付件数の全体に占める割合については、イニシャル有りで0.13、イニシャル無しで0.20となっている。

平成４年度～平成９年度のその他の実施料の件数については、イニシャル有りで12件（2.0件／年）、イニシャル無しで26件（4.3件／年）である。この技術分野では、他の技術分野と比較してその他の実施料の件数の、実施料率の契約件数に対する割合が高く、実施料率契約件数の約1.7倍である。したがって、この技術分野については実施料率から実施料契約の全体像を把握する際には注意が必要である。

○実施料率について

実施料率の平均については、平成４年度～平成10年度は、イニシャル有りが3.9%、イニシャル無しが3.9%であり、昭和63年度～平成３年度と比較すると、イニシャル有りが4.9→3.9%、イニシャル無しが12.0→3.9%となっている。イニシャル無しで大幅に低下しているが、これは、昭和

63年度～平成3年度のイニシャル無しでは契約件数の絶対数が少なく、他の年範囲にはみられない実施料率36%と高率の契約が1件あったため、実施料率の平均値が他の年範囲と比べて突出したものであったためである。この点を考慮すると、平成4年度～平成10年度では契約件数、実施料率の平均値とも通常の水準に戻ったと見ることができる。

平成4年度～平成10年度は、実施料率8%以上の契約が、イニシャル有りについては契約がなく、イニシャル無しについては1件（0.1件／年）あった。昭和63年度～平成3年度の4年間と比較すると、イニシャル有りでは0.5→0.0件／年、イニシャル無しで0.3→0.1件／年となっている。イニシャル無しの1件は、平成6年度の15%の契約であるが、この技術内容は、原動機用の調速機に関するものであった。

図２－８－１　原動機・ボイラ(イニシャル　有)の実施料率別契約件数

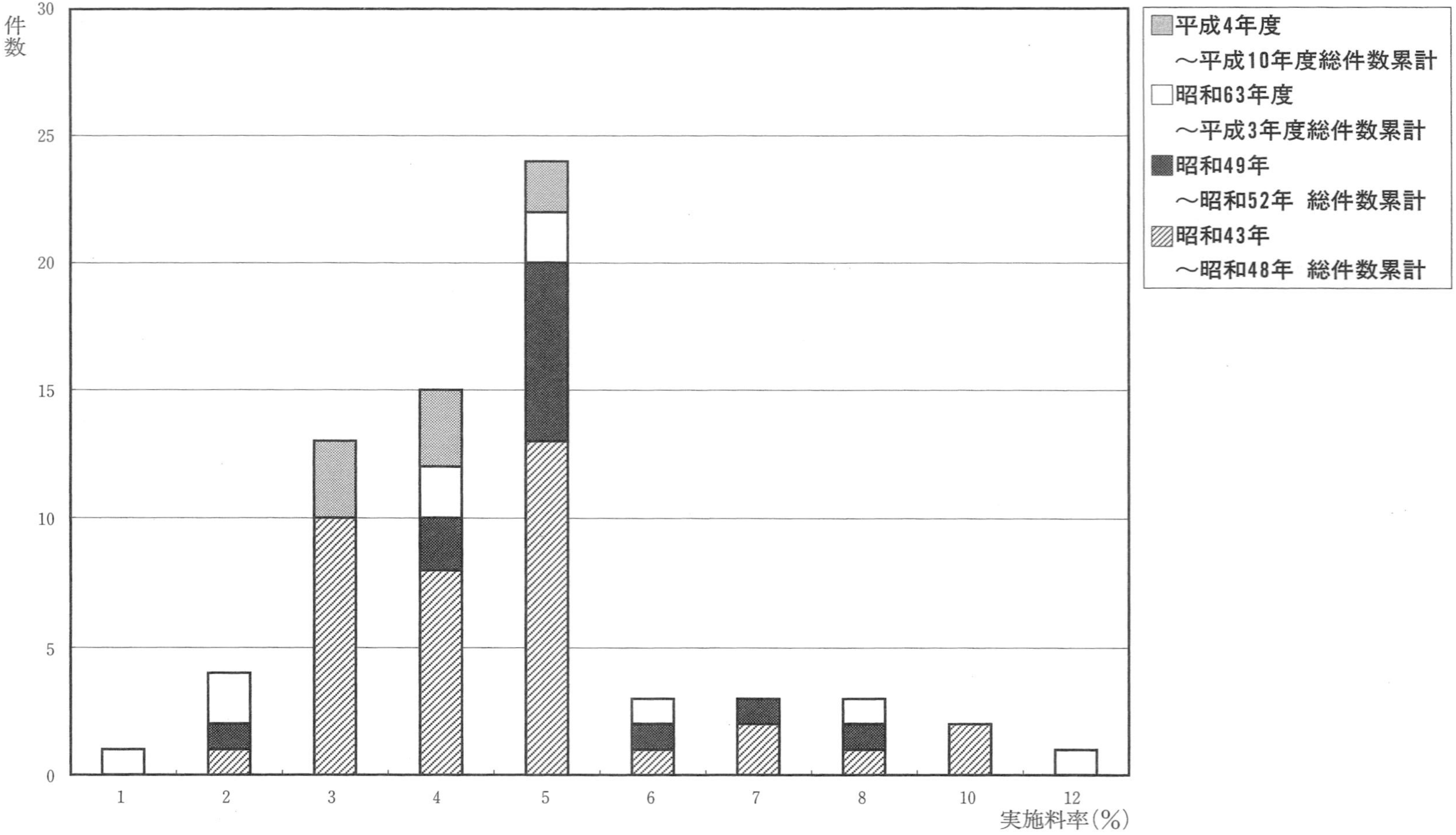

表2－8－1　原動機・ボイラ(イニシャル　有)の実施料率別契約件数

契約件数 / 期間(年/年度)	実施料率(%) 1	2	3	4	5	6	7	8	10	12	合計	ミニマム付割合	年平均件数	最頻値	中央値	平均値	その他の実施料 件数	年平均
昭和43年～昭和48年　総件数累計		1	10	8	13	1	2	1	2		38		6.3	5	5	4.7	—	—
											0						—	—
昭和49年～昭和52年　総件数累計		1		2	7	1	1	1			13		3.3	5	5	5.1	—	—
〃　ミニマム付件数		1			2	1					4	0.31	1.0				—	—
昭和63年度～平成3年度総件数累計	1	2		2	2	1		1		1	10		2.5	2･4･5	5	4.9	14	3.5
〃　ミニマム付件数		1								1	2	0.20	0.5				1	0.3
平成4年度総件数											0						5	
〃　ミニマム付件数											0							
平成5年度総件数			1	1	1						3						1	
〃　ミニマム付件数											0							
平成6年度総件数					1						1						3	
〃　ミニマム付件数					1						1						1	
平成7年度総件数			1	1							2						1	
〃　ミニマム付件数											0						1	
平成8年度総件数			1								1						2	
〃　ミニマム付件数											0						1	
平成9年度総件数											0							
〃　ミニマム付件数											0							
平成10年度総件数				1							1						—	—
〃　ミニマム付件数											0						—	—
平成4年度～平成10年度総件数累計	0	0	3	3	2	0	0	0	0	0	8		1.1	3･4	4	3.9	12	2.0
〃　ミニマム付件数	0	0	0	0	1	0	0	0	0	0	1	0.13	0.1				3	0.5

(注)その他の実施料：実施料率以外の実施料(例えば、従量実施料、定額実施料等)のもの。

図２－８－２　原動機・ボイラ(イニシャル　無)の実施料率別契約件数

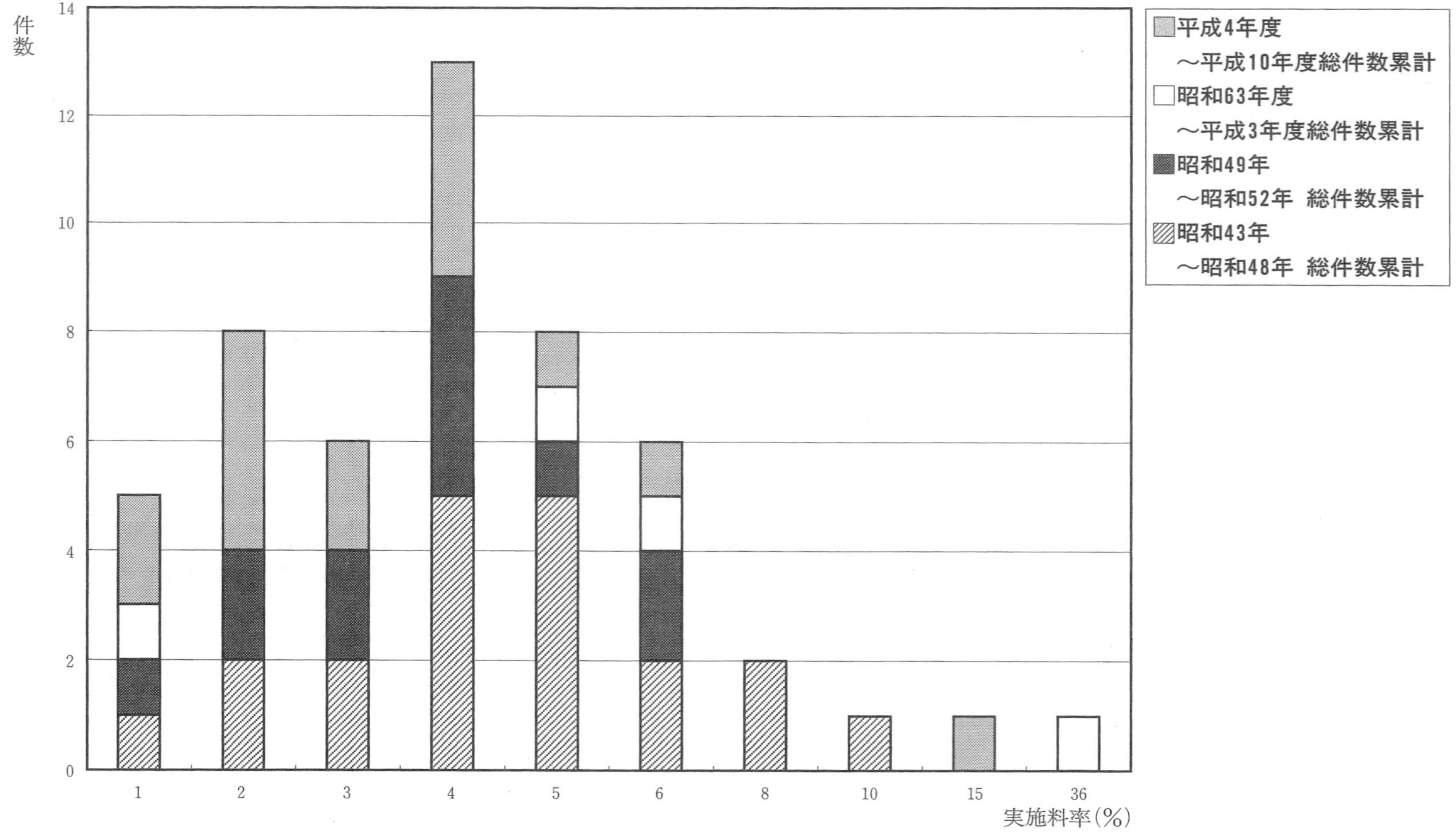

表2－8－2　原動機・ボイラ(イニシャル　無)の実施料率別契約件数

期間(年/年度)＼契約件数	実施料率(%) 1	2	3	4	5	6	8	10	15	36	合計	ミニマム付割合	年平均件数	最頻値	中央値	平均値	その他の実施料 件数	年平均
昭和43年～昭和48年　総件数累計	1	2	2	5	5	2	2	1			20		3.3	4・5	5	4.7	—	—
											0						—	—
昭和49年～昭和52年　総件数累計	1	2	2	4	1	2					12		3.0	4	4	3.7	—	—
〃　ミニマム付件数											0	0.00	0.0				—	—
昭和63年度～平成3年度総件数累計	1				1	1				1	4		1.0			12.0	22	5.5
〃　ミニマム付件数											0	0.00	0.0				3	0.8
平成4年度総件数				1							1						2	
〃　ミニマム付件数											0							
平成5年度総件数		1			1	1					3						11	
〃　ミニマム付件数		1									1							
平成6年度総件数			1	1					1		3						7	
〃　ミニマム付件数					1						1						1	
平成7年度総件数	2	1		2							5						2	
〃　ミニマム付件数											0							
平成8年度総件数		1	1								2						1	
〃　ミニマム付件数		1									1						1	
平成9年度総件数		1									1						3	
〃　ミニマム付件数											0							
平成10年度総件数											0						—	—
〃　ミニマム付件数											0						—	—
平成4年度～平成10年度総件数累計	2	4	2	4	1	1	0	0	1	0	15		2.1	2・4	3	3.9	26	4.3
〃　ミニマム付件数	0	2	0	0	1	0	0	0	0	0	3	0.20	0.4				2	0.3

(注)その他の実施料：実施料率以外の実施料(例えば、従量実施料、定額実施料等)のもの。

9．農業・建設・鉱山用機械

この技術分野は、日本標準産業分類F292及びF293が関連する技術を扱う。農業用機械製造技術（農業用器具製造技術を除く）及び建設機械・鉱山機械製造技術（建設用・農業用・運搬用トラクタ製造技術を含む）である。具体的には、耕運機、収穫機等（農業用手道具は、金属製品(7)に含まれるので除外する）、浚渫機械・道路及び空港等建設機械、油井・井戸等の掘削機械、鉱山で使用される重機械等の製造技術及び一般産業に使用される破砕機械、摩砕機械、選別機械等の製造技術を含む。

ただし、クレーン製造技術は、一般産業用機械(15)に含まれるので除外する。また、ダンプトラック製造技術は、輸送用機械(13)に含まれるので除外する。

図２－９－１、２－９－２は、この技術分野における外国技術導入契約の実施料が、許諾製品の出来高にリンクした料率表示であったものの年（年度）別契約件数を、イニシャル・ペイメント条件の有り・無しに分けて、実施料率別にグラフ化したものである。

また、**表２－９－１、２－９－２**は、上記のデータに加え、さらにミニマム・ロイヤルティ条件付件数データと、最近の10年間（昭和63年度～平成９年度）の、外国技術導入契約の実施料が料率以外のもの（例えば、従量実施料、定額実施料等）であった契約件数データを、それぞれ「ミニマム付件数」及び「その他の実施料」として表したものである。

○契約件数について

図２－９－１、２－９－２及び**表２－９－１、２－９－２**が示すように、この技術分野における外国技術導入契約の平成４年度～平成10年度の７年間の件数は、イニシャル有りが8件（1.1件／年）、イニシャル無しが13件（1.9件／年）である。これは、昭和63年度～平成３年度の４年間と比較すると、イニシャル有りが2.5→1.1件／年、イニシャル無しが2.3→1.9件／年といずれも減少しており、特に、イニシャル有りは半減以下である。

また、平成４年度～平成10年度のミニマム付件数の全体に占める割合については、イニシャル有りではミニマム付の契約はなく、イニシャル無しでは0.15であった。

平成４年度～平成９年度のその他の実施料の件数については、イニシャル有りが７件(1.2件／年)、イニシャル無しが４件（0.7件／年）である。その他の実施料の件数も、イニシャル有りで減少している。

○実施料率について

実施料率の平均値については、平成４年度～平成10年度は、イニシャル有りが4.1%、イニシャ

ル無しが3.3％であり、昭和63年度～平成３年度と比較すると、イニシャル有りが4.7→4.1％、イニシャル無しが4.2→3.3％と、いずれもやや減少傾向であり、実施料率の分布はイニシャル有り、イニシャル無しともに低率へシフトしている。この結果、平成４年度～平成10年度はイニシャル有り、イニシャル無しともに、実施料８％以上の例は見られない。昭和63年度～平成３年度では、イニシャル有り、無しともに８％以上の契約が１件（0.3件／年）ずつあった。この技術分野の実施料率の平均値は他の技術分野と比較しても低率の部類である。

この技術分野では、契約件数、実施料率とも総じて減少傾向にあり、外国技術導入が少ない技術分野であるといえる。

○関連判決

この技術分野の実施料率に関連した判決を紹介する。

・「二人用動力茶葉摘採機」：平成３（ネ）2716（H6.1.27東京地裁、侵害差止等請求控訴事件）

原審において被控訴人製品は本件考案（二人用動力茶葉摘採機／実公昭58-31479）の技術的範囲に属さない旨の判決が言い渡されたのであるから、これを信じた被控訴人に過失はないとの被控訴人の主張が斥けられ、また本件考案の実施に対して通常受けるべき金銭の額は、国有特許権実施契約書及び実施料算定方法を参酌して、売上高の２％が相当であるとされた事例である。

・「掘進機」：平成12（ワ）2091（H13.10.18大阪地裁、侵害差止等請求事件）

被告が製造、貸渡し等をしている掘削機の駆塵装置は、本件発明（掘進機／特許1388999）の技術的範囲に属するされ、原告が受けるべき実施料としては、被告は被告物件を製造したものの、これを販売したわけではないのであるから、販売する場合の価格に基づいて実施料相当額を算出することはできず、レンタル料の５％が相当であるとされた事例である。

図２−９−１　農業・建設・鉱山用機械（イニシャル　有）の実施料率別契約件数

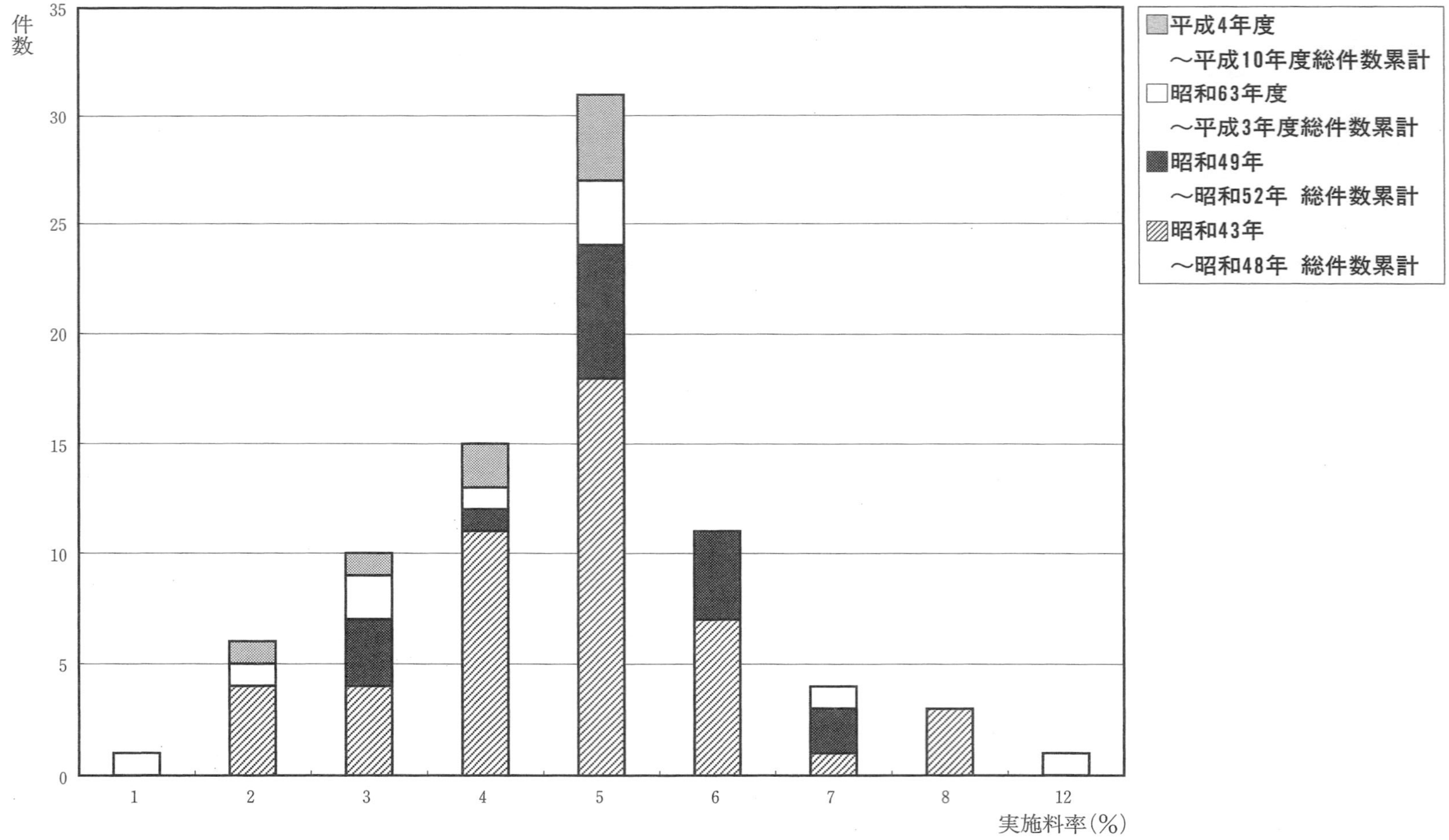

表２－９－１　農業・建設・鉱山用機械（イニシャル　有）の実施料率別契約件数

契約件数 ＼ 期間（年/年度）	実施料率(%)															その他の実施料	
	1	2	3	4	5	6	7	8	12	合計	ミニマム付割合	年平均件数	最頻値	中央値	平均値	件数	年平均
昭和43年～昭和48年　総件数累計		4	4	11	18	7	1	3		48		8.0	5	5	4.7	—	—
																—	—
昭和49年～昭和52年　総件数累計			3	1	6	4	2			16		4.0	5	5	5.1	—	—
〃　ミニマム付件数			2	1	3					6	0.38	1.5				—	—
昭和63年度～平成3年度総件数累計	1	1	2	1	3		1		1	10		2.5	5	5	4.7	8	2.0
〃　ミニマム付件数		1		1					1	3	0.30	0.8				2	0.5
平成4年度総件数		1	1		1					3							
〃　ミニマム付件数										0							
平成5年度総件数										0						2	
〃　ミニマム付件数										0							
平成6年度総件数					1					1						2	
〃　ミニマム付件数										0							
平成7年度総件数				1	1					2						1	
〃　ミニマム付件数										0							
平成8年度総件数				1	1					2							
〃　ミニマム付件数										0							
平成9年度総件数										0						2	
〃　ミニマム付件数										0							
平成10年度総件数										0						—	—
〃　ミニマム付件数										0						—	—
平成4年度～平成10年度総件数累計	0	1	1	2	4	0	0	0	0	8		1.1	5	4･5	4.1	7	1.2
〃　ミニマム付件数	0	0	0	0	0	0	0	0	0	0	0.00	0.0				0	0.0

（注）その他の実施料：実施料率以外の実施料（例えば、従量実施料、定額実施料等）のもの。

図２－９－２　農業・建設・鉱山用機械（イニシャル　無）の実施料率別契約件数

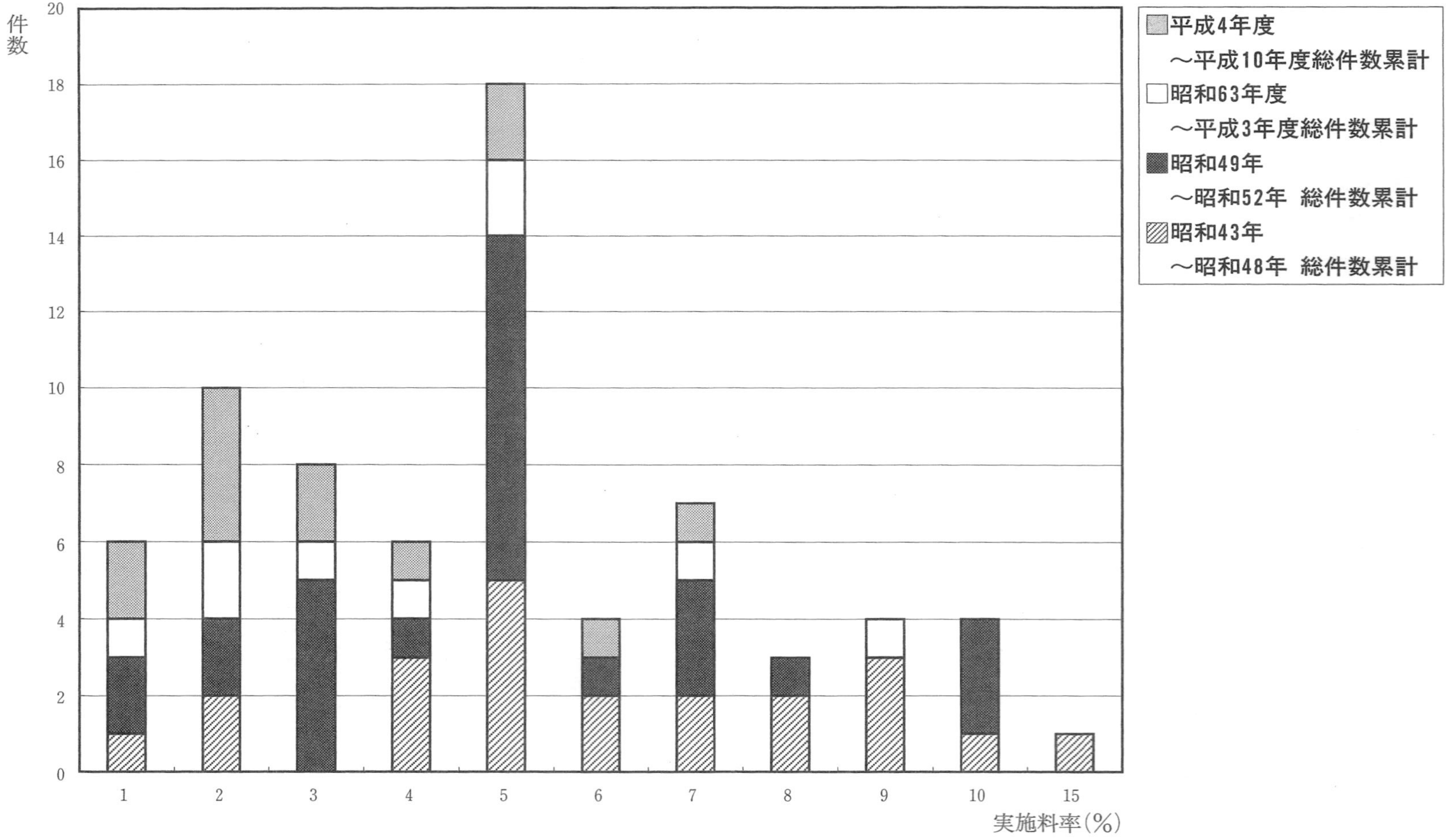

表2－9－2　農業・建設・鉱山用機械（イニシャル　無）の実施料率別契約件数

期間（年/年度）＼契約件数	実施料率(%)																	その他の実施料	
	1	2	3	4	5	6	7	8	9	10	15	合計	ミニマム付割合	年平均件数	最頻値	中央値	平均値	件数	年平均
昭和43年～昭和48年　総件数累計	1	2		3	5	2	2	2	3	1	1	22		3.7	5	6	6.2	—	—
																		—	—
昭和49年～昭和52年　総件数累計	2	2	5	1	9	1	3	1		3		27		6.8	5	5	5.0	—	—
〃　ミニマム付件数	1						1					2	0.07	0.5				—	—
昭和63年度～平成3年度総件数累計	1	2	1	1	2		1		1			9		2.3	2・5	4	4.2	2	0.5
〃　ミニマム付件数					1							1	0.11	0.3					0.0
平成4年度総件数	1											1						1	
〃　ミニマム付件数												0						1	
平成5年度総件数	1											1						1	
〃　ミニマム付件数	1											1							
平成6年度総件数		1				1						2							
〃　ミニマム付件数												0							
平成7年度総件数		1		1			1					3							
〃　ミニマム付件数				1								1							
平成8年度総件数		2	1		1							4						2	
〃　ミニマム付件数												0							
平成9年度総件数												0							
〃　ミニマム付件数												0							
平成10年度総件数			1		1							2						—	—
〃　ミニマム付件数												0						—	—
平成4年度～平成10年度総件数累計	2	4	2	1	2	1	1	0	0	0	0	13		1.9	2	3	3.3	4	0.7
〃　ミニマム付件数	1	0	0	1	0	0	0	0	0	0	0	2	0.15	0.3				1	0.2

（注）その他の実施料：実施料率以外の実施料（例えば、従量実施料、定額実施料等）のもの。

10. 金属加工機械

この技術分野は、日本標準産業分類F294が関連する技術を扱う。金属工作機械製造技術、金属加工機械製造技術、金属工作機械・金属加工機械用部分品・附属品製造技術（金型製造技術を除く）、機械工具製造技術（粉末冶金技術を除く）である。旋盤・フライス盤・研削盤・歯切機械・形削盤・金のこ盤、プレス、鍛造機械、圧延機械、線引機械、製管機械等の製造技術と同上機械用部分品・付属品等の製造技術を含む。また、電動工具、空気電工具、ブローチ、カッタ、ビット、ドリル、リーマ、タップ、超硬工具、ダイヤモンド工具等製造技術を含む。

ただし、電気溶接機製造技術は、発送電・配電・産業用電気機械（17）に含まれるので除外する。金型製造技術は、その他の機械(16)に含まれるので除外する。また、超硬チップ製造技術は、金属製品(7)に含まれるので除外する。

図２－10－１、**２－10－２**は、この技術分野における外国技術導入契約の実施料が、許諾製品の出来高にリンクした料率表示であったものの年（年度）別契約件数を、イニシャル・ペイメント条件の有り・無しに分けて、実施料率別にグラフ化したものである。

また、**表２－10－１**、**２－10－２**は、上記のデータに加え、さらにミニマム・ロイヤルティ条件付件数データと、最近の10年間（昭和63年度～平成９年度）の、外国技術導入契約の実施料が料率以外のもの（例えば、従量実施料、定額実施料等）であった契約件数データを、それぞれ「ミニマム付件数」及び「その他の実施料」として表したものである。

○契約件数について

図２－10－１、**２－10－２**及び**表２－10－１**、**２－10－２**が示すように、この技術分野における外国技術導入契約の平成４年度～平成10年度の７年間の件数は、イニシャル有りが24件（3.4件／年）、イニシャル無しが22件（3.1件／年）である。これは、昭和63年度～平成３年度の４年間と比較すると、イニシャル有りが10.3→3.4件／年、イニシャル無しが5.0→3.1件／年と、いずれも大きく減少しており、特にイニシャル有りはほぼ７割減であり、これまでにも見られた減少傾向が一層はっきり表れている。

また、平成４年度～平成10年度のミニマム付件数の全体に占める割合については、イニシャル有りが0.29、イニシャル無しが0.05であった。いずれも大きな変化は見られない。

平成４年度～平成９年度のその他の実施料の件数については、イニシャル有りが18件（3.0件／年）、イニシャル無しが４件（0.7件／年）であった。やはり、いずれも大きな変化はない。

○実施料率について

実施料率の平均値については、平成4年度～平成10年度は、イニシャル有りが4.4％、イニシャル無しが3.3％であり、昭和63年度～平成3年度と比較すると、イニシャル有りが4.2→4.4％、イニシャル無しが3.8→3.3％と、ほぼ横ばいである。イニシャル無しの3.3％は、全技術分野中最も低い技術分野の一つである。

平成4年度～平成10年度は、実施料率8％以上の契約が、イニシャル有りについては2件(0.3件／年)、イニシャル無しについては1件（0.1件／年）あった。昭和63年度～平成3年度の4年間と比較すると、イニシャル有りでは0.3→0.3件／年、イニシャル無しで0.5→0.1件／年と、イニシャル無しでやや減少しているものの、ほぼ横ばいであった。

なお、実施料率が10％の契約の技術内容は、切断プレート、プレス機械、圧延設備に関するものがそれぞれ1件ずつであった。

○関連判決

この技術分野の実施料率に関連した判決を紹介する。

・「多数本同時伸線装置」：平成5（ワ）5324（H8.7.18大阪地裁、侵害行為差止等請求事件)

イ号装置は本件考案（多数本同時伸線装置／実公昭3-15213）の技術的範囲に属し（当事者間に争いがない)、被告は本件考案の実施料相当額を賠償すべき義務があるとされ、実施料率については、発明協会発行「実施料率」第4版により3％と認めるのが相当であるとされた事例である。

・「溶接用ポジショナー」：平成7（ワ）11362（H10.1.23東京地裁、侵害差止等請求事件)

被告がイ号物件及びロ号物件を製造販売したことは本件実用新案権（溶接用ポジショナー／実公平5-43996)を侵害するものであり、右侵害行為につき被告には過失があったものと推定されるとして、損害の額を算定するに用いる実施料率については、発明協会発行の「実施料率」第4版により5％であるとされた事例である。

・「溶接用反転装置」：平成7（ワ）12712（H10.1.23東京地裁、損害賠償等請求事件)

被告がイ号物件を製造販売したことは本件実用新案権（溶接用反転装置／特公昭57-7839）を侵害するものであり、右侵害行為につき被告には過失があったものと推定されるとして、損害の額を算定するに用いる実施料率については、発明協会発行の「実施料率」第4版により5％であるとされた事例である。

図２－10－１　金属加工機械（イニシャル　有）の実施料率別契約件数

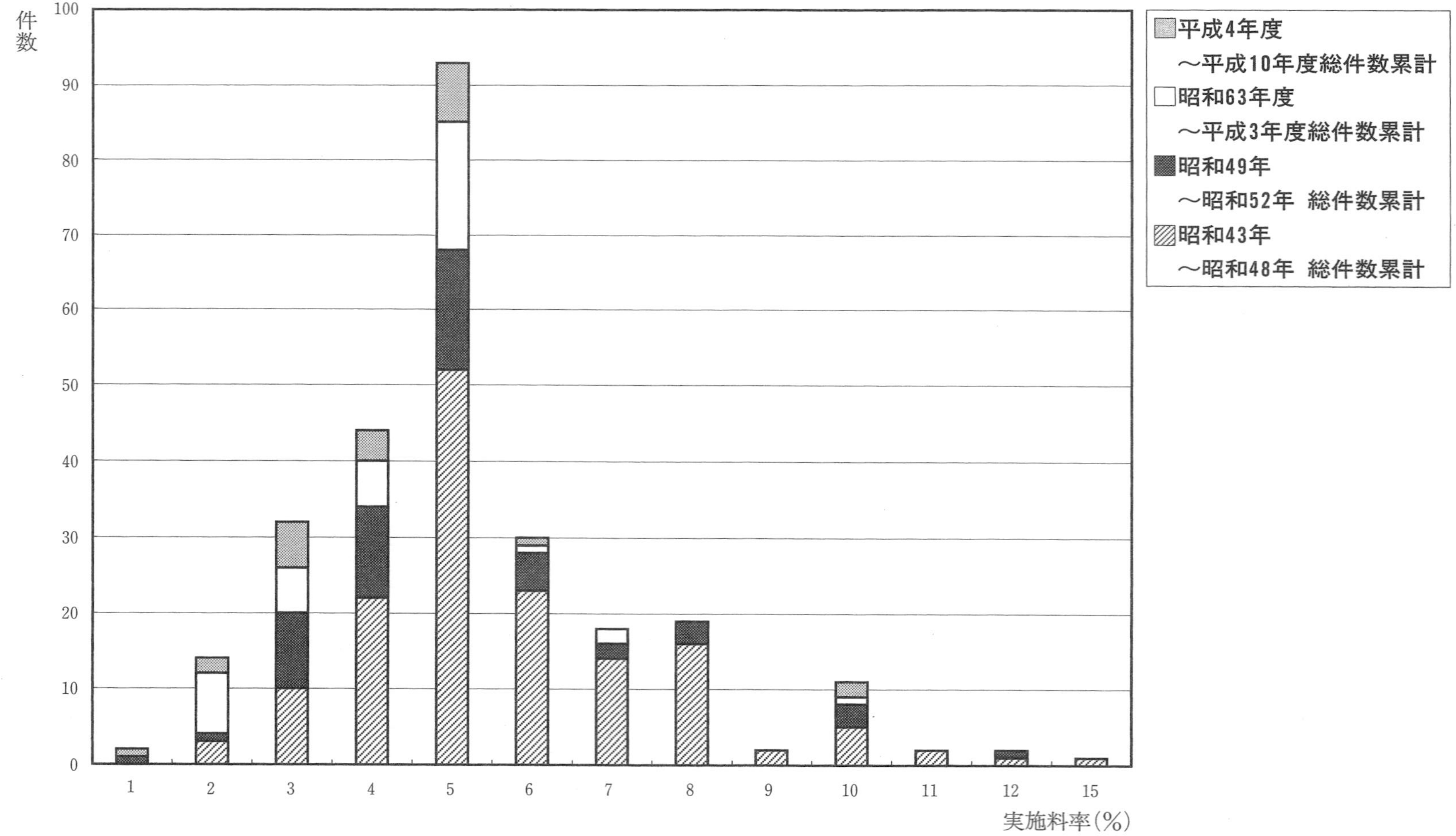

表２－10－１　金属加工機械（イニシャル　有）の実施料率別契約件数

期間(年/年度)＼契約件数	実施料率(%) 1	2	3	4	5	6	7	8	9	10	11	12	15	合計	ミニマム付割合	年平均件数	最頻値	中央値	平均値	その他の実施料 件数	年平均
昭和43年～昭和48年　総件数累計		3	10	22	52	23	14	16	2	5	2	1	1	151		25.2	5	5	5.7	—	—
														0						—	—
昭和49年～昭和52年　総件数累計	1	1	10	12	16	5	2	3		3		1		54		13.5	5	5	5.0	—	—
〃　ミニマム付件数			3	3	5	4	2	1						18	0.33	4.5				—	—
昭和63年度～平成3年度総件数累計		8	6	6	17	1	2			1				41		10.3	5	5	4.2	9	2.3
〃　ミニマム付件数		1	3	3	5	1	1			1				15	0.37	3.8				2	0.5
平成4年度総件数	1			1	3									5							
〃　ミニマム付件数					1									1							
平成5年度総件数			1	1	2									4						1	
〃　ミニマム付件数				1	2									3							
平成6年度総件数		1	2			1				1				5						1	
〃　ミニマム付件数														0							
平成7年度総件数				1										1						12	
〃　ミニマム付件数														0							
平成8年度総件数			1	1	1					1				4						1	
〃　ミニマム付件数			1	1										2							
平成9年度総件数		1	1		1									3						3	
〃　ミニマム付件数			1											1							
平成10年度総件数			1		1									2						—	—
〃　ミニマム付件数														0						—	—
平成4年度～平成10年度総件数累計	1	2	6	4	8	1	0	0	0	2	0	0	0	24		3.4	5	4	4.4	18	3.0
〃　ミニマム付件数	0	0	2	2	3	0	0	0	0	0	0	0	0	7	0.29	1.0				0	0.0

（注）その他の実施料：実施料率以外の実施料（例えば、従量実施料、定額実施料等）のもの。

図２－10－２ 金属加工機械（イニシャル　無）の実施料率別契約件数

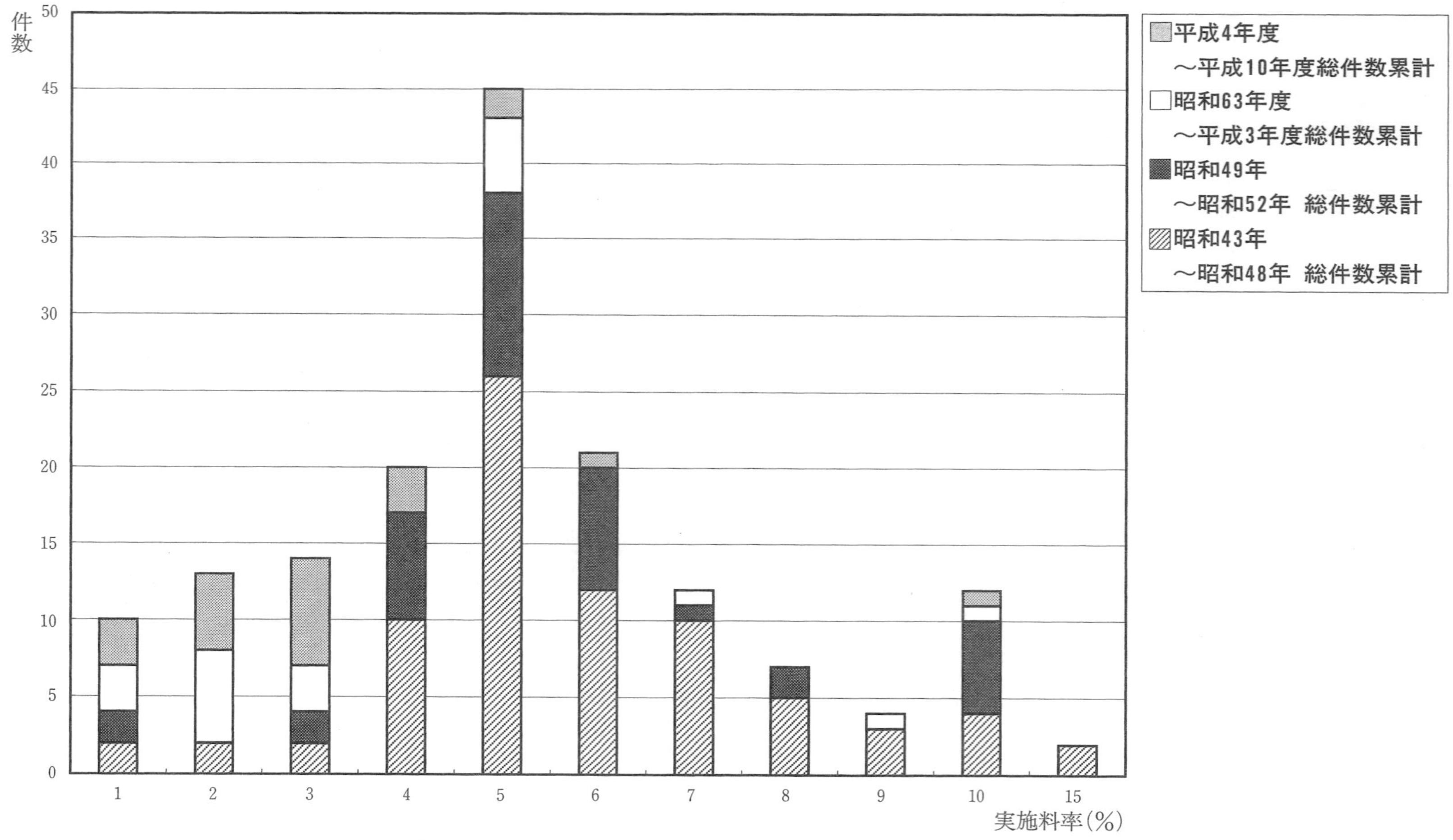

表2－10－2　金属加工機械(イニシャル　無)の実施料率別契約件数

期間(年/年度)＼契約件数	実施料率(%) 1	2	3	4	5	6	7	8	9	10	15	合計	ミニマム付割合	年平均件数	最頻値	中央値	平均値	その他の実施料 件数	年平均
昭和43年～昭和48年　総件数累計	2	2	2	10	26	12	10	5	3	4	2	78		13.0	5	5	5.9	—	—
												0						—	—
昭和49年～昭和52年　総件数累計	2		2	7	12	8	1	2		6		40		10.0	5	5	5.7	—	—
〃　ミニマム付件数			1	1	2		1	1				6	0.15	1.5				—	—
昭和63年度～平成3年度　総件数累計	3	6	3		5		1		1	1		20		5.0	2	3	3.8		0.0
〃　ミニマム付件数					1							1	0.05	0.3					0.0
平成4年度総件数			1	1								2							
〃　ミニマム付件数												0							
平成5年度総件数		2	1		1							4						1	
〃　ミニマム付件数												0							
平成6年度総件数			1	1								2							
〃　ミニマム付件数												0							
平成7年度総件数	1	2				1						4						2	
〃　ミニマム付件数												0							
平成8年度総件数	1	1	2									4						1	
〃　ミニマム付件数												0							
平成9年度総件数			2		1					1		4							
〃　ミニマム付件数										1		1							
平成10年度総件数	1			1								2						—	—
〃　ミニマム付件数												0						—	—
平成4年度～平成10年度　総件数累計	3	5	7	3	2	1	0	0	0	1	0	22		3.1	3	3	3.3	4	0.7
〃　ミニマム付件数	0	0	0	0	0	0	0	0	0	1	0	1	0.05	0.1				0	0.0

(注)その他の実施料：実施料率以外の実施料(例えば、従量実施料、定額実施料等)のもの。

11．繊維機械

この技術分野は、日本標準産業分類F295が関連する技術を扱う。化学繊維機械・紡績機械製造技術、製織機械・編組機械製造技術、染色整理仕上機械製造技術、繊維機械部分品・取付具・附属品製造技術、縫製機械製造技術である。

図２－11－１、２－11－２は、この技術分野における外国技術導入契約の実施料が、許諾製品の出来高にリンクした料率表示であったものの年（年度）別契約件数を、イニシャル・ペイメント条件の有り・無しに分けて、実施料率別にグラフ化したものである。

また、**表２－11－１、２－11－２**は、上記のデータに加え、さらにミニマム・ロイヤルティ条件付件数のデータと、最近10年間（昭和63年度～平成９年度）の、外国技術導入契約の実施料が料率以外のもの（例えば、従量実施料、定額実施料等）であった契約件数データを、それぞれ「ミニマム付件数」及び「その他の実施料」として表したものである。

○契約件数について

図２－11－１、２－11－２及び**表２－11－１、２－11－２**が示すように、この技術分野における外国技術導入契約の平成４年度～平成10年度の７年間の件数は、イニシャル有りが1件（0.1件／年）、イニシャル無しが３件（0.4件／年）である。これは昭和63年度～平成３年度の４年間と比較すると、イニシャル有りが2.3→0.1件／年、イニシャル無しが0.0→0.4件／年となっている。イニシャル無しでは、契約がなかった昭和63年度～平成３年度に比べて増加しているものの、イニシャル有りでは大幅に減少しており、この結果、イニシャル有り、無しを合計すると、全技術分野中２番目に契約件数が少ない分野となった。

また、平成４年度～平成10年度のミニマム付件数の全体に占める割合については、イニシャル有りではミニマム付きの契約がなく、イニシャル無しでは0.33となっている。

平成４年度～平成９年度のその他の実施料の件数については、イニシャル有りで３件（0.5件／年）、イニシャル無しで５件（0.8件／年）、イニシャル有り、無しを合計したその他の実施料の件数は全技術分野中４番目に少ない。

○実施料率について

実施料率の平均値については、平成４年度～平成10年度では、イニシャル有りで2.0%、イニシャル無しで9.3%であり、昭和63年度～平成３年度と比較すると、イニシャル有りで3.7→2.0%となっており、イニシャル無しでは前記のとおり、昭和63年度～平成３年度には契約がなかった。イニシャル無しの平均値は9.3%と非常に高く、結果的にイニシャル有り、無しを合計した実施料率の平均値は全技術分野中３番目に高いものとなったが、これは少ない契約件数の中に20％と高率の契約が１件あったためである。したがって、この実施料率の平均値がこの技術分野の水準を表すものではないと考えられるので、注意を要する。

実施料８％以上の契約件数は、平成４年度～平成10年度では、イニシャル有りでは契約がなく、イニシャル無しでは1件（0.1件／年）となっている。昭和63年度～平成３年度の4年間と比較すると、イニシャル有りではいずれも８％以上の契約はなく、イニシャル無しで0.0→0.1件／年となっている。イニシャル無しの１件は前述のとおり20％が１件であった。20％の契約の技術内容は、糸欠点除去装置の製造技術及び商標であった。

図２－11－１　繊維機械（イニシャル　有）の実施料率別契約件数

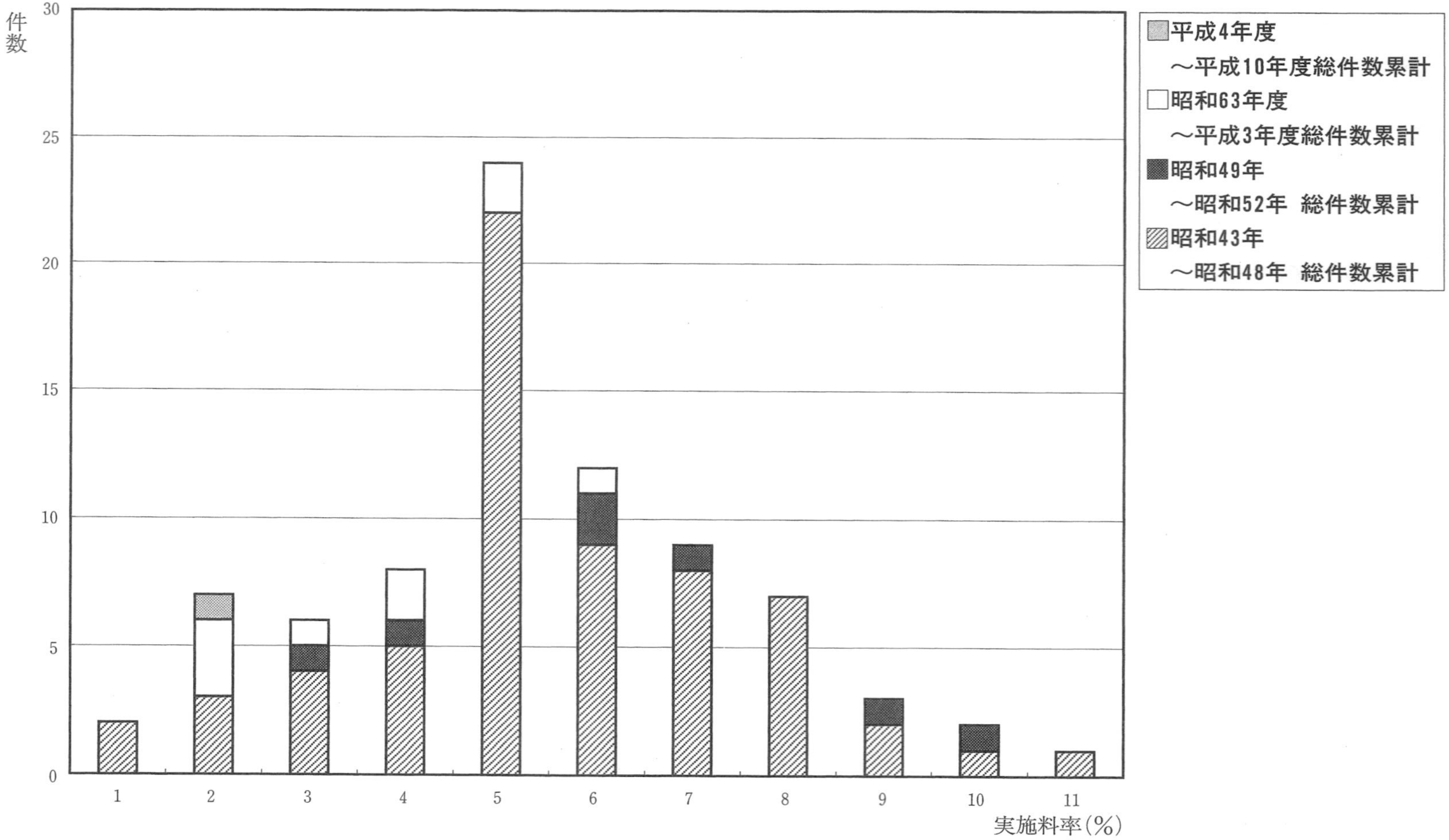

表2－11－1　繊維機械(イニシャル　有)の実施料率別契約件数

期間(年/年度) ＼ 契約件数	実施料率(%)																		その他の実施料	
	1	2	3	4	5	6	7	8	9	10	11	合計	ミニマム付割合	年平均件数	最頻値	中央値	平均値	件数	年平均
昭和43年～昭和48年　総件数累計	2	3	4	5	22	9	8	7	2	1	1	64		10.7	5	5	5.5	—	—
												0						—	—
昭和49年～昭和52年　総件数累計			1	1		2	1		1	1		7		1.8	6	6	6.4	—	—
〃　ミニマム付件数							1					1	0.14	0.3				—	—
昭和63年度～平成3年度総件数累計		3	1	2	2	1						9		2.3	2	4	3.7	1	0.3
〃　ミニマム付件数				1	1							2	0.22	0.5				1	0.3
平成4年度総件数												0						1	
〃　ミニマム付件数												0							
平成5年度総件数												0						1	
〃　ミニマム付件数												0							
平成6年度総件数												0							
〃　ミニマム付件数												0							
平成7年度総件数												0							
〃　ミニマム付件数												0							
平成8年度総件数		1										1						1	
〃　ミニマム付件数												0							
平成9年度総件数												0							
〃　ミニマム付件数												0							
平成10年度総件数												0						—	—
〃　ミニマム付件数												0						—	—
平成4年度～平成10年度総件数累計	0	1	0	0	0	0	0	0	0	0	0	1		0.1	2	2	2.0	3	0.5
〃　ミニマム付件数	0	0	0	0	0	0	0	0	0	0	0	0	0.00	0.0				0	0.0

(注)その他の実施料：実施料率以外の実施料(例えば、従量実施料、定額実施料等)のもの。

図２－11－２　繊維機械（イニシャル　無）の実施料率別契約件数

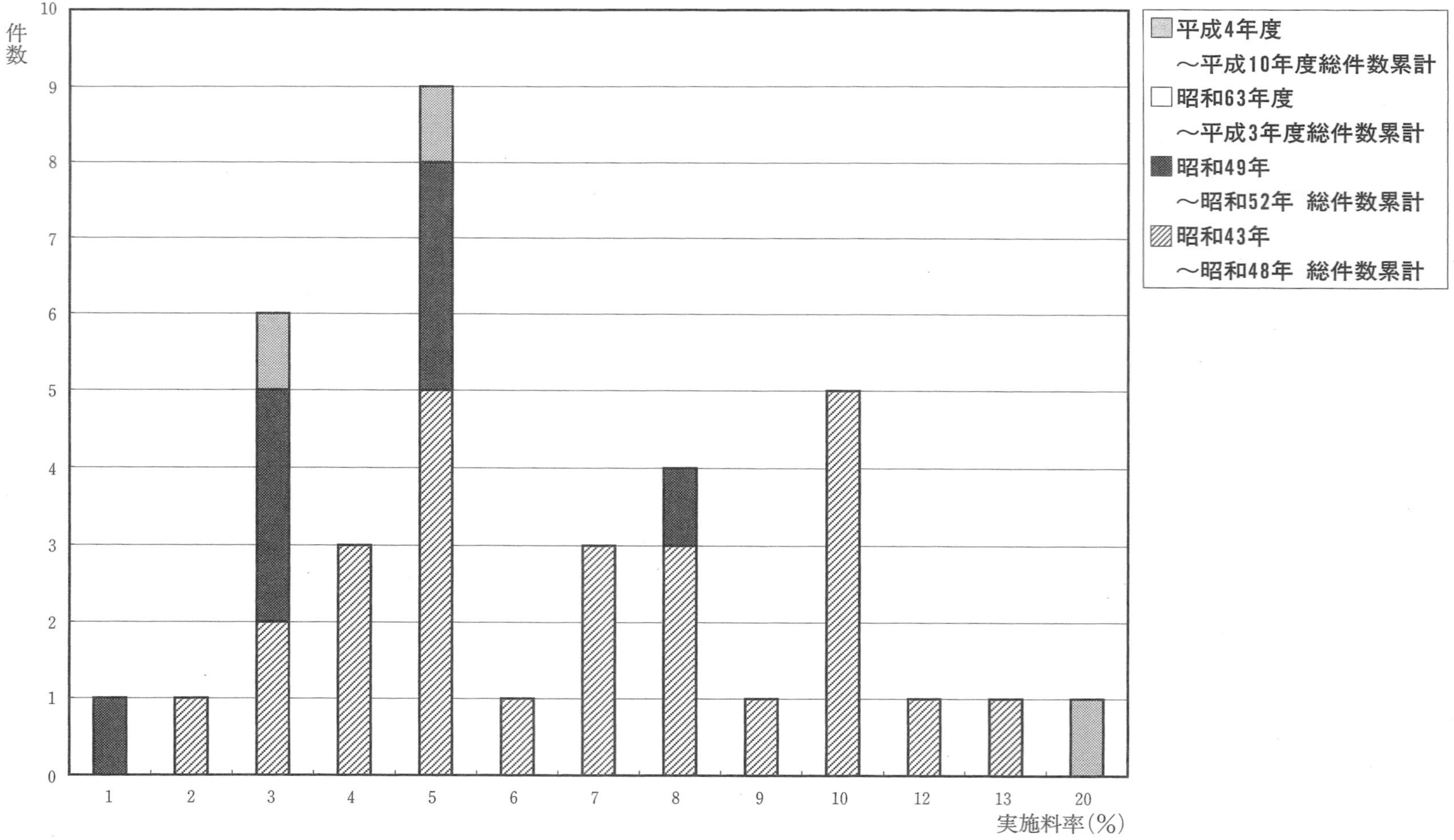

表2－11－2　繊維機械（イニシャル　無）の実施料率別契約件数

期間（年/年度）＼契約件数	実施料率(%) 1	2	3	4	5	6	7	8	9	10	12	13	20	合計	ミニマム付割合	年平均件数	最頻値	中央値	平均値	その他の実施料 件数	年平均
昭和43年～昭和48年　総件数累計		1	2	3	5	1	3	3	1	5	1	1		26		4.3	5	7	6.9	—	—
														0						—	—
昭和49年～昭和52年　総件数累計	1		3		3			1						8		2.0	3・5	4	4.1	—	—
〃　ミニマム付件数														0	0.00	0.0				—	—
昭和63年度～平成3年度総件数累計														0		0.0			-	6	1.5
〃　ミニマム付件数														0	-	0.0				2	0.5
平成4年度総件数					1									1						2	
〃　ミニマム付件数														0							
平成5年度総件数														0						2	
〃　ミニマム付件数														0							
平成6年度総件数														0							
〃　ミニマム付件数														0							
平成7年度総件数													1	1							
〃　ミニマム付件数														0							
平成8年度総件数			1											1							
〃　ミニマム付件数			1											1							
平成9年度総件数														0						1	
〃　ミニマム付件数														0						1	
平成10年度総件数														0						—	—
〃　ミニマム付件数														0						—	—
平成4年度～平成10年度総件数累計	0	0	1	0	1	0	0	0	0	0	0	0	1	3		0.4	3・5・20	5	9.3	5	0.8
〃　ミニマム付件数	0	0	1	0	0	0	0	0	0	0	0	0	0	1	0.33	0.1				1	0.2

（注）その他の実施料：実施料率以外の実施料（例えば、従量実施料、定額実施料等）のもの。

12．特殊産業用機械

この技術分野は、日本標準産業分類F296が関連する技術を扱う。食品加工機械製造技術、木工機械製造技術、パルプ装置・製紙機械製造技術、印刷・製本・紙工機械製造技術、鋳造装置製造技術、プラスチック加工機械・同附属装置製造技術、半導体製造装置製造技術、その他の特殊産業用機械製造技術である。“その他の特殊産業用機械”とは、例えば、繰綿機械、帽子製造機械、皮革処理機械、ゴム製品製造機械、たばこ製造機械、製靴機械、石工機械、製瓶機械、産業用銃製造機械、集材機械、金網製造機械、自動選瓶機械、のり刈取機械、目立機械等である。

図２－12－１、２－12－２は、この技術分野における外国技術導入契約の実施料が、許諾製品の出来高にリンクした料率表示であったものの年（年度）別契約件数を、イニシャル・ペイメント条件の有り・無しに分けて、実施料率別にグラフ化したものである。

また、**表２－12－１、２－12－２**は、上記のデータに加え、さらにミニマム・ロイヤルティ条件付件数データと、最近の10年間（昭和63年度～平成９年度）の、外国技術導入契約の実施料が料率以外のもの（例えば、従量実施料、定額実施料等）であった契約件数データを、それぞれ「ミニマム付件数」及び「その他の実施料」として表したものである。

○契約件数について

図２－12－１、２－12－２及び**表２－12－１、２－12－２**が示すように、この技術分野における外国技術導入契約の平成４年度～平成10年度の７年間の件数は、イニシャル有りが57件(8.1件／年)、イニシャル無しが45件（6.4件／年）である。これは、昭和63年度～平成３年度の４年間と比較すると、イニシャル有りが18.3→8.1件／年、イニシャル無しが6.8→6.4件／年と、いずれも減少しており、特に、イニシャル有りは半減以下である。

また、平成４年度～平成10年度のミニマム付件数の全体に占める割合については、イニシャル有りが0.23、イニシャル無しが0.11であった。

平成４年度～平成９年度のその他の実施料の件数については、イニシャル有りが23件(3.8件／年)、イニシャル無しが22件（3.7件／年）であり、いずれも昭和63年度～平成３年度の４年間と比較すると減少しており、ここでも特にイニシャル有りの減少幅が大きい。

この技術分野では、外国技術導入契約の減少傾向がはっきりと現れており、特にイニシャル有りでの減少が目立つ。

○実施料率について

実施料率の平均値については、平成４年度～平成10年度は、イニシャル有りが5.2%、イニシャ

ル無しが6.5%であり、昭和63年度～平成３年度と比較すると、イニシャル有りが5.1→5.2%、イニシャル無しが4.7→6.5%と、いずれも上昇しており、特にイニシャル無しの伸びが大きい。

平成４年度～平成10年度は、実施料率８％以上の契約が、イニシャル有りについては5件（0.7件／年）、イニシャル無しについては７件（1.0件／年）あった。昭和63年度～平成３年度の４年間と比較すると、イニシャル有りでは3.0→0.7件／年、イニシャル無しで1.3→1.0件／年であり、いずれも契約件数の減少と同等あるいはそれ以上に減少しているにも関わらず実施料率の平均値が上昇しているのは、イニシャル有りでは30%が１件、イニシャル無しでは50%が２件と、従来見られなかった高率の契約があったことが一因である。

なお、イニシャル有りの実施料率が30%の契約１件の技術内容は半導体製造装置に関するものであり、イニシャル無しの実施料率が50%の契約２件の技術内容は半導体製造装置に関するものと薄膜形成技術に関するものであった。

この技術分野では、契約件数は減少傾向にある反面、実施料率の平均値が上昇していることが分かるが、この技術分野はその内訳が多岐にわたるため、何らかの傾向を求めることは困難である。

○関連判決

この技術分野の実施料率に関連した判決を紹介する。

・「海苔剝ぎ機」：昭和57（ワ）1034（H4.1.31名古屋地裁、侵害行為停止等請求事件）
被告イ号機械は、原告らのＡ発明（海苔剝ぎ機／特公昭56-17067）及びＢ発明（海苔・す分離装置／特公昭54-22506）の、被告ロ号機械は、Ａ発明の、技術的範囲に属するとして、実施料相当額の算定については、Ａ特許又はＢ特許の海苔剝ぎ機に占める割合は、80%が相当であるとされた事例である。

・「シート状物の取出装置」：平成４（ネ）1859（H5.10.26大阪高裁、損害賠償請求控訴事件）

他人の特許権を侵害すれば、侵害者に実施料相当額の不当利益が生じるということができるから、侵害者は特許権者に対し、その実施料相当額を不当利得として支払わなければならないとされた事例である。

・「シート状物の取出装置」：平成６（オ）225（H6.10.25最高裁、損害賠償請求上告事件）

原審の事実認定は首是するに足り、右事実関係の下においては、上告人が株式会社Ｋから被告物件を購入してこれを他へ転売したことにより本件特許権の実施料相当額を不当に利得したとした原審の判断は、正当として是認することができるとされた事例である。

・「食品成形機」：平成10（ワ）9453（H11.3.30大阪地裁、侵害差止等請求事件）

被告のイ号機を輸入して販売することは、本件特許権（食品成形機／特公昭62-5576）を侵害するものであり、損害賠償の請求が認められ、損害額の算定に用いる実施料率については、販売総額の５％とされた事例である。

・「シート材料のウェブを受取るように構成され配置された巻返し装置」：平成６（ワ）14062（H11.9.29東京地裁、侵害差止等請求事件）

被告装置は、本件発明（シート材料のウェブを受取るように構成され配置された巻返し装置／特公平1-22186）の技術範囲に属するとして、実施料相当額につき不当利得返還請求権を認容し、損害賠償請求権については時効により消滅したとして請求棄却した事例である。

・「プラスチックフィルム層をヒートシールする装置」：平成11（ワ）13512（H14.1.29大阪地裁、侵害差止等請求事件）

被告製品中イ号物件は本件発明１（プラスチックフィルム層をヒートシールする装置／特許2528064）の、ハ号物件は本件発明２（プラスチック袋製造装置／特許2805515）の技術的範囲に属し、権利濫用の抗弁は認められないとして、差止め、損害賠償が認められ、実施料率については、本件発明１は売上高の２％、本件発明２は売上高の１％とされた事例である。

図２－12－１　特殊産業用機械（イニシャル　有）の実施料率別契約件数

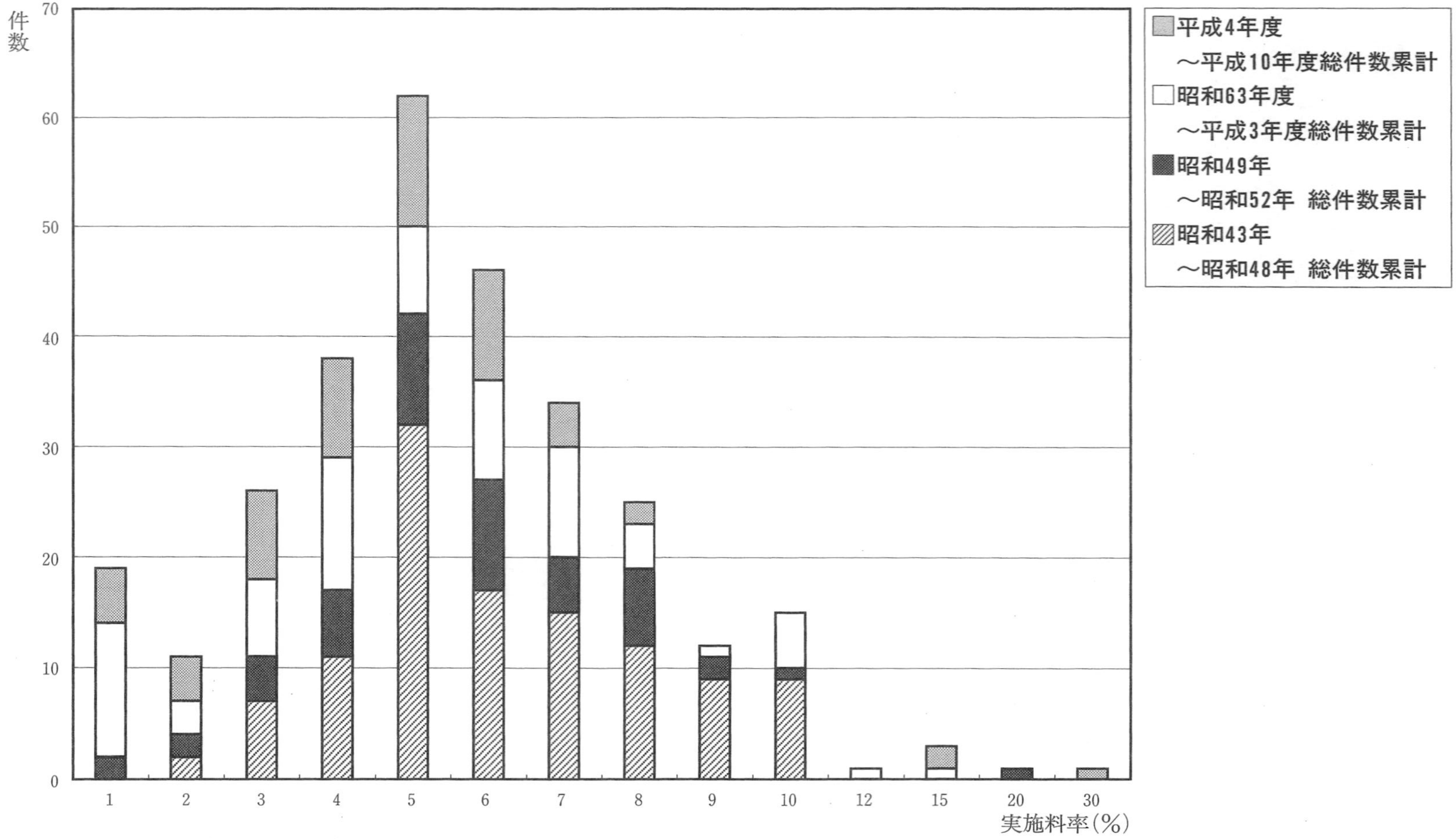

表2－12－1　特殊産業用機械（イニシャル　有）の実施料率別契約件数

契約件数 / 期間（年/年度）	実施料率(%)																				その他の実施料	
	1	2	3	4	5	6	7	8	9	10	12	15	20	30	合計	ミニマム付割合	年平均件数	最頻値	中央値	平均値	件数	年平均
昭和43年～昭和48年　総件数累計		2	7	11	32	17	15	12	9	9					114		19.0	5	6	6.2	—	—
															0						—	—
昭和49年～昭和52年　総件数累計	2	2	4	6	10	10	5	7	2	1			1		50		12.5	5･6	6	5.8	—	—
〃　ミニマム付件数	1		3	1	3	4	3	1	1						17	0.34	4.3				—	—
昭和63年度～平成3年度総件数累計	12	3	7	12	8	9	10	4	1	5	1	1			73		18.3	1･4	5	5.1	26	6.5
〃　ミニマム付件数		2	1	2	4	3	8	2		2					24	0.33	6.0				3	0.8
平成4年度総件数			1	4	1	2	1								9						7	
〃　ミニマム付件数				3	1	1									5						2	
平成5年度総件数	2	2		2	2	1	1	2							12						2	
〃　ミニマム付件数					1			2							3							
平成6年度総件数		1	4	1	2	2	1					1			12						3	
〃　ミニマム付件数			1												1							
平成7年度総件数	1		1	1	3	2									8						5	
〃　ミニマム付件数					1	1									2						1	
平成8年度総件数	1	1			1	2									5						1	
〃　ミニマム付件数															0						1	
平成9年度総件数	1		2	1	1	1						1		1	8						5	
〃　ミニマム付件数			1			1									2							
平成10年度総件数					2		1								3						—	—
〃　ミニマム付件数															0						—	—
平成4年度～平成10年度総件数累計	5	4	8	9	12	10	4	2	0	0	0	2	0	1	57		8.1	5	5	5.2	23	3.8
〃　ミニマム付件数	0	0	2	3	3	3	0	2	0	0	0	0	0	0	13	0.23	1.9				4	0.7

（注）その他の実施料：実施料率以外の実施料（例えば、従量実施料、定額実施料等）のもの。

図２－12－２　特殊産業用機械（イニシャル　無）の実施料率別契約件数

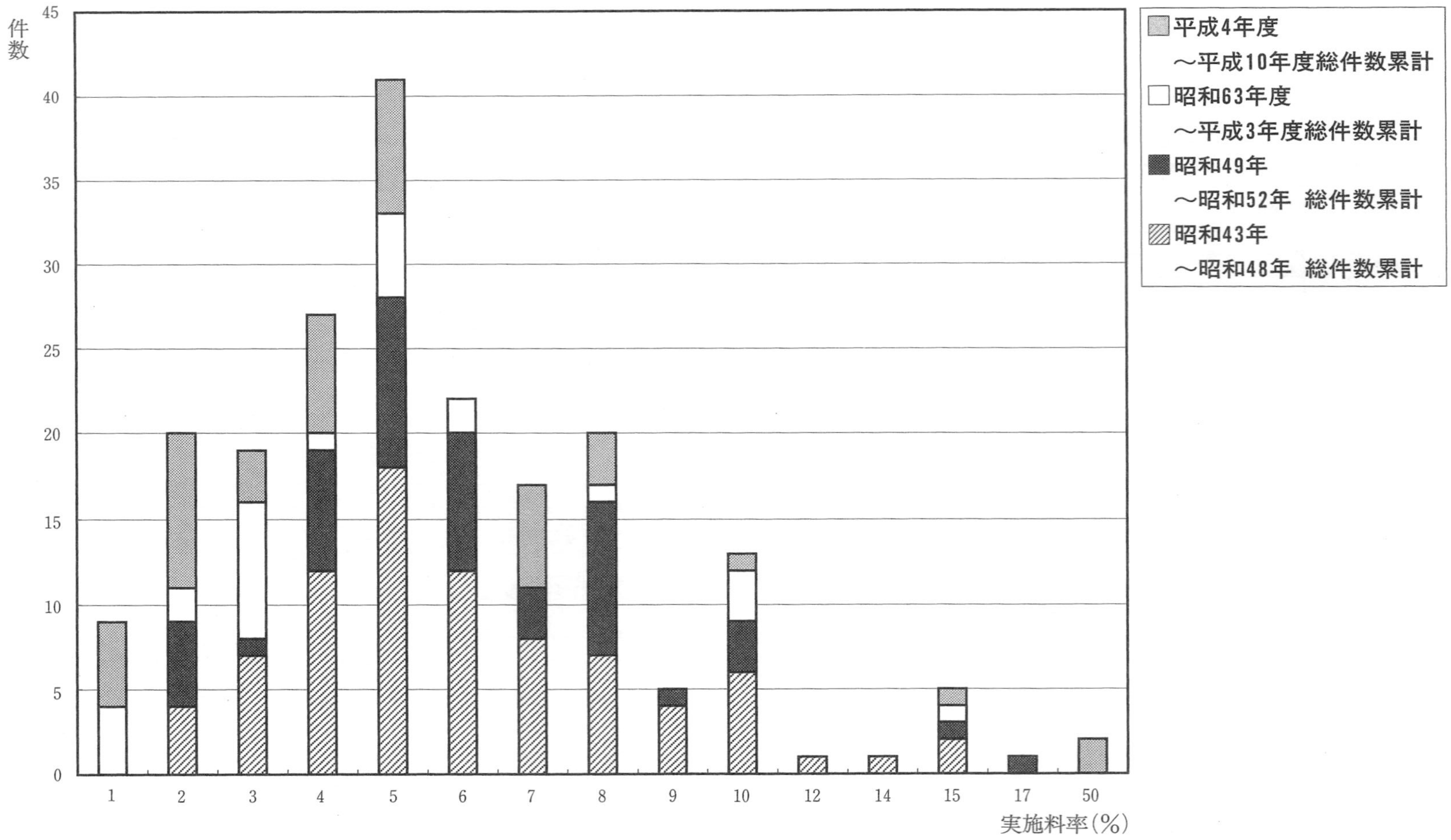

表２－12－２　特殊産業用機械（イニシャル　無）の実施料率別契約件数

期間（年/年度）＼契約件数	実施料率(%) 1	2	3	4	5	6	7	8	9	10	12	14	15	17	50	合計	ミニマム付割合	年平均件数	最頻値	中央値	平均値	その他の実施料 件数	年平均
昭和43年～昭和48年　総件数累計		4	7	12	18	12	8	7	4	6	1	1	2			82		13.7	5	6	6.1	—	—
																0						—	—
昭和49年～昭和52年　総件数累計		5	1	7	10	8	3	9	1	3			1	1		49		12.3	5	6	6.2	—	—
〃　ミニマム付件数								1	1							2	0.04	0.5				—	—
昭和63年度～平成3年度総件数累計	4	2	8	1	5	2		1		3			1			27		6.8	3	3	4.7	22	5.5
〃　ミニマム付件数			1													1	0.04	0.3				4	1.0
平成4年度総件数		1		1	3		1	1		1						8						9	
〃　ミニマム付件数																0						1	
平成5年度総件数	1	1	1	3	2		1									9						1	
〃　ミニマム付件数			1	1	1											3							
平成6年度総件数	1	4					1	1								7						4	
〃　ミニマム付件数																0							
平成7年度総件数	1		1	1	1		1	1								6						2	
〃　ミニマム付件数					1											1							
平成8年度総件数		2					2								1	5							
〃　ミニマム付件数							1									1							
平成9年度総件数	1		1	2	2								1		1	8						6	
〃　ミニマム付件数																0							
平成10年度総件数	1	1														2						—	—
〃　ミニマム付件数																0						—	—
平成4年度～平成10年度総件数累計	5	9	3	7	8	0	6	3	0	1	0	0	1	0	2	45		6.4	2	4	6.5	22	3.7
〃　ミニマム付件数	0	0	1	1	2	0	1	0	0	0	0	0	0	0	0	5	0.11	0.7				1	0.2

（注）その他の実施料：実施料率以外の実施料（例えば、従量実施料、定額実施料等）のもの。

13．輸送用機械

この技術分野は日本標準産業分類F31が関連する技術を扱う。自動車・同附属品製造技術、鉄道車両・同部分品製造技術、自転車・同部分品製造技術、船舶製造・修理技術、舶用機関製造技術、航空機・同附属品製造技術およびその他の輸送用機械器具製造技術等である。“その他の輸送用機械器具製造技術”とは、例えば、動力付運搬車製造技術、フォークリフト・トラック製造技術、ショベルトラック・ハンドトラック製造技術、そり、人力車、リヤカー、キャスター等のほか、ロケット（ロケット弾等武器除く）製造技術、ロケット用ブースター製造技術、人工衛星製造技術、宇宙船製造技術等である。

図２－13－１、**２－13－２**は、この技術分野における外国技術導入契約の実施料が、許諾製品の出来高にリンクした料率表示であったものの年（年度）別契約件数を、イニシャル・ペイメント条件の有り・無しに分けて、実施料率別にグラフ化したものである。

また、**表２－13－１**、**２－13－２**は、上記のデータに加え、さらにミニマム・ロイヤルティ条件付件数データと、最近の10年間（昭和63年度～平成９年度）の、外国技術導入契約の実施料が料率以外のもの（例えば、従量実施料、定額実施料等）であった契約件数データを、それぞれ「ミニマム付件数」及び「その他の実施料」として表したものである。

○契約件数について

図２－13－１、**２－13－２**及び表**２－13－１**、**２－13－２**が示すように、この技術分野における外国技術導入契約の平成４年度～平成10年度の７年間の件数は、イニシャル有りが88件（12.6件／年）、イニシャル無しが50件（7.1件／年）である。これは昭和63年度～平成３年度の４年間と比較すると、イニシャル有りが30.8→12.6件／年、イニシャル無しが9.8→7.1件／年といずれも減少しており、特にイニシャル有りでは半減以下である。

また、平成４年度～平成10年度のミニマム付件数の全体に占める割合は、イニシャル有りで0.03、イニシャル無しで0.10となっており、いずれも減少している。この結果、イニシャル有り、無しを合計したミニマム付件数の割合は、全技術分野中２番目に小さい。

平成４年度～平成９年度のその他の実施料の件数については、イニシャル有りで40件(6.7件／年)、イニシャル無しで61件（10.2件／年）となっており、ここでもイニシャル有りの減少幅が大きく、半減以下となっている。

このように、この技術分野では外国導入技術契約の契約件数は減少傾向にある。

○実施料率について

実施料率の平均値については、平成４年度～平成10年度では、イニシャル有りで5.5％、イニシャル無しで4.3％であり、昭和63年度～平成３年度と比較すると、イニシャル有りで4.8→5.5％、イニシャル無しでは4.2→4.3％と、いずれも上昇している。イニシャル有りでの上昇幅が大きいが、これは、従来見られなかった17％、50％の高率契約があったことが一因である。

平成４年度～平成10年度は、実施料率８％以上の契約が、イニシャル有りについては17件(2.4件／年)、イニシャル無しについては６件（0.9件／年）あった。昭和63年度～平成３年度の４年間と比較すると、イニシャル有りでは3.8→2.4件／年、イニシャル無しで1.0→0.9件／年となっている。いずれも減少しているものの、減少幅は契約件数の減少幅に比べて小さく、契約件数の減少は低率側で大きかったことが分かる。

○高率契約について

平成４年度～平成10年度についての実施料率８％以上の契約の内訳を**表２－13－３**に示す。**表２－13－３**は、平成４年度～平成10年度の実施料率８％以上の契約についてイニシャル有り、無しを合計し、技術内容別、実施料率別に集計したものである。ここでは、技術内容を航空輸送関連技術、陸上輸送関連の二つのグループに分類した。なお、海上輸送関連技術は実施料率８％以上の契約がなかった。

表２－13－３が示すように、平成４年度～10年度の実施料率８％以上の契約件数のイニシャル有り、無しの合計は23件であるが、このうち、技術内容が航空関連のものが20件、陸上関連のものが３件と、航空関連のものが大半を占めている。この結果は、海上関連のものがなかったことも考慮に入れると、日本企業の世界の中での技術レベルを反映しているものと考えられる。

実施料率別の内訳をみると、航空関連のものは、大半が10％以下の契約であった。特に高率であった契約の技術内容は、50％以上が航空機用センサーに関するものであり、25％が自動車用ブレーキに関するものであり、17％がカークリーニングに関するものであった。

○関連判決

この技術分野の実施料率に関連した判決を紹介する。

・「ゴルフコース用ゴルフバッグ搬送用循環軌道装置」：昭和52(ワ)5686、昭和56(ワ)6457(S58.5.27大阪地裁、侵害差止等請求併合事件)

全部公知又は推考容易を理由に限定解釈すべきであるとの被告主張が排斥され、被告装置(一)は本件考案（ゴルフコース用ゴルフバッグ搬送用循環軌道装置）の技術的範囲に属し、被告装置(二)は同範囲に属さないとされ、補償金、損害金の算定に際しては、国有特許権実施契約書(特許庁長官通牒）記載の実施料算定基準により2.4％と算定された事例である。

・「風力推進装置」：昭和62（ワ）6521（S63.4.22東京地裁、損害賠償請求事件）

独占的実施権者である原告Ｓが、特許権者である原告Ｗとの不真正連帯債権として、本件発明の構成要件を全て備えるセイリングボードを販売した被告に損害賠償を求めている部分は、原告Ｓが原告Ｗに支払うべき実施料（販売価格の６％）に相当する金員の一部であるので、原告Ｓの損害から控除されるべきであるとされた事例である。

・「ヘリコプターのアンテナ昇降装置」：平成10（ワ）13910（H11.5.31東京地裁、侵害差止等請求事件）

本件考案（ヘリコプターのアンテナ昇降装置／実公平7-32395）の「アンテナ昇降装置本体」は、その技術的意義からみてアンテナ及びそれを支持するポールが含まれるとし、被告製品のアンテナ及びそれを支持するアームである展張アームがアンテナ昇降装置本体に相当するとして構成の充足性を認め、原告の損害は本件考案の実施料相当額によって認められ、本件考案の実施料率は販売価格の５％をもって相当と認められた事例である。

・「ヘリコプターのアンテナ昇降装置」：平成８（ワ）6636（H11.7.16東京地裁、侵害差止等請求事件）

被告器具は本件考案（悪路脱出具／実公平5-13602）の「案内板」と「溝部」を有するとして本件考案の侵害を認め、被告に補償金、損害賠償金等の賠償を命じ、原告が訴外会社へ実施料率５％でライセンスしていることから、販売額の５％を補償金として認容した事例である。

図２－13－１　輸送用機械（イニシャル　有）の実施料率別契約件数

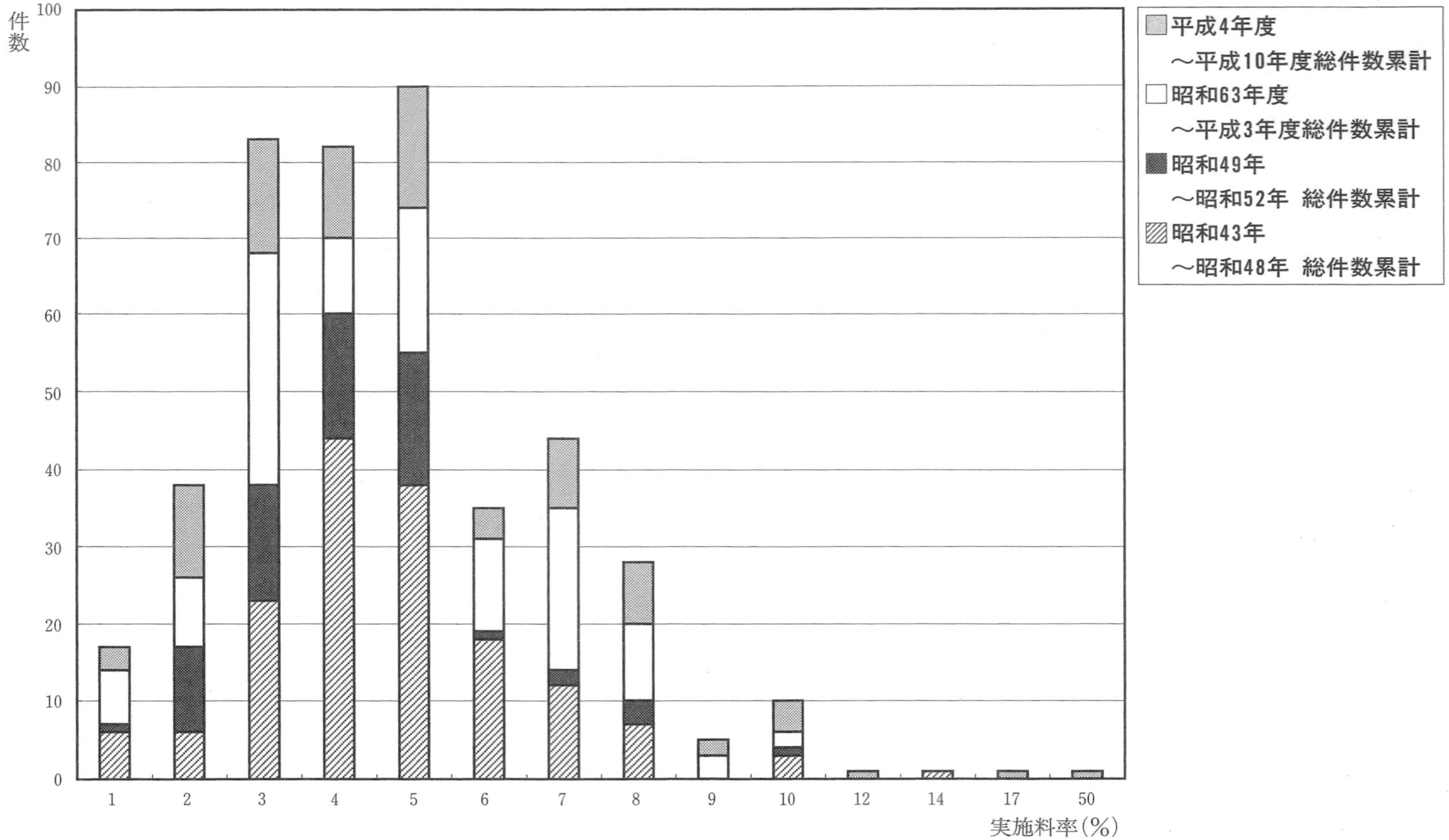

表２－13－１　輸送用機械（イニシャル　有）の実施料率別契約件数

期間(年/年度)＼契約件数	実施料率(%)																				その他の実施料	
	1	2	3	4	5	6	7	8	9	10	12	14	17	50	合計	ミニマム付割合	年平均件数	最頻値	中央値	平均値	件数	年平均
昭和43年～昭和48年　総件数累計	6	6	23	44	38	18	12	7		3		1			158		26.3	4	5	4.7	—	—
															0						—	—
昭和49年～昭和52年　総件数累計	1	11	15	16	17	1	2	3		1					67		16.8	5	4	4.0	—	—
〃　ミニマム付件数		2	6	3		1									12	0.18	3.0				—	—
昭和63年度～平成3年度総件数累計	7	9	30	10	19	12	21	10	3	2					123		30.8	3	5	4.8	58	14.5
〃　ミニマム付件数	1	2	5	2	6		1								17	0.14	4.3				5	1.3
平成4年度総件数		4	3		4	3	4	3		2					23						7	
〃　ミニマム付件数															0							
平成5年度総件数		2	2	1	5		1	1	1						13						9	
〃　ミニマム付件数															0						3	
平成6年度総件数	1	1	1	1	2		1								7						3	
〃　ミニマム付件数															0							
平成7年度総件数	1	2	3	4	2		1	2					1		16						5	
〃　ミニマム付件数			1		1										2						1	
平成8年度総件数	1	1	1	3			1	2			1			1	11						10	
〃　ミニマム付件数	1														1						1	
平成9年度総件数			3	1	2	1			1	2					10						6	
〃　ミニマム付件数															0						3	
平成10年度総件数		2	2	2	1		1								8						—	—
〃　ミニマム付件数															0						—	—
平成4年度～平成10年度総件数累計	3	12	15	12	16	4	9	8	2	4	1	0	1	1	88		12.6	5	5	5.5	40	6.7
〃　ミニマム付件数	1	0	1	0	1	0	0	0	0	0	0	0	0	0	3	0.03	0.4				8	1.3

（注）その他の実施料：実施料率以外の実施料（例えば、従量実施料、定額実施料等）のもの。

図２－13－２　輸送用機械（イニシャル　無）の実施料率別契約件数

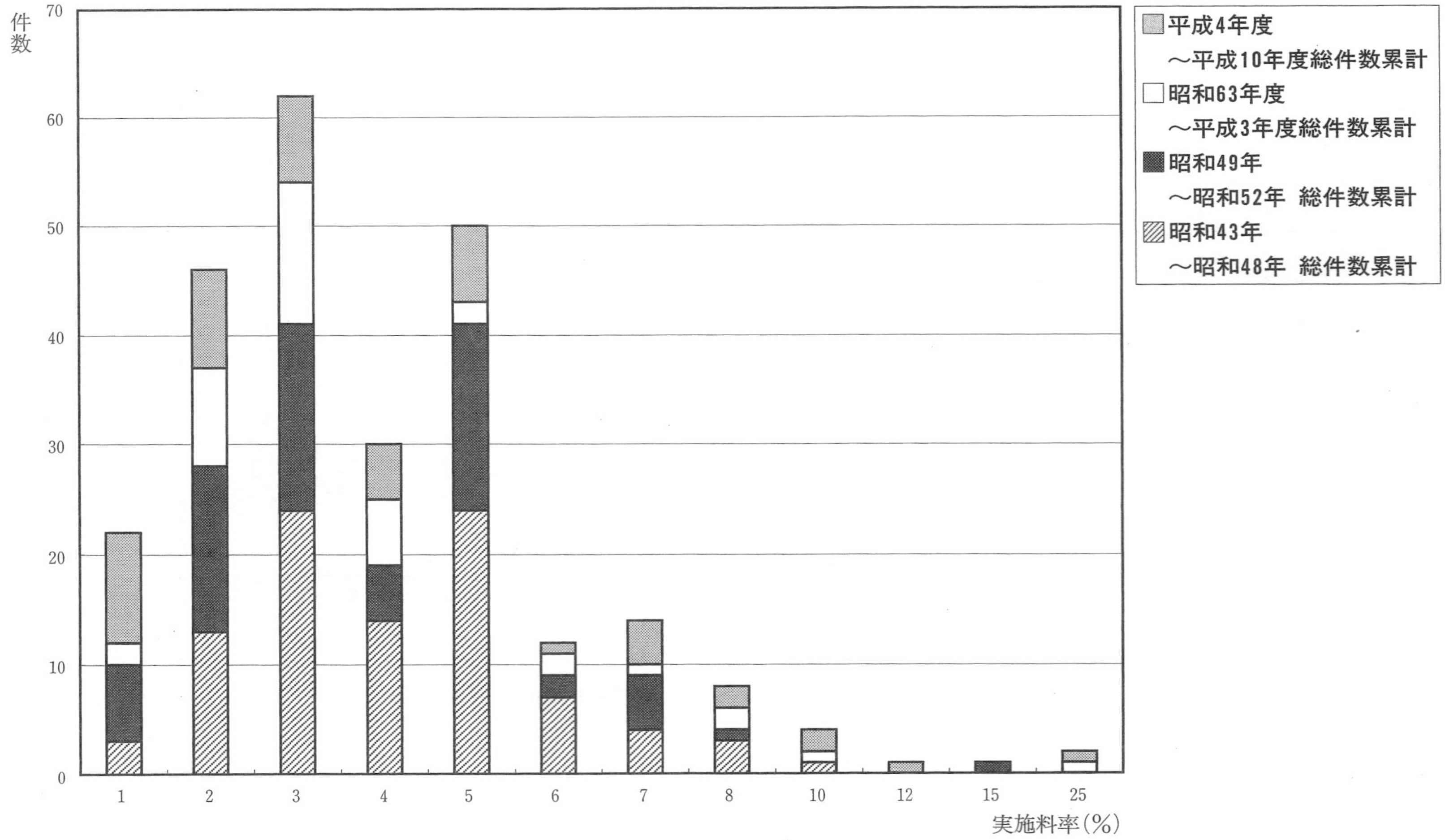

表２－13－２　輸送用機械（イニシャル　無）の実施料率別契約件数

期間（年/年度）＼契約件数	実施料率(%)																		その他の実施料	
	1	2	3	4	5	6	7	8	10	12	15	25	合計	ミニマム付割合	年平均件数	最頻値	中央値	平均値	件数	年平均
昭和43年～昭和48年　総件数累計	3	13	24	14	24	7	4	3	1				93		15.5	3・5	4	4.1	—	—
													0						—	—
昭和49年～昭和52年　総件数累計	7	15	17	5	17	2	5	1			1		70		17.5	3・5	3	3.8	—	—
〃　ミニマム付件数	1	4	2	1	4	1							13	0.19	3.3				—	—
昭和63年度～平成3年度総件数累計	2	9	13	6	2	2	1	2	1			1	39		9.8	3	3	4.2	40	10.0
〃　ミニマム付件数		2	1	2		1							6	0.15	1.5				1	0.3
平成4年度総件数	1	2	1	1	1								6						19	
〃　ミニマム付件数	1				1								2						3	
平成5年度総件数	3	3	1	1	3	1		1		1			14						10	
〃　ミニマム付件数			1		1								2							
平成6年度総件数	1	2	1										4						9	
〃　ミニマム付件数		1											1						1	
平成7年度総件数	2	2	1		1		1					1	8						10	
〃　ミニマム付件数													0						1	
平成8年度総件数	3						1		1				5						8	
〃　ミニマム付件数													0						1	
平成9年度総件数			2	2	1		1	1	1				8						5	
〃　ミニマム付件数													0							
平成10年度総件数			2	1	1		1						5						—	—
〃　ミニマム付件数													0						—	—
平成4年度～平成10年度総件数累計	10	9	8	5	7	1	4	2	2	1	0	1	50		7.1	1	3	4.3	61	10.2
〃　ミニマム付件数	1	1	1	0	2	0	0	0	0	0	0	0	5	0.10	0.7				6	1.0

（注）その他の実施料：実施料率以外の実施料（例えば、従量実施料、定額実施料等）のもの。

表２－13－３　輸送用機械の実施料率８％以上の契約件数（平成４年度～平成10年度）

技術内容＼契約件数	実施料率（％）							総計
	8	9	10	12	17	25	50	
航空	10	2	6	1			1	20
陸上				1	1	1		3
総　計	10	2	6	2	1	1	1	23

14. 精密機械器具

この技術分野は、日本標準産業分類F32が関連する技術を扱う。計量器・測定器・分析機器・試験機製造技術、測量機械器具製造技術、医療用機械器具・医療用品製造技術、理化学機械器具製造技術、光学機械器具・レンズ製造技術、眼鏡製造技術（枠を含む）及び時計・同部分品製造技術である。具体的には、測色装置のシステム技術及び関連ソフト、有人宇宙基地用空気再生・熱・環境制御システム、レンズ交換式自動焦点カメラの焦点制御装置等もここで扱う。

ただし、ここにいう“測定器”は、放射線応用計測器（20）を含まない。また“測量機械器具”は、無線応用航法装置（19）を含まない。また“医療用機械器具”は、電子応用医療機械（20）、医療用X線装置（20）を含まない。また“理化学機械器具”は、気象観測装置（19）、理化学用ガラス器具（24）を含まない。

図2－14－1、**2－14－2**は、この技術分野における外国技術導入契約の実施料が、許諾製品の出来高にリンクした料率表示であったものの年（年度）別契約件数を、イニシャル・ペイメント条件の有り・無しに分けて、実施料率別にグラフ化したものである。

また、**表2－14－1**、**2－14－2**は、上記のデータに加え、さらにミニマム・ロイヤルティ条件付件数データと、最近の10年間（昭和63年度～平成9年度）の、外国技術導入契約の実施料が料率以外のもの（例えば、従量実施料、定額実施料等）であった契約件数データを、それぞれ「ミニマム付件数」及び「その他の実施料」として表したものである。

○契約件数について

図2－14－1、**2－14－2**及び**表2－14－1**、**2－14－2**が示すように、この技術分野における外国技術導入契約の平成4年度～平成10年度の7年間の件数は、イニシャル有りが78件（11.1件／年）、イニシャル無しが176件（25.1件／年）である。これは、昭和63年度～平成3年度の4年間と比較すると、イニシャル有りが14.8→11.1件／年、イニシャル無しが21.0→25.1件／年となっており、イニシャル有りは微減、イニシャル無しは微増で、トータルはほぼ横這いである。

また、平成4年度～平成10年度のミニマム付件数の全体に占める割合については、イニシャル有りが0.23、イニシャル無しが0.77であり、他の技術分野と比較してもイニシャル無しのミニマム付き件数の割合が非常に高い。イニシャル有り、無しを合計したミニマム付き割合は、「25. 繊維及び繊維製品」、「29. 木製品・皮製品・貴金属製品・レジャー用品」に次いで3番目に高い（イニシャル無しでもこの順に高い）。後に見るように、これら三つの技術分野には、商標（いわゆるブランドもの）の導入契約が多いという特徴がある。また、これらの技術分野は相対的にイニシャル無しの契約が多いという点も共通している。

平成４年度～平成９年度のその他の実施料の件数については、イニシャル有りが22件(3.7件／年)、イニシャル無しが21件（3.5件／年）である。イニシャル有りでの減少が目立つ。

○実施料率について

実施料率の平均値については、平成４年度～平成10年度は、イニシャル有りが5.3%、イニシャル無しが6.８%であり、昭和63年度～平成３年度と比較すると、イニシャル有りが6.2→5.3%、イニシャル無しが6.6→6.8%と、イニシャル有りでは微減、イニシャル無しでは微増である。実施料率の平均値は、他の技術分野と比較して高めであり、特にイニシャル無しでは高い（全技術分野中５番目）。

平成４年度～平成10年度は、実施料率８%以上の契約が、イニシャル有りについては17件(2.4件／年)、イニシャル無しについては58件（8.3件／年）あった。イニシャル無しについては、従来見られなかった高率の契約(30%の契約が１件、50%の契約が１件)があった。昭和63年度～平成３年度の４年間と比較すると、イニシャル有りでは3.5→2.4件／年、イニシャル無しで6.3→8.3件／年であり、契約件数全体の傾向と同様である。

○高率契約について

平成４年度～平成10年度についての実施料率８%以上の契約の内訳を**表２－14－３**に示す。**表２－14－３**は、平成４年度～平成10年度の実施料率８%以上の契約について、イニシャル有り、無しを合計し、技術内容別、技術形態別、実施料率別に集計したものである。ここでは、技術内容をメガネ・サングラス、計測器等、時計、カメラ・医療器具の四つのグループに分類し、技術形態は、特許等の技術（商標を伴うものを含む）と商標のみの二つに分類した。

表２－14－３が示すように、平成４年度～10年度の実施料率８%以上の契約件数のイニシャル有り、無しの合計は75件であるが、このうち、技術形態が技術のものが28件、商標のものが47件と、商標が約63%を占めている。

また技術内容別に見てみると、メガネ・サングラスが48件と過半を占めており、以下航空機用計測器等の計測器等が13件、時計が10件、カメラ・医療器具が4件であった。これらのうち、メガネ・サングラスは48件中37件と大半が商標のみであり、時計は10件全てが商標のみであった。これらの商標は、デザイナーズブランドと呼ばれるものが多かった。

実施料率別の分布を見てみると、大半が20%以下に分布している点は従来と同様であるが、従来は見られなかった50%の契約が１例見られた。

特に高率であった契約の技術内容は、50%のものはメガネフレームの商標であり、30%のものは質量分析器に関するもので、ソフトウエアを伴うものであった。また、技術に関するもので比較的高率のものとして、18%の契約として化学的検知器に関するものがあった。

この分野の消費者のブランド指向として広く知られている根強い差別欲求の存在、またそれに対応した小売マーチャンダイジングの幅広い展開を考慮すると、メガネ・サングラスと時計の商標関連の高率事例の存在は、外衣、服飾品等のグループに類似するものであると言える。

図２－14－１　精密機械器具（イニシャル　有）の実施料率別契約件数

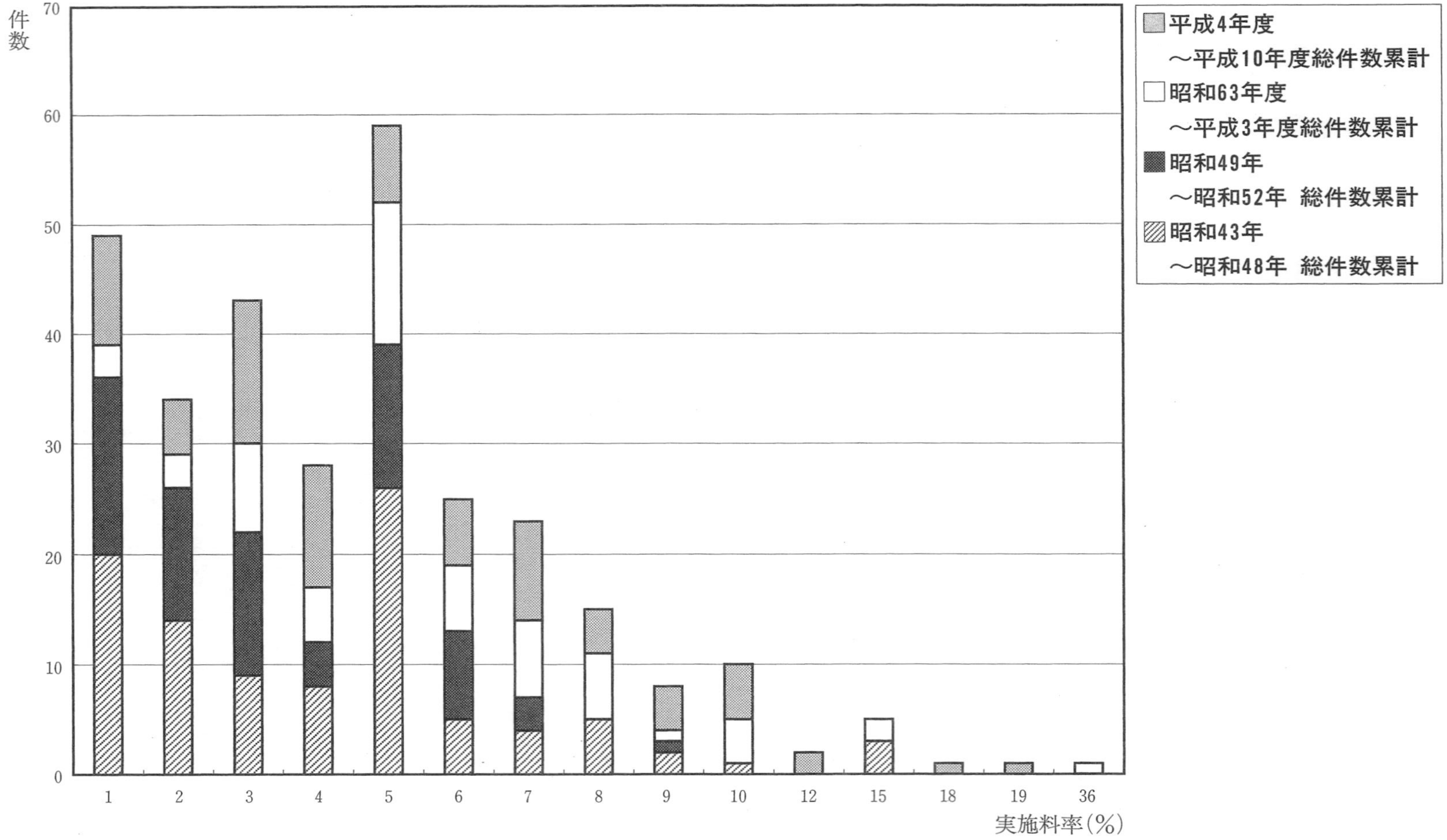

表2－14－1　精密機械器具（イニシャル　有）の実施料率別契約件数

期間（年/年度）＼契約件数	実施料率(%) 1	2	3	4	5	6	7	8	9	10	12	15	18	19	36	合計	ミニマム付割合	年平均件数	最頻値	中央値	平均値	その他の実施料 件数	その他の実施料 年平均
昭和43年～昭和48年　総件数累計	20	14	9	8	26	5	4	5	2	1		3				97		16.2	5	4	4.2	—	—
																0						—	—
昭和49年～昭和52年　総件数累計	16	12	13	4	13	8	3		1							70		17.5	1	3	3.4	—	—
〃　ミニマム付件数	5	3	5	1	3		2		1							20	0.29	5.0				—	—
昭和63年度～平成3年度総件数累計	3	3	8	5	13	6	7	6	1	4		2			1	59		14.8	5	4	6.2	29	7.3
〃　ミニマム付件数		1	3	2	6	1				2		2			1	18	0.31	4.5				3	0.8
平成4年度総件数	2		3	5	2	1	6	1	1	1						22						4	
〃　ミニマム付件数	1			3												4						1	
平成5年度総件数		2	7	2	2	1	1	1	2					1		19						3	
〃　ミニマム付件数			1		2	1	1		1							6						1	
平成6年度総件数	6		1	2	1	1				2			1			14						7	
〃　ミニマム付件数																0							
平成7年度総件数		1	2		2	1		1	1	1						9						4	
〃　ミニマム付件数		1	1		2				1							5						1	
平成8年度総件数	1	1				1				1	2					6						3	
〃　ミニマム付件数						1										1						2	
平成9年度総件数	1						1	1								3						1	
〃　ミニマム付件数								1								1							
平成10年度総件数		1		2		1	1									5						—	—
〃　ミニマム付件数						1										1						—	—
平成4年度～平成10年度総件数累計	10	5	13	11	7	6	9	4	4	5	2	0	1	1	0	78		11.1	3	4・5	5.3	22	3.7
〃　ミニマム付件数	1	1	2	3	4	3	1	1	2	0	0	0	0	0	0	18	0.23	2.6				5	0.8

（注）その他の実施料：実施料率以外の実施料（例えば、従量実施料、定額実施料等）のもの。

図２−14−２　精密機械器具（イニシャル　無）の実施料率別契約件数

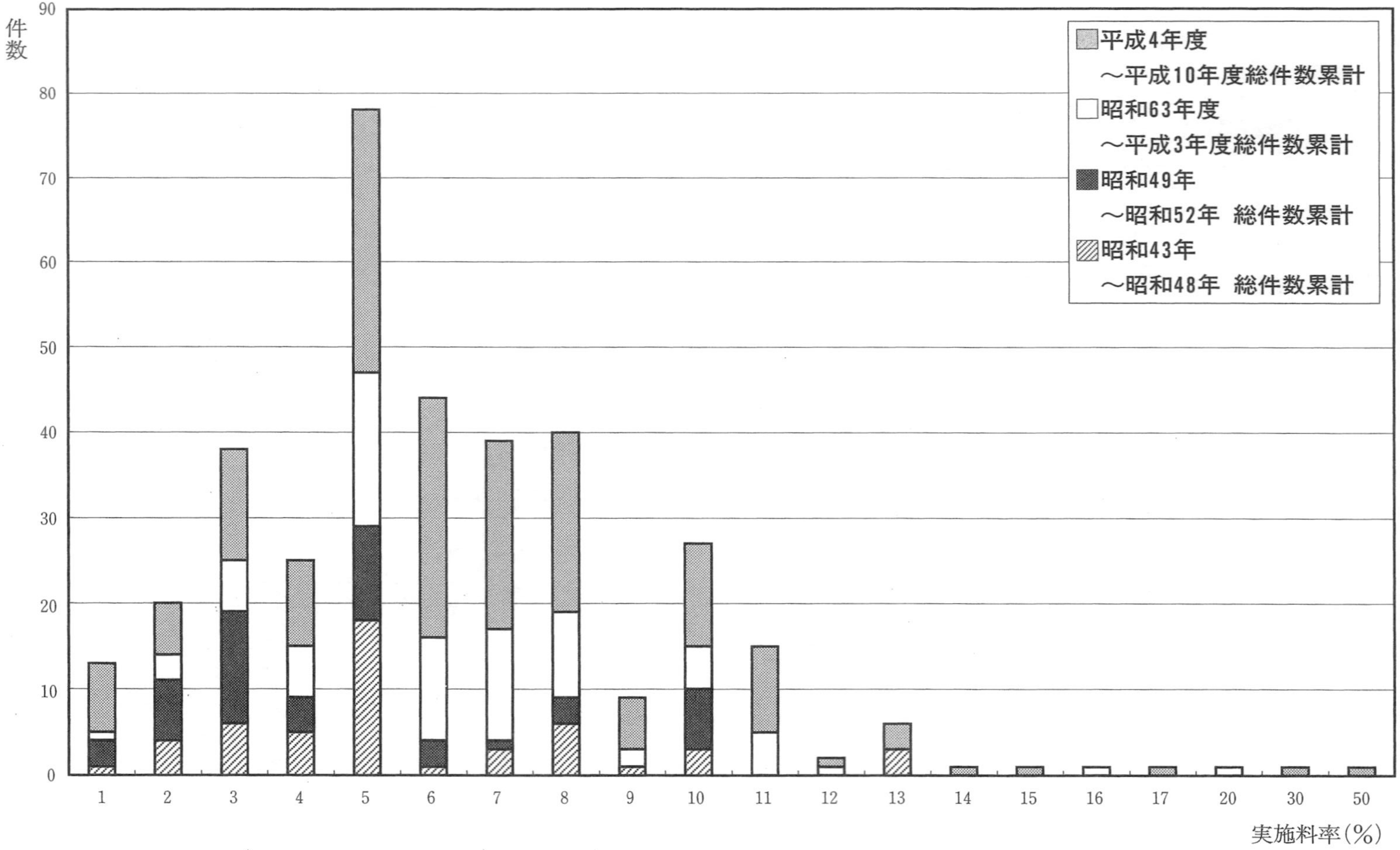

表２－14－２　精密機械器具（イニシャル　無）の実施料率別契約件数

期間（年/年度）＼契約件数	実施料率(%) 1	2	3	4	5	6	7	8	9	10	11	12	13	14	15	16	17	20	30	50	合計	ミニマム付割合	年平均件数	最頻値	中央値	平均値	その他の実施料 件数	その他の実施料 年平均
昭和43年～昭和48年　総件数累計	1	4	6	5	18	1	3	6	1	3			3								51		8.5	5	5	5.7	—	—
																					0						—	—
昭和49年～昭和52年　総件数累計	3	7	13	4	11	3	1	3		7											52		13.0	3	4	4.7	—	—
〃　ミニマム付件数	2	2		1	2	1		1		6											15	0.29	3.8				—	—
昭和63年度～平成3年度総件数累計	1	3	6	6	18	12	13	10	2	5	5	1				1		1			84		21.0	5	6	6.6	14	3.5
〃　ミニマム付件数			3	2	15	9	12	9	2	4	4	1				1					62	0.74	15.5				4	1.0
平成4年度総件数			1		4	1	3	2		2	1										14						3	
〃　ミニマム付件数			1		3	1	3	2		1	1										12							
平成5年度総件数	1		2	2	6	3		1	2	4	2			1					1		25						6	
〃　ミニマム付件数			1	1	3	1		1	2	2	2			1							14							
平成6年度総件数	4	4	1	5	8	3	6	4		1	1		1							1	39						6	
〃　ミニマム付件数		2	1	3	7	3	4	3		1	1		1							1	27						1	
平成7年度総件数			4	1	4	2	2	4		1	2		1		1						22						5	
〃　ミニマム付件数			2		3	2	2	3		1	2				1						16						1	
平成8年度総件数	1	1	2		5	5	3	5	2	1											25						1	
〃　ミニマム付件数			2		4	4	3	5	2												20							
平成9年度総件数	1			1	3	9	5	4			2										25							
〃　ミニマム付件数				1	3	9	5	3			1										22							
平成10年度総件数	1	1	3	1	1	5	3	1	2	3	2	1	1				1				26						—	—
〃　ミニマム付件数		1	3	1	1	5	3	1	2	2	2	1	1				1				24						—	—
平成4年度～平成10年度総件数累計	8	6	13	10	31	28	22	21	6	12	10	1	3	1	1	0	1	0	1	1	176		25.1	5	6	6.8	21	3.5
〃　ミニマム付件数	0	3	10	6	24	25	20	18	6	7	9	1	2	1	1	0	1	0	0	1	135	0.77	19.3				2	0.3

（注）その他の実施料：実施料率以外の実施料（例えば、従量実施料、定額実施料等）のもの。

表２－14－３　精密機械器具の実施料率８％以上の契約件数（平成４年度～平成10年度）

技術内容＼技術形態・実施料率	商標のみ 8～10	商標のみ 11～20	商標のみ 50	商標計	技術のみ 8～10	技術のみ 11～20	技術のみ 30	技術計	総計
メガネ・サングラス	29	7	1	37	2	9		11	48
計測器等					9	3	1	13	13
時計	9	1		10					10
カメラ・医療器具					3	1		4	4
総　計	38	8	1	47	14	13	1	28	75

15．一般産業用機械

この技術分野は、日本標準産業分類F297が関連する技術を扱う。ポンプ・同装置製造技術、空気圧縮機・ガス圧縮機・送風機製造技術、エレベータ・エスカレータ製造技術、荷役運搬設備製造技術、動力伝導装置（玉軸受、ころ軸受を除く）製造技術、工業窯炉製造技術、油圧・空圧機器製造技術、化学機械・同装置製造技術、その他の一般産業用機械・装置製造技術である。

ただし、ここにいう“ポンプ”は、ガソリンスタンド用等軽量ポンプ(14)、航空機原動機用ポンプ(13)等を含まない。“ガス圧縮機”は、冷凍機(16)、空気調節装置(16)等を含まない。“動力伝達装置”は、自動車用変速機(13)を含まない。“化学機械・装置”は、水質汚濁防止機器、廃棄物処理機器等を含み、醸造用機械(12)、搾油機械(12)、赤外線乾燥装置(17)を含まない。“工業窯炉”は、窯炉用電熱装置(17)、電気炉(17)を含まない。

なお、“その他の一般産業用機械・装置”とは、例えば潜水装置、潤滑装置、自動車用代燃装置、駐車装置、スクリュープレス、焼却炉等である。

図２－15－１、２－15－２は、この技術分野における外国技術導入契約の実施料が、許諾製品の出来高にリンクした料率表示であったものの年（年度）別契約件数を、イニシャル・ペイメント条件の有り・無しに分けて、実施料率別にグラフ化したものである。

また、**表２－15－１、２－15－２**は、上記のデータに加え、さらにミニマム・ロイヤルティ条件付件数データと、最近の10年間（昭和63年度～平成９年度）の、外国技術導入契約の実施料が料率以外のもの（例えば、従量実施料、定額実施料等）であった契約件数データを、それぞれ「ミニマム付件数」及び「その他の実施料」として表したものである。

○契約件数について

図２－15－１、２－15－２及び**表２－15－１、２－15－２**が示すように、この技術分野における外国技術導入契約の平成４年度～平成10年度の７年間の件数は、イニシャル有りが157件(22.4件／年)、イニシャル無しが71件（10.1件／年）である。これは昭和63年度～平成３年度の４年間と比較すると、イニシャル有りが21.5→22.4件／年、イニシャル無しが15.5→10.1件／年であり、イニシャル有りではほぼ横ばい、イニシャル無しでは減少している。なお、イニシャル有りの契約件数は全技術分野中４番目に多い。

また、平成４年度～平成10年度のミニマム付件数の割合については、イニシャル有りで0.29、イニシャル無しで0.20となっており、大きな変化は見られない。

平成４年度～平成９年度のその他の実施料の件数については、イニシャル有りで87件（14.5件／年)、イニシャル無しで39件（6.5件／年）となっており、いずれも減少している。特に、イニシャル無しで減少幅が大きい。減少してはいるものの、イニシャル有りの契約件数は全技術分野中４番目に多く、イニシャル有り、無しの合計でも全技術分野中5番目に多い。

○実施料率について

実施料率の平均については、平成４年度～平成10年度はイニシャル有りが4.4%、イニシャル無しが4.2%であり、昭和63年度～平成３年度と比較すると、イニシャル有りで4.5→4.4%、イニシャル無しでは4.3→4.2%と、いずれもほとんど変化していない。

平成４年度～平成10年度は、実施料率８%以上の契約が、イニシャル有りについては９件(1.3件／年)、イニシャル無しについては６件（0.9件／年）となっている。昭和63年度～平成３年度の４年間と比較すると、イニシャル有りでは2.5→1.3件／年、イニシャル無しで1.8→0.9件／年となっており、いずれもほぼ半減している。イニシャル有りで契約件数が増加しているのに対して８%以上の契約件数は半減しているにも関わらず、実施料率の平均値がほとんど変化していないのは、従来見られなかった50%、20%という高率の契約がそれぞれ１件ずつあったことが一因である。また、イニシャル無しでも20%と高率の契約が１件あった。これらの技術内容は、50%の契約は悪臭除去設備に関するものであり、20%の契約は汚染土壌の浄化に関するものと、汚泥焼却設備に関するものであった。これらの高率の契約はいずれも、冒頭の分類によると化学機械・装置に分類される環境対策技術であるが、これら以外の８%以上の契約の内訳も化学機械・装置に分類されるものが大半を占めていた。

○関連判決

この技術分野の実施料率に関連した判決を紹介する。

・「搬送ローラのガイド装置」：平成９（ワ）2353（H12.9.28京都地裁、侵害行為差止等請求事件）

被告物件は本件考案（搬送ローラのガイド装置／実公平4-27891）の技術的範囲に属し、被告は被告物件の売上高の４%の実施料相当損害の損害賠償責任を負うとされた事例である。

図２－15－１　一般産業用機械（イニシャル　有）の実施料率別契約件数

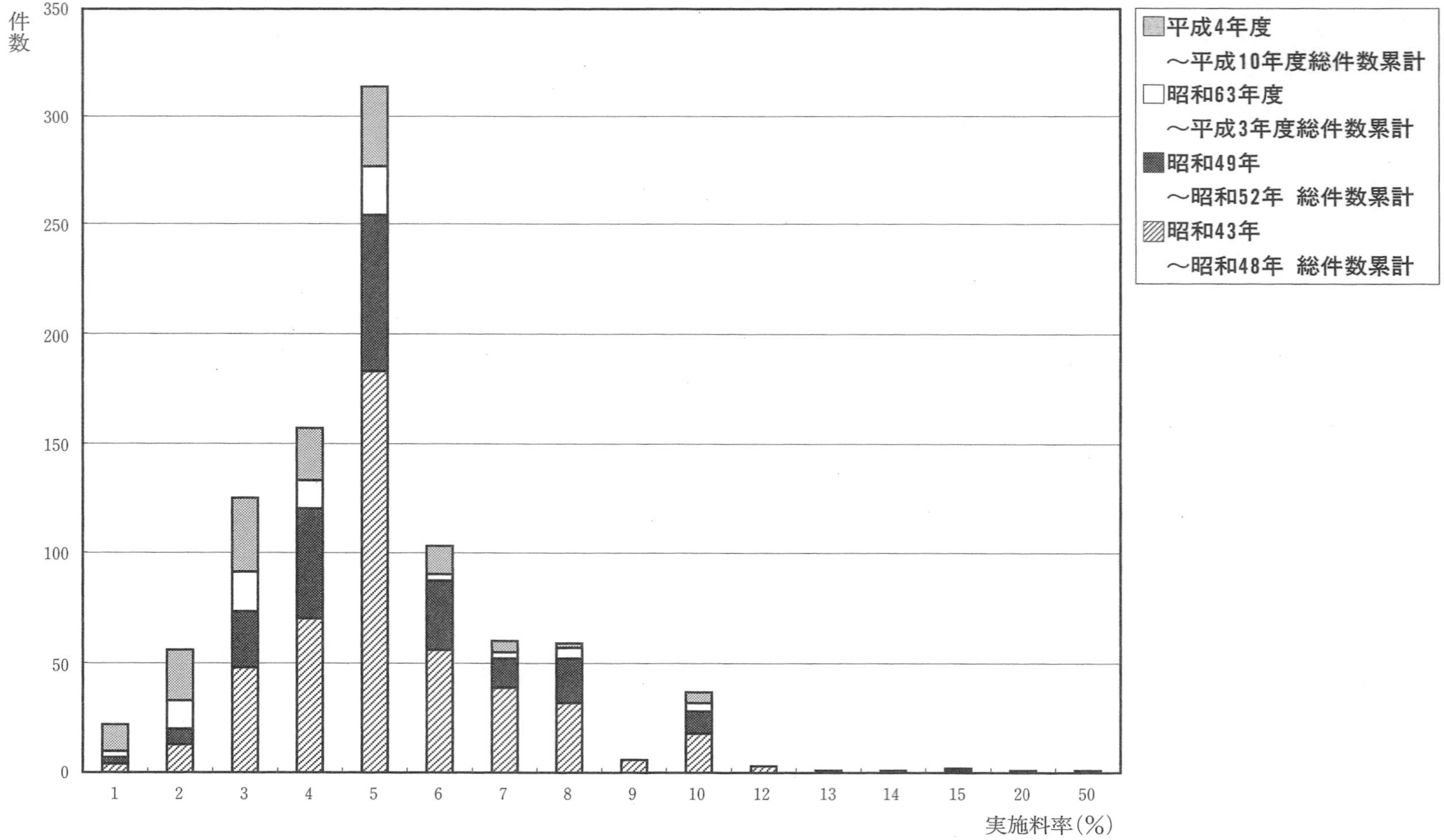

表２－15－１　一般産業用機械（イニシャル　有）の実施料率別契約件数

期間（年/年度）＼契約件数	実施料率(%) 1	2	3	4	5	6	7	8	9	10	12	13	14	15	20	50	合計	ミニマム付割合	年平均件数	最頻値	中央値	平均値	その他の実施料 件数	年平均
昭和43年～昭和48年　総件数累計	4	13	48	70	183	56	39	32	6	18	3	1	1	1			475		79.2	5	5	5.4	—	—
																	0						—	—
昭和49年～昭和52年　総件数累計	3	7	25	50	71	31	13	20		10							230		57.5	5	5	5.1	—	—
〃　ミニマム付件数	2	3	12	21	31	10	3	9		2							93	0.40	23.3				—	—
昭和63年度～平成3年度総件数累計	3	13	18	13	23	3	3	5		4				1			86		21.5	5	4	4.5	63	15.8
〃　ミニマム付件数	1	2	5	3	8	1	1	2		2							25	0.29	6.3				10	2.5
平成4年度総件数	2	3	10	6	3	4	1	1		2							32						11	
〃　ミニマム付件数			1	4	1	1		1	1								9						1	
平成5年度総件数	1	5	6	2	4	2	1								1		22						7	
〃　ミニマム付件数					1	2											3						3	
平成6年度総件数	2	1	2	3		3	3									1	15						20	
〃　ミニマム付件数		1	1			2	1										5							
平成7年度総件数	2	4	4	3	5	1											19						9	
〃　ミニマム付件数	1	2	2	2	3												10						4	
平成8年度総件数	2	2	6	3	10					2							25						22	
〃　ミニマム付件数		2	1	2	3												8						2	
平成9年度総件数	2	2	4	5	12	3		1									29						18	
〃　ミニマム付件数	1	2	1	2	2	1											9						5	
平成10年度総件数	1	6	2	2	3					1							15						—	—
〃　ミニマム付件数		1		1													2						—	—
平成4年度～平成10年度総件数累計	12	23	34	24	37	13	5	2	0	5	0	0	0	0	1	1	157		22.4	5	4	4.4	87	14.5
〃　ミニマム付件数	2	8	6	11	10	6	1	1	1	0	0	0	0	0	0	0	46	0.29	6.6				15	2.5

（注）その他の実施料：実施料率以外の実施料（例えば、従量実施料、定額実施料等）のもの。

図２－15－２　一般産業用機械（イニシャル　無）の実施料率別契約件数

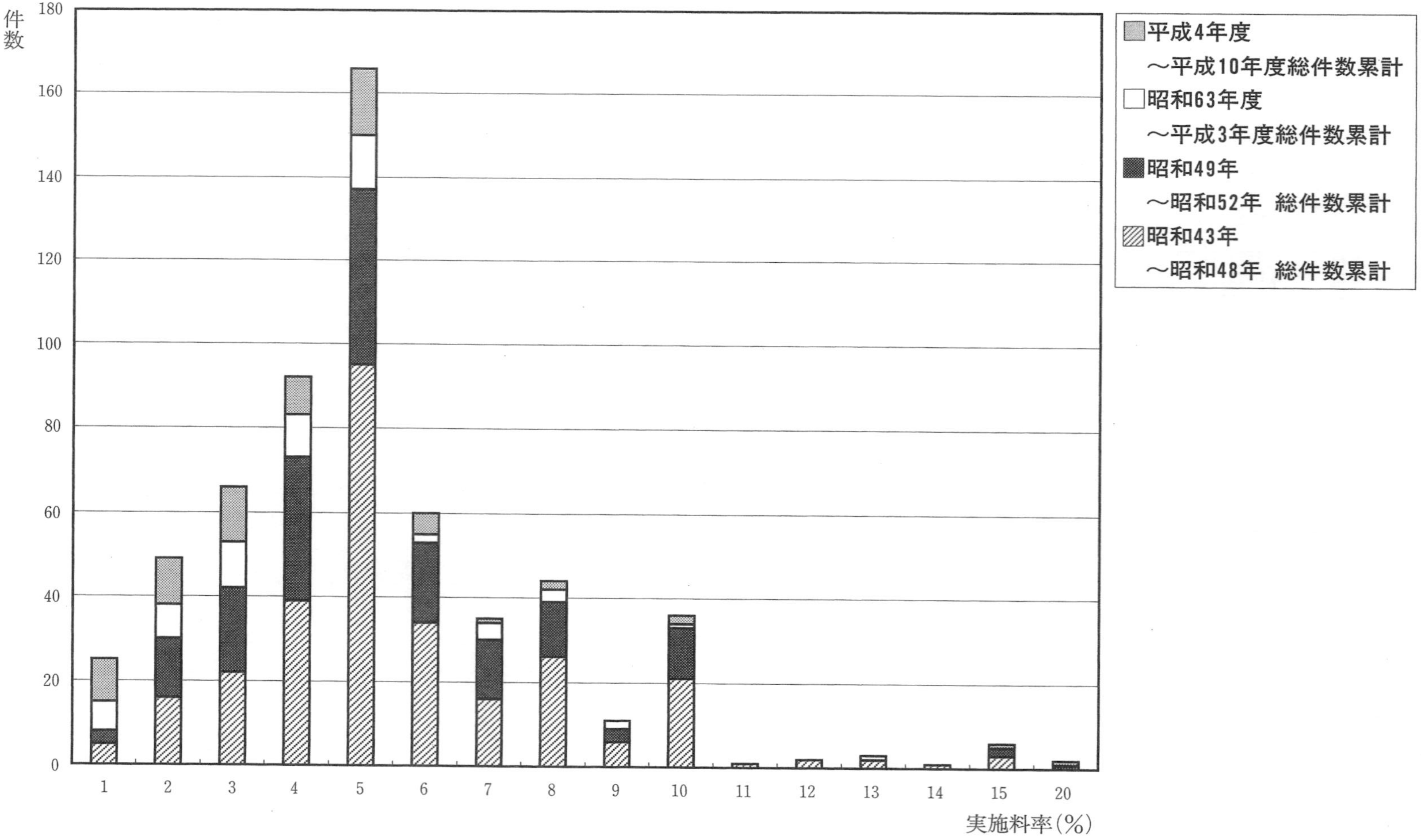

表２－15－２　一般産業用機械（イニシャル　無）の実施料率別契約件数

期間（年/年度）＼契約件数	実施料率(%)																						その他の実施料	
	1	2	3	4	5	6	7	8	9	10	11	12	13	14	15	20	合計	ミニマム付割合	年平均件数	最頻値	中央値	平均値	件数	年平均
昭和43年～昭和48年　総件数累計	5	16	22	39	95	34	16	26	6	21	1	2	2	1	3		289		48.2	5	5	5.7	—	—
																	0						—	—
昭和49年～昭和52年　総件数累計	3	14	20	34	42	19	14	13	3	12					2	1	177		44.3	5	5	5.4	—	—
〃　ミニマム付件数	1		4	8	9	3	1	2		3					1		32	0.18	8.0				—	—
昭和63年度～平成3年度総件数累計	7	8	11	10	13	2	4	3	2	1			1				62		15.5	5	4	4.3	45	11.3
〃　ミニマム付件数		2	1	6	4	1											14	0.23	3.5				6	1.5
平成4年度総件数	1	1	5	3	3	1	1										15						8	
〃　ミニマム付件数			1	1													2						1	
平成5年度総件数	2	2	2	4	4											1	15						4	
〃　ミニマム付件数				1	1												2							
平成6年度総件数	4	1	2		3					1					1		12						9	
〃　ミニマム付件数					1										1		2							
平成7年度総件数	2	4	1	1	3			1									12						10	
〃　ミニマム付件数		1						1									2						1	
平成8年度総件数			1	1		1				1							4						4	
〃　ミニマム付件数			1														1						1	
平成9年度総件数		2			2	1											5						4	
〃　ミニマム付件数		1	1			1											3						2	
平成10年度総件数	1	1	2		1	2		1									8						—	—
〃　ミニマム付件数		1	1														2						—	—
平成4年度～平成10年度総件数累計	10	11	13	9	16	5	1	2	0	2	0	0	0	0	1	1	71		10.1	5	4	4.2	39	6.5
〃　ミニマム付件数	0	3	4	2	2	1	0	1	0	0	0	0	0	0	1	0	14	0.20	2.0				5	0.8

（注）その他の実施料：実施料率以外の実施料（例えば、従量実施料、定額実施料等）のもの。

16. その他の機械

この技術分野は、日本標準産業分類F298及びF299が関連する技術を扱う。事務用･サービス用･民生用機械器具製造技術、その他の機械・同部分品製造技術である。具体的には、事務用機械器具製造技術、毛糸手編機械製造技術、冷凍機・温湿調整装置製造技術、その他の事務用・サービス用・民生用機械器具製造技術及びその他の機械・同部分品製造技術である。

“事務用機械器具”とは、データ処理機械、複写機、複写機用ソーター・丁合機、タイプライター、プリンター、プリンターの印字機構、シュレッダー、マイクロ写真装置、貨幣処理機械、エアシューター、電子式卓上計算機等である。電子計算機（20）は含まないが、ワード・プロセッシング装置は含む。

“冷凍機・温湿調整装置”は、製氷装置を含むが、電気冷蔵庫、ウィンドタイプ・エアコンディショナー等（18）を含まない。

“その他の事務用・サービス用・民生用機械器具”は、自動販売機、娯楽機械、営業用洗濯機、家庭用浄水器、自動車整備・サービス機器、自動車給油機器等を含む。ただし、家庭用電気洗濯機（18）は含まない。“娯楽機械”は、ビデオ・ゲーム機械を含む。

“その他の機械”は、産業用ロボット、玉軸受・ころ軸受、金型、包装・荷造機械、消火器具、消火装置等を含む。玉軸受・ころ軸受以外の軸受（15）は含まない。

図２－16－１、**２－16－２**は、この技術分野における外国技術導入契約の実施料が、許諾製品の出来高にリンクした料率表示であったものの年（年度）別契約件数を、イニシャル・ペイメント条件の有り・無しに分けて、実施料率別にグラフ化したものである。

また、**表２－16－１**、**２－16－２**は、上記のデータに加え、さらにミニマム・ロイヤルティ条件付件数データと、最近の10年間（昭和63年度～平成９年度）の、外国技術導入契約の実施料が料率以外のもの（例えば、従量実施料、定額実施料等）であった契約件数データを、それぞれ「ミニマム付件数」及び「その他の実施料」として表したものである。

○契約件数について

図２－16－１、**２－16－２**及び**表２－16－１**、**２－16－２**が示すように、この技術分野における外国技術導入契約の平成４年度～平成10年度の７年間の件数は、イニシャル有りが33件(4.7件／年)、イニシャル無しが31件（4.4件／年）である。これは、昭和63年度～平成３年度の４年間と比較すると、イニシャル有りが7.0→4.7件／年、イニシャル無しが5.3→4.4件／年と、いずれも減少している。

また、平成４年度～平成10年度のミニマム付件数の全体に占める割合については、イニシャル有りが0.15、イニシャル無しが0.16であった。イニシャル有りで大きく低下している。

平成４年度～平成９年度のその他の実施料の件数については、イニシャル有りが18件（3.0件／年）、イニシャル無しが９件（1.5件／年）であった。イニシャル有りでの減少が目立つ。

○実施料率について

実施料率の平均値については、平成４年度～平成10年度は、イニシャル有りが4.4％、イニシャル無しが4.4％であり、昭和63年度～平成３年度と比較すると、イニシャル有りが4.7→4.4％、イニシャル無しが4.8→4.4％と、いずれもわずかに減少している。

平成４年度～平成10年度は、実施料率８％以上の契約が、イニシャル有りについては5件（0.7件／年）、イニシャル無しについては４件（0.6件／年）あった。昭和63年度～平成３年度の４年間と比較すると、イニシャル有りでは0.5→0.7件／年、イニシャル無しで0.5→0.6件／年であり、契約件数全体が減少しているのに対して、いずれもわずかに増加している。ただし、最頻値、中央値はイニシャル有り、無しともに低下しているため、平均値はわずかに減少した。

なお、実施料率が８％以上の契約の技術内容は、新聞取り扱い機に関するもの、ラベル貼り装置に関するもの、発電設備のバルブに関するもの（２件）、吸気弁に関するもの、食品充填システムに関するもの、車輪留め装置に関するもの、鋳型に関するもの、工場自動化に関するものと、多岐にわたっていた。

この技術分野では契約件数、実施料率とも特に大きな変化は見られない。

○関連判決

この技術分野の実施料率に関連した判決を紹介する。

・「荷造機における熱可塑性プラスチックテープによる梱包方法」：昭和49（ワ）9832（S51.11.19東京地裁、損害賠償請求事件）

実施料の不払いにつき実施権者の一社員に対する不法行為（通常実施権者が製造販売した本件梱包機の台数の過少申告）責任が認められた事例である。

・「荷造機における熱可塑性プラスチックテープによる梱包方法」：昭和55（ネ）938（S59.6.21東京高裁、損害賠償請求控訴、同附帯控訴事件）

特許（荷造機における熱可塑性プラスチックテープによる梱包方法）権者である控訴人と、その通常実施権者の下請業者である被控訴人との間の、契約違反による違約金請求と、権利侵害による損害賠償金請求とについて、原審では、後者の請求の一部のみを認めたのに対し、両者の請求を認めるように改め、損害賠償金の算定に当たっては、文書不提出により民法316条を適用して控訴人の主張を真実と認め、又、特許法102条の実施料相当額に限定すべきではないとされ、その全額が認められた事例である。

・「プラスチック製紐付きレジスター」：昭和56（ワ）739（S59.9.27大阪地裁、侵害差止請求事件）

先使用権の主張が斥けられ、原告は本件考案を実施して製品の販売をしたことがないと認められ、かかる場合には被告の販売利益そのものを直ちに不当利得（原告の損失）とするわけにはいかず、被告がイ号物品を販売したことにより実施料相当の利得を得、それと同額の損失を蒙ったに止まるものというべきであり、本件考案の実施料率は国有特許権実施契約書及び弁論の全趣旨に照らすと販売価格の３％をもって相当とされた事例である。

・「提灯の乾燥製造法」：平成５（ネ）780（H8.4.25福岡高裁、侵害行為差止並びに損害賠償請求控訴事件、反訴損害賠償控訴事件）

ロ号方法は、本件発明（提灯の乾燥製造方法／特公昭53-32631）の技術的範囲に属するとした判決が支持され、本件提灯乾燥機１台の１ヶ月分の1750円の実施料相当額による損害賠償の請求が認められた事例である。

・「ニブリング金型機構」：平成２（ネ）3130（H3.8.29東京高裁、損害賠償請求控訴事件）

被告（控訴人）が製造販売した目録１及び２の製品は、原告（被控訴人）の有する登録実用新案（実公昭55-55930）の技術的範囲に属しているものとされ、損害賠償請求と不当利得返還請求が認められた事例である。

図２－16－１　その他の機械（イニシャル　有）の実施料率別契約件数

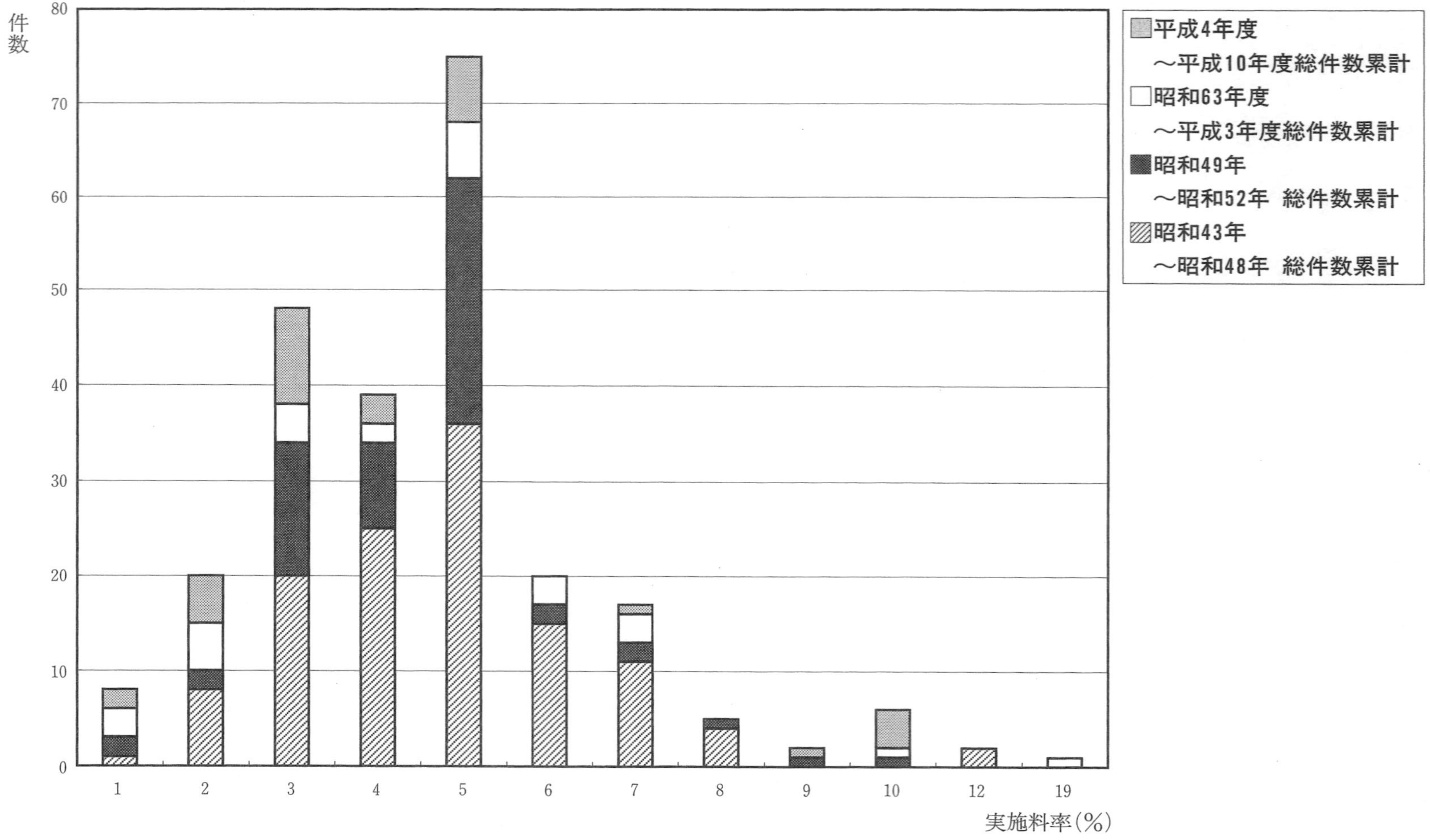

表2－16－1　その他の機械(イニシャル　有)の実施料率別契約件数

契約件数 / 期間(年/年度)	実施料率(%)																		その他の実施料	
	1	2	3	4	5	6	7	8	9	10	12	19	合計	ミニマム付割合	年平均件数	最頻値	中央値	平均値	件数	年平均
昭和43年～昭和48年　総件数累計	1	8	20	25	36	15	11	4			2		122		20.3	5	5	4.8	—	—
													0						—	—
昭和49年～昭和52年　総件数累計	2	2	14	9	26	2	2	1	1	1			60		15.0	5	5	4.5	—	—
〃　ミニマム付件数		1	4	6	14	2	2						29	0.48	7.3				—	—
昭和63年度～平成3年度総件数累計	3	5	4	2	6	3	3			1		1	28		7.0	5	5	4.7	22	5.5
〃　ミニマム付件数		3	1	1	2	1				1			9	0.32	2.3				7	1.8
平成4年度総件数	1	2	1	1	3					2			10						5	
〃　ミニマム付件数					2					1			3						2	
平成5年度総件数		1	4	2						1			8						5	
〃　ミニマム付件数			1										1						1	
平成6年度総件数			1		1				1				3						2	
〃　ミニマム付件数													0						1	
平成7年度総件数		1			1								2						5	
〃　ミニマム付件数													0							
平成8年度総件数			1		2					1			4						1	
〃　ミニマム付件数					1								1							
平成9年度総件数		1	1				1						3							
〃　ミニマム付件数													0							
平成10年度総件数	1		2										3						—	—
〃　ミニマム付件数													0						—	—
平成4年度～平成10年度総件数累計	2	5	10	3	7	0	1	0	1	4	0	0	33		4.7	3	3	4.4	18	3.0
〃　ミニマム付件数	0	0	1	0	3	0	0	0	0	1	0	0	5	0.15	0.7				4	0.7

(注)その他の実施料：実施料率以外の実施料(例えば、従量実施料、定額実施料等)のもの。

図２−16−２　その他の機械（イニシャル　無）の実施料率別契約件数

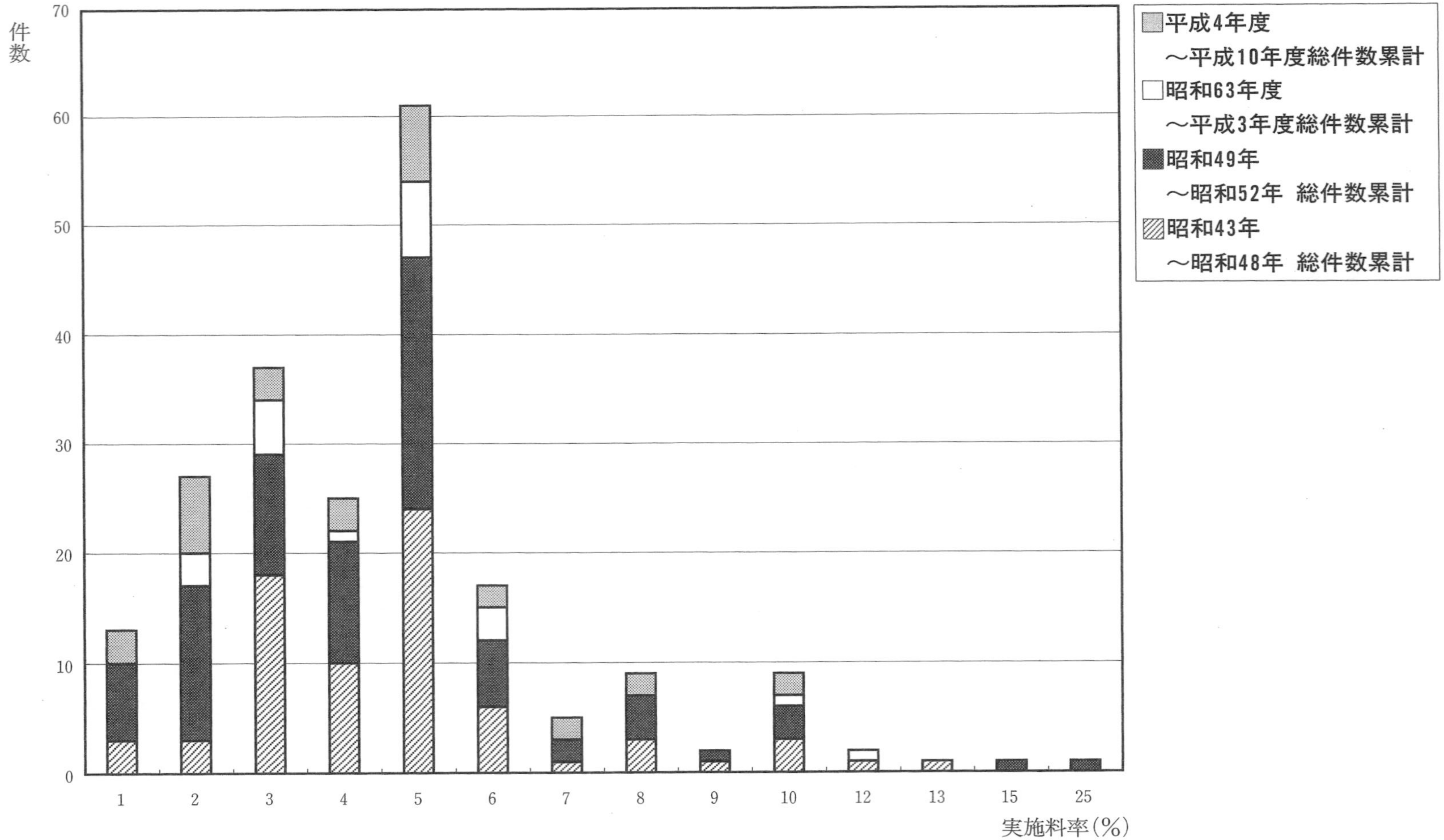

表２－16－２　その他の機械（イニシャル　無）の実施料率別契約件数

期間（年/年度）＼契約件数	実施料率(%)																				その他の実施料	
	1	2	3	4	5	6	7	8	9	10	12	13	15	25	合計	ミニマム付割合	年平均件数	最頻値	中央値	平均値	件数	年平均
昭和43年～昭和48年　総件数累計	3	3	18	10	24	6	1	3	1	3	1	1			74		12.3	5	5	4.8	—	—
															0						—	—
昭和49年～昭和52年　総件数累計	7	14	11	11	23	6	2	4	1	3			1	1	84		21.0	5	4	4.6	—	—
〃　ミニマム付件数		1	1	3	4	1		1							11	0.13	2.8				—	—
昭和63年度～平成3年度総件数累計		3	5	1	7	3				1	1				21		5.3	5	5	4.8	4	1.0
〃　ミニマム付件数		1				1									2	0.10	0.5					0.0
平成4年度総件数			1		1										2							
〃　ミニマム付件数															0							
平成5年度総件数	1	1	2	1	1	2				1					9						1	
〃　ミニマム付件数		1	1												2							
平成6年度総件数	1	1			2										4						2	
〃　ミニマム付件数															0						1	
平成7年度総件数		2		1	1		1			1					6						2	
〃　ミニマム付件数		1					1								2							
平成8年度総件数		3					1								4						2	
〃　ミニマム付件数															0							
平成9年度総件数				1	2			1							4						2	
〃　ミニマム付件数					1										1							
平成10年度総件数	1							1							2						—	—
〃　ミニマム付件数															0						—	—
平成4年度～平成10年度総件数累計	3	7	3	3	7	2	2	2	0	2	0	0	0	0	31		4.4	2･5	4	4.4	9	1.5
〃　ミニマム付件数	0	2	1	0	1	0	1	0	0	0	0	0	0	0	5	0.16	0.7				1	0.2

（注）その他の実施料：実施料率以外の実施料（例えば、従量実施料、定額実施料等）のもの。

17. 発送電・配電・産業用電気機械

この技術分野は、日本標準産業分類F301が関連する技術を扱う。発電用・送電用・配電用・産業用電気機械器具製造技術である。具体的には、発電機・電動機・その他の回転電気機械製造技術、変圧器類（電子機器用を除く）製造技術、開閉装置・配電盤・電力制御装置製造技術、配線器具・配線付属品製造技術、電気溶接機製造技術、内燃機関電装品製造技術、その他の産業用電気機械器具（車両用、船舶用を含む）製造技術である。

ただし、“変圧器類”は、がん具用変圧器(29)を含まない。“配線器具・配線付属品”は、陶磁器製・ガラス製絶縁材料(24)を含まない。またプラスチック製絶縁材料(26)を含まない。“電気溶接機”は、溶接用電極保持具を含むが、溶接棒(7)を含まない。“内燃機関用電装品”は、自動車・航空機等用のスタータースイッチ、点火用コイル、ディストリビュータ、充電機、磁石発電機、点火せん、点火せん用結線装置等を含む。

また、“その他の産業用機械電気機械器具”は、蓄電器（通信用蓄電器(21)を除く）、窯炉用電熱装置、はんだごて、電磁石、車両用集電装置、整流器、電気炉等を含む。

図２－17－１、**２－17－２**は、この技術分野における外国技術導入契約の実施料が、許諾製品の出来高にリンクした料率表示であったものの年（年度）別契約件数を、イニシャル・ペイメント条件の有り・無しに分けて、実施料率別にグラフ化したものである。

また、**表２－17－１**、**２－17－２**は、上記のデータに加え、さらにミニマム・ロイヤルティ条件付件数データと、最近の10年間（昭和63年度～平成９年度）の、外国技術導入契約の実施料が料率以外のもの（例えば、従量実施料、定額実施料等）であった契約件数データを、それぞれ「ミニマム付件数」及び「その他の実施料」として表したものである。

○契約件数について

図２－17－１、**２－17－２**及び**表２－17－１**、**２－17－２**が示すように、この技術分野における外国技術導入契約の平成４年度～平成10年度の７年間の件数は、イニシャル有りが22件（3.1件／年）、イニシャル無しが12件（1.7件／年）である。これは、昭和63年度～平成３年度の４年間と比較すると、イニシャル有りが5.0→3.1件／年、イニシャル無しが4.0→1.7件／年と、いずれも大幅に減少している。

また、平成４年度～平成10年度のミニマム付件数の全体に占める割合については、イニシャル有りが0.23、イニシャル無しが0.17であった。

平成４年度～平成９年度のその他の実施料の件数については、イニシャル有りが７件（1.2件／年）、イニシャル無しが９件（1.5件／年）であった。

この技術分野では、外国技術導入契約の件数は、減少傾向にある。

○実施料率について

実施料率の平均値については、平成4年度～平成10年度は、イニシャル有りが4.2%、イニシャル無しが3.5%であり、昭和63年度～平成3年度と比較すると、イニシャル有りについては3.8→4.2%と若干上昇しており、イニシャル無しについては4.7→3.5%と減少している。

平成4年度～平成10年度は、実施料率8%以上の契約が、イニシャル有りについては4件（0.6件／年）あったが、イニシャル無しについては8%以上の契約はなかった。昭和63年度～平成3年度の4年間と比較すると、イニシャル有りでは0.3→0.6件／年、イニシャル無しでは1.3→0.0件／年となっている。

なお、平成4年度以降の実施料率10%の契約3件の技術内容は、落雷防護に関するものが2件とプラズマ溶接に関するものが1件であった。

この技術分野では、契約件数は減少しているものの、実施料率には大きな変化は見られず、一部で引き続き外国技術導入が行われている技術分野であるといえる。

○関連判決

この技術分野の実施料率に関連した判決を紹介する。

・「インバーターで駆動される誘導モーターの負荷トルク追従制御方法」：平成6（ワ）8190、平成6（ワ）22696、平成8（ワ）7181（H12.4.27東京地裁、貸金請求事件、詐害行為取消請求事件、特許権実施料請求事件、侵害差止等請求事件）

実施許諾の対価について、一定額として定めたり、最低保証額の合意をしたりすることなく、その額を被許諾者が製造・販売した数量に対応して定めている場合において、実施品の製造をその関連会社や製造委託先、下請先等が行う場合には、被許諾者が実際に実施品の納品を受けて、実施品に対する支配を収めたときに実施料の支払い義務が生じるとされた事例である。

・「インバーターで駆動される誘導モーターの負荷トルク追従制御方法」：平成12(ネ)2884(H13.3.21東京高裁、貸金詐害行為取消実施料請求控訴事件)

実施料が製造販売数量によって定められている場合には、実施品を納品した際に実施料の支払い義務が生ずるとした判決が支持された事例である。

・「スポット溶接の電極研磨具」：平成5（ワ）72（H7.10.25広島地裁、侵害差止等請求事件）

イ号製品の製造販売は、本件実用新案権（スポット溶接の電極研磨具／実公平3-18069）を侵害するとして、差止請求等が認容され、実施料相当損害金については売上金額の5%とされた事例である。

図2－17－1　発送電・配電・産業用電気機械（イニシャル　有）の実施料率別契約件数

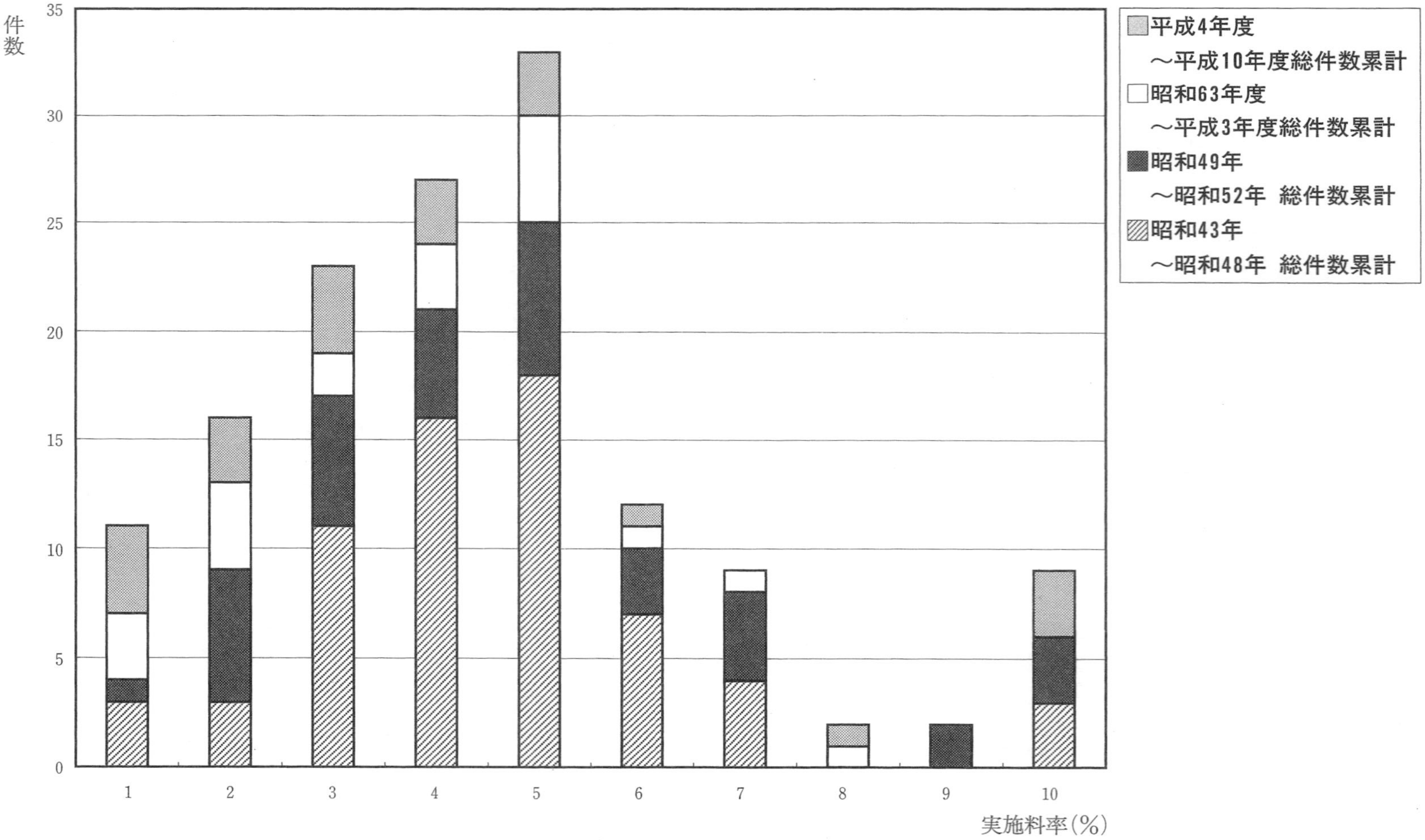

表2－17－1　発送電・配電・産業用電気機械（イニシャル　有）の実施料率別契約件数

期間(年/年度) ＼ 契約件数	実施料率(%)																その他の実施料	
	1	2	3	4	5	6	7	8	9	10	合計	ミニマム付割合	年平均件数	最頻値	中央値	平均値	件数	年平均
昭和43年～昭和48年　総件数累計	3	3	11	16	18	7	4			3	65		10.8	5	4	4.6	—	—
																	—	—
昭和49年～昭和52年　総件数累計	1	6	6	5	7	3	4		2	3	37		9.3	5	5	4.9	—	—
〃　ミニマム付件数		2	1	2	3	1					9	0.24	2.3				—	—
昭和63年度～平成3年度総件数累計	3	4	2	3	5	1	1	1			20		5.0	5	4	3.8	9	2.3
〃　ミニマム付件数		1		1	4		1	1			8	0.40	2.0				3	0.8
平成4年度総件数		2								1	3						1	
〃　ミニマム付件数		1									1							
平成5年度総件数	1			2	1						4						2	
〃　ミニマム付件数					1						1						1	
平成6年度総件数	2		2								4						1	
〃　ミニマム付件数											0							
平成7年度総件数	1									1	2						3	
〃　ミニマム付件数											0						1	
平成8年度総件数			2	1							3							
〃　ミニマム付件数			1								1							
平成9年度総件数					1	1		1		1	4							
〃　ミニマム付件数								1			1							
平成10年度総件数		1			1						2						—	—
〃　ミニマム付件数					1						1						—	—
平成4年度～平成10年度総件数累計	4	3	4	3	3	1	0	1	0	3	22		3.1	1･3	3･4	4.2	7	1.2
〃　ミニマム付件数	0	1	1	0	2	0	0	1	0	0	5	0.23	0.7				2	0.3

（注）その他の実施料：実施料率以外の実施料（例えば、従量実施料、定額実施料等）のもの。

図２－17－２ 発送電・配電・産業用電気機械（イニシャル　無）の実施料率別契約件数

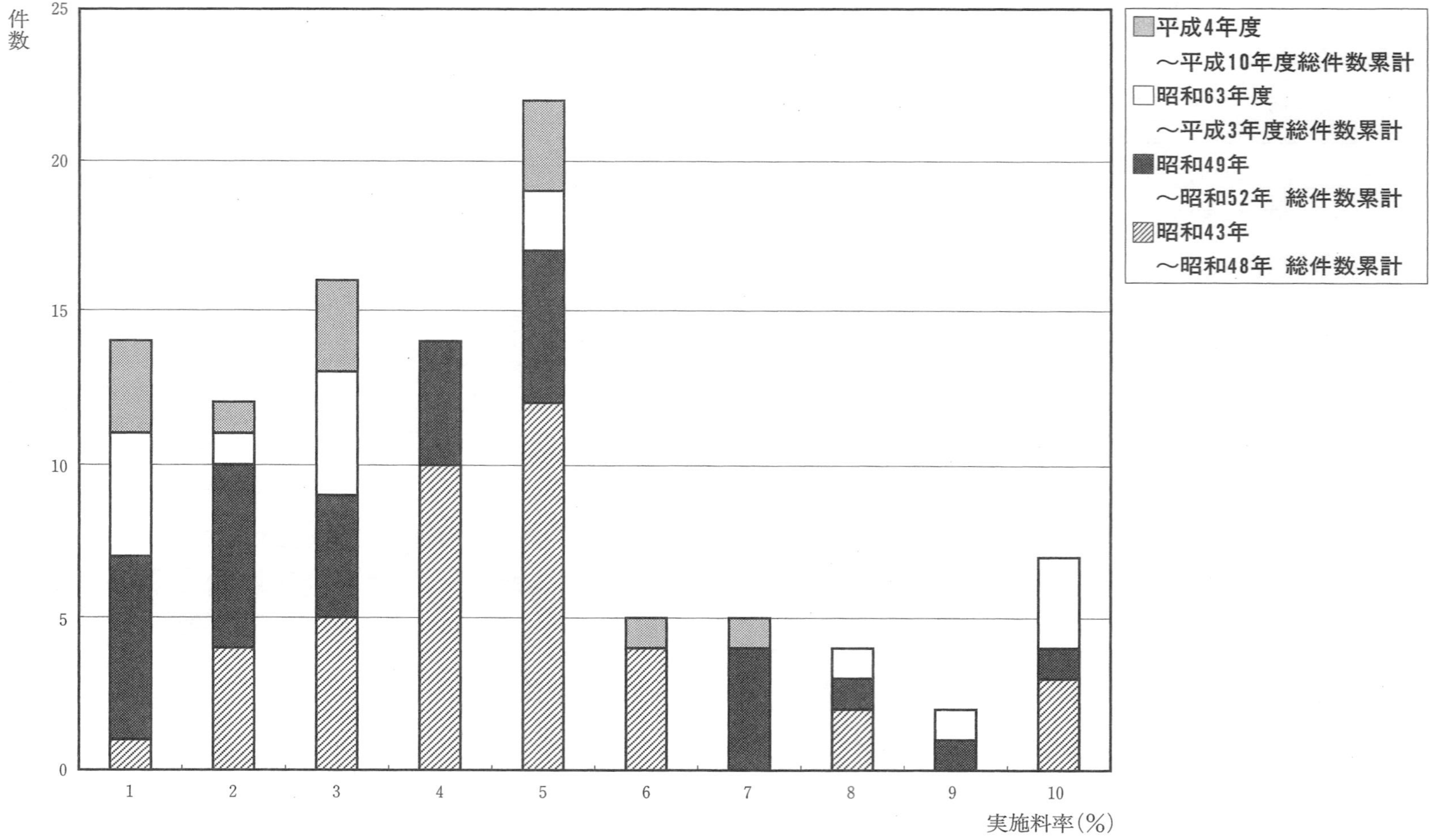

表 2 －17－ 2　発送電・配電・産業用電気機械（イニシャル　無）の実施料率別契約件数

期間(年/年度) ＼ 契約件数	実施料率(%)																その他の実施料	
	1	2	3	4	5	6	7	8	9	10	合計	ミニマム付割合	年平均件数	最頻値	中央値	平均値	件数	年平均
昭和43年～昭和48年　総件数累計	1	4	5	10	12	4		2		3	41		6.8	5	5	4.7	—	—
																	—	—
昭和49年～昭和52年　総件数累計	6	6	4	4	5		4	1	1	1	32		8.0	1･2	4	3.9	—	—
〃　ミニマム付件数		2		1				1	1		5	0.16	1.3				—	—
昭和63年度～平成3年度総件数累計	4	1	4		2			1	1	3	16		4.0	1･3	3	4.7	5	1.3
〃　ミニマム付件数	1				1						2	0.13	0.5				1	0.3
平成4年度総件数	1				1						2						3	
〃　ミニマム付件数											0							
平成5年度総件数	1		1		2						4						2	
〃　ミニマム付件数											0							
平成6年度総件数											0						2	
〃　ミニマム付件数											0						1	
平成7年度総件数		1									1						1	
〃　ミニマム付件数		1									1							
平成8年度総件数	1										1							
〃　ミニマム付件数	1										1							
平成9年度総件数							1				1						1	
〃　ミニマム付件数											0							
平成10年度総件数			2			1					3						—	—
〃　ミニマム付件数											0						—	—
平成4年度～平成10年度総件数累計	3	1	3	0	3	1	1	0	0	0	12		1.7	1･3･5	3	3.5	9	1.5
〃　ミニマム付件数	1	1	0	0	0	0	0	0	0	0	2	0.17	0.3				1	0.2

（注）その他の実施料：実施料率以外の実施料（例えば、従量実施料、定額実施料等）のもの。

18. 民生用電気機械・電球・照明器具

この技術分野は、日本標準産業分類Ｆ302及びF303に関連する分野を扱う。民生用電気機械器具製造技術、電球・電気照明器具製造技術である。具体的には、電気アイロン、暖房用電熱器、扇風機、ウィンドウタイプ・エア・コンディショナー、電気洗濯機、電気冷蔵庫、真空掃除機、ミキサー、電気理容器具、電球、蛍光灯、ネオンランプ、殺菌灯、赤外線ランプ、水銀放電灯等の製造技術である。

ただし、“民生用電気機械器具”は、パッケージタイプ・エア・コンディショナー、冷凍機、営業用洗濯機等(16)は含まない。“電球・電気照明器具”は、石油灯、カーバイド灯(7)は含まない。

図2－18－1、**2－18－2**は、この技術分野における外国技術導入契約の実施料が、許諾製品の出来高にリンクした料率表示であったものの年（年度）別契約件数を、イニシャル・ペイメント条件の有り・無しに分けて、実施料率別にグラフ化したものである。

また、**表2－18－1**、**2－18－2**は、上記のデータに加え、さらにミニマム・ロイヤルティ条件付件数データと、最近の10年間（昭和63年度～平成9年度）の、外国技術導入契約の実施料が料率以外のもの（例えば、従量実施料、定額実施料等）であった契約件数データを、それぞれ「ミニマム付件数」及び「その他の実施料」として表したものである。

○契約件数について

図2－18－1、**2－18－2**及び**表2－18－1**、**2－18－2**が示すように、この技術分野における外国技術導入契約の平成4年度～平成10年度の7年間の件数は、イニシャル有りが5件(0.7件／年)、イニシャル無しが8件（1.1件／年）である。これは昭和63年度～平成3年度の4年間と比較すると、イニシャル有りが2.0→0.7件／年、イニシャル無しが1.0→1.1件／年となっている。イニシャル無しでは横ばいであるが、全体としては減少傾向にあり、契約件数のイニシャル有り、無しの合計は全技術分野中5番目に少ない。

また、平成4年度～平成10年度のミニマム付件数の全体に占める割合については、イニシャル有りではミニマム付きの契約がなく、イニシャル無しでは0.25となっている。

平成4年度～平成9年度のその他の実施料の件数については、イニシャル有りで7件(1.2件／年)、イニシャル無しではその他の実施料の契約はなく、イニシャル有り、無しを合計したその他の実施料の件数は全技術分野中3番目に少ない。

○実施料率について

実施料率の平均値については、平成4年度～平成10年度は、イニシャル有りが2.8%、イニシャ

ル無しが4.6％であり、昭和63年度～平成３年度と比較すると、イニシャル有りで2.0→2.8％、イニシャル無しでは4.5→4.6％となっている。いずれもわずかに上昇しているものの、ほぼ横ばいである。

平成４年度～平成10年度は、実施料率８％以上の契約件数が、イニシャル有りでは契約がなく、イニシャル無しが２件（0.3件／年）あった。昭和63年度～平成３年度の４年間と比較すると、イニシャル有りではいずれも契約がなく、イニシャル無しで0.3→0.3件／年となっている。イニシャル無しの２件は、８％、10％がそれぞれ１件ずつであった。これらの契約の技術内容はそれぞれ、照明製品に関する技術と、電動歯ブラシの商標であった。

実施料率は、当該契約物品の単価が安いものである場合、予想生産量の多少に関連するものであって、それが少量の場合は実施料が高めに設定されることがある。ライセンサーの立場から契約内容を検討する際は、実施料収入とライセンシング管理費のバランスを考慮する必要があるからである。

この分野のわが国技術レベルの高さは周知の通りである。この分野で外国技術導入契約の件数が少なく、かつ導入事例での実施料が低めであることは、このことを反映するものであると考えられる。

○関連判決

この技術分野の実施料率に関連した判決を紹介する。

・「乾式ひげそり器」：昭和43（ワ）15198（S48.2.26東京地裁、侵害差止請求事件）

被告製品は本件発明（乾式ひげそり器）の構成要件のすべてを具備するので、その技術的範囲に属するとされ、実施料相当の損害額の算定基準として、被告製総売上高から梱包料等の経費（7％）を控除した額を採用した事例である。

図２－18－１　民生用電気機械・電球・照明器具(イニシャル　有)の実施料率別契約件数

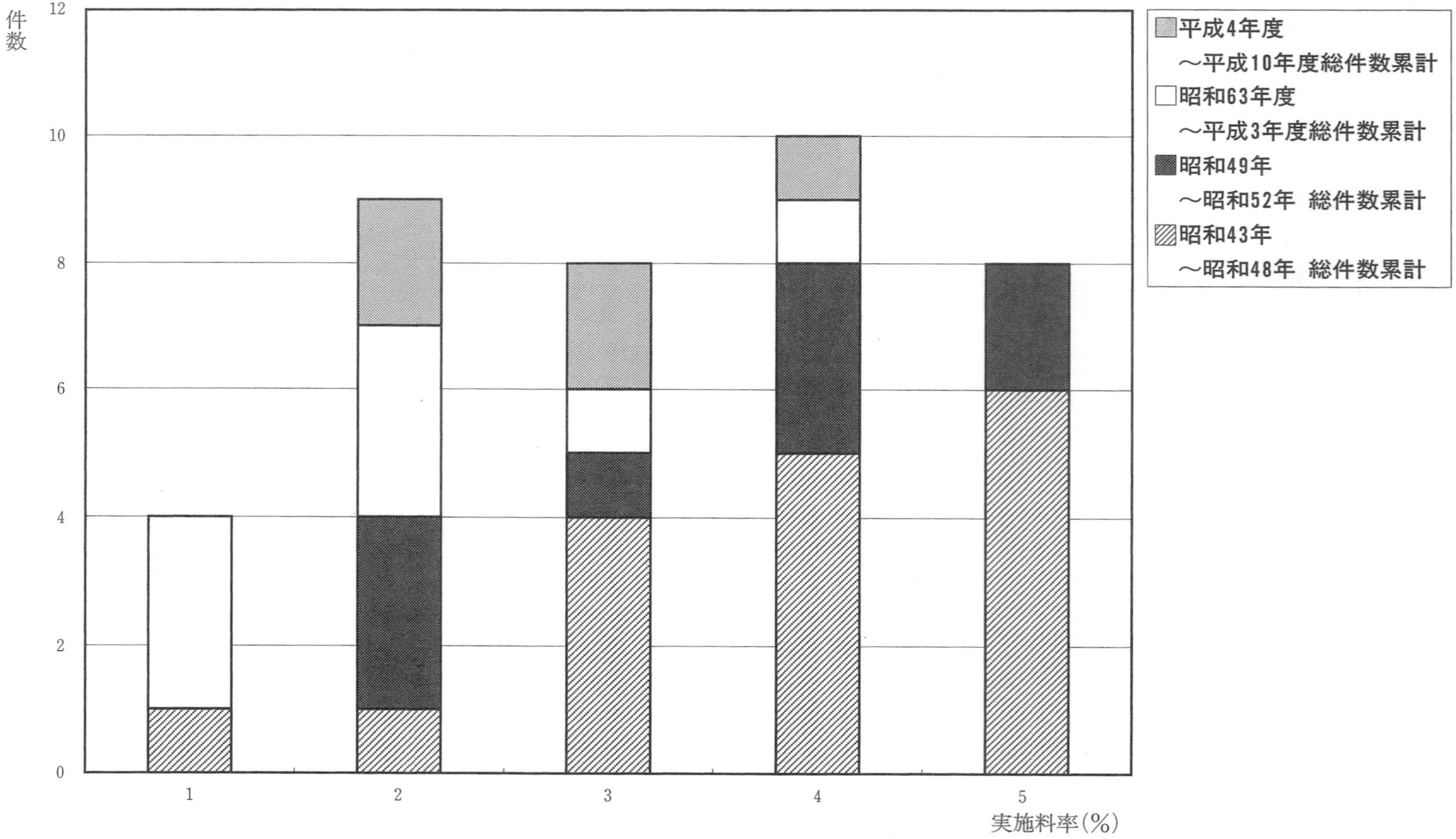

表２－18－１　民生用電気機械・電球・照明器具（イニシャル　有）の実施料率別契約件数

期間(年/年度) ＼ 契約件数	実施料率(%) 1	2	3	4	5	合計	ミニマム付割合	年平均件数	最頻値	中央値	平均値	その他の実施料 件数	年平均
昭和43年～昭和48年　総件数累計	1	1	4	5	6	17		2.8	5	4	3.8	—	—
						0						—	—
昭和49年～昭和52年　総件数累計		3	1	3	2	9		2.3	2･4	4	3.4	—	—
〃　ミニマム付件数					2	2	0.22	0.5				—	—
昭和63年度～平成3年度総件数累計	3	3	1	1		8		2.0	1･2	2	2.0	8	2.0
〃　ミニマム付件数	1		1			2	0.25	0.5					0.0
平成4年度総件数		1	2	1		4						1	
〃　ミニマム付件数						0							
平成5年度総件数						0						1	
〃　ミニマム付件数						0						1	
平成6年度総件数						0						1	
〃　ミニマム付件数						0							
平成7年度総件数		1				1							
〃　ミニマム付件数						0							
平成8年度総件数						0						3	
〃　ミニマム付件数						0							
平成9年度総件数						0						1	
〃　ミニマム付件数						0							
平成10年度総件数						0						—	—
〃　ミニマム付件数						0						—	—
平成4年度～平成10年度総件数累計	0	2	2	1	0	5		0.7	2･3	3	2.8	7	1.2
〃　ミニマム付件数	0	0	0	0	0	0	0.00	0.0				1	0.2

（注）その他の実施料：実施料率以外の実施料（例えば、従量実施料、定額実施料等）のもの。

図２－18－２　民生用電気機械・電球・照明器具（イニシャル　無）の実施料率別契約件数

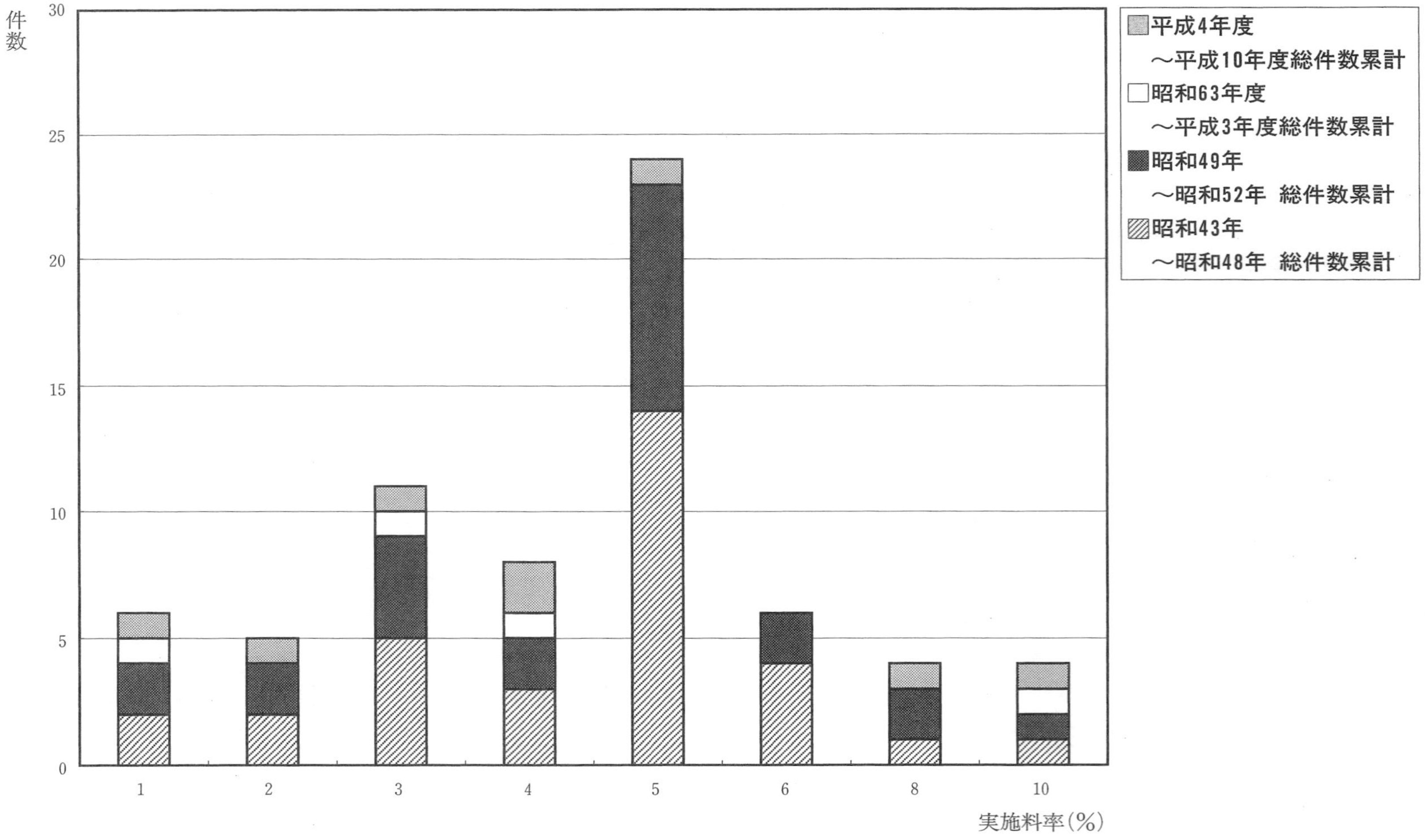

表2－18－2　民生用電気機械・電球・照明器具（イニシャル　無）の実施料率別契約件数

契約件数 ＼ 期間（年/年度）	実施料率(%)														その他の実施料	
	1	2	3	4	5	6	8	10	合計	ミニマム付割合	年平均件数	最頻値	中央値	平均値	件数	年平均
昭和43年～昭和48年　総件数累計	2	2	5	3	14	4	1	1	32		5.3	5	5	4.5	—	—
									0						—	—
昭和49年～昭和52年　総件数累計	2	2	4	2	9	2	2	1	24		6.0	5	5	4.5	—	—
〃　ミニマム付件数		1		1	3	2	1		8	0.33	2.0				—	—
昭和63年度～平成3年度総件数累計	1		1	1				1	4		1.0			4.5	2	0.5
〃　ミニマム付件数									0	0.00	0.0					0.0
平成4年度総件数			1	1					2							
〃　ミニマム付件数									0							
平成5年度総件数								1	1							
〃　ミニマム付件数								1	1							
平成6年度総件数	1								1							
〃　ミニマム付件数	1								1							
平成7年度総件数		1							1							
〃　ミニマム付件数									0							
平成8年度総件数									0							
〃　ミニマム付件数									0							
平成9年度総件数									0							
〃　ミニマム付件数									0							
平成10年度総件数				1	1		1		3						—	—
〃　ミニマム付件数									0						—	—
平成4年度～平成10年度総件数累計	1	1	1	2	1	0	1	1	8		1.1	4	4	4.6	0	0.0
〃　ミニマム付件数	1	0	0	0	0	0	0	1	2	0.25	0.3				0	0.0

（注）その他の実施料：実施料率以外の実施料（例えば、従量実施料、定額実施料等）のもの。

19. ラジオ・テレビ・その他の通信音響機器

この技術分野は、日本標準産業分類F304が関連する技術を扱う。有線通信機械器具製造技術、無線通信機械器具製造技術、ラジオ受信機・テレビジョン受信機製造技術、電気音響機械器具製造技術、交通信号保安装置製造技術、その他の通信機械器具・同関連機械器具製造技術である。

ただし、“有線通信機械器具”とは、電話機、交換機、電信機、搬送装置、有線放送装置及びその他の有線通信機械器具等である。ファクシミリを含む。“無線通信機械器具”とは、ラジオ放送装置、テレビジョン放送装置、固定局通信装置、可搬形通信装置、車両用・船舶用・航空用等通信装置、ロラン装置、方向探知機、ビーコン装置、レーダ装置等である。衛星通信装置・技術を含む。“電気音響機械器具”とは、録音装置、再生装置、拡声装置及びそれらの付属品をいう。具体的には、テープレコーダ、スピーカー、マイクロホン、ホノモータ、レシーバ、補聴器等である。レコード(29)は含まない。“交通信号保安装置”とは、交通保安用の信号機、自動転てつ器、分岐器等である。“その他の通信機械器具・同関連機械器具”は、例えば、火災警報装置、盗難警報装置、発光信号装置、通報信号装置等である。

図2－19－1、**2－19－2**は、この技術分野における外国技術導入契約の実施料が、許諾製品の出来高にリンクした料率表示であったものの年（年度）別契約件数を、イニシャル・ペイメント条件の有り・無しに分けて、実施料率別にグラフ化したものである。

また、**表2－19－1**、**2－19－2**は、上記のデータに加え、さらにミニマム・ロイヤルティ条件付件数データと、最近の10年間（昭和63年度～平成9年度）の、外国技術導入契約の実施料が料率以外のもの（例えば、従量実施料、定額実施料等）であった契約件数データを、それぞれ「ミニマム付件数」及び「その他の実施料」として表したものである。

○契約件数について

図2－19－1、**2－19－2**及び**表2－19－1**、**2－19－2**が示すように、この技術分野における外国技術導入契約の平成4年度～平成10年度の7年間の件数は、イニシャル有りが136件（19.4件／年）、イニシャル無しが70件（10.0件／年）である。これは、昭和63年度～平成3年度の4年間と比較すると、イニシャル有りが15.0→19.4件／年、イニシャル無しが7.5→10.0件／年と、いずれも約3割増加している。イニシャル有りの契約件数は、全技術分野中5番目に多い。

また、平成4年度～平成10年度では、ミニマム付件数の割合については、イニシャル有りが0.07、イニシャル無しが0.03であった。この技術分野ではミニマム付件数の割合が他の技術分野と比較して低く、イニシャル有り、無しを合計すると全技術分野中3番目に低い。

また、平成4年度～平成9年度のその他の実施料の件数については、イニシャル有りが200件（33.3

件／年)、イニシャル無しが108件（18.0件／年）である。この技術分野では、その他の実施料の件数は非常に多く、イニシャル有りは「20．電子計算機他」に次いで2番目に多く、イニシャル無しは「20．電子計算機他」、「25．繊維及び繊維製品」に次いで3番目に多い。イニシャル有り、無しの合計でも「20．電子計算機他」、「25．繊維及び繊維製品」に次いで３番目である。この結果、その他の実施料を採用したイニシャル有り、無しの合計の契約件数は、実施料率を採用した契約件数の1.5倍程度である。したがって、この技術分野については実施料率から実施料契約の全体像を把握する際には注意が必要である。

○実施料率について

実施料率の平均値については、平成４年度～平成10年度はイニシャル有りが3.3%、イニシャル無しが5.7%であり、昭和63年度～平成３年度と比較すると、イニシャル有りが3.1→3.3%、イニシャル無しが3.4→5.7%と、いずれも上昇しており、特にイニシャル無しの伸びが大きい。また、最頻値がイニシャル有り、無しいずれも１%と、１%の契約が中心であることはこの技術分野の特徴である。

平成４年度～平成10年度は、実施料率８%以上の契約が、イニシャル有りについては10件(1.4件／年)、イニシャル無しについては８件（1.1件／年）あった。昭和63年度～平成３年度の４年間と比較すると、イニシャル有りでは0.8→1.4件／年、イニシャル無しで0.3→1.1件であり、いずれも契約件数全体の伸び以上に増加している。イニシャル無しについては、従来見られなかった高率の契約（35%の契約が１件、50%の契約が4件）見られ、実施料率の平均値の上昇の一因となった。

○高率契約について

表２－19－３は、平成４年度～平成10年度の実施料率８%以上の契約について、イニシャル有り、無しを合計した18件を技術内容別に細分したものである。

ここでは、技術内容を有線・無線通信機械、ラジオ・テレビ・音響器具の二つに細分した。**表２－19－３**から分かるように、実施料率８%以上の契約18件のうち、有線・無線通信機械が13件、ラジオ・テレビ・音響器具が５件であった。８%以上の契約件数は有線・無線通信機械が多いが、ラジオ・テレビ・音響器具の５件は13%が１件、35%が１件、50%が３件といずれも高率であった。

なお、有線・無線通信機械の50%の契約の技術内容は通信用ソフトウエアに関するものであった。ソフトウエアは「20．電子計算機・その他の電子応用装置」でも見られるように、実施料率が高率となるものが多い。また、ラジオ・テレビ・音響器具の35%の契約１件と50%の契約３件の技術内容は、ビデオテープ、ビデオディスク、ミニディスク等の記録媒体に関する技術が３件と、ビデオソフトの商標に関するものが１件であった。

図２－19－１　ラジオ・テレビ・その他の通信音響機器(イニシャル　有)の実施料率別契約件数

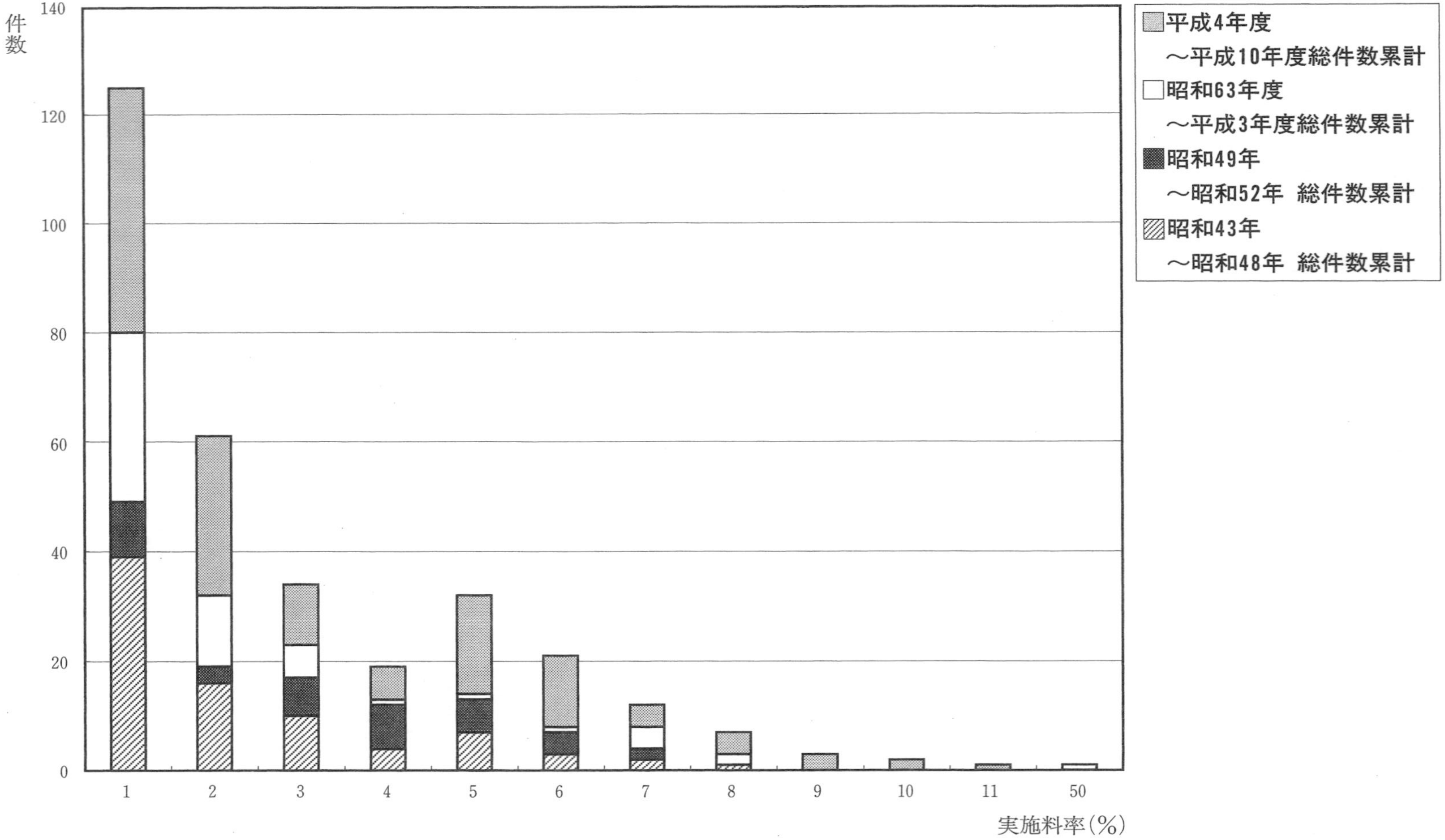

表２－19－１　ラジオ・テレビ・その他の通信音響機器（イニシャル　有）の実施料率別契約件数

期間(年/年度)＼契約件数	実施料率(%) 1	2	3	4	5	6	7	8	9	10	11	50	合計	ミニマム付割合	年平均件数	最頻値	中央値	平均値	その他の実施料 件数	年平均
昭和43年～昭和48年　総件数累計	39	16	10	4	7	3	2	1					82		13.7	1	2	2.3	—	—
													0						—	—
昭和49年～昭和52年　総件数累計	10	3	7	8	6	4	2						40		10.0	1	4	3.4	—	—
〃　ミニマム付件数	1	1	2	1	2								7	0.18	1.8				—	—
昭和63年度～平成3年度総件数累計	31	13	6	1	1	1	4	2				1	60		15.0	1	1	3.1	145	36.3
〃　ミニマム付件数			1					1					2	0.03	0.5				10	2.5
平成4年度総件数	5	2		3	2		1				1		14						61	
〃　ミニマム付件数													0						1	
平成5年度総件数	9	4			2				1	1			17						27	
〃　ミニマム付件数													0						1	
平成6年度総件数	11	1	1	1	1	1							16						35	
〃　ミニマム付件数													0						3	
平成7年度総件数	8	8			5	3	3	3					30						34	
〃　ミニマム付件数								1					1							
平成8年度総件数	2	5	3	1	1	6		1	1	1			21						14	
〃　ミニマム付件数				1									1						1	
平成9年度総件数	6	6	3		3	1			1				20						29	
〃　ミニマム付件数	2	1											3						4	
平成10年度総件数	4	3	4	1	4	2							18						—	—
〃　ミニマム付件数		1	2	1	1								5						—	—
平成4年度～平成10年度総件数累計	45	29	11	6	18	13	4	4	3	2	1	0	136		19.4	1	2	3.3	200	33.3
〃　ミニマム付件数	2	2	2	2	1	0	0	1	0	0	0	0	10	0.07	1.4				10	1.7

（注）その他の実施料：実施料率以外の実施料（例えば、従量実施料、定額実施料等）のもの。

図2－19－2　ラジオ・テレビ・その他の通信音響機器（イニシャル　無）の実施料率別契約件数

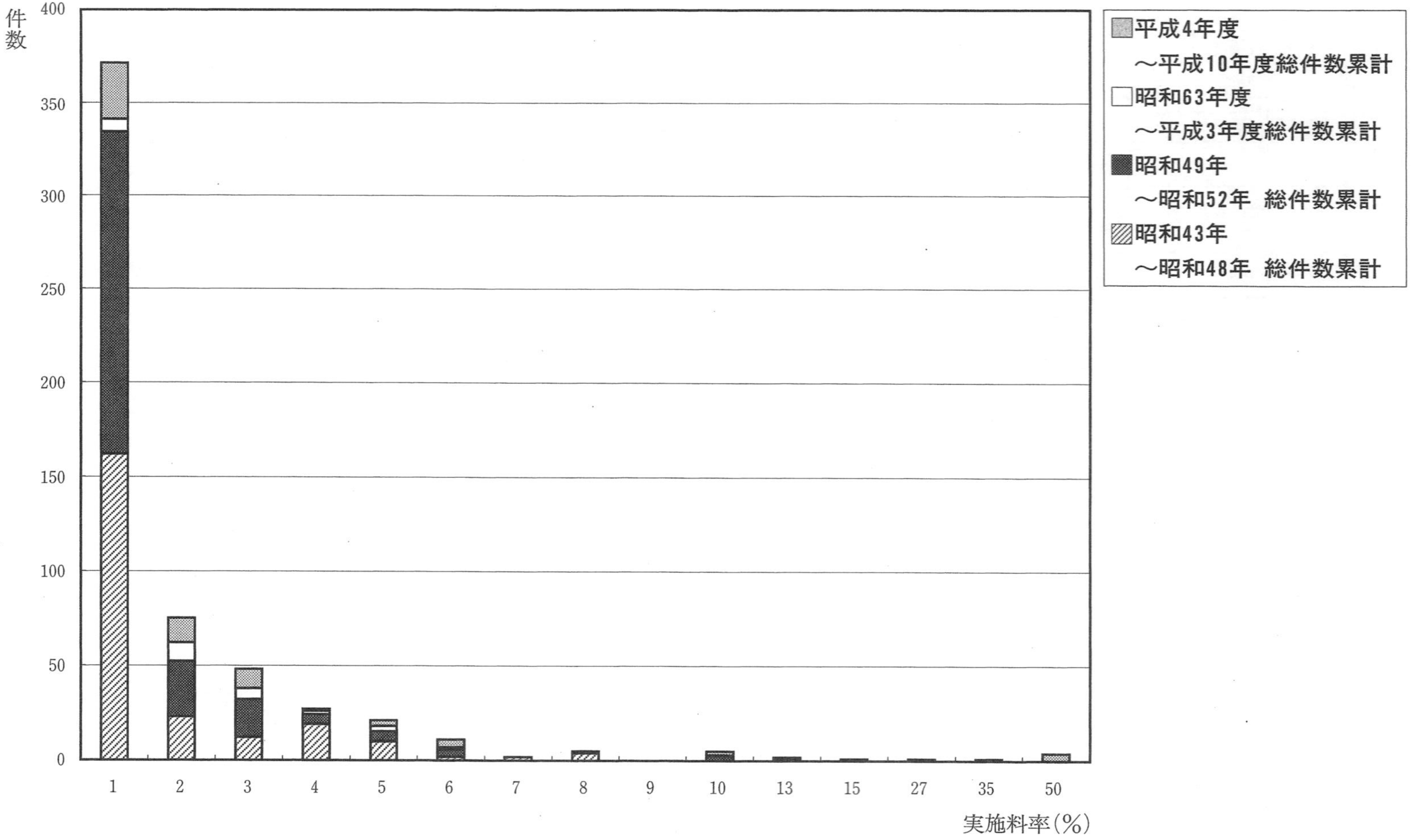

表２－19－２　ラジオ・テレビ・その他の通信音響機器（イニシャル　無）の実施料率別契約件数

契約件数 ＼ 期間（年/年度）	実施料率(%) 1	2	3	4	5	6	7	8	9	10	13	15	27	35	50	合計	ミニマム付割合	年平均件数	最頻値	中央値	平均値	その他の実施料 件数	年平均
昭和43年～昭和48年　総件数累計	162	23	12	19	10	2	2	4			1	1				236		39.3	1	1	1.9	—	—
																0						—	—
昭和49年～昭和52年　総件数累計	172	29	20	5	5	4		1		3						239		59.8	1	1	1.7	—	—
〃　ミニマム付件数	15	3	1	3	2	1										25	0.10	6.3				—	—
昭和63年度～平成3年度総件数累計	7	10	6	2	3	1							1			30		7.5	2	2	3.4	51	12.8
〃　ミニマム付件数		1	1													2	0.07	0.5					0.0
平成4年度総件数	9	1	1		1										2	14						16	
〃　ミニマム付件数																0							
平成5年度総件数	3	3												1	1	8						18	
〃　ミニマム付件数																0							
平成6年度総件数	1	1	1													3						33	
〃　ミニマム付件数																0						2	
平成7年度総件数	1	3	1	1							1					7						12	
〃　ミニマム付件数				1												1							
平成8年度総件数	1	2	1			3				1						8						13	
〃　ミニマム付件数																0						1	
平成9年度総件数	2	1	2			1				1						7						16	
〃　ミニマム付件数																0						4	
平成10年度総件数	14	2	4		2										1	23						—	—
〃　ミニマム付件数			1													1						—	—
平成4年度～平成10年度総件数累計	31	13	10	1	3	4	0	0	0	2	1	0	0	1	4	70		10.0	1	2	5.7	108	18.0
〃　ミニマム付件数	0	0	1	1	0	0	0	0	0	0	0	0	0	0	0	2	0.03	0.3				7	1.2

（注）その他の実施料：実施料率以外の実施料（例えば、従量実施料、定額実施料等）のもの。

表２－19－３　ラジオ・テレビ・その他の通信音響機器の実施料率8%以上の契約件数（平成4年度～平成10年度）

契約件数 ＼ 技術内容	実施料率（%） 8	9	10	11	13	35	50	総計
有線・無線通信機械	4	3	4	1			1	13
ラジオ・テレビ・音響器具					1	1	3	5
総　計	4	3	4	1	1	1	4	18

20．電子計算機・その他の電子応用装置

この技術分野は、日本標準産業分類F305及びF306が関連する技術を扱う。電子計算機・同付属装置製造技術、X線装置製造技術、ビデオ機器製造技術、医療用電子応用装置製造技術、その他の電子応用装置製造技術である。

電子計算機の“付属装置”とは、磁気テープ装置、磁気ドラム装置、磁気ディスク装置、紙テープ入出力装置、カード入出力装置、マイクロ・フィルム入出力装置、ラインプリンタ、入出力タイプライター、磁気インク文字読取装置、光学文字読取装置、図形表示装置（プロッタ・ディスプレイなど)、遠隔情報処理装置(電子計算機と通信回線を介して接続される端末装置＜専ら通信機として使用するものを除く＞）等である。また当然に、機械的な装置だけでなく、いわゆる“ソフトウエア”を含む。

なお、ここにいう“電子計算機”はプログラム内蔵方式であって、プログラム言語を使用するものをいう。アナログ方式、デジタル方式の別を問わない。また同様な条件をもつ電子会計機を含む。ただし、電子式卓上計算機は含まない。

“ビデオ機器”は磁気録画装置、画像再生装置、ビデオ・ディスク・プレイヤー、ビデオ・カメラ、防犯カメラ等を含む。テレビジョン受信機（19)、テレビジョン放送装置（19)、放送用テレビ・カメラ（19）は含まない。

“その他の電子応用装置”とは、粒子加速装置、放射性物質応用装置、弾性波応用装置、超音波応用装置、電磁応用探知装置、電気探知装置、高周波電力応用装置、電子顕微鏡等である。魚群探知機、高周波ミシン、サイクロトロン、放射線応用計測器、レーザー装置、水中聴音装置等を含む。

図２－20－１、**２－20－２**は、この技術分野における外国技術導入契約の実施料が、許諾製品の出来高にリンクした料率表示であったものの年（年度）別契約件数を、イニシャル・ペイメント条件の有り・無しに分けて、実施料率別にグラフ化したものである。

また、**表２－20－１**、**２－20－２**は、上記のデータに加え、さらにミニマム・ロイヤルティ条件付件数データと、最近の10年間（昭和63年度～平成９年度）の、外国技術導入契約の実施料が料率以外のもの(例えば、従量実施料、定額実施料等）であった契約件数データを、それぞれ「ミニマム付件数」及び「その他の実施料」として表したものである。

なお、用語に関することであるが、この技術分野では“実施”、“実施料”と同じ意味で“使用”、“使用料”が使われている。適宜読み替えていただきたい。

○契約件数について

図２－20－１、２－20－２及び**表２－20－１、２－20－２**が示すように、この技術分野における外国技術導入契約の平成４年度～平成10年度の７年間の件数は、イニシャル有りが541件(77.3件／年)、イニシャル無しが719件（102.7件／年）である。これは、昭和63年度～平成３年度の４年間と比較すると、イニシャル有りが55.5→77.3件／年、イニシャル無しが51.8→102.7件／年と、いずれも大幅に増加しており、特に、イニシャル無しでは倍増している。なお、契約件数の合計及びイニシャル有りの契約件数は、全技術分野中最多である（イニシャル無しでは「25. 繊維及び繊維製品」に次いで２番目である)。

また、平成４年度～平成10年度のミニマム付件数の全体に占める割合については、イニシャル有りが0.10、イニシャル無しが0.12であった。

平成４年度～平成９年度のその他の実施料の件数については、イニシャル有りが1496件(249.3件／年)、イニシャル無しが1608件（268.0件／年）である。その他の実施料の件数は、イニシャル有りでは減少しているのに対して、イニシャル無しでは大幅に増加している。その他の実施料率の件数は、イニシャル有り、無しとも全技術分野中最多である。また、その他の実施料の件数は実施料率契約の件数の約2.5倍である。したがって、この技術分野で実施料率を検討する際には、契約全体に占める実施料率データのウエイトは限定されたものであるから、実施料率データから電子計算機、特にソフトウエアの実施料契約の全体像を把握する際には注意が必要である。

○実施料率について

実施料率の平均値については、平成４年度～平成10年度は、イニシャル有りが13.5％、イニシャル無しが33.2％であり、昭和63年度～平成３年度と比較すると、イニシャル有りが12.5→13.5％、イニシャル無しが26.7→33.2％と、いずれも上昇しており、特にイニシャル無しの伸びが大きい。実施料率の平均値は、イニシャル有り、無しとも全技術分野中最も高い。

平成４年度～平成10年度は､実施料率８％以上の契約が､イニシャル有りについては226件(32.3件／年)、イニシャル無しについては579件（82.7件／年）あった。昭和63年度～平成３年度の４年間と比較すると、イニシャル有りでは20.8→32.3件／年、イニシャル無しで36.0→82.7件／年であり、いずれも契約件数の増加に見合って大幅に増加している。実施料率８％以上の件数は、イニシャル無しでは契約件数の8割に達しており、イニシャル有りについても過半を占める。さらにイニシャル無しについては、最頻値が50％となっており、このような技術分野は他に例がない。なお、イニシャル無しで最頻値が50％である点は昭和63年度～平成３年度と同様であるが、実施料率50％以上の件数が契約件数に占める割合は、27→44％と大きく上昇している。

この分野の実施料率の高騰や実施料の高額化傾向に関して、産業界の見解は多様である。

平成４年６月、日経ＢＰ社刊の専門誌「日経コンピュータ、1992.6.15号」は、ソフトウエア知的所有権の特集を組み、この問題に触れている。これは、次の3部からなっていた。

第１部　“顕在化する知的所有権の実体”

第２部　“止まらない権利意識の高まり”

第3部 “権利の独走をとどめる議論なく”

また、その第3部において、わが国の電機メーカー大手のM社H部長談を紹介していた。それは、次のようなものであった。

「昔は、一定の合意があったが、85年（昭和60年）頃にライセンス料などの相場は崩壊し、以降はインフレの一途をたどっている。」

この分野の取引で、ライセンサーの立場とライセンシーの立場をともに数多くこなしている渦中の人の発言として注目される。

ソフトウエア・ライセンスでの実施料率を個別に調査すると、高率化理由が明確である場合と明確でない場合がある。また、明確でないながらも、なんとなく理解できるという場合もある。

ソフトの複製が認められるか否かの違い、複製が認められる場合その複製物が外販用か自社使用かの違い、ソフト開発に必要な労働時間の違い、アプリケーション・ソフトにおける競争ソフトの有・無、またそれがアプライされるものの収益性、高機能性、多機能性等の違い等が明らかな場合と明らかでない場合等があるからである。これらが明らかな場合は、市場ソフトの価格、使用料等を手掛かりとして、ある程度類型化できることがある。

また、ソフトウエア・ライセンスにおいては、ライセンシー側が実施利益を手にすることができるようになるまでの過程で、製造業の企業が特許権やノウハウの実施許諾を受けて生産をはじめるまでに、一般的に必要とする工場建設、機械・装置等の手当てをほとんど必要としないことが多い。このことは、ソフトウエア・ライセンスのライセンシーの危険負担料を大幅に小さくする。そしてこの危険負担料が小さいということは、企業活動では、通常、極めて大きく評価される。これは、ソフトの実施料率の高率化、実施料の高額化につながることが多い。

これに対してハードウエアについては以下で見るように高率の契約も存在するものの、ソフトウエアと比べるとその割合は高くはない。外国技術導入ではないが、ハードウエアの実施料率の水準を表す代表的な例を紹介すると、東芝、日立製作所、松下電器産業、三菱電機、米タイム・ワーナー、日本ビクターの六社が、各社がそれぞれ保有するＤＶＤに関する特許をＤＶＤ関連メーカー対して一括してライセンス供与する際の実施料率は、プレーヤー、ＲＯＭ駆動装置、デコーダーがいずれも４％であると報道されている（日経産業新聞1999年６月13日朝刊6面）。

○高率契約について

表２－20－３は、この技術分野の実施料率の高率傾向を考える一助とするために、平成４年度～平成10年度の実施料率８％以上の契約について、イニシャル有り、無しを合計した805件を技術内容別に細分したものである。

ここでは、技術内容を電子計算機のソフトウエア、電子計算機のハードウエア、その他の電子応用装置に細分した。**表２－20－３**から分かるように、実施料率８％以上の契約805件のうち、電子計算機のソフトウエアが783件、電子計算機のハードウエアが17件、その他の電子応用装置が5件であり、電子計算機、特にソフトウエアが大半を占めている。この傾向は実施料率が高率になるほど顕著であり、実施料率が31％以上では、全530件中電子計算機のソフトウエアが528件を占めている。

なお、電子計算機のハードウエアの50％以上の契約の技術内容は、シングルハイトＶＭＥボードに関するものと、ＰＣモニタの省電力化に関するものであった。

このように、この技術分野における、他の技術分野には見られない高率の実施料率の分布状況は、この分野特有のソフトウエアに関する技術契約によるものである。これは、上述のようにソフトウエア特有の事情が背景にあると考えられる。

なお、この技術分野の実施料率の高率値については、60％等50％を超える事例があるが、これらは**表２－20－１**、**２－20－２**の注２に示すように、50％以上の枠で集計した。ただし、昭和63年度～平成2年度までの各年度においてはそのような事例があった場合、“その他の実施料”として集計してあるので注意が必要であるが、そのような事例は少ない。

表２－20－１　電子計算機・その他の電子応用装置（イニシャル　有）の実施料率別契約件数

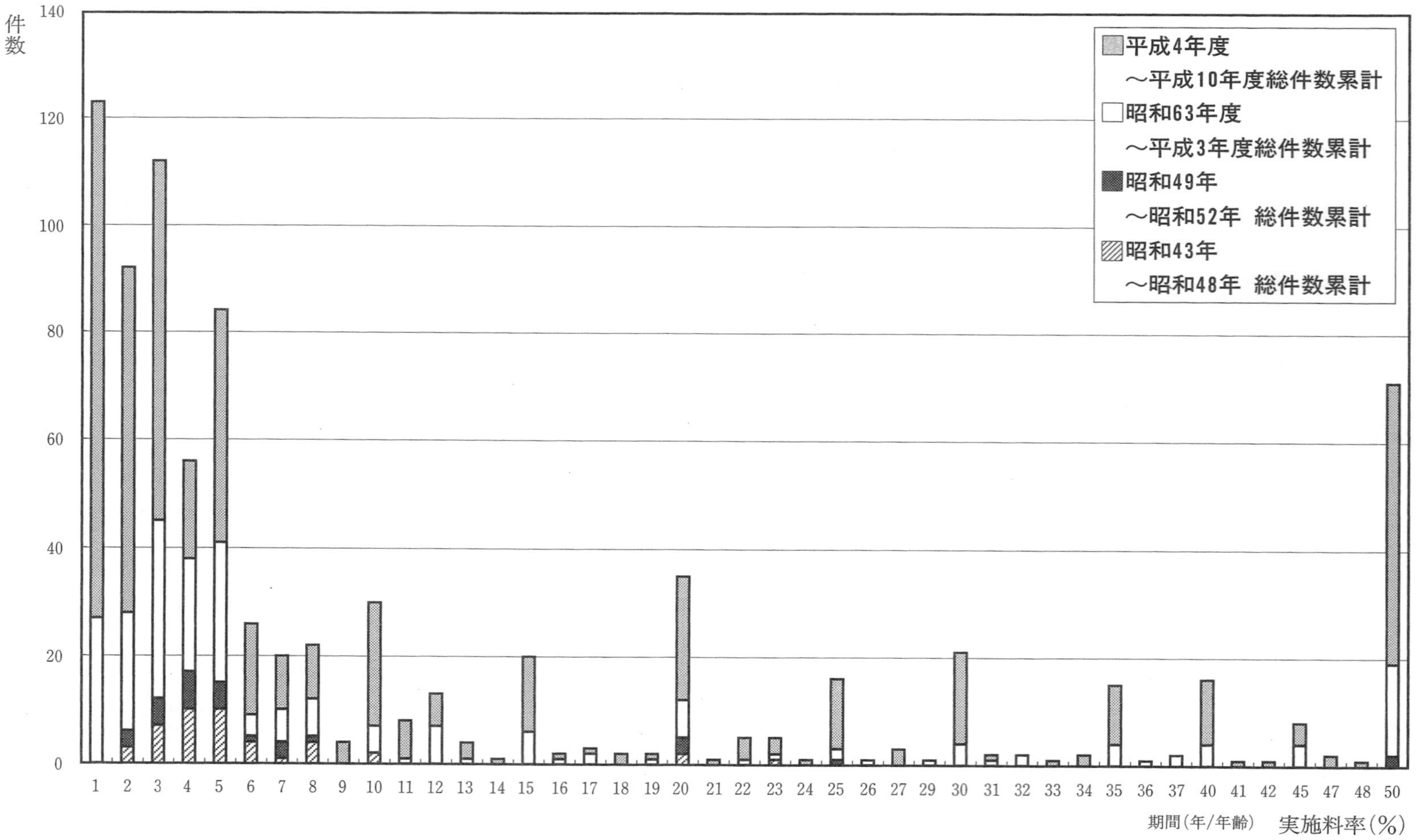

表２－20－１　電子計算機・その他の電子応用装置（イニシャル　有）の実施料率別契約件数

期間（年/年度）＼契約件数	実施料率(%) 1	2	3	4	5	6	7	8	9	10	11	12	13	14	15	16	17	18	19	20	21	22	23	24	25	26	27	29	30	31	32	33	34	35	36	37	40	41	42	45	47
昭和43年～昭和48年　総件数累計		3	7	10	10	4	1	4		2										2			1																		
昭和49年～昭和52年　総件数累計		3	5	7	5	1	3	1												3					1																
〃　ミニマム付件数		1	3	4	2		1	1												3					1																
昭和63年度～平成3年度総件数累計	27	22	33	21	26	4	6	7		5	1	7	1		6	1	2		1	7		1	1		2	1		1	4	1	2			4	1	2	4			4	
〃　ミニマム付件数	3	3	6	3	3	1	1	1				1				1				1						1											1				
平成4年度総件数	14	6	9	3	10	3	1		1		1				2														1					3							
〃　ミニマム付件数					1																																				
平成5年度総件数	9	7	7	5	4	1	2	1	1	1	2	1	1		4				1	3					1		1		2					2			2				1
〃　ミニマム付件数				2															1	1														1							
平成6年度総件数	8	8	7	3	2	3	1	1		4					1					2	1	2			4				4			1		2			3	1		1	
〃　ミニマム付件数	1			1																1																	1				
平成7年度総件数	21	10	7	1	3	2	2	5	1	4			1		3	1	1	1		4			1		2		1		3					1			1		1	2	1
〃　ミニマム付件数	1			1				2												1									2					1					1		
平成8年度総件数	20	15	17		11	2	2	2		8	1	2	1	1	2					8		2	1		2				3					3			5				
〃　ミニマム付件数	2		3		1			1																										1			1				
平成9年度総件数	9	10	12	2	4	4	2		1	4		2			2			1		6			1		3		1		4	1										1	
〃　ミニマム付件数	1	1	3		2		1			2					1					1									2												
平成10年度総件数	15	8	8	4	9	2		1		2	3	1												1	1								2				1				
〃　ミニマム付件数	2		1							1		1																													
平成4年度～平成10年度総件数累計	96	64	67	18	43	17	10	10	4	23	7	6	3	1	14	1	1	2	1	23	1	4	3	1	13	0	3	0	17	1	0	1	2	11	0	0	12	1	1	4	2
〃　ミニマム付件数	7	1	7	4	4	0	1	3	0	3	0	1	0	0	1	0	0	0	1	4	0	0	0	0	0	0	0	0	4	0	0	0	0	3	0	0	2	0	1	0	0

期間（年/年度）＼契約件数	実施料率(%) 48	50	合計	ミニマム付割合	年平均件数	最頻値	中央値	平均値	その他の実施料 件数	年平均
昭和43年～昭和48年　総件数累計			44		7.3	4･5	5	6.0	—	—
			0						—	—
昭和49年～昭和52年　総件数累計		2	31		7.8	4	5	9.5	—	—
〃　ミニマム付件数		2	18	0.58	4.5				—	—
昭和63年度～平成3年度総件数累計		17	222		55.5	3	5	12.5	1052	263.0
〃　ミニマム付件数		1	27	0.12	6.8				94	23.5
平成4年度総件数	1	9	64						275	
〃　ミニマム付件数			1						16	
平成5年度総件数		9	68						243	
〃　ミニマム付件数		1	6						17	
平成6年度総件数		5	64						256	
〃　ミニマム付件数			4						23	
平成7年度総件数		6	86						254	
〃　ミニマム付件数		1	10						13	
平成8年度総件数		13	121						255	
〃　ミニマム付件数		5	14						33	
平成9年度総件数		6	76						213	
〃　ミニマム付件数			14						29	
平成10年度総件数		4	62						—	—
〃　ミニマム付件数		1	6						—	—
平成4年度～平成10年度総件数累計	1	52	541		77.3	1	5	13.5	1496	249.3
〃　ミニマム付件数	0	8	55	0.10	7.9				131	21.8

（注1）その他の実施料：実施料率以外の実施料（例えば、従量実施料、定額実施料等）のもの。
（注2）平成3年度～平成10年度のデータは、実施料率50%以上のものを含む。その他の年度における実施料率50%以上のものは、“その他の実施料”の枠でカウントされている。ただし、その事例は平成2年度と3年度の差が示すように少ない。

図2−20−2　電子計算機・その他の電子応用装置（イニシャル　無）の実施料率別契約件数

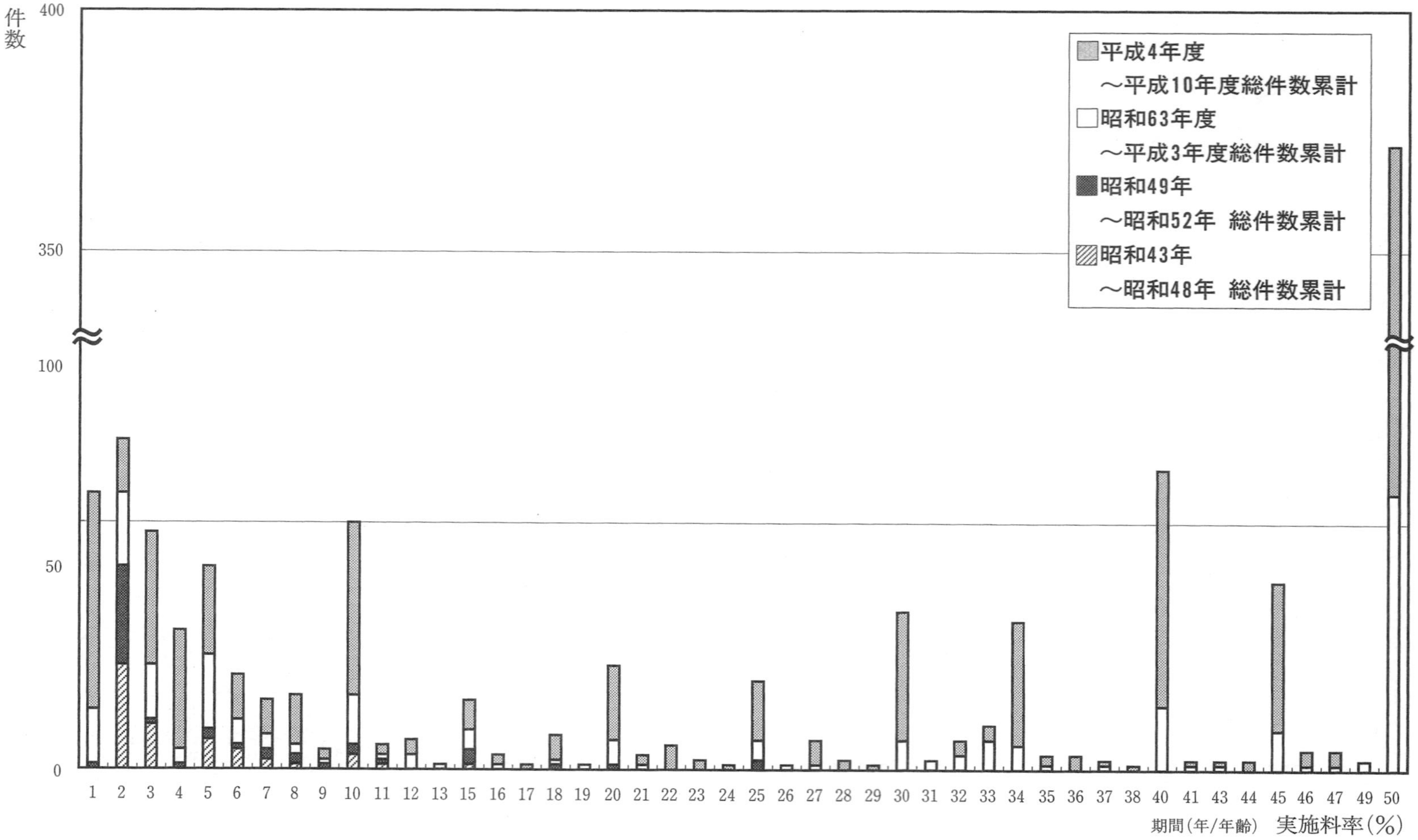

表２－20－２　電子計算機・その他の電子応用装置（イニシャル　無）の実施料率別契約件数

期間（年/年度）＼契約件数	実施料率(%) 1	2	3	4	5	6	7	8	9	10	11	12	13	15	16	17	18	19	20
昭和43年～昭和48年　総件数累計		21	9		6	4	2	1		3	1			1					
昭和49年～昭和52年　総件数累計	1	20	1	1	2	1	2	2	1	2	1			3			1		1
〃　ミニマム付件数			1						1					2					
昭和63年度～平成3年度総件数累計	11	15	11	3	15	5	3	2	1	10	1	3	1	4	1		1	1	5
〃　ミニマム付件数	5		1		5	1	1			5	1			1					3
平成4年度総件数		3	4	1	1	2	2	1		13	1						1		1
〃　ミニマム付件数							2			2									
平成5年度総件数	8			1	1	1		2		10					1				2
〃　ミニマム付件数								1		1					1				
平成6年度総件数	4		3	2	2	1	2		1	1	1	2					1		3
〃　ミニマム付件数			1		1						1	1							
平成7年度総件数	5	1	4		1	2	1			5		1		2			2		5
〃　ミニマム付件数						1				1									
平成8年度総件数	5	3	6	2	3	1	1		1	3				4		1			2
〃　ミニマム付件数		1	1			1	1			1				2					
平成9年度総件数	6	1	8		4	1	1	2							1				2
〃　ミニマム付件数	1		4		3														
平成10年度総件数	16	3	2	18	6	1		5		3							1		
〃　ミニマム付件数	2	1	2		1			3		1							1		
平成4年度～平成10年度総件数累計	44	11	27	24	18	9	7	10	2	35	2	3	0	6	2	1	5	0	15
〃　ミニマム付件数	3	2	8	0	5	2	3	4	0	6	1	1	0	2	1	0	1	0	0

期間（年/年度）＼契約件数	実施料率(%) 21	22	23	24	25	26	27	28	29	30	31	32	33	35	36	37	38	39	40	41	43	44
昭和43年～昭和48年　総件数累計																						
昭和49年～昭和52年　総件数累計					2																	
〃　ミニマム付件数																						
昭和63年度～平成3年度総件数累計	1				4	1	1			6	2	3	6	5	1		1		13	1	1	
〃　ミニマム付件数										1		2			1		1		1	1		
平成4年度総件数		2			1					2		1		2	1	1		1	12			
〃　ミニマム付件数		1										1				1						
平成5年度総件数					1		1	1		2			2	3					4			
〃　ミニマム付件数							1			1				1					1			
平成6年度総件数	2				4		2			6		1	1	6		1			7			1
〃　ミニマム付件数					1					2				1					1			
平成7年度総件数			1		2			1	1	7		1		4		1	1		8	1		
〃　ミニマム付件数					1									1					1			
平成8年度総件数		1		1	1					4				7					8		1	
〃　ミニマム付件数		1			1									1					1			
平成9年度総件数		2	1				1			3				3	1				9			1
〃　ミニマム付件数			1				1															
平成10年度総件数					3		1			2												
〃　ミニマム付件数																						
平成4年度～平成10年度総件数累計	2	5	2	1	12	0	5	2	1	26	0	3	3	25	2	3	1	1	48	1	1	2
〃　ミニマム付件数	0	2	1	0	3	0	2	0	0	3	0	1	0	4	0	1	0	0	4	0	0	0

期間（年/年度）＼契約件数	実施料率(%) 45	46	47	49	50	合計	ミニマム付割合	年平均件数	最頻値	中央値	平均値	その他の実施料 件数	年平均
昭和43年～昭和48年　総件数累計						48		8.0	2	3	4.2	—	—
						0						—	—
昭和49年～昭和52年　総件数累計						41		10.3	2	2	6.5	—	—
〃　ミニマム付件数						4	0.10	1.0				—	—
昭和63年度～平成3年度総件数累計	8	1	1	2	56	207		51.8	50	30	26.7	777	194.3
〃　ミニマム付件数	4				6	40	0.19	10.0				78	19.5
平成4年度総件数	2	1			41	97						227	
〃　ミニマム付件数					5	12						31	
平成5年度総件数	11				46	97						242	
〃　ミニマム付件数					3	10						62	
平成6年度総件数	7	1			63	125						455	
〃　ミニマム付件数					6	15						57	
平成7年度総件数	1		1		56	115						321	
〃　ミニマム付件数					2	7						53	
平成8年度総件数	4				50	109						168	
〃　ミニマム付件数	1				3	15						32	
平成9年度総件数	3	1	1		26	78						195	
〃　ミニマム付件数					2	12						27	
平成10年度総件数	2		1		34	98						—	—
〃　ミニマム付件数					2	13						—	—
平成4年度～平成10年度総件数累計	30	3	3	0	316	719		102.7	50	40	33.2	1608	268.0
〃　ミニマム付件数	1	0	0	0	23	84	0.12	12.0				262	43.7

（注1）その他の実施料：実施料率以外の実施料（例えば、従量実施料、定額実施料等）のもの。
（注2）平成3年度～平成10年度のデータは、実施料率50%以上のものを含む。その他の年度における実施料率50%以上のものは、“その他の実施料”の枠でカウントされている。ただし、その事例は平成2年度と3年度の差が示すように少ない。

表２－20－３　電子計算機・その他の電子応用装置の実施料率８％以上の契約件数（平成４年度～平成10年度）

技術内容＼実施料率	実施料率（％） 8～10	11～20	21～30	31～50	41～49	50～	総計
ソフトウエア	73	88	94	113	49	366	783
ハードウエア	9	4	2			2	17
その他の電子応用装置	2	1	2				5
総計	84	93	98	113	49	368	805

21．電子・通信用部品

この技術分野は、日本標準産業分類F308が関連する技術を扱う。電子部品、デバイス製造技術である。具体的には、電子管製造技術、半導体素子製造技術、集積回路製造技術、抵抗器・コンデンサ・変成器・複合部品製造技術、音響部品・磁気ヘッド・小形モータ製造技術、コネクタ・スイッチ・リレー製造技術、スイッチング電源・高周波組立部品・コントロールユニット製造技術、プリント回路製造技術、その他の電子部品製造技術である。“電子管”は、送受信用真空管、放電管、ブラウン管、Ｘ線管、水銀整流管等を含む。“半導体素子”は、ダイオード、トランジスタ、サーミスタ等である。“集積回路”は半導体集積回路、薄膜集積回路、混成集積回路等である。集積回路に抵抗器、コンデンサ、半導体素子などの個別部品を付加したものを含む。また、１㎤の中に３個以上の素子実装密度を有する超小型構造を含む。“その他の電子部品”とは、蓄電器、整流器、光ファイバー、液晶技術、ダイヤル、プラグ等を含む。スピーカー、マイクロホン、ホノモータ等(19)は含まない。

図２－21－１、２－21－２は、この技術分野における外国技術導入契約の実施料が、許諾製品の出来高にリンクした料率表示であったものの年（年度）別契約件数を、イニシャル・ペイメント条件の有り・無しに分けて、実施料率別にグラフ化したものである。

また、**表２－21－１、２－21－２**は、上記のデータに加え、さらにミニマム・ロイヤルティ条件付件数データと、最近の10年間（昭和63年度～平成９年度）の、外国技術導入契約の実施料が料率以外のもの（例えば、従量実施料、定額実施料等）であった契約件数データを、それぞれ「ミニマム付件数」及び「その他の実施料」として表したものである。

○契約件数について

図２－21－１、２－21－２及び**表２－21－１、２－21－２**が示すように、この技術分野における外国技術導入契約の平成４年度～平成10年度の７年間の件数は、イニシャル有りが263件(37.6件／年)、イニシャル無しが84件（12.0件／年）である。これは、昭和63年度～平成３年度の４年間と比較すると、イニシャル有りが36.8→37.6件／年、イニシャル無しが10.3→12.0件／年と、いずれも微増しているものの、ほぼ横ばいである。なお、イニシャル有りの契約件数は、「20．電子計算機他」、「５．医薬品その他の化学製品」に次いで、全技術分野中3番目に多く、イニシャル有り、無しを合計した契約件数も、全技術分野中４番目である。

また、平成４年度～平成10年度のミニマム付件数の全体に占める割合については、イニシャル有りが0.08、イニシャル無しが0.05であった。他の技術分野と比較すると、この技術分野ではミニマム付き件数の割合が低く、イニシャル有り、無しの合計では全技術分野中４番目に低い。

平成４年度～平成９年度のその他の実施料の件数については、イニシャル有りが105件(17.5件／年)、イニシャル無しが56件（9.3件／年）である。この技術分野では、その他の実施料の件数も他の技術分野と比較して多い（イニシャル有りでは全技術分野中３番目、イニシャル無しでは５番目、イニシャル有り、無し合計で４番目)。

○実施料率について

実施料率の平均値については、平成４年度～平成10年度は、イニシャル有りが3.5%、イニシャル無しが3.3%であり、昭和63年度～平成３年度と比較すると、イニシャル有りが3.0→3.5%、イニシャル無しが4.9→3.3%と、イニシャル有りでは上昇、イニシャル無しでは下降している。イニシャル無しでは平均値が下降した結果、全技術分野中実施料率が最も低い技術分野の一つとなった。また、最頻値がイニシャル有り、無しいずれも１％と、１％の契約が中心であることはこの技術分野の特徴である。

平成４年度～平成10年度は、実施料率８％以上の契約が、イニシャル有りについては16件(2.3件／年)、イニシャル無しについては５件（0.7件／年）あった。昭和63年度～平成３年度の４年間と比較すると、イニシャル有りでは1.8→2.3件／年、イニシャル無しでは1.8→0.7件／年であり、前述の実施料率の平均値の動きと同様の動きが見られる。

この技術分野は、契約件数が全技術分野の中でも多いほうであるが、他の契約件数上位の技術分野と比較して、実施料率が低く抑えられていることが分かる。

これは、以下のような理由が考えられる。この技術分野では、高額のライセンス収入を得ることとともに、技術を普及させ、対象技術の標準化を目指すことが重要視されるケースが、他の技術分野と比較して多いためであると考えられる。また、半導体産業は設備投資が大きく、ライセンシーの危険負担が大きいことも一因であると考えられる。やや特殊な例ではあるが、前者の例を紹介する。

モトローラ社は携帯電話やデジタル家電に搭載される32ビットＲＩＳＣマイコン「Ｍコア」の日本で販売するセット製品に搭載される分に限り、マイコンのライセンス料とロイヤルティーを無料とした。狙いはいくつかあるものの、この分野では後発であるモトローラ社が業界標準化を狙うためのものであるとされている（日刊工業新聞1999年６月22日朝刊13面)。

○高率契約について

表２－21－３は、平成４年度～平成10年度の実施料率８％以上の契約について、イニシャル有り、無しを合計した21件を技術内容別に細分したものである。

ここでは、技術内容を電子管、半導体（半導体素子、集積回路)、その他の電子・通信用部品に細分した。**表２－21－３**から分かるように、実施料率８％以上の契約21件のうち、電子管が１件、半導体が18件、その他の電子・通信用部品が２件であり、半導体が大半を占めている。

なお、電子管の50%の契約の技術内容は、ＣＲＴの歪み補正に関するものであり、半導体の50%の契約の技術内容は２件とも無線通信用ＬＳＩの設計に関するものであった。

○関連判決

この技術分野の実施料率に関連した判決を紹介する。

・「整列巻コイル」：平成10（ワ）24（H11.12.22東京地裁、損害賠償請求事件）

被告ハード・ディスク・ドライブ及びフロッピー・ディスクドライブに使用されているコイルは、本件考案（整列巻コイル／実公昭63-22645）の技術的範囲に属するとして、原告の損害賠償請求を一部認容し、損害額算定の際の実施料相当額は、コイル１個当たり１円（コイル価格のおおむね10%）とされた事例である。

図２－21－１　電子・通信用部品（イニシャル　有）の実施料率別契約件数

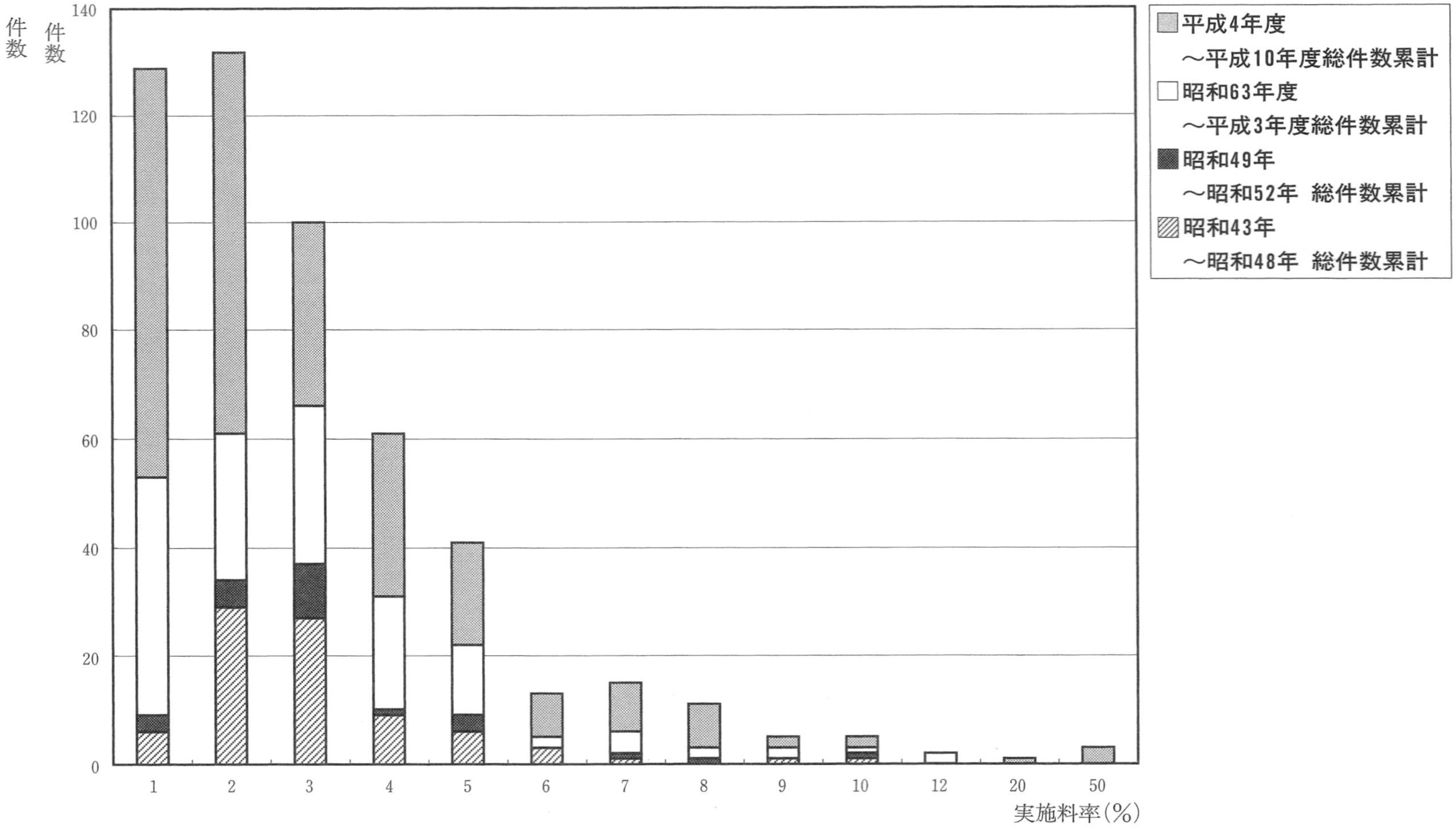

表２－21－１　電子・通信用部品（イニシャル　有）の実施料率別契約件数

期間(年/年度) ＼ 契約件数	実施料率(%)																			その他の実施料	
	1	2	3	4	5	6	7	8	9	10	12	20	50	合計	ミニマム付割合	年平均件数	最頻値	中央値	平均値	件数	年平均
昭和43年～昭和48年　総件数累計	6	29	27	9	6	3	1		1	1				83		13.8	2	3	3.1	—	—
														0						—	—
昭和49年～昭和52年　総件数累計	3	5	10	1	3		1	1		1				25		6.3	3	3	3.5	—	—
〃　ミニマム付件数	1	1			1		1			1				5	0.20	1.3				—	—
昭和63年度～平成3年度総件数累計	44	27	29	21	13	2	4	2	2	1	2			147		36.8	1	3	3.0	61	15.3
〃　ミニマム付件数		1	3	1	4	1								10	0.07	2.5				6	1.5
平成4年度総件数	14	14	5	8	4	1								46						17	
〃　ミニマム付件数	1													1						1	
平成5年度総件数	16	12	9	4	2	1	4	1	1	1				51						20	
〃　ミニマム付件数	1		1		1		1							4						1	
平成6年度総件数	9	11	4	5				1	1				1	32						21	
〃　ミニマム付件数														0						4	
平成7年度総件数	7	12	1	2	1		3	3						29						13	
〃　ミニマム付件数	1	1												2							
平成8年度総件数	14	10	4	3	5	1							1	38						16	
〃　ミニマム付件数				2	2									4						2	
平成9年度総件数	10	7	5	5	5	3	1	1		1		1		39						18	
〃　ミニマム付件数			1		4		1							6							
平成10年度総件数	6	5	6	3	2	2	1	2					1	28						—	—
〃　ミニマム付件数		1			1	1								3						—	—
平成4年度～平成10年度総件数累計	76	71	34	30	19	8	9	8	2	2	0	1	3	263		37.6	1	2	3.5	105	17.5
〃　ミニマム付件数	3	2	2	2	8	1	2	0	0	0	0	0	0	20	0.08	2.9				8	1.3

（注）その他の実施料：実施料率以外の実施料（例えば、従量実施料、定額実施料等）のもの。

図２−21−２　電子・通信用部品（イニシャル　無）の実施料率別契約件数

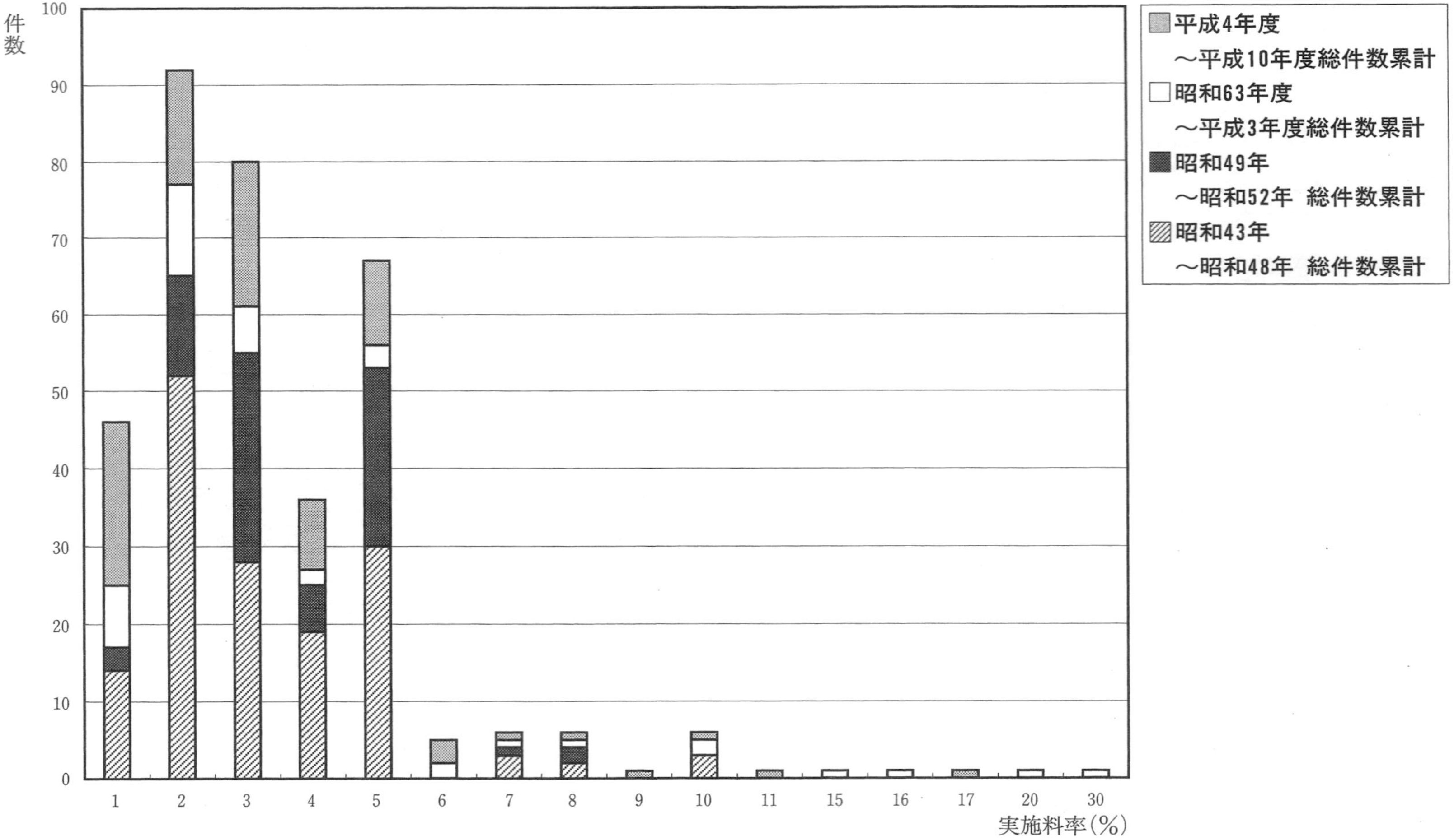

表２－21－２　電子・通信用部品（イニシャル　無）の実施料率別契約件数

期間（年/年度）＼契約件数	実施料率(%)																						その他の実施料	
	1	2	3	4	5	6	7	8	9	10	11	15	16	17	20	30	合計	ミニマム付割合	年平均件数	最頻値	中央値	平均値	件数	年平均
昭和43年～昭和48年　総件数累計	14	52	28	19	30		3	2		3							151		25.2	2	3	3.3	—	—
																	0						—	—
昭和49年～昭和52年　総件数累計	3	13	27	6	23		1	2									75		18.8	3	3	3.6	—	—
〃　ミニマム付件数		4	1	1	1			1									8	0.11	2.0				—	—
昭和63年度～平成3年度総件数累計	8	12	6	2	3	2	1	1		2		1	1		1	1	41		10.3	2	3	4.9	37	9.3
〃　ミニマム付件数					1												1	0.02	0.3				1	0.3
平成4年度総件数		3	3	2	1												9						13	
〃　ミニマム付件数				1													1							
平成5年度総件数	6	2	1		3	1				1				1			15						10	
〃　ミニマム付件数																	0							
平成6年度総件数	4	2	7	1	1	1					1						17						7	
〃　ミニマム付件数			1		1												2						1	
平成7年度総件数	3		3	1					1								8						6	
〃　ミニマム付件数																	0						1	
平成8年度総件数	2	4	1		5		1										13						8	
〃　ミニマム付件数																	0							
平成9年度総件数	3	2	3	2	1			1									12						12	
〃　ミニマム付件数	1																1							
平成10年度総件数	3	2	1	3		1											10						—	—
〃　ミニマム付件数																	0						—	—
平成4年度～平成10年度総件数累計	21	15	19	9	11	3	1	1	1	1	1	0	0	1	0	0	84		12.0	1	3	3.3	56	9.3
〃　ミニマム付件数	1	0	1	1	1	0	0	0	0	0	0	0	0	0	0	0	4	0.05	0.6				2	0.3

（注）その他の実施料：実施料率以外の実施料（例えば、従量実施料、定額実施料等）のもの。

表２－21－３　電子・通信用部品の実施料率8％以上の契約件数（平成4年度～平成10年度）

技術内容＼実施料率	実施料率（％）							総計
	8	9	10	11	17	20	50	
電子管							1	1
半導体	7	3	3	1	1	1	2	18
その他の部分品	2							2
総　計	9	3	3	1	1	1	3	21

22. 電気計測器・工業計器・その他の電気機器

この技術分野は、日本標準産業分類F307及びF309が関連する技術を扱う。電気計測器製造技術、工業計器製造技術、医療用計測器製造技術、蓄電池製造技術、一次電池(乾電池、湿電池等)製造技術、他に分類されない電気機械器具製造技術である。

なお、“電気計測器”とは、電圧、電流、電力、周波数、電波、空中線、回路素子等の測定器、伝送量、真空管特性、磁性体、誘導体などの特性測定器、搬送機器用・無線機器用・有線機器用等の試験装置の測定器ならびに附属品等である。音量計、心電計などを含む。

また“工業計器”とは、温度、湿度、流量、液面などの物象の状態量の計測・記録又は計測制御のため、検出、変換、指示記録、調節操作などを一体的に連携して行う機器をいう。圧力計、流量計のように独立的に用いられる計器は、この分野では扱わない。精密機械器具(14)で扱う。“一次電池”は、水銀電池、アルカリ電池を含む。“他に分類されない電気機械器具”とは、電球用口金、導入線、接点、永久磁石、太陽電池等である。

図2－22－1、**2－22－2**は、この技術分野における外国技術導入契約の実施料が、許諾製品の出来高にリンクした料率表示であったものの年（年度）別契約件数を、イニシャル・ペイメント条件の有り・無しに分けて、実施料率別にグラフ化したものである。

また、**表2－22－1**、**2－22－2**は、上記のデータに加え、さらにミニマム・ロイヤルティ条件付件数データと、最近の10年間（昭和63年度～平成9年度）の、外国技術導入契約の実施料が料率以外のもの(例えば、契約実施料、定額実施料等)であった契約件数データを、それぞれ「ミニマム付件数」及び「その他の実施料」として表したものである。

○契約件数について

図2－22－1、**2－22－2**及び**表2－22－1**、**2－22－2**が示すように、この技術分野における外国技術導入契約の平成4年度～平成10年度の7年間の件数は、イニシャル有りが52件(7.4件／年)、イニシャル無しが11件（1.6件／年）である。これは昭和63年度～平成3年度の4年間と比較すると、イニシャル有りが5.3→7.4件／年、イニシャル無しが1.8→1.6件／年と、イニシャル有りで若干増加しているものの、ほぼ横ばいである。

また、平成4年度～平成10年度のミニマム付件数の全体に占める割合については、イニシャル有りで0.12、イニシャル無しでは契約がなかった。

平成4年度～平成9年度のその他の実施料の件数については、イニシャル有りで10件(1.7件／年)、イニシャル無しで6件（1.0件／年）で、いずれもわずかに増加している。

○実施料率について

実施料率の平均値については、平成４年度～平成10年度は、イニシャル有りが3.2%、イニシャル無しが4.6%であり、昭和63年度～平成３年度と比較すると、イニシャル有りが2.6→3.2%、イニシャル無しが3.1→4.6%となっており、いずれも上昇している。イニシャル有り、無しとも、それぞれ30%、19%と、これまでにはみられなかった高率の契約があったことが一因である。

平成４年度～平成10年度は、実施料率８%以上の契約が、イニシャル有りが30%、10%それぞれ１件ずつの2件(0.3件／年)、イニシャル無しが19%の１件(0.1件／年)あった。昭和63年度～平成３年度の４年間は、イニシャル有り、無しとも８%以上の契約はなかった。これらの契約の技術内容は、30%が電磁波測定に関するもの、19%が通信機用測定に関するもの、10%が半導体検査に関するものであった。

○関連判決

この技術分野の実施料率に関連した判決を紹介する。

・「ヒーター駆動制御装置」、「抵抗温度計」：平成９（ワ）2040（H12.7.6京都地裁、実施料支払請求事件）

本件特許発明（ヒーター駆動制御装置／特公平2-54574、抵抗温度計／特公昭63-5691、ヒーター駆動制御装置／特公昭63-66032）の通常実施権許諾契約（本件契約）に基づく実施料の支払いと本件契約の解除の有効性が認められた事例である。

図２－22－１　電気計測器・工業計器・その他の電気機器（イニシャル　有）の実施料率別契約件数

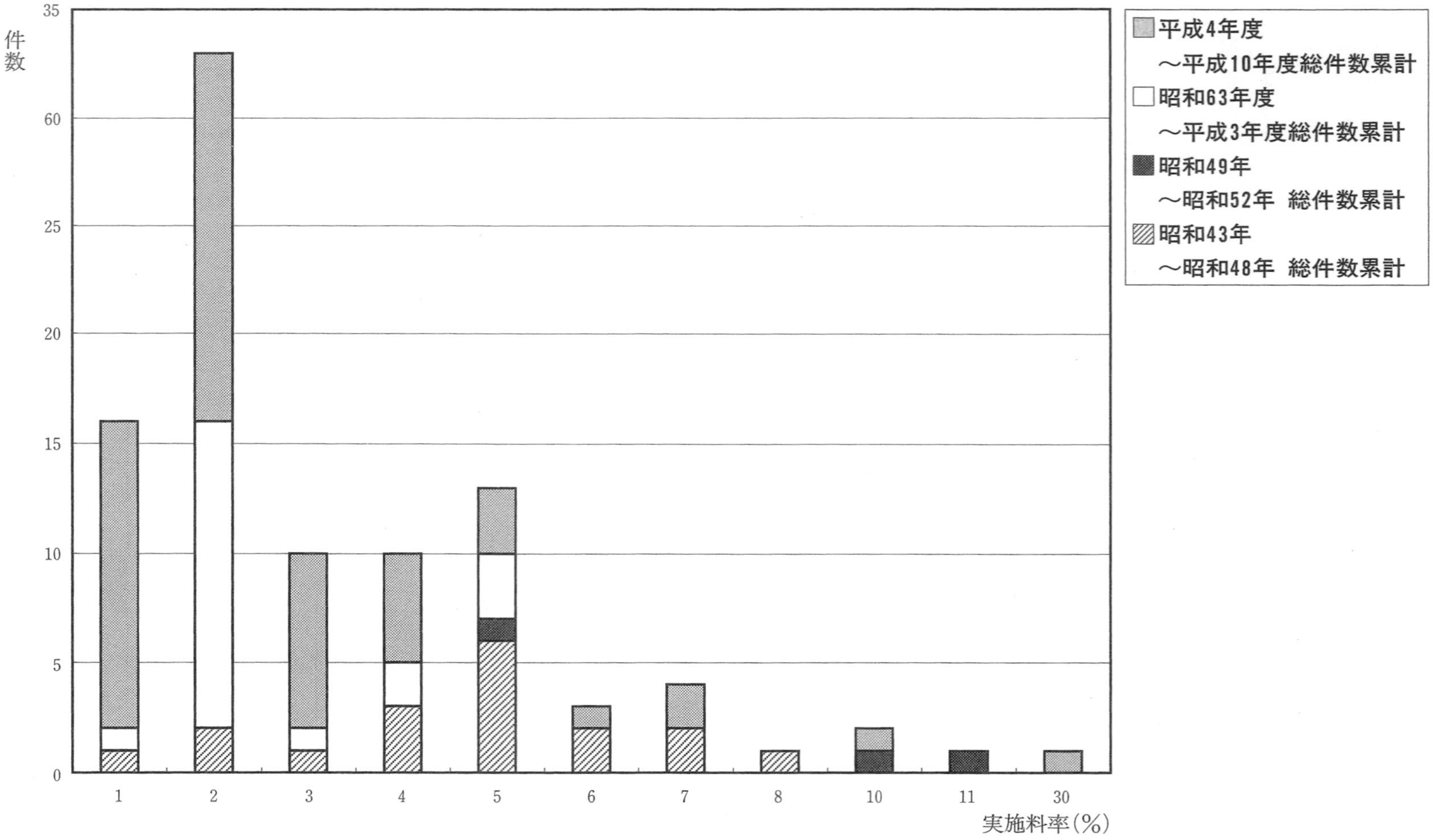

表2－22－1　電気計測器・工業計器・その他の電気機器（イニシャル　有）の実施料率別契約件数

期間（年/年度）＼契約件数	実施料率(%) 1	2	3	4	5	6	7	8	10	11	30	合計	ミニマム付割合	年平均件数	最頻値	中央値	平均値	その他の実施料 件数	年平均
昭和43年～昭和48年　総件数累計	1	2	1	3	6	2	2	1				18		3.0	5	5	4.7	—	—
												0						—	—
昭和49年～昭和52年　総件数累計					1				1	1		3		0.8	5･10･11	10	8.7	—	—
〃　ミニマム付件数					1							1	0.33	0.3				—	—
昭和63年度～平成3年度総件数累計	1	14	1	2	3							21		5.3	2	2	2.6	3	0.8
〃　ミニマム付件数		2										2	0.10	0.5					0.0
平成4年度総件数	3	3			1							7						2	
〃　ミニマム付件数	1	1										2							
平成5年度総件数	2	2	3	1								8						3	
〃　ミニマム付件数		1	1									2							
平成6年度総件数	3		1	1								5							
〃　ミニマム付件数												0							
平成7年度総件数	3	6	1	1			1					12							
〃　ミニマム付件数												0							
平成8年度総件数	1	3	1	1			1				1	8						3	
〃　ミニマム付件数							1				1	2							
平成9年度総件数	1	1	1	1					1			5						2	
〃　ミニマム付件数												0							
平成10年度総件数	1	2	1		2	1						7						—	—
〃　ミニマム付件数												0						—	—
平成4年度～平成10年度総件数累計	14	17	8	5	3	1	2	0	1	0	1	52		7.4	2	2	3.2	10	1.7
〃　ミニマム付件数	1	2	1	0	0	0	1	0	0	0	1	6	0.12	0.9				0	0.0

（注）その他の実施料：実施料率以外の実施料（例えば、従量実施料、定額実施料等）のもの。

図２－22－１　電気計測器・工業計器・その他の電気機器（イニシャル　無）の実施料率別契約件数

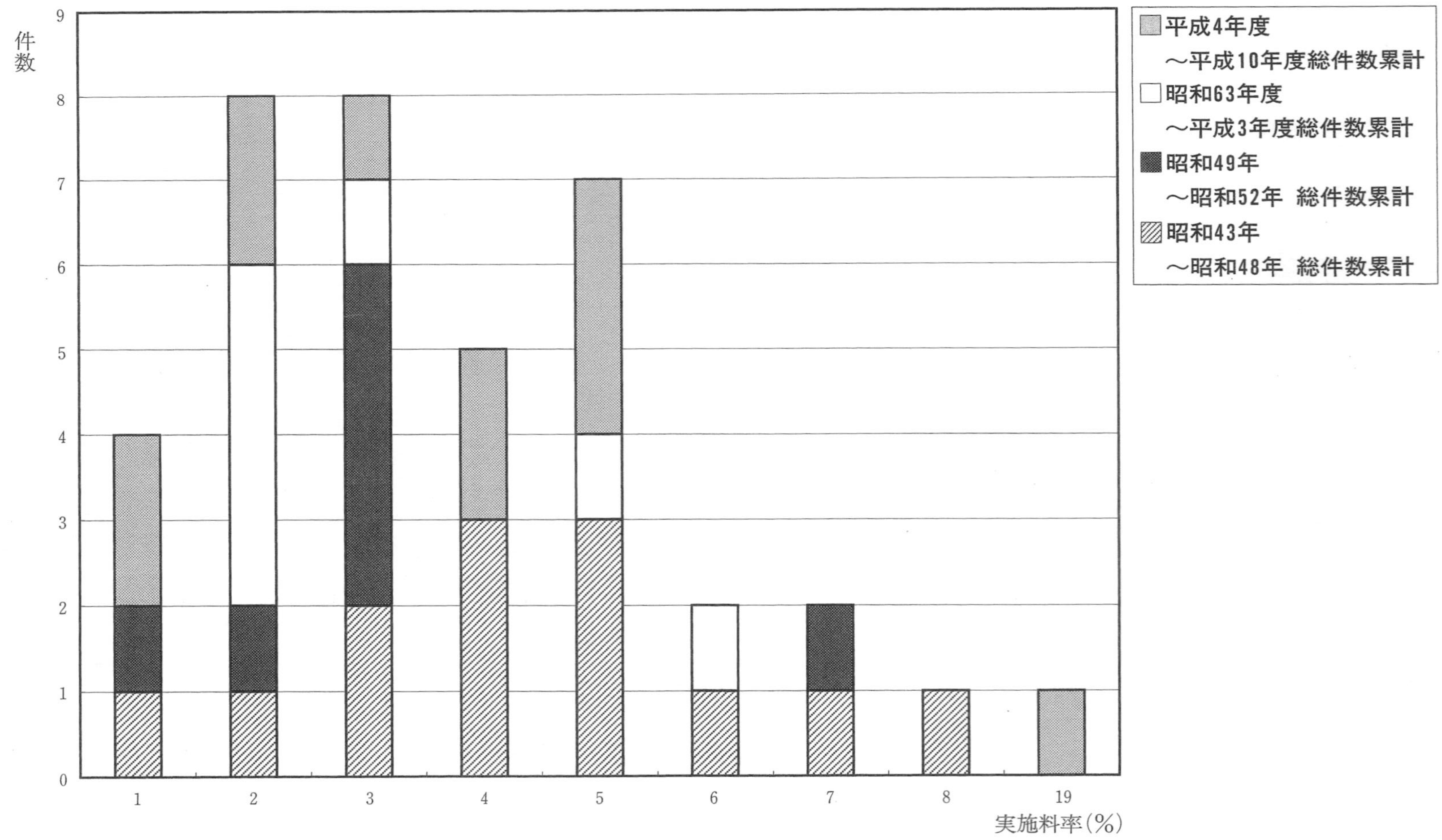

表２－22－２　電気計測器・工業計器・その他の電気機器（イニシャル　無）の実施料率別契約件数

期間（年/年度）＼契約件数	実施料率(%)															その他の実施料	
	1	2	3	4	5	6	7	8	19	合計	ミニマム付割合	年平均件数	最頻値	中央値	平均値	件数	年平均
昭和43年～昭和48年　総件数累計	1	1	2	3	3	1	1	1		13		2.2	4･5	4	4.4	—	—
										0						—	—
昭和49年～昭和52年　総件数累計	1	1	4				1			7		1.8	3	3	3.1	—	—
〃　ミニマム付件数										0	0.00	0.0				—	—
昭和63年度～平成3年度総件数累計		4	1		1	1				7		1.8	2	2	3.1	2	0.5
〃　ミニマム付件数										0	0.00	0.0					0.0
平成4年度総件数	1				2					3						2	
〃　ミニマム付件数										0							
平成5年度総件数		1								1						1	
〃　ミニマム付件数										0							
平成6年度総件数	1	1		1						3							
〃　ミニマム付件数										0							
平成7年度総件数			1							1							
〃　ミニマム付件数										0							
平成8年度総件数										0						2	
〃　ミニマム付件数										0							
平成9年度総件数				1	1				1	3						1	
〃　ミニマム付件数										0							
平成10年度総件数										0						—	—
〃　ミニマム付件数										0						—	—
平成4年度～平成10年度総件数累計	2	2	1	2	3	0	0	0	1	11		1.6	5	4	4.6	6	1.0
〃　ミニマム付件数	0	0	0	0	0	0	0	0	0	0	0.00	0.0				0	0.0

（注）その他の実施料：実施料率以外の実施料（例えば、従量実施料、定額実施料等）のもの。

23. 食料品・たばこ

この技術分野は、日本標準産業分類F12及びF13が関連する技術を扱う。畜産食料品製造技術、水産食料品製造技術、野菜缶詰・果実缶詰・農産保存食料品製造技術、調味料製造技術、糖類製造技術、精穀・製粉技術、パン・菓子製造技術、動植物油脂製造技術、その他の食料品製造技術、清涼飲料製造技術、酒類製造技術、茶・コーヒー製造技術、製氷技術、たばこ製造技術、飼料・有機質肥料製造技術である。

なお、“畜産食料品”は、アイスクリーム、乳酸菌飲料、ガゼイン等を含む。“水産食料品”は、寒天、焼きのり、味付けのり、素干し魚介、鰹節等を含む。乾しのり(採取し乾燥したもの(31))は含まない。“その他の食料品”とは、パン種、イースト、きのこ種菌、でんぷん、めん類、こうじ、もやし、あん類、冷凍調理食品、こんにゃく、納豆、なめ味噌、麦茶、昆布茶、即席ココア、惣菜、弁当等である。“清涼飲料”は、アルコールを含まない飲料で嗜好飲料を含む。

図２−23−１、**２−23−２**は、この技術分野における外国技術導入契約の実施料が、許諾製品の出来高にリンクした料率表示であったものの年（年度）別契約件数を、イニシャル・ペイメント条件の有り・無しに分けて、実施料率別にグラフ化したものである。

また、**表２−23−１**、**２−23−２**は、上記したデータに加え、さらにミニマム・ロイヤルティ条件付件数データと、最近の10年間（昭和63年度～平成９年度）の、外国技術導入契約の実施料が料率以外のもの（例えば、従量実施料、定額実施料等）であった契約件数データを、それぞれ「ミニマム付件数」及び「その他の実施料」として表したものである。

○契約件数について

図２−23−１、**２−23−２**及び**表２−23−１**、**２−23−２**が示すように、この技術分野における外国技術導入契約の平成４年度～平成10年度の７年間の件数は、イニシャル有りが17件(2.4件／年)、イニシャル無しが58件（8.3件／年）である。これは、昭和63年度～平成３年度の４年間と比較すると、イニシャル有りが6.0→2.4件／年、イニシャル無しが16.0→8.3件／年と、いずれもほぼ半減している。

また、平成４年度～平成10年度のミニマム付件数の全体に占める割合については、イニシャル有りが0.29、イニシャル無しが0.22であった。イニシャル有り、無しとも低下している。

平成４年度～平成９年度のその他の実施料の件数については、イニシャル有りが９件(1.5件／年)、イニシャル無しが21件（3.5件／年）である。

○実施料率について

実施料率の平均値については、平成４年度～平成10年度は、イニシャル有りが2.4%、イニシャル無しが3.7%であり、昭和63年度～平成３年度と比較すると、イニシャル有りが2.8→2.4%、イニシャル無しが3.8→3.7%と、若干減少しているものの、ほぼ横ばいである。ただし、イニシャル有りについては、平成３年度以前は５％以上の例が見られたものの平成４年度以降は全て４％以下である。また、この技術分野は他の技術分野に比べて実施料率の平均値が低く、イニシャル有り、無しを合計した実施料率の平均値は、「30．建設技術」に次いで全技術分野中２番目に低い。

平成４年度～平成10年度は、実施料率８％以上の契約が、イニシャル有りについては契約がなく、イニシャル無しについては2件（0.7件／年）あった。昭和63年度～平成３年度の４年間と比較すると、イニシャル有りではいずれも契約がなく、イニシャル無しでは0.8→0.3件／年であった。イニシャル無しの２件は、10%が１件、15%が１件であり、これらの技術内容は10%の契約がパン・菓子類の製造技術及び商標、15%の契約が水産食料品の商標であった。

○関連判決

この技術分野の実施料率に関連した判決を紹介する。

・「即席食品」：昭和55（ワ）2981（S57.11.29東京地裁、不当利得請求事件）

実用新案登録の有効性についての紛争の存在を知りながら既払いの契約金、実施料の不返還約定を結んだ場合には、その登録が無効になったからといって、その契約に要素の錯誤があったということが出来ないとされた事例である。

図２－23－１　食料品・たばこ（イニシャル　有）の実施料率別契約件数

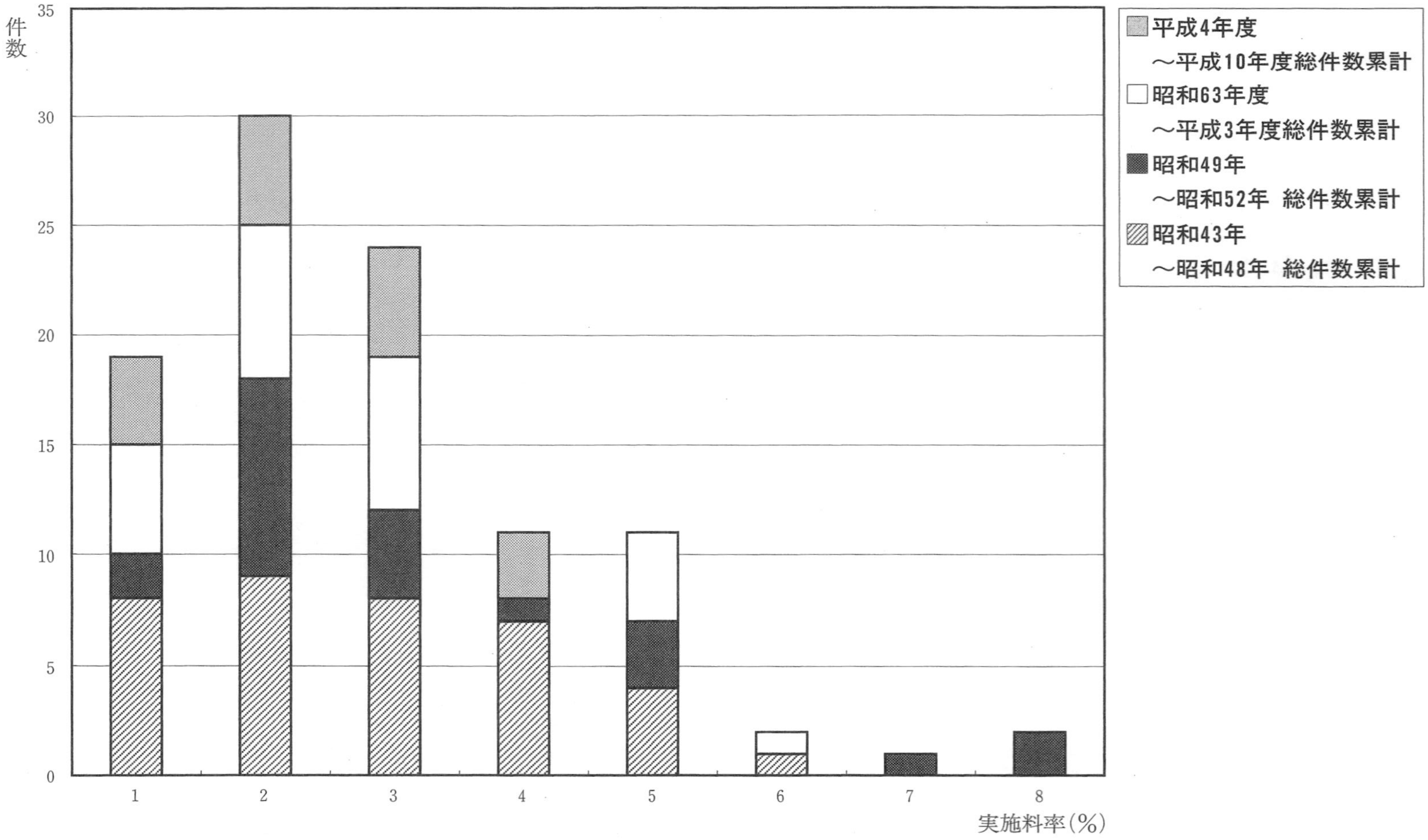

表2－23－1　食料品・たばこ（イニシャル　有）の実施料率別契約件数

期間（年/年度）＼契約件数	実施料率(%) 1	2	3	4	5	6	7	8	合計	ミニマム付割合	年平均件数	最頻値	中央値	平均値	その他の実施料 件数	年平均
昭和43年～昭和48年　総件数累計	8	9	8	7	4	1			37		6.2	2	3	2.8	—	—
															—	—
昭和49年～昭和52年　総件数累計	2	9	4	1	3		1	2	22		5.5	2	3	3.4	—	—
〃　ミニマム付件数	1	5	1				1		8	0.36	2.0				—	—
昭和63年度～平成3年度総件数累計	5	7	7		4	1			24		6.0	2･3	3	2.8	2	0.5
〃　ミニマム付件数	2	3	3						8	0.33	2.0					0.0
平成4年度総件数		1							1						2	
〃　ミニマム付件数									0						1	
平成5年度総件数				1					1						2	
〃　ミニマム付件数									0							
平成6年度総件数	2	3	2						7						1	
〃　ミニマム付件数		1							1							
平成7年度総件数				1					1						1	
〃　ミニマム付件数									0							
平成8年度総件数	1		1	1					3						2	
〃　ミニマム付件数			1	1					2						2	
平成9年度総件数	1		2						3						1	
〃　ミニマム付件数	1		1						2							
平成10年度総件数		1							1						—	—
〃　ミニマム付件数									0						—	—
平成4年度～平成10年度総件数累計	4	5	5	3	0	0	0	0	17		2.4	2･3	2	2.4	9	1.5
〃　ミニマム付件数	1	1	2	1	0	0	0	0	5	0.29	0.7				3	0.5

（注）その他の実施料：実施料率以外の実施料（例えば、従量実施料、定額実施料等）のもの。

図 2 －23－ 2　食料品・たばこ（イニシャル　無）の実施料率別契約件数

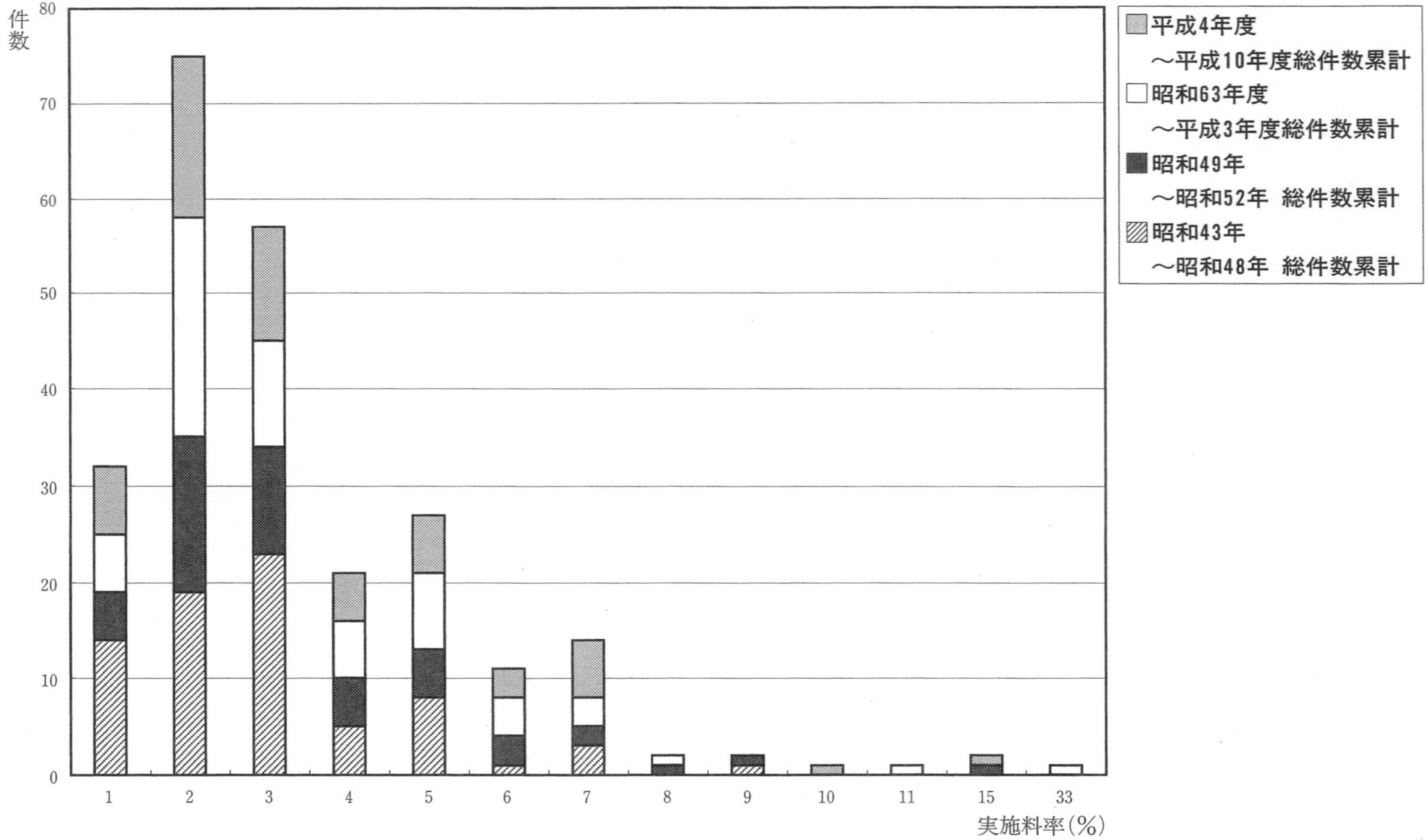

表2－23－2　食料品・たばこ（イニシャル　無）の実施料率別契約件数

契約件数 ＼ 期間(年/年度)	実施料率(%) 1	2	3	4	5	6	7	8	9	10	11	15	33	合計	ミニマム付割合	年平均件数	最頻値	中央値	平均値	その他の実施料 件数	年平均
昭和43年～昭和48年　総件数累計	14	19	23	5	8	1	3		1					74		12.3	3	3	2.9	—	—
																				—	—
昭和49年～昭和52年　総件数累計	5	16	11	5	5	3	2	1	1			1		50		12.5	2	3	3.6	—	—
〃　ミニマム付件数	1	3	2			2								8	0.16	2.0				—	—
昭和63年度～平成3年度総件数累計	6	23	11	6	8	4	3	1			1		1	64		16.0	2	3	3.8	12	3.0
〃　ミニマム付件数	2	13	7	2		2								26	0.41	6.5				2	0.5
平成4年度総件数	1	3	1		1	3	1							10						4	
〃　ミニマム付件数	1	2			1									4							
平成5年度総件数	1	3	3		1							1		9						4	
〃　ミニマム付件数			2											2							
平成6年度総件数	1	1	2	1	2		3							10						1	
〃　ミニマム付件数		1	1											2							
平成7年度総件数	3	4	2	1			1							11						4	
〃　ミニマム付件数		1	2											3							
平成8年度総件数		1	3	2	1		1							8						4	
〃　ミニマム付件数														0						1	
平成9年度総件数	1									1				2						4	
〃　ミニマム付件数														0							
平成10年度総件数		5	1	1	1									8						—	—
〃　ミニマム付件数		1		1										2						—	—
平成4年度～平成10年度総件数累計	7	17	12	5	6	3	6	0	0	1	0	1	0	58		8.3	2	3	3.7	21	3.5
〃　ミニマム付件数	1	5	5	1	1	0	0	0	0	0	0	0	0	13	0.22	1.9				1	0.2

（注）その他の実施料：実施料率以外の実施料（例えば、従量実施料、定額実施料等）のもの。

24. ガラス・セメント・その他の窯業・土石製品

この技術分野は、日本標準産業分類F25が関連する技術を扱う。ガラス･同製品製造技術、セメント・同製品製造技術、建設用粘土製品製造技術、陶磁器・同関連製品製造技術、耐火物製造技術、炭素・黒鉛製品製造技術、研磨材・同製品製造技術、骨材・石工品等製造技術、その他の窯業・土石製品製造技術である。“ガラス・同製品”は、強化ガラス、複層ガラス、光学ガラス、ガラス繊維、石英ガラス等とそれらによって造られた板、棒、管等の素材及びビン、コップ、マット、フィルタ等の製品を含む。“セメント・同製品”は、プレストレスト・コンクリート製品、消波ブロック、コンクリート構造物劣化防止用の電気防蝕技術等を含む。“建設用粘土製品”とは、瓦、レンガ等をいう。“陶磁器･同関連製品”は、家庭用陶磁器製品のすべてを含み、また工業用･産業用等のセラミック製品及びセラミックスへの金属接合技術等を含む。“その他の窯業･土石製品”とは、ほうろう製品、七宝製品、人造宝石、ロックウール、石膏製品、釉薬等をいう。

図２－24－１、２－24－２は、この技術分野における外国技術導入契約の実施料が、許諾製品の出来高にリンクした料率表示であったものの年（年度）別契約件数を、イニシャル・ペイメント条件の有り・無しに分けて、実施料率別にグラフ化したものである。

また、**表２－24－１、２－24－２**は、上記のデータに加え、さらにミニマム・ロイヤルティ条件付件数データと、最近10年間（昭和63年度～平成９年度）の、外国技術導入契約の実施料が料率以外のもの（例えば、従量実施料、定額実施料等）であった契約件数データを、それぞれ「ミニマム付件数」及び「その他の実施料」として表したものである。

○契約件数について

図２－24－１、２－24－２及び**表２－24－１、２－24－２**が示すように、この技術分野における外国技術導入契約の平成４年度～平成10年度の７年間の件数は、イニシャル有りが36件(5.1件／年)、イニシャル無しが36件（5.1件／年）である。これは昭和63年度～平成３年度の４年間と比較すると、イニシャル有りが7.3→5.1件／年、イニシャル無しが8.0→5.1件／年と、いずれも減少している。

また、平成４年度～平成10年度のミニマム付件数の全体に占める割合は、イニシャル有りで0.25、イニシャル無しで0.44となっている。

平成４年度～平成９年度のその他の実施料の件数については、イニシャル有りで13件(2.2件／年)、イニシャル無し13件（2.2件／年）であった。いずれも昭和63年度～平成３年度の４年間と比較すると減少している。

この技術分野では外国導入技術契約の契約件数は減少傾向にあることが分かる。

○実施料率について

実施料率の平均値については、平成４年度～平成10年度では、イニシャル有りで5.7%、イニシャル無しで4.8%であり、昭和63年度～平成４年度と比較すると、イニシャル有りで3.3→5.7%と増加している一方、イニシャル無しでは5.8→4.8%と減少している。イニシャル有りの5.7%は比較的高い部類に属し、全技術分野中５番目に高い。

平成４年度～平成10年度は、実施料８%以上の契約が、イニシャル有りでは7件（1.0件／年）、イニシャル無しでは10件（1.4件／年）あった。昭和63年度～平成３年度の４年間と比較すると、イニシャル有りでは0.3→1.0件／年、イニシャル無しで2.3→1.4件／年となっている。イニシャル有りではこれまでには見られなかった20%、50%といった高率の契約があり、実施料率の平均値の上昇の一因となった。

○高率契約について

平成４年度～平成10年度についての実施料率８%以上の契約の内訳を表２－24－３に示す。表２－24－３は、平成４年度～平成10年度の実施料率８%以上の契約について、イニシャル有り、無しを合計し技術内容別、技術形態別、実施料率別に集計したものである。ここでは、技術内容を陶磁器製品、ガラス製品、その他（石膏製品、工業用セラミック等）の三つのグループに分類し、技術形態は、特許、ノウハウ等の技術と商標の二つに分類した。

表２－24－３が示すように、平成４年度～10年度の実施料８%以上の契約件数のイニシャル有り、無しの合計は17件であるが、このうち、技術形態が技術のものが５件、商標のものが12件と、商標に関連するものが多い。また、技術内容別にみると陶磁器製品が10件と過半を占めており、陶磁器製品の10件はその全てが商標関連である。また、商標関連12件の大半は陶磁器製品である。

実施料別の内訳をみると、技術形態が商標の契約は、12件全てが10%以下であり、比較的低率である。件数自体は少ないものの、上述の20%、50%の契約はいずれも技術関連である。なお、20%の契約は石膏ボードの製造に関する技術であり、50%の契約は、メッキ用電極の製造に関する技術であった。

このように、この技術分野では８%以上の高率契約は陶磁器製品の商標関連が多いものの、その実施料率は全て10%以下でありそれほど高率というわけではない。また、この技術分野の、特にイニシャル有りでの実施料率の平均値の上昇の要因となった20%、50%の高率の契約はガラス製品、陶磁器製品以外の技術に関するものであるが、契約件数、実施料率の分布から見てこの技術分野の一般的な水準を表すものではないと考えられる。

○関連判決

この技術分野の実施料率に関連した判決を紹介する。

・「地表部埋設枠用の嵩上げブロック」：平成２（ワ）9393（H4.9.29大阪地裁、損害賠償請求事件）

被告三者が製造・販売した物件は、本件考案（地表部埋設枠用の嵩上げブロック／実公昭59-7425）

の技術的範囲に属するとし、原告の特許権者に実施料相当額（利益額の3%)、原告の実施権者に利益額から実施料相当額を控除した額の損害額の支払いを命じた事例である。

図２－24－１　ガラス・セメント・その他の窯業・土石製品(イニシャル　有)の実施料率別契約件数

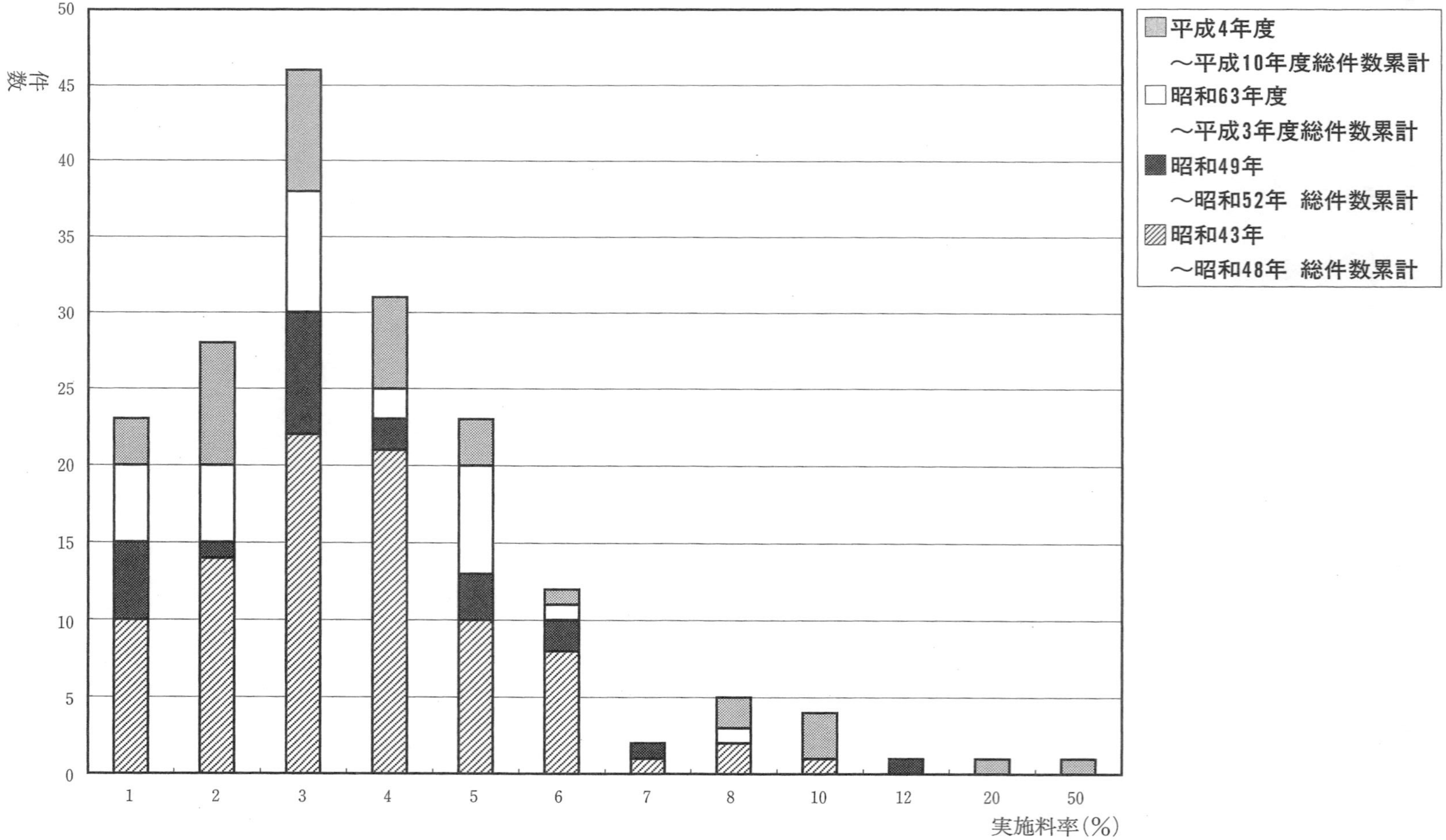

表２－24－１　ガラス・セメント・その他の窯業・土石製品（イニシャル　有）の実施料率別契約件数

契約件数／期間（年/年度）	実施料率(%)																		その他の実施料	
	1	2	3	4	5	6	7	8	10	12	20	50	合計	ミニマム付割合	年平均件数	最頻値	中央値	平均値	件数	年平均
昭和43年～昭和48年　総件数累計	10	14	22	21	10	8	1	2	1				89		14.8	3	4	3.6	—	—
													0						—	—
昭和49年～昭和52年　総件数累計	5	1	8	2	3	2	1			1			23		5.8	3	3	3.7	—	—
〃　ミニマム付件数	2	1	3							1			7	0.30	1.8				—	—
昭和63年度～平成3年度総件数累計	5	5	8	2	7	1		1					29		7.3	3	3	3.3	19	4.8
〃　ミニマム付件数		3	3	1	3								10	0.34	2.5				4	1.0
平成4年度総件数	1	1	3	3	1	1					1		11							
〃　ミニマム付件数			1	1		1					1		4							
平成5年度総件数		1	1										2						5	
〃　ミニマム付件数													0						3	
平成6年度総件数	1	2	3		2							1	9						1	
〃　ミニマム付件数			1		1								2						1	
平成7年度総件数	1	2						1					4							
〃　ミニマム付件数													0							
平成8年度総件数			1	1					1				3						2	
〃　ミニマム付件数													0							
平成9年度総件数		2		1				1	2				6						5	
〃　ミニマム付件数		1						1					2						1	
平成10年度総件数				1									1						—	—
〃　ミニマム付件数				1									1						—	—
平成4年度～平成10年度総件数累計	3	8	8	6	3	1	0	2	3	0	1	1	36		5.1	2・3	3	5.7	13	2.2
〃　ミニマム付件数	0	1	2	2	1	1	0	1	0	0	1	0	9	0.25	1.3				5	0.8

（注）その他の実施料：実施料率以外の実施料（例えば、従量実施料、定額実施料等）のもの。

図２－24－２　ガラス・セメント・その他の窯業・土石製品（イニシャル　無）の実施料率別契約件数

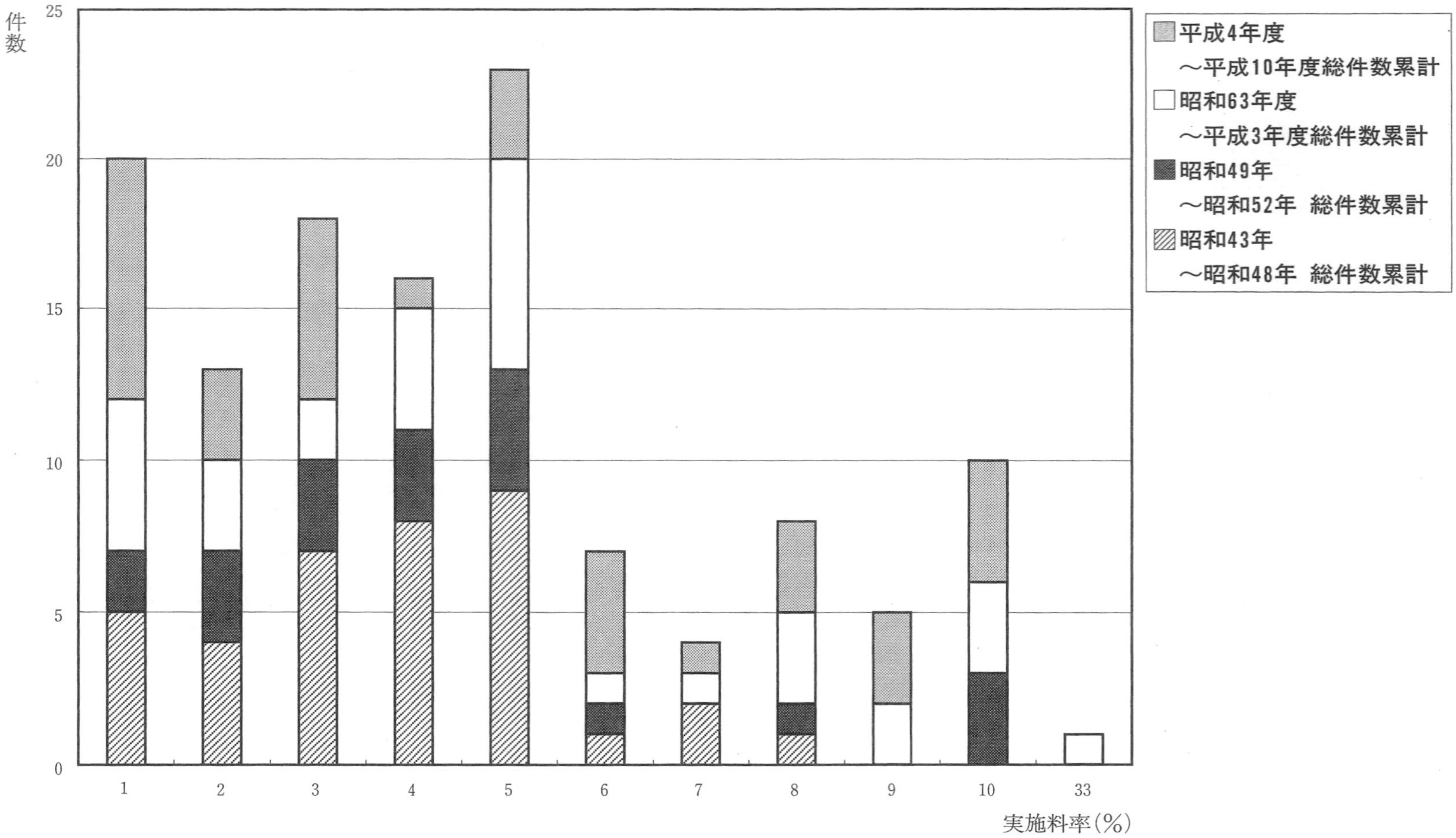

表2－24－2　ガラス・セメント・その他の窯業・土石製品（イニシャル　無）の実施料率別契約件数

期間（年/年度）＼契約件数	実施料率(%) 1	2	3	4	5	6	7	8	9	10	33	合計	ミニマム付割合	年平均件数	最頻値	中央値	平均値	その他の実施料 件数	年平均
昭和43年～昭和48年　総件数累計	5	4	7	8	9	1	2	1				37		6.2	5	4	3.8	—	—
												0						—	—
昭和49年～昭和52年　総件数累計	2	3	3	3	4	1		1		3		20		5.0	5	4	4.7	—	—
〃　ミニマム付件数		1			1							2	0.10	0.5				—	—
昭和63年度～平成3年度総件数累計	5	3	2	4	7	1	1	3	2	3	1	32		8.0	5	5	5.8	12	3.0
〃　ミニマム付件数		1	1	3	1	1	1	3	2	1		14	0.44	3.5				2	0.5
平成4年度総件数	1		2					1				4						3	
〃　ミニマム付件数	1		1									2						1	
平成5年度総件数	2	1	2		1	1		1	1	1		10						2	
〃　ミニマム付件数	1								1	1		3							
平成6年度総件数			2			1	1		1	1		6						4	
〃　ミニマム付件数							1		1			2							
平成7年度総件数	1	1				2				1		5						3	
〃　ミニマム付件数		1				2				1		4							
平成8年度総件数				1	1			1				3							
〃　ミニマム付件数					1			1				2							
平成9年度総件数	2									1		3						1	
〃　ミニマム付件数										1		1							
平成10年度総件数	2	1			1				1			5						—	—
〃　ミニマム付件数	1								1			2						—	—
平成4年度～平成10年度総件数累計	8	3	6	1	3	4	1	3	3	4	0	36		5.1	3	4・5	4.8	13	2.2
〃　ミニマム付件数	3	1	1	0	1	2	1	1	3	3	0	16	0.44	2.3				1	0.2

（注）その他の実施料：実施料率以外の実施料（例えば、従量実施料、定額実施料等）のもの。

表2－24－3　ガラス・セメント・その他の窯業・土石製品の
実施料率8%以上の契約件数（平成4年度～平成10年度）

技術内容＼技術形態／実施料率	商標 8	9	10	商標計	技術 8	10	20	50	技術計	総計
ガラス製品			2	2	1				1	3
その他					1	1	1	1	4	4
陶磁器製品	3	3	4	10						10
総計	3	3	6	12	2	1	1	1	5	17

25．繊維及び繊維製品

この技術分野は、日本標準産業分類F14及びF15が関連する分野を扱う。製糸技術、紡績技術、撚糸製造技術、織物技術、ニット生地製造技術、染色整理技術、綱・網製造技術、レース・繊維雑品製造技術、その他の繊維工業技術、織物製（不織布製及びレース製を含む）外衣・シャツ製造技術、ニット製外衣・シャツ製造技術、下着類製造技術、毛皮製衣服・身の回り品製造技術、和装製品・足袋製造技術、その他の衣服・繊維製身の回り品製造技術、その他の繊維製品製造技術である。要約すれば、F141～F149の製糸、紡績、服地、帯地等の繊維と、F151、F152の紳士服、婦人服、スポーツ・ウェア等の外衣と、F153～F156及びF159の下着、帽子、ネクタイ、マフラー、寝具、ヘア・バンド等のその他の衣服・繊維製品の三つのグループに大別できる。

図２－25－１、**２－25－２**は、この技術分野における外国技術導入契約の実施料が、許諾製品の出来高にリンクした料率表示であったものの年（年度）別契約件数を、イニシャル・ペイメント条件の有り・無しに分けて、実施料率別にグラフ化したものである。

また、**表２－25－１**、**２－25－２**は、上記のデータに加え、さらにミニマム・ロイヤルティ条件付件数データと、最近の10年間（昭和63年度～平成９年度）の、外国技術導入契約の実施料が料率以外のもの（例えば、従量実施料、定額実施料等）であった契約件数データを、それぞれ「ミニマム付件数」及び「その他の実施料」として表したものである。

○契約件数について

図２－25－１、**２－25－２**及び**表２－25－１**、**２－25－２**が示すように、この技術分野における外国技術導入契約の平成４年度～平成10年度の７年間の件数は、イニシャル有りが65件（9.3件／年）、イニシャル無しが878件（125.4件／年）である。昭和63年度～平成３年度の４年間と比較すると、イニシャル有りで16.5→9.3件／年、イニシャル無しでは141.3→125.4件／年と、イニシャル有りでおよそ半減しているのが目に付くのに対して、イニシャル無しではわずかに減少しているのにとどまる。いずれにしても、平成３年度までの契約件数の増加傾向から、減少傾向に転じている。この理由については、後述する。ただし、減少しているとはいえ、イニシャル無しの契約件数は全技術分野中最多であり、イニシャル有り、無し合計の契約件数についても、「20．電子計算機他」に次いで２番目である。また、この技術分野では実施料率を契約する際に、イニシャル有りに比べイニシャル無しの方が圧倒的に多いのが特徴である。

また、平成４年度～平成10年度のミニマム付件数の全体に占める割合については、イニシャル有りが0.51、イニシャル無しが0.84であり、イニシャル有り、無しとも昭和63年度～平成３年度と比較すると若干低下しているものの、ミニマム付き割合はイニシャル有り、無しとも全技術分野中最多である。このようにミニマム付きの契約の割合が多く、また、前述のようにイニシャル有りに比べイニシャル無しの方が圧倒的に契約件数が多いことから、この技術分野ではイニシャル・ペイメント条件よりも、ミニマム条件がよく利用されていることがうかがえる。

平成４年度〜平成９年度のその他の実施料の件数については、イニシャル有りが5件（0.8件／年）、イニシャル無しが1284件（214.0件／年）であり、ここでもイニシャル無しの件数が圧倒的に多い。なお、イニシャル無しのその他の実施料の件数は、「20．電子計算機他」に次いで２番目である。ただし、イニシャル無しのその他の実施料の件数で、平成７年度の契約件数が突出している（867件）点には注意が必要である。これは、英国から導入されているある商標が、1995年４月末をもって従前の契約がすべて解除となっており、1997年度に集中して、改めて新規導入契約が行われたためである。（文部科学省技術庁科学技術政策研究所、2001年２月、外国技術導入への動向分析）

ところで、前述のように、平成４年度〜平成10年度の契約件数は、平成３年度までの増加傾向から減少傾向へと変化した。これに関して、その一因であると考えられる例を紹介する。
フェンディ、ウンガロ、ヴァレンティノ等の海外有力ブランドの約半数が、ブランドイメージを維持するにはライセンス商品よりもエクスポート商品の方が有利と判断し、日本でのライセンスビジネスを打ち切る動きが続いていると報道されており（織研新聞2000年８月18日朝刊12面）、これが技術導入契約件数の減少の一因となっていると考えられる。

○実施料率について

実施料率の平均値については、平成４年度〜平成10年度は、イニシャル有りが5.1％、イニシャル無しが6.1％であり、昭和63年度〜平成３年度と比較すると、イニシャル有りが6.0→5.1％、イニシャル無しが5.3→6.1％と、大きな変化は見られない。

平成４年度〜平成10年度は、実施料率８％以上の契約が、イニシャル有りについては4件（0.6件／年）、イニシャル無しについては133件（19.0件／年）あった。昭和63年度〜平成３年度の４年間と比較すると、イニシャル有りでは2.3→0.6件／年、イニシャル無しで17.3→19.0件／年であり、ここでもイニシャル有りの大幅な減少が見られた。また、低率の契約件数も多いため、実施料率の平均値はさほど高くないものの、50％の契約も11件あり、高率契約の絶対数は他の技術分野と比較して多い。

○高率契約について

平成４年度〜平成10年度についての実施料率８％以上の契約の内訳を表２−25−３に示す。**表２−25−３**は、平成４年度〜平成10年度の実施料率８％以上の契約についてイニシャル有り、無しを合計し技術内容別、技術形態別、実施料率別に集計したものである。ここでは、技術内容は前述の繊維、外衣、その他の衣服・繊維製品の三つのグループに分類し、技術形態は、特許、ノウハウ等の技術と商標（デザインの提供を伴うものを含む）の二つに分類した。

表２−25−３が示すように、平成４年度〜10年度の実施料８％以上の契約件数のイニシャル有

り、無しの合計は137件であるが、このうち、技術形態が技術のものが11件、商標のものが126件と、商標が大半を占めている。この点はこの技術分野の特徴である。

技術形態が技術の契約11件のうち実施料別の内訳は、６件は実施料率が８％であり、他は９％が２件、10％、15％、50％がそれぞれ１件ずつであった。なお、15％の契約は羊毛の染色に関する技術であり、50％のものは、衣料品等の製造、販売等のノウハウであった。

技術形態が商標の契約126件の技術内容別の内訳は、繊維が10件、外衣が55件、その他の衣服・繊維製品が61件と、外衣、その他衣服・繊維製品がほぼ半数ずつを占めている。外衣とその他の衣服・繊維製品について実施料率の分布を比較すると、実施料率11％以上の件数が外衣17件、その他の衣服・繊維製品が６件であり、外衣の方が比較的高率である。技術形態が商標であり実施料率50％のものは10件あるが、その技術内容別の内訳は、繊維が１件、外衣が８件、その他の衣服・繊維製品が１件と、大半を外衣が占めている。

このように、この技術分野では実施料率が高率の契約の絶対数が多いが、その内容は技術形態が商標のもの、中でも技術内容が外衣のものが中心である。

○関連判決

この技術分野の実施料率に関連した判決を紹介する。

・「布帛に防水被膜を形成せしめる方法」：昭和53（ワ）1760（S55.7.18大阪地裁、実施料支払請求事件）

既払実施料の一部返還約束条項における「別件訴訟で特許権侵害でないことが確定したとき」という趣旨解釈が争われ、被告主張の抗弁（契約解除、解約、真偽則違反の主張）が失当であるとされた事例である。

・「ポリエチレンテレフタレートモノフイラメントの製造法」：平成３（ワ）292（H5.3.4大阪地裁、譲渡対価支払請求事件）

被告研究開発部門に勤務していた原告による、職務発明・考案に基づく、退職後の原告の対価請求の一部を認容し、対価相当額の算出の際の実施料率を、（社）発明協会研究所が行った実態調査（「技術取引とロイヤルティ」）により２％が相当であるとされた事例である。

図２－25－１　繊維及び繊維製品（イニシャル　有）の実施料率別契約件数

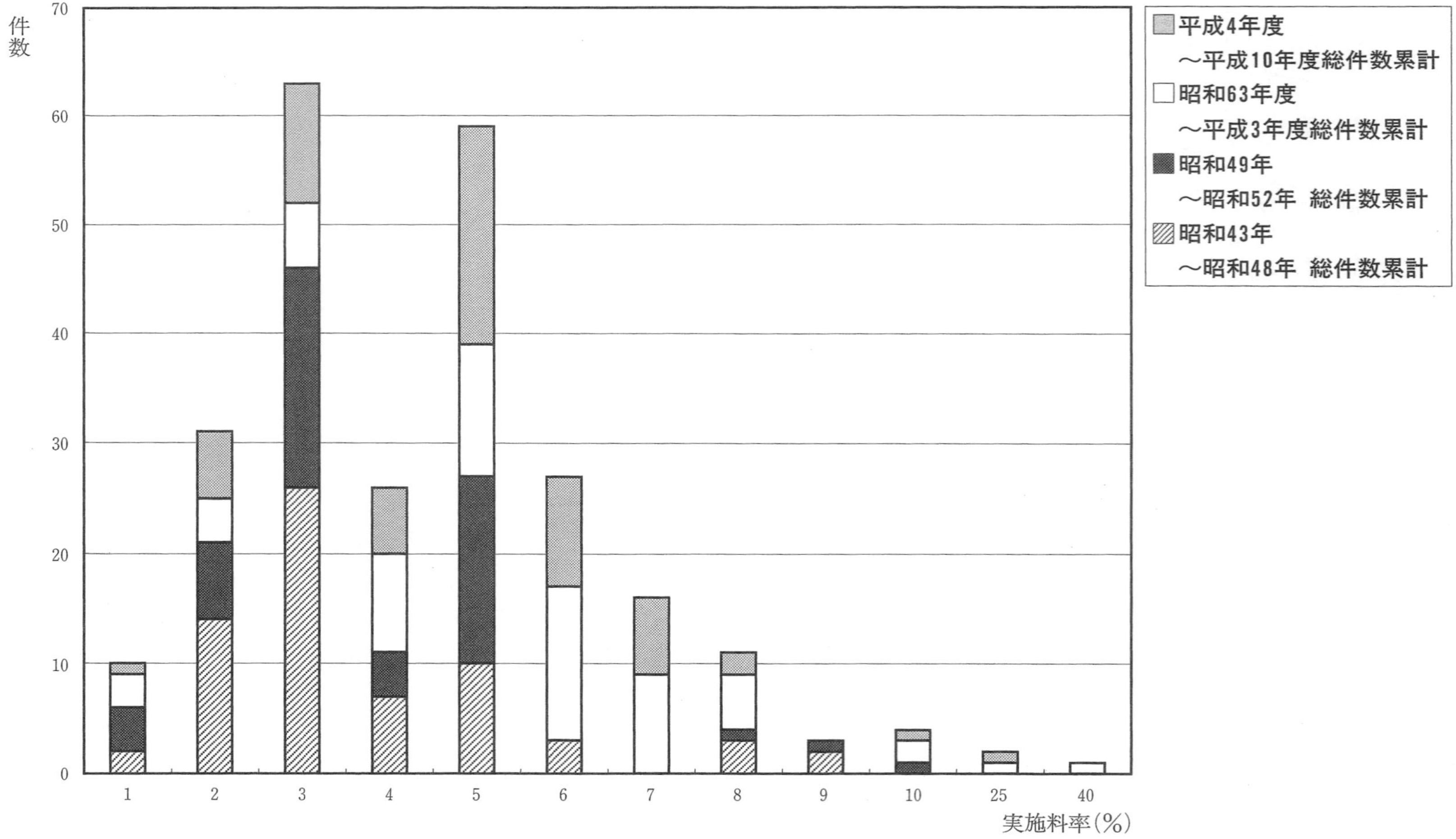

表2－25－1　繊維及び繊維製品（イニシャル　有）の実施料率別契約件数

期間（年/年度）＼契約件数	実施料率(%)																		その他の実施料	
	1	2	3	4	5	6	7	8	9	10	25	40	合計	ミニマム付割合	年平均件数	最頻値	中央値	平均値	件数	年平均
昭和43年～昭和48年　総件数累計	2	14	26	7	10	3		3	2				67		11.2	3	3	3.7	—	—
													0						—	—
昭和49年～昭和52年　総件数累計	4	7	20	4	17			1	1	1			55		13.8	3	3	3.7	—	—
〃　ミニマム付件数	4	2	9	3	7			1	1	1			28	0.51	7.0				—	—
昭和63年度～平成3年度総件数累計	3	4	6	9	12	14	9	5		2	1	1	66		16.5	6	5	6.0	6	1.5
〃　ミニマム付件数	1	3	1	8	9	12	7			1		1	43	0.65	10.8				2	0.5
平成4年度総件数		4	1	1	4	5							15							
〃　ミニマム付件数		1		1	2	4							8							
平成5年度総件数			4		2	2		1			1		10						3	
〃　ミニマム付件数			3			1							4						1	
平成6年度総件数				1	4			1					6							
〃　ミニマム付件数				1	3			1					5							
平成7年度総件数			1	1		2							4						1	
〃　ミニマム付件数				1		1							2							
平成8年度総件数	1		3	1	3	1	1						10							
〃　ミニマム付件数				1	3	1							5							
平成9年度総件数		2	1	2	5		5			1			16						1	
〃　ミニマム付件数					3		3			1			7							
平成10年度総件数			1		2		1						4						—	—
〃　ミニマム付件数					1		1						2						—	—
平成4年度～平成10年度総件数累計	1	6	11	6	20	10	7	2	0	1	1	0	65		9.3	5	5	5.1	5	0.8
〃　ミニマム付件数	0	1	3	4	12	7	4	1	0	1	0	0	33	0.51	4.7				1	0.2

（注）その他の実施料：実施料率以外の実施料（例えば、従量実施料、定額実施料等）のもの。

図２－25－２　繊維及び繊維製品（イニシャル　無）の実施料率別契約件数

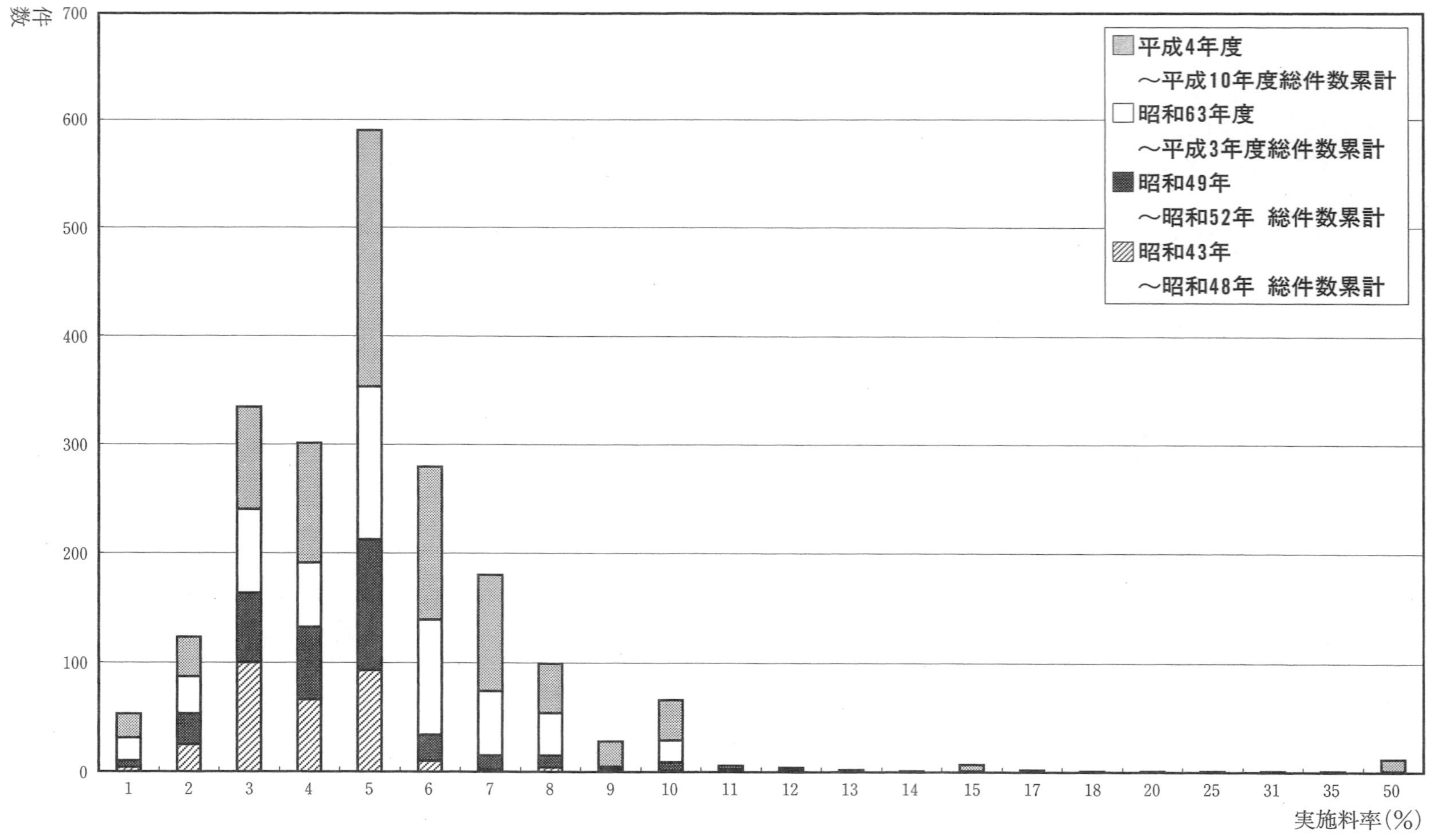

表2－25－2　繊維及び繊維製品（イニシャル　無）の実施料率別契約件数

期間(年/年度)＼契約件数	実施料率(%)																											
	1	2	3	4	5	6	7	8	9	10	11	12	13	14	15	17	18	20	25	31	35	50	合計	ミニマム付割合	年平均件数	最頻値	中央値	平均値
昭和43年～昭和48年　総件数累計	4	25	100	66	93	10	2	4	2	1	1												308		51.3	3	4	4.0
																							0					
昭和49年～昭和52年　総件数累計	6	28	63	66	119	24	13	11	1	8	2												341		85.3	5	5	4.5
〃　ミニマム付件数	5	22	57	60	112	21	13	11	1	6	2												310	0.91	77.5			
昭和63年度～平成3年度総件数累計	21	34	77	59	141	105	59	39	2	20		2	1	1	1			1		1		1	565		141.3	5	5	5.3
〃　ミニマム付件数	19	28	64	55	119	102	56	36	2	18		1	1	1				1				1	504	0.89	126.0			
平成4年度総件数	2	7	5	11	45	27	16	8	2	4					1		1					1	130					
〃　ミニマム付件数	2	6	4	9	39	25	14	6	2	3													110					
平成5年度総件数	4	1	14	14	31	18	17	8	5	7	3	1			1							3	127					
〃　ミニマム付件数	3		14	12	27	16	14	5	5	7	1											1	105					
平成6年度総件数	6	5	20	24	31	14	16	9	4	8												1	138					
〃　ミニマム付件数	5	5	17	22	27	11	14	6	4	6												1	118					
平成7年度総件数	4	6	11	15	36	23	19	4	2	6					2	1						1	130					
〃　ミニマム付件数	2	3	10	13	35	19	18	4	1	6					1	1						1	114					
平成8年度総件数	4	8	16	25	29	27	21	5	5	7					1				1			3	152					
〃　ミニマム付件数	3	5	14	23	22	25	20	5	5	4												2	128					
平成9年度総件数	2	4	17	14	39	21	10	7	3	4			1		1						1		124					
〃　ミニマム付件数	2	3	14	11	32	20	10	6	3	4			1		1								107					
平成10年度総件数		5	11	7	26	10	7	4	2	1		1				1						2	77					
〃　ミニマム付件数		3	2	6	21	9	7	4	2	1		1										2	58					
平成4年度～平成10年度総件数累計	22	36	94	110	237	140	106	45	23	37	3	2	1	0	6	2	1	0	1	0	1	11	878		125.4	5	5	6.1
〃　ミニマム付件数	17	25	75	96	203	125	97	36	22	31	1	1	1	0	2	1	0	0	0	0	0	7	740	0.84	105.7			

期間(年/年度)＼契約件数	その他の実施料	
	件数	年平均
昭和43年～昭和48年　総件数累計	—	—
	—	—
昭和49年～昭和52年　総件数累計	—	—
〃　ミニマム付件数	—	—
昭和63年度～平成3年度総件数累計	77	19.3
〃　ミニマム付件数	10	2.5
平成4年度総件数	18	
〃　ミニマム付件数		
平成5年度総件数	22	
〃　ミニマム付件数	2	
平成6年度総件数	85	
〃　ミニマム付件数	3	
平成7年度総件数	867	
〃　ミニマム付件数	8	
平成8年度総件数	179	
〃　ミニマム付件数	5	
平成9年度総件数	113	
〃　ミニマム付件数	2	
平成10年度総件数	—	—
〃　ミニマム付件数	—	—
平成4年度～平成10年度総件数累計	1284	214.0
〃　ミニマム付件数	20	3.3

(注)その他の実施料：実施料率以外の実施料（例えば、従量実施料、定額実施料等）のもの。

表2－25－3　繊維及び繊維製品の実施料率8％以上の契約件数（平成4年度～平成10年度）

技術内容＼技術形態／実施料率	商標のみ						技術のみ				総計
	8～10	11～19	25	35	50	商標計	8～10	11～19	50	技術計	
繊維	6	2	1		1	10	2	1		3	13
外衣	38	8		1	8	55	6		1	7	62
その他の衣服・繊維製品	55	4	1		1	61	1			1	62
総計	99	14	2	1	10	126	9	1	1	11	137

26. プラスチック製品

この技術分野は、日本標準産業分類F22が関連する技術を扱う。プラスチック板･棒･管･継手･異形押出製品製造技術、プラスチックフィルム・シート・床材・合成皮革製造技術、工業用プラスチック製品製造技術、発泡・強化プラスチック製品製造技術、プラスチック成形材料（廃プラスチックを含む）製造技術、その他のプラスチック製品製造技術である。

なお、“工業用プラスチック製品”とは、テレビジョン･キャビネットや扇風機の羽根、自動車のバンパー・ダシュボード等をいう。機械的、電気的機能を有するプラスチック製品、例えば、プラスチック製歯車（15)、プラスチック製差込プラグ（17）等は含まない。“強化プラスチック製品”とは、ガラス繊維、炭素繊維などの補強材を加えた板、管、継手、浴槽等である。強化プラスチック製の船（13）・スキー用具（29）等は含まない。“その他のプラスチック製品”とは、プラスチック製台所用品・浴室用品等である。プラスチック製の家具（29）・ブラシ（31）・履物（27）等は含まない。

図２－26－１、**２－26－２**は、この技術分野における外国技術導入契約の実施料が、許諾製品の出来高にリンクした料率表示であったものの年（年度）別契約件数を、イニシャル・ペイメント条件の有り・無しに分けて、実施料率別にグラフ化したものである。

また、**表２－26－１**、**２－26－２**は、上記のデータに加え、さらにミニマム・ロイヤルティ条件付件数データと、最近の10年間（昭和63年度～平成９年度）の、外国技術導入契約の実施料が料率以外のもの（例えば、従量実施料、定額実施料等）であった契約件数データを、それぞれ「ミニマム付件数」及び「その他の実施料」として表したものである。

○契約件数について

図２－26－１、**２－26－２**及び**表２－26－１**、**２－26－２**が示すように、この技術分野における外国技術導入契約の平成４年度～平成10年度の７年間の件数は、イニシャル有りが56件(8.0件／年)、イニシャル無しが63件（9.0件／年）である。これは、昭和63年度～平成３年度の４年間と比較すると、イニシャル有りが14.5→8.0件／年、イニシャル無しが9.3→9.0件／年と、いずれも減少しており、特にイニシャル有りでの減少幅が大きい。

また、平成４年度～平成10年度のミニマム付件数の全体に占める割合については、イニシャル有りが0.25、イニシャル無しが0.29であった。

平成４年度～平成９年度のその他の実施料の件数については、イニシャル有りが10件(1.7件／年)、イニシャル無しが9件（1.5件／年）である。この技術分野は、実施料率の契約件数に対してその他の実施料の契約件数が少なく、比較的実施料率の採用率が高い分野である。

○実施料率について

実施料率の平均値については、平成４年度～平成10年度は、イニシャル有りが3.0％、イニシャル無しが3.9％であり、昭和63年～平成３年と比較すると、イニシャル有りが3.9→3.0％、イニシャル無しが4.9→3.9％と、いずれも約１％低下している。

平成４年度～平成10年度は、実施料率８％以上の契約が、イニシャル有りについては１件(0.1件／年)、イニシャル無しについては6件（0.9件／年）あった。昭和63年度～平成３年度の４年間と比較すると、イニシャル有りでは1.0→0.1件／年、イニシャル無しでは1.0→0.9件／年といずれも減少している。イニシャル有りでは８％の契約が１件ある他は、全て５％以下であった。

なお、実施料率が８％以上のケースの中には、プラスチック製品の商標が３件あった。特に高率の33％の技術内容は、ポリイミド系樹脂製品に関するものであった。

○関連判決

この技術分野の実施料率に関連した判決を紹介する。

・「ストレッチフィルムによるトレー包装体」：平成12（ワ）4290（H13.12.13大阪地裁、損害賠償請求事件）

被告物件は、本件考案（ストレッチフィルムによるトレー包装体／実公昭63-33829）の技術的範囲に属するとして、実施料相当額（１個あたり22銭）の不当利得返還請求を求めた原告の請求が一部認容された事例である。

図２－26－１　プラスチック製品（イニシャル　有）の実施料率別契約件数

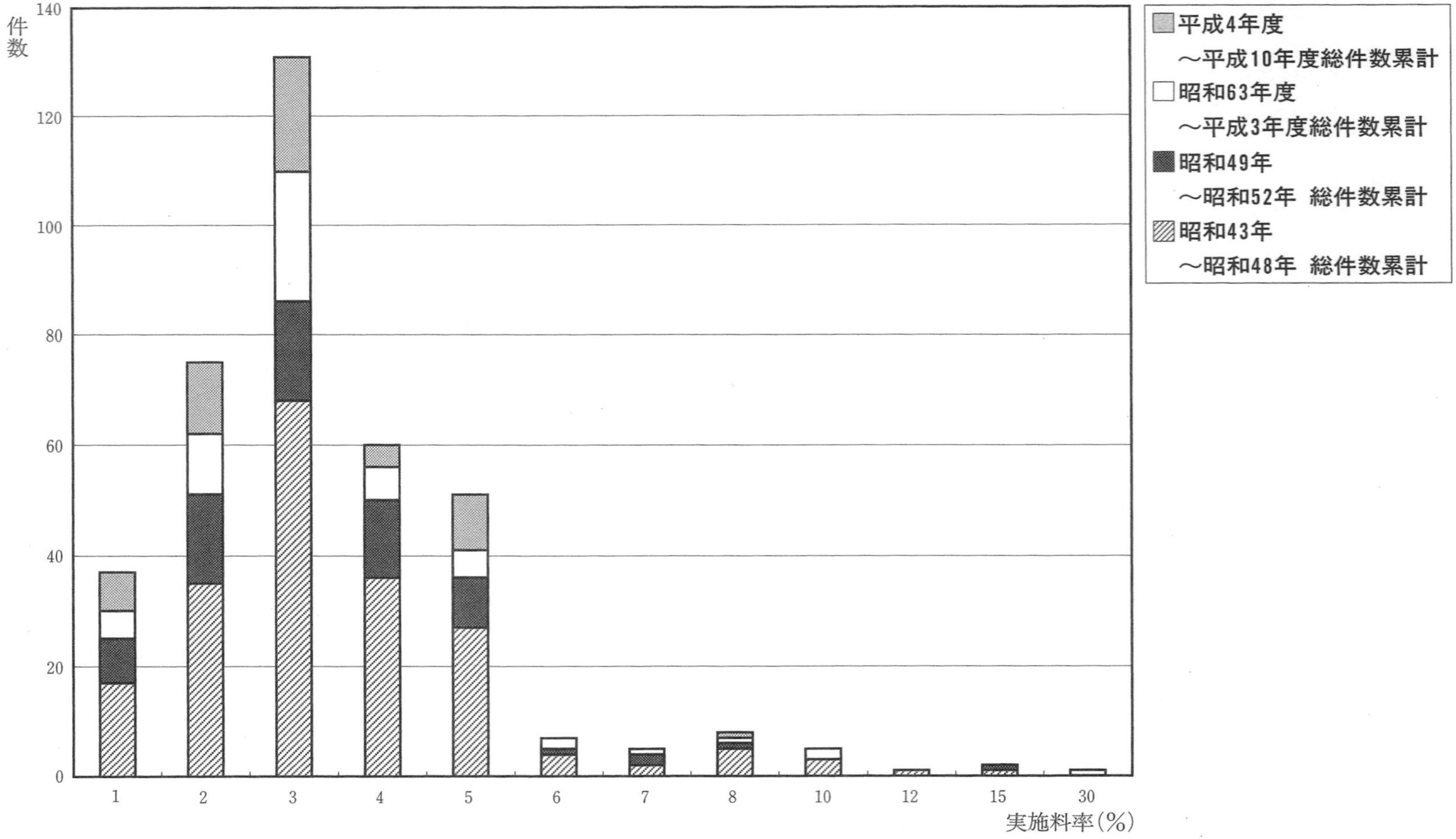

表２－26－１　プラスチック製品（イニシャル　有）の実施料率別契約件数

期間（年/年度）＼契約件数	実施料率(%) 1	2	3	4	5	6	7	8	10	12	15	30	合計	ミニマム付割合	年平均件数	最頻値	中央値	平均値	その他の実施料 件数	年平均
昭和43年～昭和48年　総件数累計	17	35	68	36	27	4	2	5	3	1	1		199		33.2	3	3	3.5	—	—
													0						—	—
昭和49年～昭和52年　総件数累計	8	16	18	14	9	1	2	1			1		70		17.5	3	3	3.4	—	—
〃　ミニマム付件数	3	7	8	9	6		1	1			1		36	0.51	9.0				—	—
昭和63年度～平成3年度総件数累計	5	11	24	6	5	2	1	1	2			1	58		14.5	3	3	3.9	9	2.3
〃　ミニマム付件数	1	5	11	5	3	1							26	0.45	6.5				2	0.5
平成4年度総件数			5		1								6						2	
〃　ミニマム付件数					1								1							
平成5年度総件数	2	4	5		1								12						2	
〃　ミニマム付件数	1		3										4						1	
平成6年度総件数	3	3	2	2	1								11							
〃　ミニマム付件数	1			2	1								4							
平成7年度総件数		1	1	1	2								5						1	
〃　ミニマム付件数					1								1							
平成8年度総件数	1	1	4		1								7						1	
〃　ミニマム付件数													0						1	
平成9年度総件数		1	3		2			1					7						4	
〃　ミニマム付件数													0						1	
平成10年度総件数	1	3	1	1	2								8						—	—
〃　ミニマム付件数		2	1	1									4						—	—
平成4年度～平成10年度総件数累計	7	13	21	4	10	0	0	1	0	0	0	0	56		8.0	3	3	3.0	10	1.7
〃　ミニマム付件数	2	2	4	3	3	0	0	0	0	0	0	0	14	0.25	2.0				3	0.5

（注）その他の実施料：実施料率以外の実施料（例えば、従量実施料、定額実施料等）のもの。

図２－26－２　プラスチック製品（イニシャル　無）の実施料率別契約件数

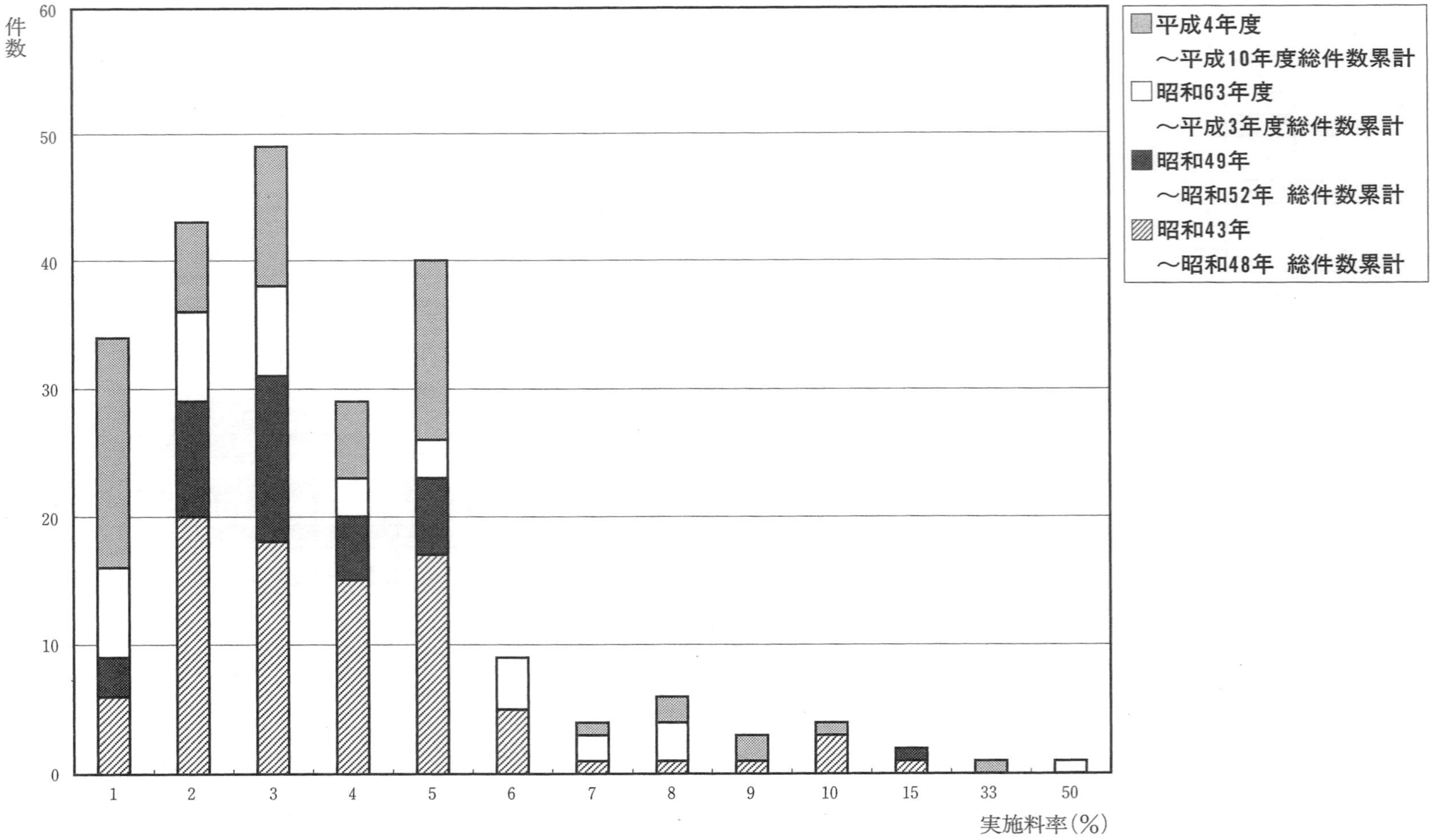

表２－26－２　プラスチック製品（イニシャル　無）の実施料率別契約件数

期間(年/年度) ＼ 契約件数	実施料率(%)																			その他の実施料	
	1	2	3	4	5	6	7	8	9	10	15	33	50	合計	ミニマム付割合	年平均件数	最頻値	中央値	平均値	件数	年平均
昭和43年～昭和48年　総件数累計	6	20	18	15	17	5	1	1	1	3	1			88		14.7	2	4	3.9	—	—
														0						—	—
昭和49年～昭和52年　総件数累計	3	9	13	5	6						1			37		9.3	3	3	3.4	—	—
〃　ミニマム付件数		3	4		3									10	0.27	2.5				—	—
昭和63年度～平成3年度総件数累計	7	7	7	3	3	4	2	3					1	37		9.3	1･2･3	3	4.9	7	1.8
〃　ミニマム付件数	3	2	1	1	1	3	1							12	0.32	3.0					0.0
平成4年度総件数	4		1	1					1					7						1	
〃　ミニマム付件数	1								1					2							
平成5年度総件数	2	3	1	1	2		1							10						4	
〃　ミニマム付件数		1			1									2							
平成6年度総件数	2	2	2	1	6							1		14						1	
〃　ミニマム付件数					1									1						1	
平成7年度総件数	2	1	1											4						1	
〃　ミニマム付件数	1	1												2							
平成8年度総件数	2		3	1				1	1					8						1	
〃　ミニマム付件数								1	1					2							
平成9年度総件数	5		1	2	3					1				12						1	
〃　ミニマム付件数	3			2										5						1	
平成10年度総件数	1	1	2		3			1						8						—	—
〃　ミニマム付件数			2		2									4						—	—
平成4年度～平成10年度総件数累計	18	7	11	6	14	0	1	2	2	1	0	1	0	63		9.0	1	3	3.9	9	1.5
〃　ミニマム付件数	5	2	2	2	4	0	0	1	2	0	0	0	0	18	0.29	2.6				2	0.3

（注）その他の実施料：実施料率以外の実施料（例えば、従量実施料、定額実施料等）のもの。

27. ゴム製品

この技術分野は、日本標準産業分類F23に関連する技術を扱う。タイヤ･チューブ製造技術、ゴム製・プラスチック製履物・同付属品製造技術、ゴムベルト・ゴムホース・工業用ゴム製品等製造技術、その他のゴム製品製造技術である。“その他のゴム製品”とは、ゴム引布、ゴム手袋、コンドーム等のほか、フォーラムラバー、ゴムバンド、消しゴム、ウェット・スーツ、ゴム・タイル等である。フォーラムラバー製寝具（25）は含まない。

図２－27－１、**２－27－２**は、この技術分野における外国技術導入契約の実施料が、許諾製品の出来高にリンクした料率表示であったものの年（年度）別契約件数を、イニシャル・ペイメント条件の有り・無しに分けて、実施料率別にグラフ化したものである。

また、**表２－27－１**、**２－27－２**は、上記のデータに加え、さらにミニマム・ロイヤルティ条件付件数データと、最近の10年間（昭和63年度～平成９年度）の、外国技術導入契約の実施料が料率以外のもの（例えば、従量実施料、定額実施料等）であった契約件数データを、それぞれ「ミニマム付件数」及び「その他の実施料」として表したものである。

○契約件数について

図２－27－１、**２－27－２**及び**表２－27－１**、**２－27－２**が示すように、この技術分野における外国技術導入契約の平成４年度～平成10年度の７年間の件数は、イニシャル有りが5件（0.7件／年）、イニシャル無しが21件（3.0件／年）である。これは、昭和63年度～平成３年度の４年間と比較すると、イニシャル有りが1.3→0.7件／年、イニシャル無しが4.0→3.0件／年と、いずれも減少している。

また、平成４年度～平成10年度のミニマム付件数の全体に占める割合については、イニシャル有りでは契約がなく、イニシャル無しでは0.57であった。

平成４年度～平成９年度のその他の実施料の件数については、イニシャル有りが１件(0.2件／年)、イニシャル無しが10件（1.7件／年）である。

イニシャル有りでは、実施料率、その他の実施料のいずれも契約が少ない。

○実施料率について

実施料率の平均値については、平成４年度～平成10年度は、イニシャル有りが2.8%、イニシャル無しが6.5%であり、昭和63年度～平成３年度と比較すると、イニシャル有りが8.8→2.8%、イニシャル無しが4.0→6.5%と、イニシャル有りでは大きく低下しているものの、イニシャル無しでは上昇している。昭和63年度～平成３年度のイニシャル有りは、少ない契約件数の中に25%という高率契約が１件あったため、実施料率の平均値が8.8％と高くなったが、平成４年度～平成10年度の実施料率の平均値2.8％は、それ以前の水準と比較しても実施料率の低下傾向を示すものである。これに対して、イニシャル無しでは実施料率の平均値の上昇に加えてミニマム付の契約も増加している。

平成４年度～平成10年度は、実施料率８％以上の契約が、イニシャル有りについては契約がなく、イニシャル無しについては7件（1.0件／年）あった。昭和63年度～平成３年度の４年間と比較すると、イニシャル有りでは0.3→0.0件／年、イニシャル無しで0.3→1.0件／年である。イニシャル無しについては、８％以上の件数が大幅に増加しており、実施料率の平均値の上昇の一因となった。また、イニシャル無しでは最頻値、中央値とも6％と比較的高く、実施料率の平均値も他の技術分野と比較してやや高めである。

ところで、イニシャル無しの実施料率が８％以上のケースは全て履物（サンダル、スリッパ、スポーツシューズ等）の商標であった。この点に加えて、イニシャル有りよりもイニシャル無しの契約が多いこと、ミニマム付割合が高いことは、「25. 繊維及び繊維製品」、「29. 木製品･皮製品・貴金属製品・レジャー用品等」のブランド関連の技術分野と類似しており、この技術分野の履物等に関しては、これらの類似する技術分野と同様の契約慣行が存在する蓋然性が高いと考えられる。

図2－27－1　ゴム製品（イニシャル　有）の実施料率別契約件数

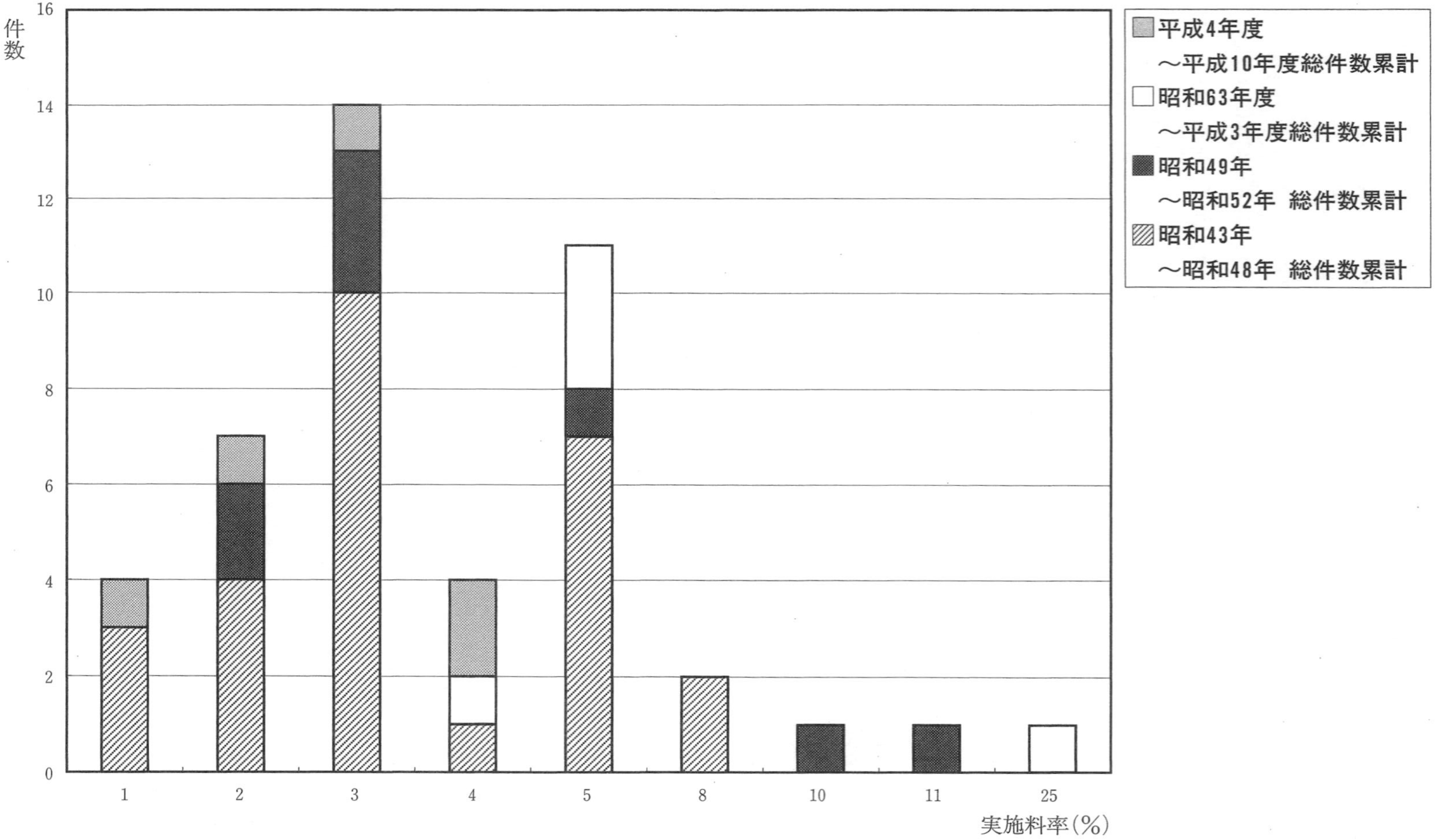

表2－27－1　ゴム製品（イニシャル　有）の実施料率別契約件数

契約件数 / 期間（年/年度）	実施料率(%)															その他の実施料	
	1	2	3	4	5	8	10	11	25	合計	ミニマム付割合	年平均件数	最頻値	中央値	平均値	件数	年平均
昭和43年～昭和48年　総件数累計	3	4	10	1	7	2				27		4.5	3	3	3.6	—	—
										0						—	—
昭和49年～昭和52年　総件数累計		2	3		1		1	1		8		2.0	3	3	4.9	—	—
〃　ミニマム付件数		2	2		1					5	0.63	1.3				—	—
昭和63年度～平成3年度総件数累計				1	3				1	5		1.3	5	5	8.8	1	0.3
〃　ミニマム付件数					1					1	0.20	0.3					0.0
平成4年度総件数	1			1						2							
〃　ミニマム付件数										0							
平成5年度総件数				1						1						1	
〃　ミニマム付件数										0							
平成6年度総件数										0							
〃　ミニマム付件数										0							
平成7年度総件数		1								1							
〃　ミニマム付件数										0							
平成8年度総件数										0							
〃　ミニマム付件数										0							
平成9年度総件数										0							
〃　ミニマム付件数										0							
平成10年度総件数			1							1						—	—
〃　ミニマム付件数										0						—	—
平成4年度～平成10年度総件数累計	1	1	1	2	0	0	0	0	0	5		0.7	4	3	2.8	1	0.2
〃　ミニマム付件数	0	0	0	0	0	0	0	0	0	0	0.00	0.0				0	0.0

（注）その他の実施料：実施料率以外の実施料（例えば、従量実施料、定額実施料等）のもの。

図２－27－２　ゴム製品（イニシャル　無）の実施料率別契約件数

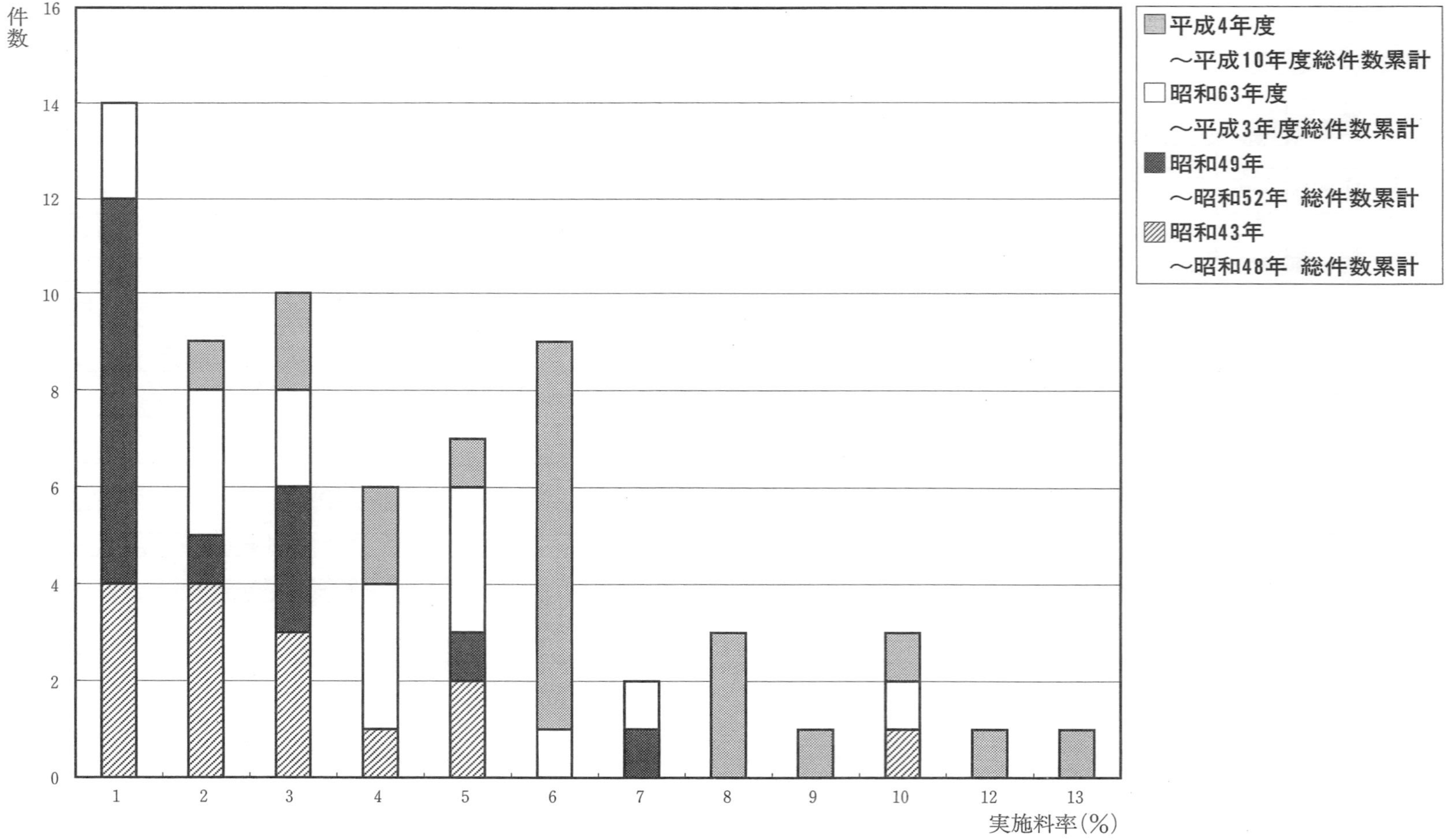

表2－27－2　ゴム製品（イニシャル　無）の実施料率別契約件数

期間(年/年度) ＼ 契約件数	実施料率(%) 1	2	3	4	5	6	7	8	9	10	12	13	合計	ミニマム付割合	年平均件数	最頻値	中央値	平均値	その他の実施料 件数	年平均
昭和43年～昭和48年　総件数累計	4	4	3	1	2					1			15		2.5	1･2	2	3.0	—	—
													0						—	—
昭和49年～昭和52年　総件数累計	8	1	3		1		1						14		3.5	1	1	2.2	—	—
〃　ミニマム付件数					1								1	0.07	0.3				—	—
昭和63年度～平成3年度総件数累計	2	3	2	3	3	1	1			1			16		4.0	2･4･5	4	4.0	3	0.8
〃　ミニマム付件数			2	3									5	0.31	1.3					0.0
平成4年度総件数						1							1						1	
〃　ミニマム付件数													0						1	
平成5年度総件数			1	1					1	1			4							
〃　ミニマム付件数				1					1	1			3							
平成6年度総件数					1								1						2	
〃　ミニマム付件数													0							
平成7年度総件数													0							
〃　ミニマム付件数													0							
平成8年度総件数			1	1		3		1				1	7						5	
〃　ミニマム付件数						3		1					4							
平成9年度総件数						3		1			1		5						2	
〃　ミニマム付件数						2		1			1		4							
平成10年度総件数		1				1		1					3						—	—
〃　ミニマム付件数		1											1						—	—
平成4年度～平成10年度総件数累計	0	1	2	2	1	8	0	3	1	1	1	1	21		3.0	6	6	6.5	10	1.7
〃　ミニマム付件数	0	1	0	1	0	5	0	2	1	1	1	0	12	0.57	1.7				1	0.2

（注）その他の実施料：実施料率以外の実施料（例えば、従量実施料、定額実施料等）のもの。

28. パルプ・紙・紙加工・印刷

この技術分類は、日本標準産業分類F18及びF19が関連する技術を扱う。パルプ・紙・紙加工品製造技術、出版・印刷・同関連技術である。

なお、“紙加工品”とは、段ボール・壁紙等の加工紙、学用紙製品、日用紙製品等の紙製品、セメント袋、ショッピングバック、紙製箱・コップ等の紙容器等およびセロファン、繊維板、紙製衛生材料、紙タオル、紙ヒモ等のその他パルプ・紙・紙加工品を含む。ジャガード・カード、模様紙形(25)等は含まない。

また、出版・印刷・同関連技術の“関連技術”とは、製版、製本、のり付け、裁断、装丁、証券等の偽造防止技術等をいう。

図2－28－1、**2－28－2**は、この技術分野における外国技術導入契約の実施料が、許諾製品の出来高にリンクした料率表示であったものの年（年度）別契約件数を、イニシャル・ペイメント条件の有り・無しに分けて、実施料率別にグラフ化したものである。

また、**表2－28－1**、**2－28－2**は、上記のデータに加え、さらにミニマム・ロイヤルティ条件付件数データと、最近の10年間（昭和63年度～平成９年度）の、外国技術導入契約の実施料が料率以外のもの（例えば従量実施料、定額実施料等）であった契約件数データを、それぞれ「ミニマム付件数」及び「その他の実施料」として表したものである。

○契約件数について

図2－28－1、**2－28－2**及び**表2－28－1**、**2－28－2**が示すように、この技術分野における外国技術導入契約の平成４年度～平成10年度の７年間の件数は、イニシャル有りが12件(1.7件／年)、イニシャル無しが23件（3.3件／年）である。これは昭和63年度～平成３年度の４年間と比較すると、イニシャル有りが3.0→1.7件／年、イニシャル無しが3.5→3.3件／年といずれも減少している。

また、平成４年度～平成10年度のミニマム付件数の全体に占める割合については、イニシャル有りで0.50、イニシャル無しで0.39となっており、イニシャル有りでは減少、イニシャル無しでは増加している。なお、減少しているとはいえ、イニシャル有りのミニマム付割合は他の技術分野と比較して高く、「25. 繊維及び繊維製品」に次いで全技術分野中２番目に高い。

平成４年度～平成９年度のその他の実施料の件数については、イニシャル有りで2件（0.3件／年)、イニシャル無しで7件（1.2件／年）となっており、大きな変化はみられない。

○実施料率について

実施料率の平均については、平成４年度～平成10年度は、イニシャル有りが8.7%、イニシャル無しが5.3%であり、昭和63年度～平成３年度と比較すると、イニシャル有りで8.9→8.7%、イニシャル無しでは4.6→5.3%と、イニシャル有りではわずかに低下、イニシャル無しでは上昇している。低下してはいるものの、イニシャル有りの8.7%は高い水準であり、全技術分野中、「20.電子計算機他」に次いで２番目であり、イニシャル有り、無しの合計でも全技術分野中5番目である。これは、比較的少ない契約件数（12件）の中に、50%、15%と高率の契約があったためである。

平成４年度～平成10年度は、実施料８％以上の契約件数が、イニシャル有りについては３件(0.4件／年)、イニシャル無しについては６件（0.9件／年）あった。昭和63年度～平成３年度の４年間と比較すると、イニシャル有りでは0.3→0.4件／年、イニシャル無しで0.8→0.9件／年となっている。いずれもほぼ横ばいである。前述の50%の契約の技術内容は紙製パレットに関するものであり、15%の契約はパンフレットの商標であった。他の契約については、カレンダー等の紙製品の商標が多かった。50%の契約は上記の件以外に、昭和63年度～平成３年度にも１件見られるが、実施料率の分布状況からみて、そのような高率の契約となった背景は不明であるものの、この技術分野では異例の高率となっている。

図２－28－１　パルプ・紙・紙加工・印刷（イニシャル　有）の実施料率別契約件数

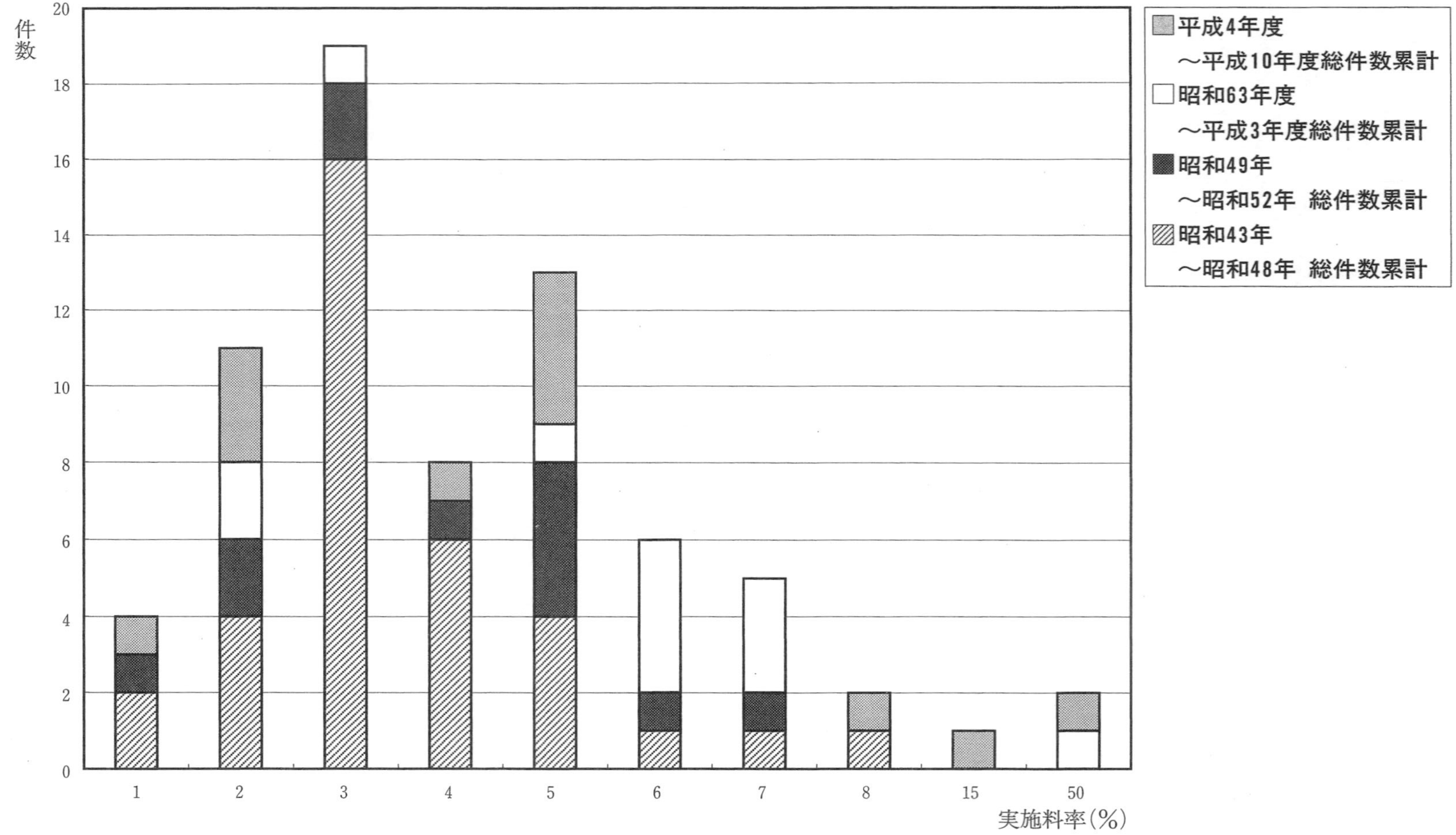

表２－28－１　パルプ・紙・紙加工・印刷（イニシャル　有）の実施料率別契約件数

期間（年/年度）＼契約件数	実施料率(%) 1	2	3	4	5	6	7	8	15	50	合計	ミニマム付割合	年平均件数	最頻値	中央値	平均値	その他の実施料 件数	年平均
昭和43年～昭和48年　総件数累計	2	4	16	6	4	1	1	1			35		5.8	3	3	3.5	—	—
											0						—	—
昭和49年～昭和52年　総件数累計	1	2	2	1	4	1	1				12		3.0	5	5	4.0	—	—
〃　ミニマム付件数			1		2		1				4	0.33	1.0				—	—
昭和63年度～平成3年度総件数累計		2	1		1	4	3			1	12		3.0	6	6	8.9		0.0
〃　ミニマム付件数		2	1			1	3				7	0.58	1.8					0.0
平成4年度総件数										1	1						1	
〃　ミニマム付件数											0							
平成5年度総件数		1							1		2						1	
〃　ミニマム付件数											0						1	
平成6年度総件数		1									1							
〃　ミニマム付件数		1									1							
平成7年度総件数								1			1							
〃　ミニマム付件数								1			1							
平成8年度総件数		1		1	3						5							
〃　ミニマム付件数				1	2						3							
平成9年度総件数					1						1							
〃　ミニマム付件数					1						1							
平成10年度総件数	1										1						—	—
〃　ミニマム付件数											0						—	—
平成4年度～平成10年度総件数累計	1	3	0	1	4	0	0	1	1	1	12		1.7	5	5	8.7	2	0.3
〃　ミニマム付件数	0	1	0	1	3	0	0	1	0	0	6	0.50	0.9				1	0.2

（注）その他の実施料：実施料率以外の実施料（例えば、従量実施料、定額実施料等）のもの。

図２－28－２　パルプ・紙・紙加工・印刷（イニシャル　無）の実施料率別契約件数

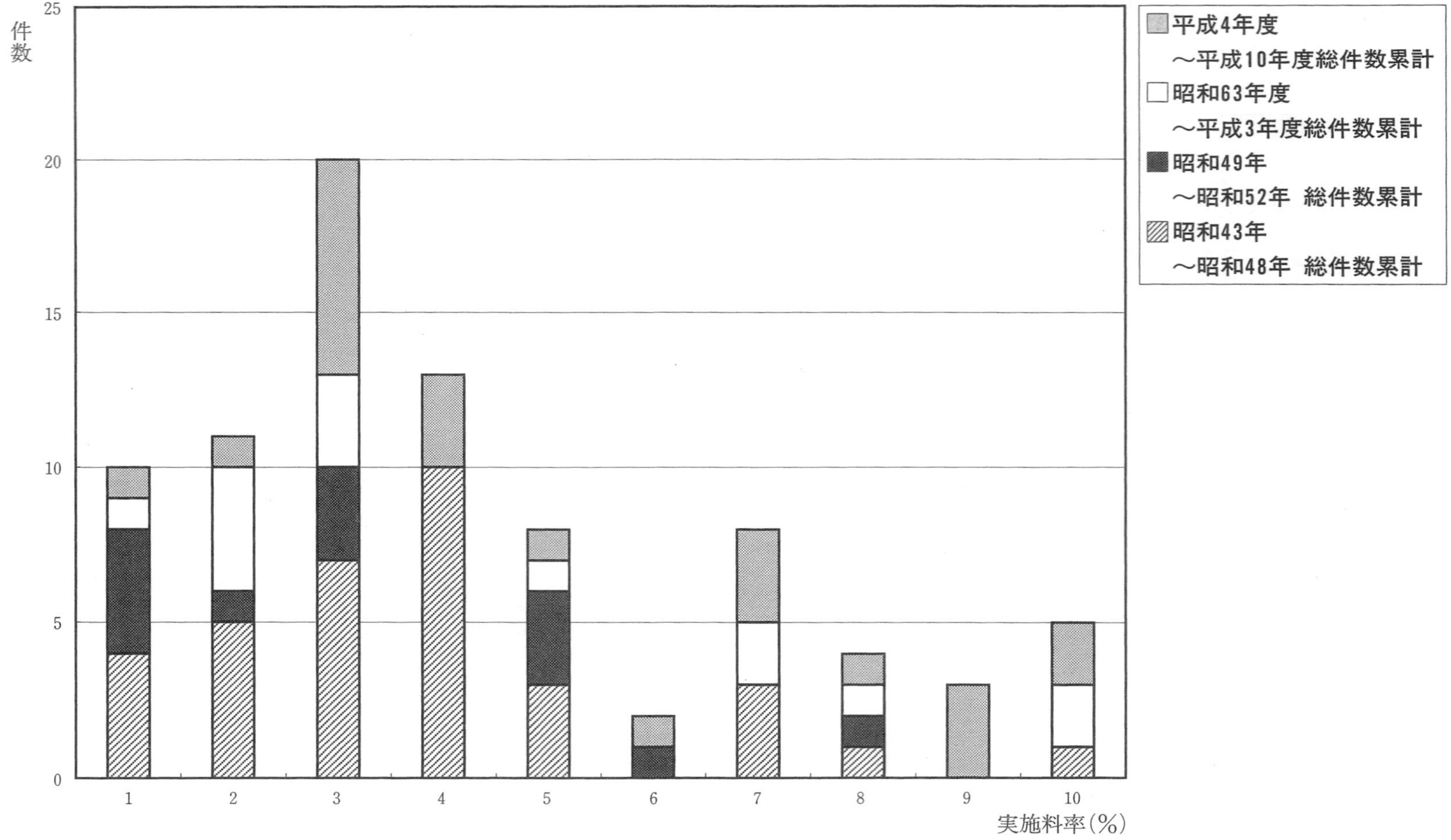

表２－28－２　パルプ・紙・紙加工・印刷（イニシャル　無）の実施料率別契約件数

期間（年/年度）＼契約件数	実施料率(%)																その他の実施料	
	1	2	3	4	5	6	7	8	9	10	合計	ミニマム付割合	年平均件数	最頻値	中央値	平均値	件数	年平均
昭和43年～昭和48年　総件数累計	4	5	7	10	3		3	1		1	34		5.7	4	4	3.8	—	—
											0						—	—
昭和49年～昭和52年　総件数累計	4	1	3		3	1		1			13		3.3	1	1	3.4	—	—
〃　ミニマム付件数	2		2		1			1			6	0.46	1.5				—	—
昭和63年度～平成3年度総件数累計	1	4	3		1		2	1		2	14		3.5	2	3	4.6	6	1.5
〃　ミニマム付件数		1					1			1	3	0.21	0.8					0.0
平成4年度総件数			1				2		2		5							
〃　ミニマム付件数							2		2		4							
平成5年度総件数		1	1	2				1		2	7						1	
〃　ミニマム付件数				1							1						1	
平成6年度総件数			1						1		2						2	
〃　ミニマム付件数			1						1		2							
平成7年度総件数				1							1						1	
〃　ミニマム付件数											0							
平成8年度総件数					1	1	1				3						3	
〃　ミニマム付件数						1	1				2							
平成9年度総件数			3								3							
〃　ミニマム付件数											0							
平成10年度総件数	1		1								2						—	—
〃　ミニマム付件数											0						—	—
平成4年度～平成10年度総件数累計	1	1	7	3	1	1	3	1	3	2	23		3.3	3	4	5.3	7	1.2
〃　ミニマム付件数	0	0	1	1	0	1	3	0	3	0	9	0.39	1.3				1	0.2

（注）その他の実施料：実施料率以外の実施料（例えば、従量実施料、定額実施料等）のもの。

29. 木製品・皮製品・貴金属製品・レジャー用品

この技術分類は、日本標準産業分類F16、F17、F24、F341～F343及びF345が関連する分野を扱う。木材・木製品製造技術、家具・装備品製造技術、なめし革・同製品・毛皮製造技術、貴金属製品製造技術（宝石加工含む)、楽器製造技術、玩具・運動競技用具製造技術、装身具・装飾品・ボタン・同関連品製造技術である。

図２－29－１、２－29－２は、この技術分野における外国技術導入契約の実施料が、許諾製品の出来高にリンクした料率表示であったものの年（年度）別契約件数を、イニシャル・ペイメント条件の有り・無しに分けて、実施料率別にグラフ化したものである。

また、**表２－29－１、２－29－２**は、上記のデータに加え、さらにミニマム・ロイヤルティ条件付件数データと、最近の10年間（昭和63年度～平成９年度）の、外国技術導入契約の実施料が料率以外のもの（例えば、従量実施料、定額実施料等）であった契約件数データを、それぞれ「ミニマム付件数」及び「その他の実施料」として表したものである。

○契約件数について

図２－29－１、２－29－２及び**表２－29－１、２－29－２**が示すように、この技術分野における外国技術導入契約の平成４年度～平成10年度の７年間の件数は、イニシャル有りが42件(6.0件／年)、イニシャル無しが303件（43.3件／年）である。これは、昭和63年度～平成３年度の４年間と比較すると、イニシャル有りが13.8→6.0件／年、イニシャル無しが75.3→43.3件／年と大幅に減少している。また、この技術分野ではイニシャル・ペイメント条件を設けない場合が圧倒的に多いことが特徴である。なお、減少しているとはいえ、イニシャル無しの契約件数は「25. 繊維及び繊維製品」、「20. 電子計算機他」に次いで全技術分野中３番目であり、イニシャル有り、無しの合計でも全技術分野中５番目である。

また、平成４年度～平成10年度のミニマム付件数の全体に占める割合については、イニシャル有りが0.48、イニシャル無しが0.78であった。この技術分野では他の技術分野と比較してもミニマム付件数の割合は高く、イニシャル無し及びイニシャル有り・無しの合計では「25. 繊維及び繊維製品」に次いで全技術分野中２番目である（イニシャル有りは3番目)。イニシャル有りよりもイニシャル無しの契約件数が圧倒的に多いこととあわせて考えると、この技術分野ではイニシャル・ペイメント条件よりも、ミニマム条件がよく利用されていることがうかがえ、この点は「25. 繊維及び繊維製品」と類似している。

平成４年度～平成９年度のその他の実施料の件数については、イニシャル有りが３件(0.5件／年)、イニシャル無しが42件（7.0件／年）であった。これは、実施料率契約の件数と比較すると大幅に少なく、その他の実施料の件数の全契約件数に対する割合を他の技術分野と比較すると、イニシャル有り、無しの合計で全技術分野中3番目に低い。この技術分野では実施料率以外の契約は相対的に少ないといえる。

ところで、前述のように平成４年度～平成10年度の契約件数は、昭和63年度～平成３年度と比較して大幅に減少しているが、この技術分野の代表的な製品である皮製バッグでも「25. 繊維及び繊維製品」と同じように、ライセンス商品からインポート商品へのシフト、またライセンス商品の不振を端とした国内オリジナルブランドの強化の動きがみられ、これが海外技術導入契約の大幅な減少の一因であると考えられる。

○実施料率について

実施料率の平均値については、平成４年度～平成10年度は、イニシャル有りが4.9%、イニシャル無しで5.9%であり、昭和63年度～平成３年度と比較すると、イニシャル有りで6.2→4.9%とやや減少している反面、イニシャル無しでは5.6→5.9%とあまり変わらない。この分野では、イニシャル無しが圧倒的に多いので、全体的には大きな変化はないといえる。

平成４年度～平成10年度は、実施料率８％以上の契約が、イニシャル有りでは3件(0.4件／年)、イニシャル無しでは58件（8.3件／年）あった。昭和63年度～平成３年度の４年間と比較すると、イニシャル有りでは1.8→0.4件／年、イニシャル無しで12.5→8.3件／年であり、いずれも減少しているものの、契約件数全体の減少に比べると減少幅は小さい。

○ 高率契約について

平成４年度～平成10年度についての実施料率８％以上の契約の内訳を**表２－29－３**に示す。**表２－29－３**は、平成４年度～平成10年度の実施料率８％以上の契約について、イニシャル有り、無しを合計し技術内容別、技術形態別、実施料率別に集計したものである。ここでは、技術内容は木製品、皮製品、貴金属製品、レジャー用品の四つのグループに分類し、技術形態は、特許、ノウハウ等の技術と商標（デザインの提供を伴うものを含む）の二つに分類した。

表２－29－３が示すように、平成４年度～10年度の実施料率８％以上の契約件数のイニシャル有り、無しの合計は61件であるが、このうち、技術形態が技術のものが５件、商標のものが56件と、商標が大半を占めている。この点でも、この技術分野は「25. 繊維及び繊維製品」と類似している。

技術形態が技術の契約5件のうち技術内容別の内訳は、皮製品が4件であり、レジャー用品が１件であった。皮製品のうち、実施料率が50%、18%のものはいずれも、靴製造に関するものであった。

技術形態が商標の契約56件の技術内容別の内訳は、木製品が３件、皮製品が29件、貴金属製品が13件、レジャー用品が11件と、皮製品が半数以上を占めている。実施料率の分布は、いずれの技術内容でも10%以下の実施料率が中心であり、技術内容間に大きな相違は見られない。

○関連判決

この技術分野の実施料率に関連した判決を紹介する。

・「ビニールベッド用関着接手」：昭和48（ワ）1188（S50.3.28大阪地裁、不当利得金返還等請求事件）

被告は、原告たる特許権者に対し通常支払うべき実施料の支払いをなすことなく、原告の特許発明を実施した者であるから、法律上の原因なくして原告の財産により実施料相当の利益を受けこれがために原告に右金額の損害を及ぼしたと認めるべきであるとして、原告の不当利得返還請求を認容した事例である。

・「自動弾丸供給機構付玩具銃」：平成13（ネ）1132（H14.1.30東京高裁、侵害差止等請求控訴事件）

被告各製品は、本件発明（自動弾丸供給機構付玩具銃／特許2561429）の構成要件をすべて充足し、控訴人製品の売上金額に実施料率12％を乗じた実施料相当額を補償金の額と認定するとされた原判決が支持された事例である。

図２－29－１　木製品・皮製品・貴金属製品・レジャー用品（イニシャル　有）の実施料率別契約件数

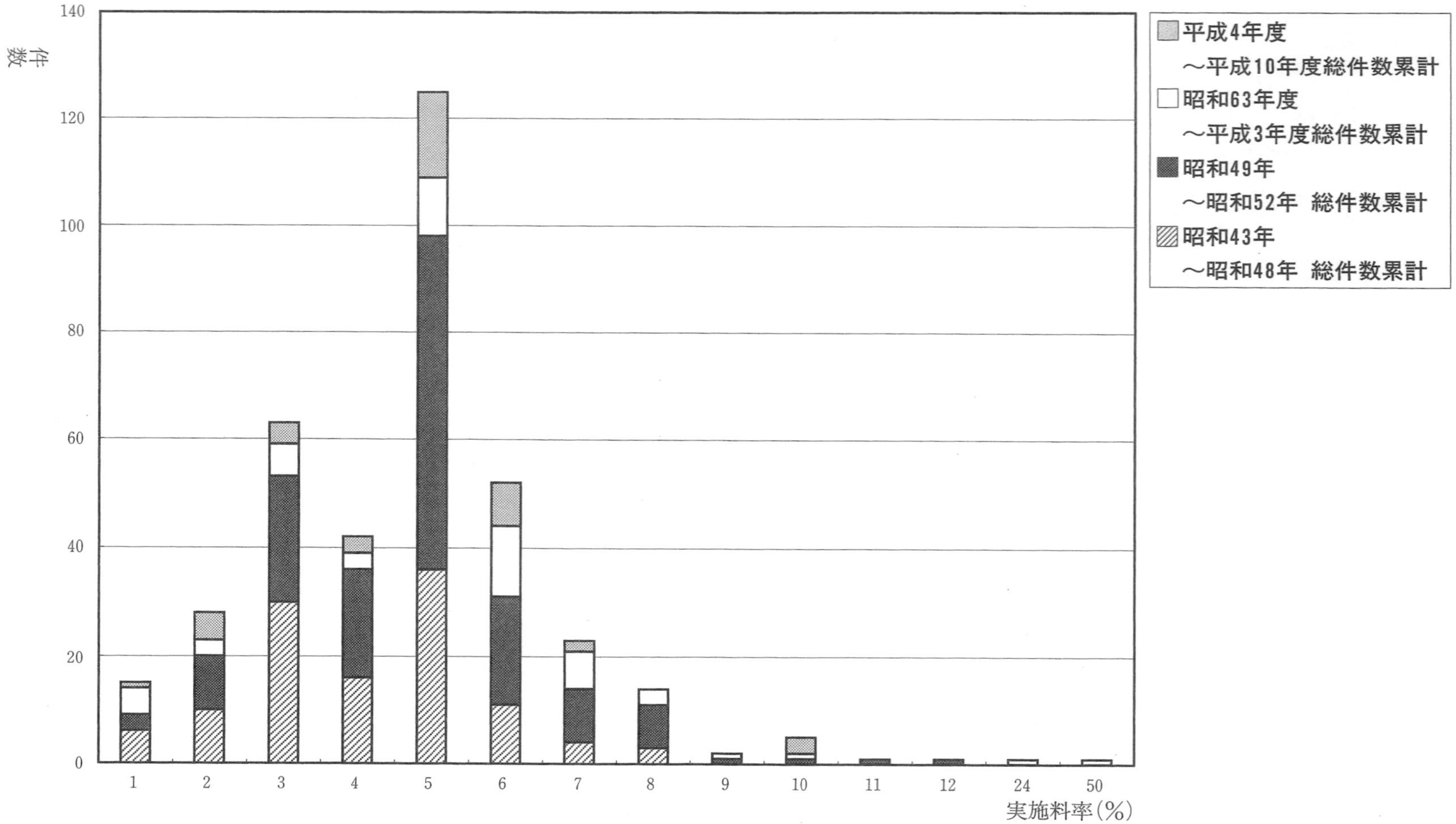

表2－29－1　木製品・皮製品・貴金属製品・レジャー用品(イニシャル　有)の実施料率別契約件数

契約件数＼期間(年/年度)	実施料率(%) 1	2	3	4	5	6	7	8	9	10	11	12	24	50	合計	ミニマム付割合	年平均件数	最頻値	中央値	平均値	その他の実施料 件数	年平均
昭和43年～昭和48年　総件数累計	6	10	30	16	36	11	4	3							116		19.3	5	4	4.1	—	—
															0						—	—
昭和49年～昭和52年　総件数累計	3	10	23	20	62	20	10	8	1	1	1	1			160		40.0	5	5	4.9	—	—
〃　ミニマム付件数	2	4	7	6	26	10	3	4							62	0.39	15.5				—	—
昭和63年度～平成3年度総件数累計	5	3	6	3	11	13	7	3	1	1			1	1	55		13.8	6	5	6.2	7	1.8
〃　ミニマム付件数	2	1	4	1	8	5	2								23	0.42	5.8					0.0
平成4年度総件数		2	1		3	3	1								10						1	
〃　ミニマム付件数		1	1		2	1	1								6							
平成5年度総件数	1				4										5							
〃　ミニマム付件数	1				1										2							
平成6年度総件数		1			3										4						2	
〃　ミニマム付件数					1										1						1	
平成7年度総件数		2	1	1	2										6							
〃　ミニマム付件数		2	1												3							
平成8年度総件数			2	2	2					2					8							
〃　ミニマム付件数				1	1										2							
平成9年度総件数					2	2	1			1					6							
〃　ミニマム付件数					2	2	1								5							
平成10年度総件数						3									3						—	—
〃　ミニマム付件数						1									1						—	—
平成4年度～平成10年度総件数累計	1	5	4	3	16	8	2	0	0	3	0	0	0	0	42		6.0	5	5	4.9	3	0.5
〃　ミニマム付件数	1	3	2	1	7	4	2	0	0	0	0	0	0	0	20	0.48	2.9				1	0.2

(注)その他の実施料：実施料率以外の実施料(例えば、従量実施料、定額実施料等)のもの。

図２－29－２　木製品・皮製品・貴金属製品・レジャー用品（イニシャル　無）の実施料率別契約件数

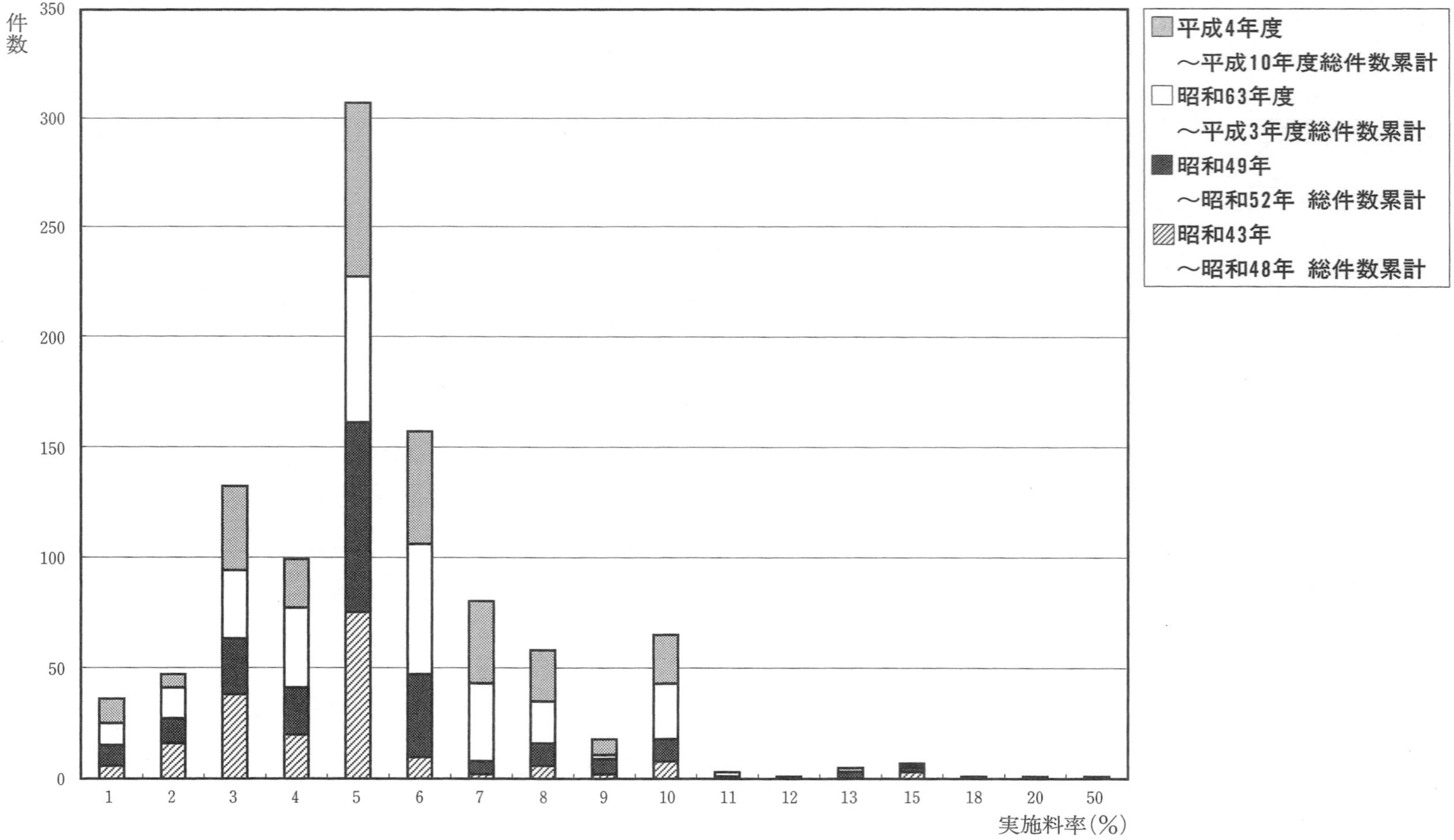

表２－29－２　木製品・皮製品・貴金属製品・レジャー用品（イニシャル　無）の実施料率別契約件数

契約件数 / 期間(年/年度)	実施料率(%)																						その他の実施料	
	1	2	3	4	5	6	7	8	9	10	11	12	13	15	18	20	50	合計	ミニマム付割合	年平均件数	最頻値	中央値	平均値	件数	年平均
昭和43年～昭和48年　総件数累計	6	16	38	20	75	10	2	6	2	8	1			3				187		31.2	5	5	4.7	—	—
																		0						—	—
昭和49年～昭和52年　総件数累計	9	11	25	21	86	37	6	10	7	10			3	2				227		56.8	5	5	5.3	—	—
〃　ミニマム付件数	6	3	12	13	49	29	5	5	5	8			1					136	0.60	34.0				—	—
昭和63年度～平成3年度総件数累計	10	14	31	36	66	59	35	19	2	25	2			1		1		301		75.3	5	5	5.6	26	6.5
〃　ミニマム付件数	5	9	25	26	52	55	32	19	2	24	1			1				251	0.83	62.8				8	2.0
平成4年度総件数	1	1	8	2	18	8	7	1	4	1					1			52						12	
〃　ミニマム付件数		1	7	1	14	6	6		4	1								40						2	
平成5年度総件数		3	6	5	12	12	5	6		5			1					55						5	
〃　ミニマム付件数		1	6	3	9	11	5	4		5								44						1	
平成6年度総件数	2	1	7	2	13	7	8	4		4		1						49						6	
〃　ミニマム付件数		1	6	1	10	6	5	2		3								34						1	
平成7年度総件数	2		3	6	12	8	6	1	2	7								47						8	
〃　ミニマム付件数	2			6	8	6	4	1	2	6								35						2	
平成8年度総件数			3	2	11	9	3	7	1	2			1					39						2	
〃　ミニマム付件数			3	1	9	8	3	5		2			1					32						2	
平成9年度総件数	3	1	7	3	11	4	6			1							1	37						9	
〃　ミニマム付件数	2	1	6	3	10	4	6			1								33						1	
平成10年度総件数	3		4	2	3	3	2	4		2				1				24						—	—
〃　ミニマム付件数	1		2	2	2	3	2	3		2				1				18						—	—
平成4年度～平成10年度総件数累計	11	6	38	22	80	51	37	23	7	22	0	1	2	1	1	0	1	303		43.3	5	5	5.9	42	7.0
〃　ミニマム付件数	5	4	30	17	62	44	31	15	6	20	0	0	1	1	0	0	0	236	0.78	33.7				9	1.5

（注）その他の実施料：実施料率以外の実施料（例えば、従量実施料、定額実施料等）のもの。

表２－29－３　木製品･皮製品･貴金属製品･レジャー用品の実施料率8%以上の契約件数（平成4年度～平成10年度）

技術形態 / 実施料率 / 技術内容	商標のみ							技術のみ					総計
	8	9	10	12	13	15	商標計	8	13	18	50	技術計	
木製品	1	1	1				3						3
皮製品	14	2	12			1	29	1	1	1	1	4	33
貴金属製品	3		10				13						13
レジャー用品	3	4	2	1	1		11	1				1	12
総　計	21	7	25	1	1	1	56	2	1	1	1	5	61

30．建設技術

この技術分野は、日本標準産業分類Ｅに関連する技術を扱う。総合工事、職別工事、設備工事技術である。

なお、“総合工事”とは、土木工事、舗装工事、しゅんせつ工事、建築工事等をいう。“職別工事”とは、大工、左官、鉄筋工等の工事をいう。“設備工事”とは、配線等の電気工事、電気通信・信号装置工事、冷暖房設備等のための管工事、さく井工事、築炉工事、エレベーター・エスカレーター等の昇降設備工事、道路標識設置工事等をいう。

具体的には、屋根付大スタジアムの設計技術、放射性廃棄物処分施設建設技術、地下での石油製品貯蔵技術、地震時の軟弱地盤の挙動実験及び解析技術、真空式下水道システム等の話題の技術から、家屋のリフォーム等を行う事業の経営技術及びその商標等まで幅広い。

図２－30－１、２－30－２は、この技術分野における外国技術導入契約の実施料が、許諾製品の出来高にリンクした料率表示であったものの年（年度）別契約件数を、イニシャル・ペイメント条件の有り・無しに分けて、実施料率別にグラフ化したものである。

また、**表２－30－１、２－30－２**は、上記のデータに加え、さらにミニマム・ロイヤルティ条件付件数データと、最近の10年間（昭和63年度～平成９年度）の、外国技術導入契約の実施料が料率以外のもの（例えば、従量実施料、定額実施料等）であった契約件数データを、それぞれ「ミニマム付件数」及び「その他の実施料」として表したものである。

○契約件数について

図２－30－１、２－30－２及び**表２－30－１、２－30－２**が示すように、この技術分野における外国技術導入契約の平成４年度～平成10年度の７年間の件数は、イニシャル有りが11件(1.6件／年)、イニシャル無しが15件（2.1件／年）である。これは、昭和63年度～平成３年度の４年間と比較すると、イニシャル有りが3.8→1.6件／年、イニシャル無しが5.3→2.1件／年と、いずれも半減している。

また、平成４年度～平成10年度のミニマム付件数の全体に占める割合については、イニシャル有りが0.45、イニシャル無しが0.13である。契約件数が少ないものの、イニシャル有りについてのミニマム付件数の割合0.45は大きく上昇しており、他の分野と比較しても高めである。

平成４年度～平成９年度のその他の実施料の件数については、イニシャル有りが８件(1.3件／年)、イニシャル無しが５件（0.8件／年）である。その他の実施料の件数もイニシャル有り、無しいずれも半減している。

○実施料率について

実施料率の平均値については、平成４年度～平成10年度は、イニシャル有りが2.5%、イニシャル無しが3.5%であり、昭和63年度～平成３年度と比較すると、イニシャル有りが3.4→2.5%、イニシャル無しが7.1→3.5%と、いずれも低下しており、特にイニシャル無しではほぼ半減している。イニシャル有り、無しとも他の分野と比較して実施料率の平均値は低く、イニシャル有り、無しの合計では全技術分野中最も低い。

平成４年度～平成10年度は、実施料率８%以上の契約が、イニシャル有りについては契約がなく、イニシャル無しについては10%の契約が１件あった。昭和63年度～平成３年度の４年間と比較すると、イニシャル有りでは0.3→0.0件／年、イニシャル無しで0.5→0.1件／年といずれも契約件数全体の減少割合以上に減少している。平成４年度～平成10年度は、イニシャル有りでは全てが５%以下であり、イニシャル無しでも従来見られた45%、20%といった高率の契約がなく、実施料率の平均値の低下の原因となった。

なお、イニシャル無しの実施料率が10%以上のケースの技術内容は、特殊用途用の隔離室に関する技術であった。

この技術分野では、契約件数、実施料率とも大きく低下しており、外国技術導入契約は減少傾向にある。

○関連判決

この技術分野の実施料率に関連した判決を紹介する。

・「窓の改装法」：昭和56（ワ）5288（S58.12.23大阪地裁、差止等請求事件）

本件発明（窓の改装方法）に関する実施契約の内容について争われ、特許法102条2項にいう「通常受ける金銭の額」とは、客観的に相当な実施料（ランニングロイヤリティ）を意味し、一時金（頭金或いはイニシャル・ペイメント）はこれを含まないと解するのが相当であるとされ、通常受ける金銭の額は工事代金の1%とされた事例である。

・「多連棟式のガレージ付建物」：平成８（ワ）118（H11.4.14新潟地裁、侵害行為差止及び損害賠償請求事件）

本件建物の建築会社から原告に支払った報酬には本件実用新案権（多連棟式のガレージ付建物／登録1946109ほか）の実施料が含まれているとされた事例である。

・「多連棟式のガレージ付建物」：平成11（ネ）2870（H11.12.7東京高裁、侵害行為差止及び損害賠償請求控訴事件）

本件建物の建築会社から原告に支払った報酬には本件実用新案権（多連棟式のガレージ付建物／登録1946109ほか）の実施料が含まれているとした判決が支持された事例である。

・「縦型埋込柵柱」：平成10（ワ）8461（H12.2.1大阪地裁、侵害差止等請求事件）
本件考案（縦型埋込柵柱／実公平7-43147）について、被告らが製造、販売する物件は原告が有している実用新案権（又は仮保護の権利）を侵害するとして、被告らに対し、同物件の製造、販売の差止と、実施料相当額の損害賠償を求める、とした原告の主張が容認され、実施料相当額については販売価額の５％とするのが相当とされた事例である。

図2－30－1　建設技術（イニシャル　有）の実施料率別契約件数

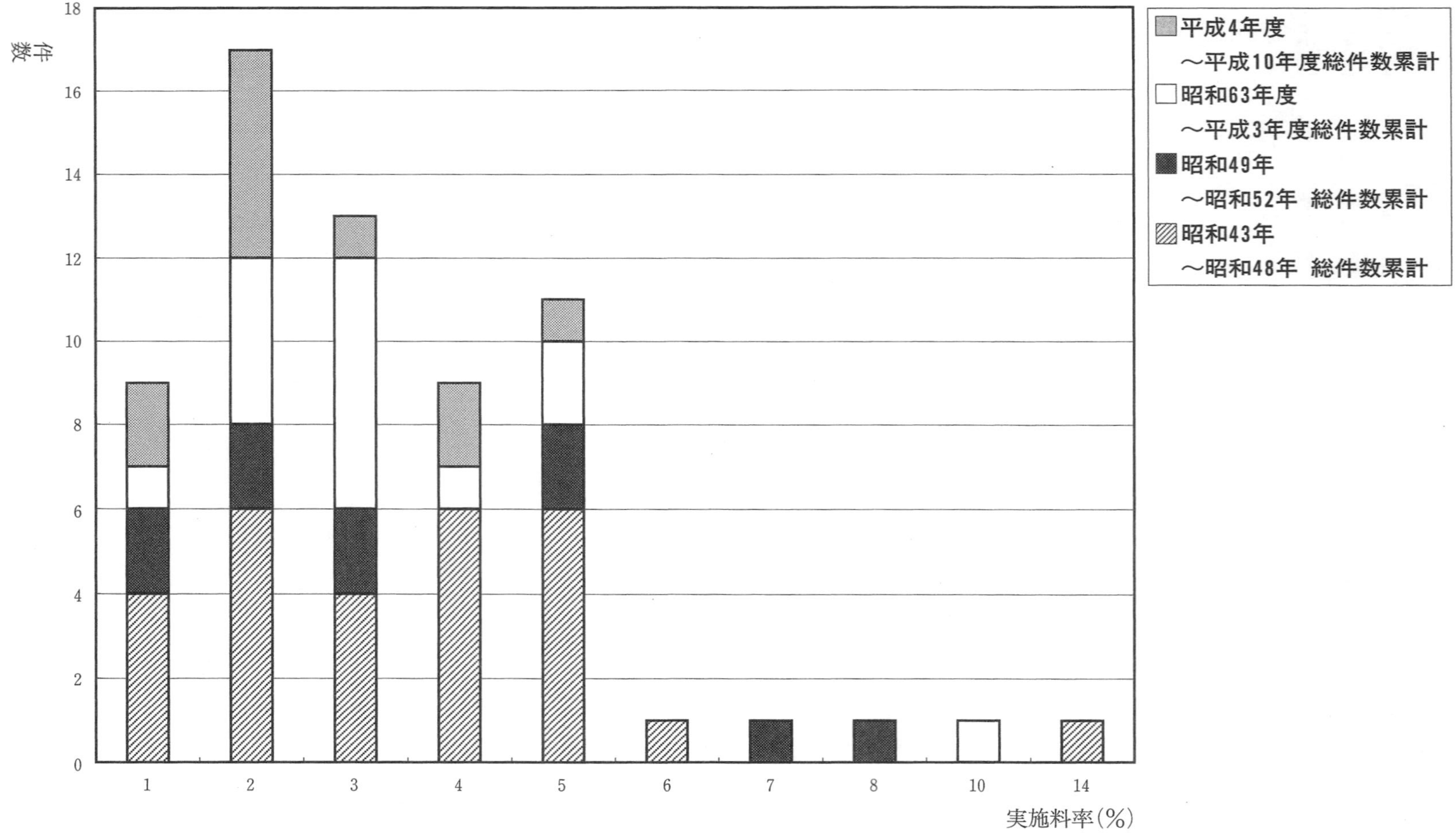

表2－30－1　建設技術（イニシャル　有）の実施料率別契約件数

期間（年/年度）＼契約件数	実施料率(%)																その他の実施料	
	1	2	3	4	5	6	7	8	10	14	合計	ミニマム付割合	年平均件数	最頻値	中央値	平均値	件数	年平均
昭和43年～昭和48年　総件数累計	4	6	4	6	6	1				1	28		4.7	2·4·5	4	3.6	—	—
											0						—	—
昭和49年～昭和52年　総件数累計	2	2	2		2		1	1			10		2.5	1·2·3·5	3	3.7	—	—
〃　ミニマム付件数		1			1		1				3	0.30	0.8				—	—
昭和63年度～平成3年度総件数累計	1	4	6	1	2				1		15		3.8	3	3	3.4	12	3.0
〃　ミニマム付件数			1						1		2	0.13	0.5				2	0.5
平成4年度総件数		2	1								3						4	
〃　ミニマム付件数											0							
平成5年度総件数				1							1						1	
〃　ミニマム付件数				1							1							
平成6年度総件数		1									1						1	
〃　ミニマム付件数		1									1						1	
平成7年度総件数	1	1		1	1						4							
〃　ミニマム付件数	1			1							2							
平成8年度総件数		1									1						2	
〃　ミニマム付件数											0						1	
平成9年度総件数	1										1							
〃　ミニマム付件数	1										1							
平成10年度総件数											0						—	—
〃　ミニマム付件数											0						—	—
平成4年度～平成10年度総件数累計	2	5	1	2	1	0	0	0	0	0	11		1.6	2	2	2.5	8	1.3
〃　ミニマム付件数	2	1	0	2	0	0	0	0	0	0	5	0.45	0.7				2	0.3

（注）その他の実施料：実施料率以外の実施料（例えば、従量実施料、定額実施料等）のもの。

図２－30－２　建設技術（イニシャル　無）の実施料率別契約件数

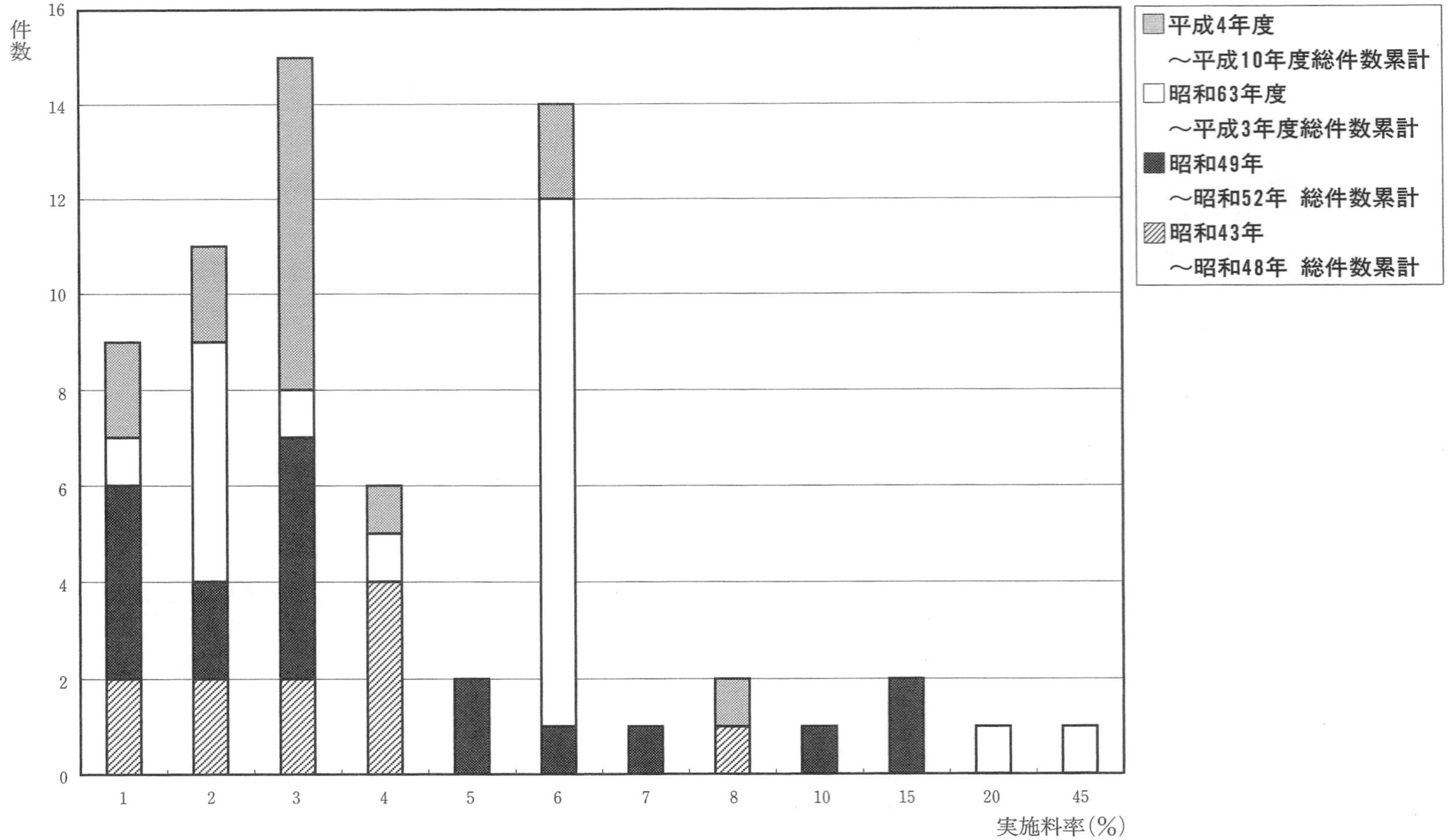

表2－30－2　建設技術（イニシャル　無）の実施料率別契約件数

期間（年/年度）＼契約件数	実施料率(%)																		その他の実施料	
	1	2	3	4	5	6	8	10	13	15	20	45	合計	ミニマム付割合	年平均件数	最頻値	中央値	平均値	件数	年平均
昭和43年～昭和48年　総件数累計	2	2	2	4				1					11		1.8	4	3	3.5	—	—
													0						—	—
昭和49年～昭和52年　総件数累計	4	2	5		2	1	1		1	2			18		4.5	3	3	5.0	—	—
〃　ミニマム付件数		1	1		1	1				1			5	0.28	1.3				—	—
昭和63年度～平成3年度総件数累計	1	5	1	1		11					1	1	21		5.3	6	6	7.1	7	1.8
〃　ミニマム付件数		1		1									2	0.10	0.5				2	0.5
平成4年度総件数	1												1						1	
〃　ミニマム付件数													0							
平成5年度総件数													0							
〃　ミニマム付件数													0							
平成6年度総件数		1											1							
〃　ミニマム付件数													0							
平成7年度総件数	1	1	7	1		1							11							
〃　ミニマム付件数													0							
平成8年度総件数						1		1					2						2	
〃　ミニマム付件数						1		1					2							
平成9年度総件数													0						2	
〃　ミニマム付件数													0						1	
平成10年度総件数													0						—	—
〃　ミニマム付件数													0						—	—
平成4年度～平成10年度総件数累計	2	2	7	1	0	2	0	1	0	0	0	0	15		2.1	3	3	3.5	5	0.8
〃　ミニマム付件数	0	0	0	0	0	1	0	1	0	0	0	0	2	0.13	0.3				1	0.2

（注）その他の実施料：実施料率以外の実施料（例えば、従量実施料、定額実施料等）のもの。

31．他に分類されない製造業・産業の技術

この技術分野は、日本標準産業分類F33、F344、F346、F347、A、B、C、D、G、H、I、J、K、L、M、Nに関連する技術を扱う。農業･林業･漁業の技術、鉱業技術、武器製造技術、ペン・鉛筆・絵画用品・その他の事務用品製造技術、漆器製造技術、麦わら帽子等わら工品・畳・うちわ・扇子・ちょうちん・ほうき・ブラシ・傘・マッチ・喫煙用具・魔法瓶等生活雑貨製品製造技術、看板・モデル・模型等他に分類されない製造技術、その他すべての民間でのサービス業に関連する技術及び公務関連技術等である。

図２－31－１、２－31－２は、この技術分野における外国技術導入契約の実施料が、許諾製品の出来高にリンクした料率表示であったものの年（年度）別契約件数を、イニシャル・ペイメント条件の有り・無しに分けて、実施料率別にグラフ化したものである。

また、**表２－31－１、２－31－２**は、上記のデータに加え、さらにミニマム・ロイヤルティ条件付件数データと、最近の10年間（昭和63年度～平成９年度）の、外国技術導入契約の実施料が料率以外のもの（例えば、従量実施料、定額実施料等）であった契約件数データを、それぞれ「ミニマム付件数」及び「その他の実施料」として表したものである。

○契約件数について

図２－31－１、２－31－２及び**表２－31－１、２－31－２**が示すように、この技術分野における外国技術導入契約の平成４年度～平成10年度の７年間の件数は、イニシャル有りが63件(9.0件／年)、イニシャル無しが206件（29.4件／年）である。これは、昭和63年度～平成３年度の４年間と比較すると、イニシャル有りが10.5→9.0件／年、イニシャル無しが16.3→29.4件／年と、イニシャル有りではほぼ同数であるものの、イニシャル無しでは大きく増加している。イニシャル無しの契約件数は他の技術分野と比較しても多い。

また、平成４年度～平成10年度のミニマム付件数の全体に占める割合については、イニシャル有りが0.27、イニシャル無しが0.59であり、イニシャル無しの0.59は他の技術分野と比較して高めである。

平成４年度～平成９年度のその他の実施料の件数については、イニシャル有りが20件(3.3件／年)、イニシャル無しが33件（5.5件／年）であり、いずれも減少している。

○実施料率について

実施料率の平均値については、平成４年度～平成10年度はイニシャル有りが5.8%、イニシャル無しが8.6%であり、昭和63年度～平成３年度と比較すると、イニシャル有りが4.9→5.8%、イニ

シャル無しが8.3→8.6%と、いずれも若干上昇している。実施料率の平均値はイニシャル有り、無しとも他の技術分野と比較して高く、イニシャル有り、無しの合計では「20. 電子計算機他」に次いで2番目の高率である。

平成4年度～平成10年度は、実施料率8%以上の契約が、イニシャル有りについては21件(3.0件/年)、イニシャル無しについては47件(6.7件/年)あった。イニシャル無しについては、50%以上の契約が13件あったのが目に付く。昭和63年度～平成3年度の4年間と比較すると、イニシャル有りでは1.0→3.0件/年、イニシャル無しで3.5→6.7件/年となっており、いずれも増加している。

この技術分野に含まれる技術には、属性をまったく異にするものが多数ある。他の技術分野に含まれないもの、若しくは複数の技術分野に跨るもの等の全てを収容する“その他雑”として設けられた区分であるためである。

したがって、同一属性の技術ごとに全部を整理し、属性ごとの傾向を捉えることは困難である。しかしながら、全技術分野中2番目に高い実施料率の平均値であるので、その要因たる実施料率8%以上の高率事例について分析する。

○高率契約について

表2－31－3は、平成4年度～平成10年度の実施料率8%以上の契約について、イニシャル有り、無しを合計した68件を技術内容別、技術形態別、実施料率別に集計したものである。ここでは、技術内容を武器製造業、その他の製造業、農林水産鉱業、その他の産業の四つに細分し、技術形態は、特許等の技術(商標を伴うものを含む)と商標のみの二つに分類した。

表2－31－3から分かるように、実施料率8%以上の契約68件のうち、武器製造業が7件、その他の製造業が20件、農林水産鉱業が3件、その他の産業が38件であった。半数以上をその他の産業が占めており、次いでその他の製造業が多い。

また、技術形態別に見ると、技術関連が21件、商標関連が47件と、7割弱が商標関連である。商標関連は、技術内容がその他の製造業、その他の産業の契約のみである。

実施料率の分布を見ると、21%以上の高率の契約は、17件中15件がその他の産業であり、このうち13件は商標関連であった。

このように、この技術分野の実施料率が8%以上の契約は、その他の製造業とその他の産業の商標関連が中心であるが、具体的には前者には傘の商標が多く、後者にはサービス業に関連する各種商品の商標が多かった。

なお、この技術分野には実施料率が50%以上の契約が計13件あったが、これらの内容は、サービス業の各種商品の商標が11件、喫煙具の商標と金融商品の投資に関するものが各1件であった。

○関連判決

この技術分野の実施料率に関連した判決を紹介する。

・「表札」:昭和52(ワ)1508(S55.6.17大阪地裁、損害賠償請求事件)

実用新案権者が自らその権利を実施していない場合の損害額は、実施料相当額であるとされた事例である。

・「パンチパーマ用ブラシ」：昭和57（ワ）7035（S59.12.20大阪地裁、損害賠償等請求事件）

完全独占的通常実施権者には差止請求権は認められないが損害賠償請求権は認められるとされた事例である。

・「樹木の移植工法及びその装置」：昭和63（ワ）1683（H5.4.23千葉地裁、約定実施料支払請求事件）

原告の所有する本件特許（樹木の移植工法及びその装置／特公昭57-55371）の実施許諾に伴う約定実施料（請け負った工事の請負出来高の20%）について、請負出来高は被告が本件特許を実施した製品を使用して請け負った工事全体か、請け負った工事全体のうちの抜取りから植穴まで運ぶ工事部分の請負出来高か、が争われた事例である。

・「ガスライター」：平成5（ワ）20005、平成9（ワ）982（H10.7.24東京地裁、損害賠償等請求事件）

原告会社に対して被告による本件実用新案（ガスライター／実公平5-18609）の侵害を認め、通常実施料率を6%と認定し、通常実施料相当額の支払いを命じた事例である。

図２－31－１　他に分類されない製造業・産業の技術（イニシャル　有）の実施料率別契約件数

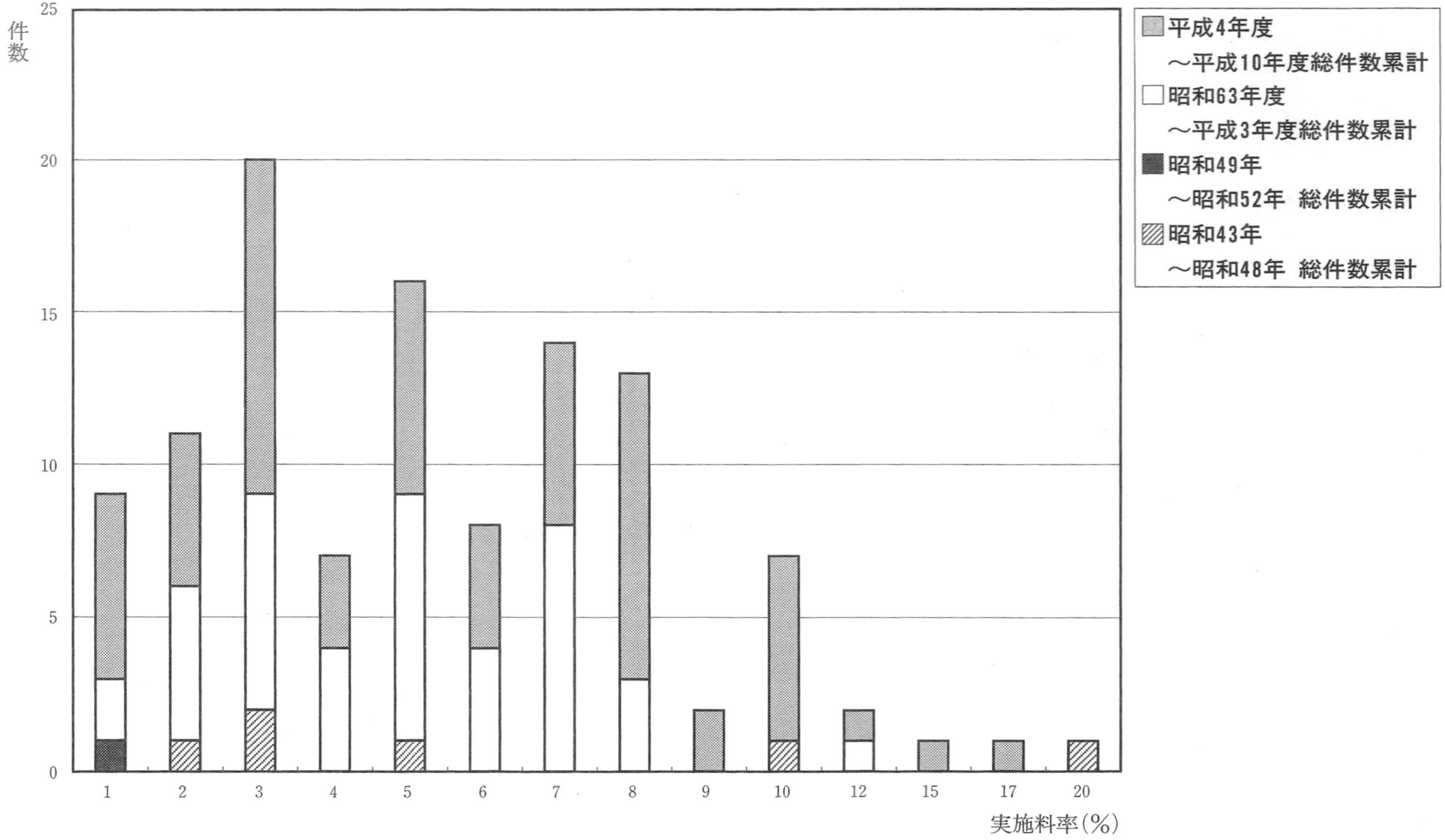

表２－31－１　他に分類されない製造業・産業の技術（イニシャル　有）の実施料率別契約件数

期間(年/年度)＼契約件数	実施料率(%) 1	2	3	4	5	6	7	8	9	10	12	15	17	20	合計	ミニマム付割合	年平均件数	最頻値	中央値	平均値	その他の実施料 件数	年平均
昭和43年～昭和48年　総件数累計		1	2		1					1				1	6		1.0	3	4	7.2	—	—
															0						—	—
昭和49年～昭和52年　総件数累計	1														1		0.3	1	1	1.0	—	—
〃　ミニマム付件数															0	0.00	0.0				—	—
昭和63年度～平成3年度総件数累計	2	5	7	4	8	4	8	3			1				42		10.5	5	5	4.9	19	4.8
〃　ミニマム付件数		1	1	1	2										5	0.12	1.3				4	1.0
平成4年度総件数	1		2		2	2		7		1					15						3	
〃　ミニマム付件数	1		1												2							
平成5年度総件数			2		1		1	2		1					7						4	
〃　ミニマム付件数			1					1		1					3							
平成6年度総件数	1	1		1	1						1				5						3	
〃　ミニマム付件数	1	1													2							
平成7年度総件数		2	3		1		2		1	1		1	1		12						4	
〃　ミニマム付件数									1	1					2							
平成8年度総件数	1	2		1	1	2	1	1	1	3					13						2	
〃　ミニマム付件数					1	1				1					3							
平成9年度総件数	1		4	1	1		1								8						4	
〃　ミニマム付件数			2	1			1								4						2	
平成10年度総件数	2						1								3						—	—
〃　ミニマム付件数							1								1						—	—
平成4年度～平成10年度総件数累計	6	5	11	3	7	4	6	10	2	6	1	1	1	0	63		9.0	3	5	5.8	20	3.3
〃　ミニマム付件数	2	1	4	1	1	1	2	1	1	3	0	0	0	0	17	0.27	2.4				2	0.3

（注）その他の実施料：実施料率以外の実施料（例えば、従量実施料、定額実施料等）のもの。

図２－31－２　他に分類されない製造業・産業の技術(イニシャル　無)の実施料率別契約件数

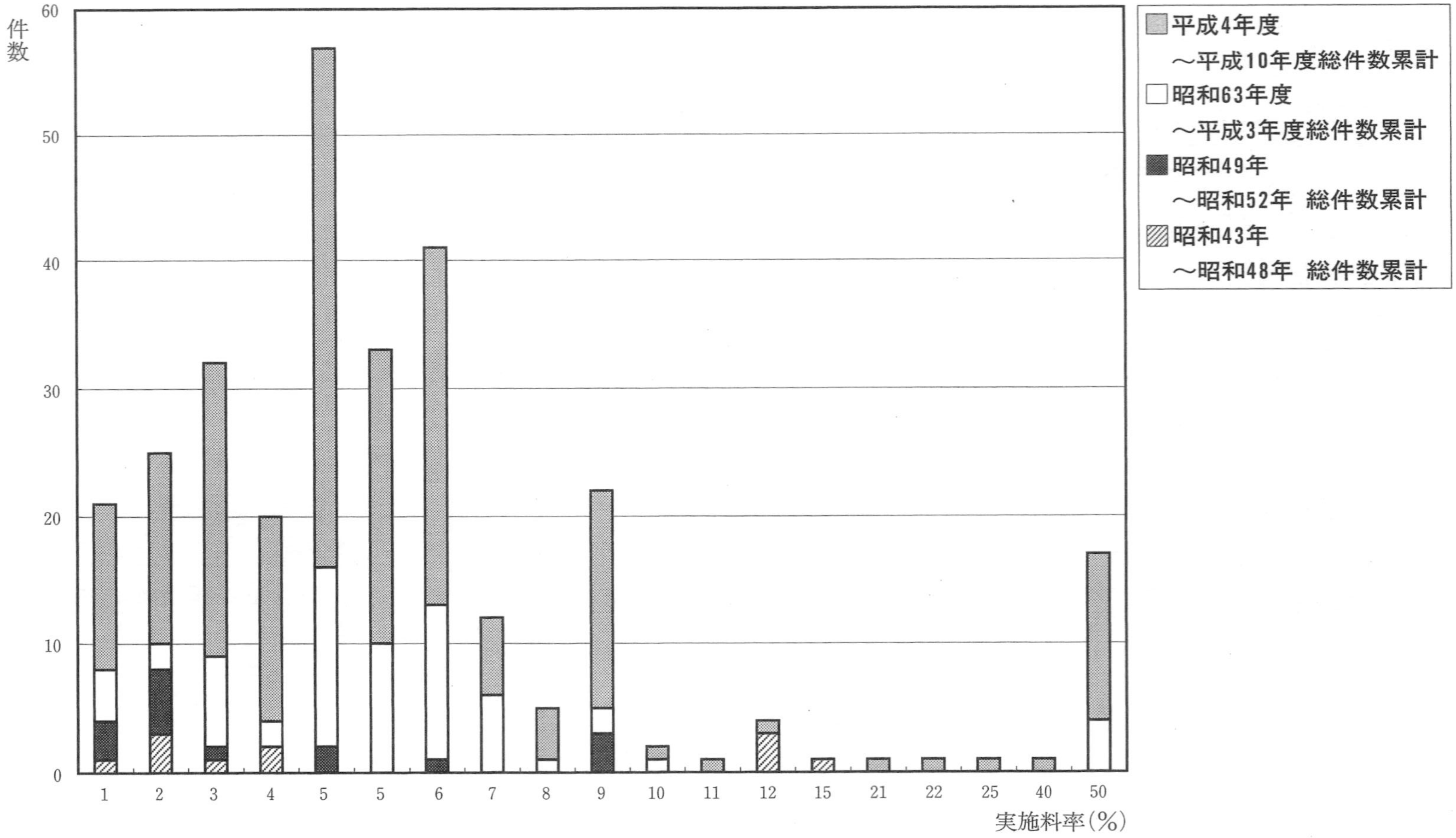

表2−31−2　他に分類されない製造業・産業の技術(イニシャル　無)の実施料率別契約件数

期間(年/年度) ＼ 契約件数	実施料率(%) 1	2	3	4	5	6	7	8	9	10	11	12	15	20	21	22	25	40	50	合計	ミニマム付割合	年平均件数	最頻値	中央値	平均値	その他の実施料 件数	年平均
昭和43年～昭和48年　総件数累計	1	3	1	2									3	1						11		1.8	2・15	4	7.5	—	—
																				0						—	—
昭和49年～昭和52年　総件数累計	3	5	1		2		1			3										15		3.8	2	2	4.2	—	—
〃　ミニマム付件数	1	1	1				1			1										5	0.33	1.3				—	—
昭和63年度～平成3年度総件数累計	4	2	7	2	14	10	12	6	1	2	1								4	65		16.3	5	6	8.3	22	5.5
〃　ミニマム付件数			4	1	10	7	11	5	1	1										40	0.62	10.0				4	1.0
平成4年度総件数		2	2	1	2	2	6		1	3						1			1	21						5	
〃　ミニマム付件数		1	1	1	2	2	6		1	2									1	17						4	
平成5年度総件数	2	2		1	5	3	2		1										1	17						5	
〃　ミニマム付件数		1			2	1	1		1											6							
平成6年度総件数	1	1	4	1	2	2	3	1	1	2			1						3	22						6	
〃　ミニマム付件数			1		1	1	1	1	1	1			1						2	10							
平成7年度総件数	3	1	2	3	2	3	6			2									1	23						1	
〃　ミニマム付件数		1	1	1	2	2	6			2										15						1	
平成8年度総件数	4	2	4	6	13	5	5	2	1	6		1			1			1	4	55						4	
〃　ミニマム付件数	1		3	4	9	4	4	1	1	4										31						1	
平成9年度総件数	2	6	5		7	5	1	2		3	1								1	33						12	
〃　ミニマム付件数	1	1	4		6	5		2		2	1									22							
平成10年度総件数	1	1	6	4	10	3	5	1		1							1		2	35						—	—
〃　ミニマム付件数			3	2	9	3	3			1										21						—	—
平成4年度～平成10年度総件数累計	13	15	23	16	41	23	28	6	4	17	1	1	1	0	1	1	1	1	13	206		29.4	5	5	8.6	33	5.5
〃　ミニマム付件数	2	4	13	8	31	18	21	4	4	12	1	0	1	0	0	0	0	0	3	122	0.59	17.4				6	1.0

(注)その他の実施料:実施料率以外の実施料(例えば、従量実施料、定額実施料等)のもの。

表2−31−3　他に分類されない製造業・産業の技術の実施料率8％以上の契約件数(平成4年度～平成10年度)

技術内容 ＼ 技術形態・実施料率	商標のみ 8～10	11～20	21～40	41～	商標計	技術のみ 8～10	11～20	21～40	41～	技術計	総計
その他製造業	15	1		1	17	1	1	1		3	20
武器						7				7	7
その他の産業	14	3	3	10	30	5	1		2	8	38
農林水産鉱業						3				3	3
総計	29	4	3	11	47	16	2	1	2	21	68

付　　　録

A．実施料（率）を決める（特許権等を評価する）国の方式

B．複利現価率表

C．複利年金現価率表

A．実施料（率）を決める（特許権等を評価する）国の方式

実施料（率）を設定する際のガイドラインの一つとして、しばしば参照されてきたものに特許庁の定めた国有特許権実施契約書があった。国有特許権実施契約書は国有特許のライセンスを中心に広く適用されてきたものであるが、その後の知的所有権を巡る周囲の状況の変化に伴い、平成10年6月に新たに特許権等契約ガイドラインが制定されることとなった。

以下、これらの国有特許権実施契約書、特許権等契約ガイドラインを紹介する。

A－1　国有特許権実施契約書について

国有特許権実施契約書は、国等の公的機関の研究から派生する国有特許等を民間が実施する場合に適用されるのが普通である。公的な研究費用を使用した国民の財産である成果物を民間が実施するため、当該民間企業と国民の利益の衡平が必要となる。

国有特許権等の民間への実施許諾において、国等が対価を被許諾者に支払わしめることは、この衡平のための手段であって、別な観点からすれば国有財産を管理する者の義務である。

したがって、国有特許権実施契約書は被許諾者の売り上げとか利益に帰順したものではなく、許諾される特許発明等（技術）の実施価値を基準にしたものである（国有特許権実施契約書の2国有特許実施契約説明書の第5条参照）。この方式は、民間のようにライセンシー等の実施利益を基準として事態を処理するものでなく、国のあるべき姿への明確なビジョンに立っている。国有特許の利用方法として歴史的にも重要な意味を持つものと解される。

実施料（率）を決める（特許権等を評価する）国の方式

(1)　特許庁方式（国有特許権実施契約書〈実施料算定方法〉）

国有特許権実施契約書

官有特許運営協議会決定
昭和25年2月27日特総第58号
改定、昭和42年5月26日特総第533号
改定、昭和47年2月9日特総第88号
特許庁長官通牒

目　次

附　　記

国有にかかる特許発明の実施許諾について可及的に各政府機関の統一をはかる必要性から、特許庁においては、官有特許運営協議会に諮り、国有特許権実施契約書及び実施料算定方法を作成し、昭和25年2月27日付、特総第58号特許庁長官通牒をもって各省庁に通知した。以来、この契約書および算定方法の遵守方を要望してきたが、この度、諸般の事情から国有特許権実施契約書の一部を改正する必要が生じたので、各省庁特許担当官連絡会議（昭和42年3月31日開催）に諮り、同契約書の一部を改正し、昭和42年5月26日付、特総第533号特許庁長官通牒をもって各省庁に通知した。

国有特許権実施契約書については、国有特許発明の実施許諾にあたり、必要と思われる点を網羅したつもりであり、実施料算定方法については、理論的には種々の困難が伴い、必ずしもこの算定方法が満足すべきものではないが、現状においては、最小限度の必要を充すものと考える。

現在、民間において、実施許諾をされるにあたって、契約書内容の不備等が原因して特許権者と実施権者との間に紛争が生じ、特許発明の円滑な運用を妨げている事例が少くない。一般の特許発明の実施許諾の場合にも、本契約書が参考となり、特許発明の円滑な運用の促進に役立てば幸甚である。

ただし、実施料算定方法の3．基準率は、国有特許なるが故に一般民間の率より幾分低く設定してある。

なお、本契約書には、まだ不備な点が幾多存すると思われるので、実際の運用の際、気付かれた点および改正を必要と思われる点等については、当庁総務部総務課まで連絡されるようお願いする。

1．国有特許権実施契約書

○○（甲）と○○（乙）は左の条項によって特許権実施の契約をする。

第1条　甲は左の特許発明の実施を乙に許諾する。

特許番号

発明の名称

第2条　この契約に於ける実施権の範囲は左の通りとする。

期　　間

内　　容

第3条　甲はこの特許発明の実施を乙以外の者にも許諾することがある。

第4条　乙はこの契約締結の上は、自己の費用を以て、実施権の登録手続をすることできる。

第5条　乙は甲に対して実施料としてこの実施契約期間中、左の基準によってこれを支払う。

基準例	1．売上金額の		％
	2．生産数量	×	○円也（単位当り歩合）
	3．販売数量	×	○円也（　〃　）
	4．使用件数	×	○円也（　〃　）
	5．利益金額の		％

前項の実施料は経済事情その他に著しい変化を生じた場合は甲、乙協議の上これを変更し、協議ととのわない場合はこの契約を解除することができる。

この発明の特許権が無効となった場合においても既に支払われた実施料は返還しない。

この発明の特許権の無効審判請求のあった場合及び前項の場合においては甲は乙に通知するものとする。

第6条　前条の実施料は○期にわけて甲の告知により支払うものとする。

第7条　乙は甲に対して1年を○期間に分け、当該期におけるこの特許発明の実施による製品の生産数量、販売数量、売上金額及び利益金額を当該期終了後○日以内に報告しなければならない。

前項の期間は国の会計年度の○期制による。

第8条　法律の定める所により、実施権の移転その他の変更が生じた場合には、乙および承継人は遅滞なく甲に届け出でなければならない。

前項の場合を除き乙は実施の事業の主体を変更するような法律上並びに事実上の行為をする

ことはできない。

第９条　乙はこの特許発明の実施による製品に当該特許の表示をするよう努めなければならない。

第10条　甲は随時必要に応じて、乙からこの特許発明の実施状況その他実施に必要な事項について報告を求め、又は職員を派遣して実施に関する帳簿書類その他の物件を調査することができる。

第11条　特許権の侵害があった場合は、甲は乙の申出により遅滞なくその排除の手段を講ずるものとする。

第12条　次の各号の一に該当するときは、甲又は乙は解約の申し入れをすることができる。この場合にはこの契約は解約申し入れの後○月の期間を経過したとき終了する。

１．この契約第２条、第５条および第11条に違反したとき。

２．この特許発明の実施について虚偽の報告その他不法の行為があったとき。

３．この特許発明の実施の成績が妥当でないとき、又は正当の理由なくして実施しないとき。

この契約の締結が虚偽の表示その他事実に反する報告にもとづいてなされたことを一方が知ったときは、ただちにこの契約を解除することができる。

第２項の場合において、当事者の一方に故意又は過失があるときは、損害賠償の請求をすることができる。

第13条　第２条に定めたこの契約の期間満了したとき、又は第５条第２項により契約を解除したときに、この特許にかかる生産物であって、実施料未納のものを、乙が所有もしくは占有する場合は、実施権の消滅にかかわらず、乙はその生産物に対応する実施料を支払わなければならない。

前項の場合において、支払い債務履行に必要な範囲内で、当事者は、なお、この契約に定める権利を有し義務を負う。

第14条　前条に規定する債務履行の方法その他の契約の細目については附属書でこれを定める。附属書は経済事情その他に著しい変化を生じた場合は甲乙協議の上これを変更することができる。

協議調わない場合は従前の附属書を継続する。

２．国有特許権実施契約説明書

この契約書は国有特許権を実施許諾するに当り、基本となるような諸条項をあげて一応の範型をつくったものである。個々の場合においては、この契約書の範囲に入らない様な場合、或いはこの契約書通りでは不便な場合も生じるであろうから、その際は、この契約書を参考としつつ必要な条項を設ければよい。要するに、この契約書に余り拘束される必要もないが、さればといって全く独自のものをつくることは、国有特許の実施の態様を乱脈にさせるから好ましくない。

以下条をおって簡単に説明する。

第１条　説明略。

第２条　実施権の期間は特許権の存続期間と一致させるのを原則とするが、期間の項は、単に特許権の存続期間中というように記入しないで、例えば昭和24年６月１日より昭和30年12月31日までというように期日を明確に記入する。

内容の項には特許発明の応用範囲を記載すること。即ち特許法第２条第３項および第68条は、特許権につきその効力および権利行使の諸態様を規定しているが、この中の如何なる態様において実施許諾をするかを、疑義のおこらぬように明瞭にすることが必要である。応用の範囲、もしくは実施の対象、あるいは数量、販路等に制限を設ける場合は、その旨記載しなければならぬが、みだりに不当な制限を設けて、独占禁止法の精神にそむくような結果をきたさないよう注意が必要である。

第３条　は実施権の種類に関する条項で、この契約が通常実施権契約であることを示しており、専用実施権契約の場合には、この条項を削除し、第１条を「甲はこの特許発明について乙に対し専用実施権を設定する」とすればよい。

なお、参考までに付け加えると、国有特許権は、国の行政目的に使用されるものを除き、他はすべて普通財産とされており、その管理および処分は、無体財産という性格上、各所管の長に任せられている（昭和25年10月25日付、蔵管第4369号）。

第４条　は実施権の登録に関する条項で、乙はできるだけ実施権の登録をすることがのぞましい。登録は乙の利益のためであるから、甲は強制する必要はない。

第５条　は実施料の算定に関する条項である。実施料の算定基準を適正に定めることは、実施契約の履行のために最も重要なポイントであるが、特許権が無体財産権であり、かつその実施の態様が複雑多岐にわたるので、その算定基準にも種々の定め方がある。よってその典型的と思われる数例を記載しておいたが、具体的な各々の場合に適応して妥当性を欠かないように注意しなければならない。

なお、蛇足ではあるが、実施契約及び実施料の性質について一言つけ加えておく。許諾による実施契約は、当事者の一方が相手方に特許発明の実施を為さしめることを約し、これにより相手方は特許発明の実施を要求しうる請求権を取得するという一種の債権契約である。この場合、相手方が実施料を払うことを約すれば、実施契約は民法上の賃貸借に類似した契約となる。従って、実施料は理論的にはその特許発明の使用に対して支払う反対給付であって、実施料算定の基礎および料金額の決定は、特許発明の使用の程度、使用の結果生ずる生産物の品質、数量、価格等を基準にして行われるのが理論的にみれば当然であり、売上とか利益とかを基準とするのは例外である。しかしながら、特許発明の実施は通常営利企業がこれを行うものであるから、実施料の算定も実際の慣行は理論通りに行われないことも多く、場合により種々のモディフィケーションをこうむる。生産しても売れない場合、売掛金が多くて現実の収入が少ない場合、生産し、販売しても利益の上らない場合等に、実施権者たる企業の側は、これら現実の収益をあげえない生産部分等に対して実施料の減額を請求してくる。しかし、実施料は前述したように、特許発明の実施ないし実施にかかる生産物に対して支払うべきものであることを留意した上、特許権者がどの程度譲歩すべきかは個々の具体的判断によるべきである。例えば、後述基準例の１で述べる売上金額についても、必ずしも純然たる売上金額のみでストック品はこれを加えないという解釈でなく、多量のストックが生じた場合とか、契約期間の最終年度、最終期の生産物等で売上は契約消滅後にあらわれるというような場合については、その取り扱いには相当の幅をもった解釈をすべきである。

基準例の１　は特許にかかる生産物の売上金額を基礎にして、これに一定比率を乗じ、実施料金を算出する方法で今日最も普通に行なわれている。帳簿上で直ちに数字を押えられること、物価指数に応じて実施料金がスライドすること等の便がある。しかし、この方式には次に述べるように、理論的にみると不正確なところもある。

即ち、特許の実施により直接生じた生産物の単位と、営業上の販売単位とは必ずしも一致しない。例えば自動車のクラッチの特許を実施する場合、特許にかかる生産物はクラッチであるが、営業上の販売単位はエンジンもしくは自動車である。この場合、エンジンや自動車の売上金額に一定比率をかけるやり方は、その比率を極めて小さくしても理論的な不正確さは免れない。何となれば、売上金額の大部分は特許にかからざる生産物の代価に相当するのだから。従って、鋼材等の価格変動によりエンジンの価格が変動する場合等のように、特許の実施とは関係ない部分の事情の変動によって実施料額が左右されるに至る。しかし、以上の様な難点にかかわらず、これは最も実際的な方式である。

なお、物品税取引高税等の交通税及び酒税、織物消費税等の消費税、又は荷造、運賃等で、その費用が製品の市場価格に含まれ消費者負担となるものについては、原則としてこれを売上金額中に含ませないものと解すべきであろう。

基準例の２　は特許にかかる生産物の生産数量を基礎とし、一生産単位につき○円として実施料額を算出する方法である。この方式は期間中の純生産数量を問題にする。実施権者の方からみると、ストック品にも当然実施料を支払わねばならないから、企業経営の危険を増大して不利な場合も生ずるであろう。又生産数量を確実に押えることは相当の困難を伴い、実際的でないので普通はあまり行われない。この方式が考えられる特徴は数量を基礎とするところにある。これによって売上金額を基礎とする方式の不正確さはある程度カバーされる。即ち先の例についていえば、クラッチ１組につき○円と決めることができ、特許の実施と関係のない部分が実施料算定の要素として混入するのを防ぐことができる。

なお、本例は委託加工の場合に適用されることが多い。即ち、特許発明を実施して委託加工業を行うような場合に、加工業者は加工数量に応じて加工賃をうるだけであり、売上金額も販売金額も生じないから、この加工数量＝生産数量を基準とするのが便利なことがある。

基準例の３　ここでいうところの販売数量は、前例の生産数量からストック品等を控除した数量に等しく、よって本例は前例１の態様である。従って、先に述べたように実施料は特許権使用の反対給付であり、特許にかかる全生産物を基準として算定すべきであるという理論上の原則に対しては例外的な場合となる。例１の売上金額の場合にもその基準として当然販売数量が考えられるが（単価×販売数量＝売上金額）、本例の販売数量はこれとは一致しない。何となれば、前者は営業上販売単位の販売数量であり、後者は直接特許にかかる生産物の販売数量である。紡績機械（精紡機の錘の如く）は300錘のものでも400錘のものでも販売単価は１台であって、○台の売上○円となる。しかし１台の中にはフレームとか、ホイールとか、附属物をふくんでいる。これに対して本例の販売数量はフレーム等の附属物を排除して、売れた台数ではなく売れた錘数を計算するのである。既に述べたように、前例及び本例では出来る限り特許の実施により直接的に生産された物を捉えようとする点が特徴である。

基準例の４　は売上金額とか、生産の数量の明瞭にあらわれない場合に考えられる。例えば、建築方法や船舶建造方法等の特許を実施する場合とか、発電設備の特許を実施する場合とかであるが、かかる場合にはビルディングや船舶は規則的継続的に生産されるものではない。又、電力を特許の実施による生産物とみるには無理がある。１回の建築、１隻の建造あるいは発電機１台の設備を使用件数１件と計算し、１件につき○円として実施料を算定する方が前例３あるいは前例５によるよりも妥当である。しかし、このような場合は、継続的に実施料を納入することを前提とするこの契約書の方式によるよりも、むしろ使用１件毎に１回払いの契約とすることがより実情に即している場合が多い。特許にかかる装置や方法、方式の使用のみを目的とする実施契約の場合はこの例にはいることが多い。

なお、１回払いの契約書の方式はこの契約書の方式に拘束される必要はない。

基準例の５　の利益金額を基礎にする方法は、利益金額の確定に困難がありあまり用いられない。

以上概略的な説明をしたが、売上金額、生産数量、販売数量、使用件数、利益金額の確定方法については、なお、実施料算定の更に細い基準を作成するからこれを参考にせられたい。

第５条第２項は、実施料算定基準に対する事情変更の原則の適用である。経済情勢の変動により実施料額が著しく不当になった場合には、当事者は本項の協議を請求し、協議によって妥当な基準を定め、契約関係の円滑をはかるべきである。しかし、不幸にして協議ととのわぬときは、契約を解除しうるものとしたが、解除の効果を即時発生せしめると不都合な場合が多いから、適当な期間をおいた方がよいであろう。その期間は当事者が決めればよい。

第３項は、特許権が無効審判その他で無効になった場合、甲は既に受領した特許料を返還しないことを定めたものである。この規定がなければ、無効の結果は、特許権が始めより存在しないものとされるのであるから、法律上は、特許料を返還しなければならなくなる。

第４項は、無効審判請求のあった場合および無効となった場合、直接利害関係者である乙に通知すべきことを定めたもので、当然の規定である。

第６条　は実施料の納入に関する条項で、１年を当事者の都合のよい期に分けて（分けなくてもよい）納入するように取決める。実施料の納入に当っては、甲の発行する納入告知書によって、定められた期日迄に納入するのである。

第７条　は特許発明実施にあたり、特許権者が実施料の基礎となる数字を明確に把握しうるように、実施権者の定期的な報告義務を定めたものである。従って、第７条は生産数量、販売数量、売上金額、利益金額等すべてについて報告をとるという意味ではなく、第５条の基準を例１にとるか例２にとるか等により、報告すべきデータも自らきまってくる。具体的契約に際し、特に必要と思うものを定期的に報告すべきものとして決めるべきである。

第８条　第１項は実施権の移転、その他の変更に関する規定である。特許法第94条第１項および第３項の規定により、特許法第92条第２項、実用新案法第22条第２項又は意匠法第33条第２項の裁定による通常実施権を除き、実施権の移転が認められているのは実施の事業とともにする場合、特許権者の承諾を得た場合（特許法第83条第２項の裁定による通常実施権の場合を除く。）および相続その他の一般承継の場合である。第１の場合はこれを認めないと事業の譲渡が実質的に無意味になるような場合も生じ、流通を阻害し取引の安全を害するので、事業とともにする実施権の移転は法律上これを当然なしうるものとしたのである。第２の場合は実施権の性質上当然のことであり、第３の場合は一般承継の性質上当然のことである。なお、実施権は質権を設定することができ、質権の設定により実施権が移転する場合も考えられるが、質権の設定には特許権者の同意を要する。以上述べたようにして実施権が移転した場合（特許権者の承諾による場合を除き）は、実施権移転の登録をしなければ、承継人（丙）は甲に対しても対抗しえない。移転登録をすれば、丙は登録の範囲内で甲に対する実施権者となるが、契約の細目については、あらためて協議するかあるいは従前のものを引きつぐかは甲丙間の合意による。

契約書第８条第１項でいうところの「法律により実施権の移転その他の変更が生じた場合」とは、前述したような法律の規定による実施権の移転等をいうのである。適法に行われる移転については、甲はこれを阻止することはできないが、そのままにしておくと、甲は契約当事者の変更を適確かつ速かに知ることができないから、ここに乙および丙の届け出の義務を定めたのである。乙および丙は、この届け出をすれば、甲に対する関係においては対抗力を生ずる。即ち、甲は届け出後は乙に実施を請求することができないし、又丙に対しては実施を認めなければならない。

第２項は第１項の場合を除いて、実施の事業は厳重に最初の契約当事者たる乙をして行わしめようとする趣旨である。甲は乙の能力、資格、技術等を信用してこれに実施許諾したのだから、実施権者が変ることはのぞましくない。又、甲は実施につき適当な能力さえあれば乙以外のものにも許諾するのだから、実施権の移転を認めなくても、実際上それ程の不都合を生じないので、本項を設けたのである。

第９条　は特許表示に関する条項で特許権者、実施権者は物の特許発明におけるその物、もしくは物を生産する方法の特許発明におけるその方法により生産した物、又はその物の包装にその物又は方法の発明が特許に係る旨の表示を附するように努めなければならない。（特許法第187条）

物の特許発明においては「特許」の文字にその番号を、方法特許においては「方法特許」の文字にその特許番号を附ける（特許法施行規則第68条）。装置に関する特許の場合、その装置より生産される物には特許の表示をする必要はない。

第10条　特許発明実施の適正を期すために、甲はいつでも実施の状況を知りうることが必要である。第７条は実施料算定に直接関係のある事項を定期的に報告することを定めたものであるが、本条は随時に必要な事項について報告を求め、又は職員を派遣して調査しうること、かつ乙はこれに対して協力しなければならないことを定めた。

第11条　特許権の侵害は今日しばしばおこる犯罪である。特許権の円滑な運用のために、かかる侵害を未然に防止することの必要性はいうまでもないが、侵害がおこった場合、速かにこれを摘発して犯罪者を法の裁きに服せしめることが必要である。しかるに、特許法においては特許権侵害の罪は特許権者の親告罪としているので、実施権者は侵害により損害を蒙っても、特許権者が告訴しなければ拱主傍観するより外ない。これでは不合理であるので、本条では乙の申し出により、甲は遅滞なく排除の手段（主として告訴）を講ずるものとしたのであり、実施契約が双務契約である性質上当然の規定である。

なお、専用実施権については、専用実施権者は自ら侵害行為に対して差止請求権等を持っているので、この条項は必要とはされない。

第12条　第１項は相手方がこの契約を誠実に履行しなかったり、履行を遅滞した場合の解除権の行使に関する条項である。条約の効力、解除権の行使等については、この契約に特に定めてある外は、民法の一般原則に従うことはいうまでもない。

なお、民法では普通の契約について一方が解除権を行使すると、各当事者は相手方を原状に復せしめる義務を負うのを原則とする（民法第545条）が、賃貸借とか、雇傭とかいうような継続的関係に於ては、契約の効果は将来に向ってのみ生ずる（例えば民法第620条）。民法においては両者いずれの場合も、契約の解除あるいは解約等の言葉を用いて形式的に区分していない。

特許権の実施契約は、賃貸借と同様継続的法律関係であるから、解約の効果も将来に向ってのみ生ずるのであり、普通の解約のように遡及的に契約の効果を消滅せしめ、相手方を原状に復せしめる義務を生ぜしめるものではない。この点誤解のないように注意されたい。

契約当事者は、本条第１項の各号の一に該当するようなことがおこった場合には、相手方に解約の申し入れをすることができ、申し入れのときより相当期間経過すれば契約関係は将来に向って消滅する。解約の効果を申し入れと同時に発生せしめず、相当期間を置いたのは、この間に甲乙間の債権債務関係を決済せしめるため、及び、実施の事業廃止に伴う措置を講ずる余裕を与えるためである。従って、その期間は大体６ヶ月位を最高とし、適当に定むべきである。なお解除権はみだりに行使すべきではなく、契約不履行に相当の事由があるときとか、暫くまてば義務を果すことができるようなときには、これは十分考慮しなければならない。本条の解釈には相当のふくみをもたせることが必要である。

次に実施契約は双務契約であるから、当事者は民法第533条に規定する同時履行の抗弁権を有することに注意しなければならぬ。例えば、もし甲が第11条に定める義務を履行せず、重大な侵害を見逃しているときは、その義務履行まで乙は実施料の支払いを拒むことができる。これは第５条及び第６条違反ではあるが、民法第533条による同時履行の抗弁権の行使であるから、第12条第１号に該当するものとならず、甲は解除権を行使することができない。

第１項第２号は、故意に虚偽の報告をして実施料を逃れようとしたり、その他甲を詐害するような行為があったとき、および、この特許を実施するにあたり取締法規に違反したり、公序良俗を害するような行為があった場合で、その違反等が相当重大であるとき、というような意味である。

第１項第３号については、実施の成績が「妥当であるかないか、実施をしないことにつき正当の理由があるかないかの認定は、相当に幅をもたすべきである」ことは前に述べた。

第２項は契約の締結に際して意思表示が完全でなく、無効原因又は取消原因があるような契約の効力に関する条項である。かかる契約の効力については、民法第１編第４章の法律行為に関する一般原則によるのであって、この条項は注意的にのべたに過ぎない。なお、本項の契約の解除の効力が遡及して契約を消滅せしめるものであるか、それとも将来に向ってのみ契約関係を消滅せしめるものであるかは、具体的場合に応じて判断すべきである。

第３項は損害賠償の請求に関する条項である。これについてもすべて民法の一般原則に従う。

第13条　は契約期間が満了したときの経過規定的条項である。満了のときに、実施権者の手もとにあるところの、特許にかかる生産物に対応する実施料等は、契約が消滅しても支払われるべきである。なお、支払いを怠っていた実施料等については債務が残ることはいうまでもない。債務の額がすでに確定している場合には可及的速かにこれを支払うべく、未だ生産物が仕掛品に止まっていたり、販売されていなかったりして第５条を適用できず、実施料の額が確定されるに至らないときは、概算でこれを支払わしめるか、第５条の基準を適用しうる時までまって確定実施料額を納入せしめるか、それらの細目については附属書で決めておけばよい。

第２項は契約期間満了後も残存債務履行のために、必要な権利義務（例えば第10条、第14条等に定めるもの）は残しておく必要があるので設けた条項である。

第14条　は附属書に関する条項である。第５条、第９条、第13条等に定めている事項について、技術的な細目にわたる項目は附属書で決めた方が便利である。しかし、附属書に決めた事項については、事情の変更に応じ、協議の上随時変更して契約関係の円滑をはかるべきである。

３．実施料算定方法

１．基　本　額

　１．販売価格及び生産数量の明確なものには販売単価に生産数量を乗じたもの。

　２．販売価格及び販売数量の明確なものには販売単価に販売数量を乗じたもの。

　３．発明考案によって得た価値又は価値の増加（費用の低減を含める）を金額に見積ってこれに利用件数を乗じたもの。

　４．発明考案によって得た価値又は価値の増加（費用の低減を含める）を金額に見積ってこれに生産数量を乗じたもの。

　５．発明考案によって得た価値又は価値の増加（費用の低減を含める）を金額に見積ってこれに販売数量を乗じたもの。

　６．製品を販売することによって得た利益金額。

２．上の六項目のうちそれぞれ事業に適したものを基本額として選定し、それに更に次式によって実施料の率を算定する。

実施料の率＝基準率×利用率×増減率×開拓率

但し、次の計算の結果その率が１％以上のときは10分の１の桁を二捨三入或いは七捨八入してその桁を０か５とする。

１％未満のときは100分の１の桁を四捨五入する。

3．基　準　率

種　　別	販売価格を基礎とする場合	価格又は価値の増加或は利益金額を基礎とする場合
(イ)　実施価値上のもの	４％	30％
(ロ)　実施価値中のもの	３％	20％
(ハ)　実施価値下のもの	２％	10％

4．利　用　率

発明又は考案（以下発明と言う）がその製品において占める割合であって発明がその製品の全部であるときは100％とする。

但し、方法又は方式の応用が製品の一部分であっても、その製品全体が創意的で装置又は物として特許価値が認められるときは利用率を100％とする。

改良発明又は部分発明の利用率は次の方法で定める。

(イ)　発明の応用部分の価値を基準とすることが適当であるものは、その部分の価格に対して100％とする。

(ロ)　製品全部の価格を基礎とすることが適当であるものは、発明の応用部分と製品全体の価格との割合を利用率とする。

5．増　減　率

増減率は100％を基準とするが、次の場合には50％以内を増し、或は50％未満を減ずることができる。

(イ)　公益上特に必要であるとき。

(ロ)　実施価値が特に大であるか小であるとき。

(ハ)　既に実施され相当高度に実用化されたものを更に他に実施を許諾するとき。

(ニ)　その他特殊の事情があるとき。

6．開　拓　率

100％を基準とする。

但し、次に掲げる場合は、50％以内を減ずることができる。

(イ)　工業化研究に多額の費用を要するとき。

(ロ)　普及宣伝に多額の費用を要するとき。

注）

なお、特許庁方式の計算例は、かつて玉軸受のある測定装置に関する国有特許の民間への通常実施権許諾に関し、数値例が細部を秘して公開されたことのあるほか、多くは企業の秘密を尊重して公開されていない。上記公開例では基準率は３％となっており、次式によって、実施料率は2.4％であった。

３％×100％×100％×80％＝2.4％

(2) 特許庁方式の特徴

実施料（率）を決める特許庁方式は、国等の公的機関の研究から派生する国有特許等を民間が実施する場合に適用されるのが普通である。公的な研究費用を使用した国民の財産である成果物を民間が実施するため、当該民間企業と国民の利益の衡平が必要となる。

国有特許権等の民間への実施許諾において、国等が対価を被許諾者に支払わしめることは、この衡平のための手段であって、別な観点からすれば国有財産を管理する者の義務である。

したがって、特許庁方式は被許諾者の売上げとか利益に基準したものではなく、許諾される特許発明等（技術）の実施価値を基準としたものとなっている（国有特許権実施契約書の2　国有特許権実施契約説明書の第5条参照）。この方式は、民間のようにライセンシー等の実施利益を基準として事態を処理するものでなく、国のあるべき姿への明確なビジョンに立っている。国有特許の利用方法として、歴史的にも重要な意味をもつものと解される。

特許庁がこの方法を公表したほぼ30年後にあたる1979年に国連機関（UNIDO）が刊行し、各国政府に配付した「GUIDELINES FOR EVALUATION OF TRANSFER OF TECHNOLOGY AGREEMENTS」のなかでも、各所に技術やライセンスの評価にあたって国（the regulatory body：監督機関）は、民間のように利益の問題からのみ評価するのでなく、value added（付加価値）の問題を含む幅広いファクターを問題にすべき旨の記載がある。昭和25年当時の表現をもってすれば、まさに“実施価値”そのものとなる。

この国連文書は、わが国の特許庁方式の先駆性を裏付けている。しかし、この方式は、そのままでは民間での使用になじまない部分をもつ。平成4年に当協会研究所が行った関連する調査でも、この方式の民間での使用事例は少なかった。

(3) 国税庁方式（財産評価基本通達〈無体財産権〉）

財産評価基本通達（抜粋）

（昭和39年4月25日直資56直審（資）17
最終改正平成3年12月18日　課評2－4
課資1－6）

目　　次

第一章　総則

第二章　土地及び土地の上に存する権利

第三章　家屋及び家屋の上に存する権利

第四章　構築物

第五章　果樹等及び立竹木

第六章　動産

第七章　無体財産権

第一章　総　則

1　財産の評価については、次による。（平３課評２－４改正）

(1)　評価単位

財産の価額は、第二章以下に定める評価単位ごとに評価する。

(2)　時価の意義

財産の価額は、時価によるものとし、時価とは、課税時期（相続、遺贈若しくは贈与により財産を取得した日若しくは相続税法の規定により相続、遺贈若しくは贈与により取得したものとみなされた財産のその取得の日又は地価税法第２条（定義）第４号に規定する課税時期をいう。以下同じ。）において、それぞれの財産の現況に応じ、不特定多数の当事者間で自由な取引が行われる場合に通常成立すると認められる価額をいい、その価額は、この通達の定めによって評価した価額による。

(3)　財産の評価

財産の評価に当たっては、その財産の価額に影響を及ぼすべきすべての事情を考慮する。

2　共有財産の持分の価額は、その財産の価額をその共有者の持分に応じてあん分した価額によって評価する。

3　区分所有に係る財産の各部分の価額は、この通達の定めによって評価したその財産の価額を基とし、各部分の使用収益等の状況を勘案して計算した各部分に対応する価額によって評価する。

4　天然果実の価額は、元物の価額に含めて評価し、法定果実の価額は、元物とは別に評価する。ただし、これと異なる取引の慣行がある場合又は第二章以下に特別の定めのある場合においては、その慣行又はその定めによって評価する。

4－2　土地、家屋その他の不動産のうちたな卸資産に該当するものの価額は、地価税の課税価格計算の基礎となる土地等の価額を評価する場合を除き、第六章（動産）第二節（たな卸商品等）の定めに準じて評価する。（昭41直資３－19追加、平３課評２－４改正）

5　この通達に評価方法の定めのない財産の価額は、この通達に定める評価方法に準じて評価する。

6　この通達の定めによって評価することが著しく不適当と認められる財産の価額は、国税庁長官の指示を受けて評価する。

第七章　無体財産権

第一節　特許権及びその実施権

140　特許権の価額は、145（権利者が自ら特許発明を実施している場合の特許権及び実施権の評価）の定めにより評価するものを除き、その権利に基づき将来受ける補償金の額の年８分の利率による複利現価の合計額によって評価する。

141　前項の「複利現価の額の合計額」は、次の算式によって計算した金額とする。

(1)　第１年目の保証金年額×１年後の年８分の利率による複利現価率＝Ａ

第２年目の補償金年額×２年後の年８分の利率による複利現価率＝Ｂ

⋮

第Ｎ年目の補償金年額×Ｎ年後の年８分の利率による複利現価率＝Ｎ

(2)　Ａ＋Ｂ＋……………＋Ｎ＝特許権の価額

上の算式中の「第１年目」及び「１年後」とは、それぞれ課税時期の翌日から１年を経過する日まで及びその１年を経過した日の翌日をいう。

142　140（特許権の評価）の定めによって特許権の価額を評価する場合において、その将来受ける補償金の額が確定していないものについては、課税時期前の相当の期間内に取得した補償金の額のうち、その特許権の内容等に照らし、その特許権に係る経常的な収入と認められる部分の金額を基とし、その特許権の需要及び持続性等を参酌して推算した金額をもってその将来受ける補償金の額とする。

143　140（特許権の評価）の「その権利に基づき将来受ける」期間は、課税時期から特許法（昭和34年法律第121号）第67条（存続期間）に規定する特許権の存続期間が終了する時期までの年数（その年数に１年未満の端数があるときは、その端数は切り捨てる。）の範囲内において推算した年数とする。

144　課税時期後において取得すると見込まれる補償金の額の合計額が50万円に満たないと認められる特許権については、評価しない。

145　特許権又はその実施権の取得者が自らその特許発明を実施している場合におけるその特許権又はその実施権の価額は、その者の営業権の価額に含めて評価する。

第二節　実用新案権、意匠権及びそれらの実施権

146　実用新案権、意匠権及びそれらの実施権の価額は、140（特許権の評価）から前項までの定めを準用して評価する。

第三節　商標権及びその使用権

147　商標権及びその使用権の価額は、140（特許権の評価）から145（権利者が自ら特許発明を実施している場合の特許権及び実施権の評価）の定めを準用して評価する。

第九節　営業権

165　営業権の価額は、次の算式によって計算した価額と課税時期を含む年の前年の所得の金額（営

業権の価額が相当高額であると認められる著名な営業権については、その所得の金額の3倍の金額）とのいずれか低い金額に相当する価額によって評価する。

平均利益金額×0.5－企業者報酬の額－総資産価額×0.08＝超過利益金額

$$\text{超過利益金額} \times \text{営業権の持続年数（原則として、10年とする。）に応ずる年8分の複利年金現価率} = \text{営業権の価額}$$

（注） 10年による年8分の複利年金現価率は、6.71である。

166 前項の「平均利益金額」等については、次による。

(1) 平均利益金額

平均利益金額は、課税時期の属する年の前年（法人にあっては、課税時期直前に終了した事業年数とする。）以前3年間の所得の金額を基とし、次の算式によって計算した金額（その金額が、その年の前年の所得の金額を超える場合には、その年の前年の所得の金額とする。）とする。この場合における「所得の金額」は、(2)に定める金額とする。

$$\frac{\text{課税時期の属する年の前年1年間の所得の金額} \times \text{課税時期の卸売物価指数}}{\text{課税時期の属する年の前年平均の卸売物価指数}} \cdots\cdots(1)$$

$$\frac{\text{課税時期の属する年の前前年1年間の所得の金額} \times \text{課税時期の卸売物価指数}}{\text{課税時期の属する年の前前年平均の卸売物価指数}} \cdots\cdots(2)$$

$$\frac{\text{課税時期の属する年の前々前年1年間の所得の金額} \times \text{課税時期の卸売物価指数}}{\text{課税時期の属する年の前々前年平均の卸売物価指数}} \cdots\cdots(3)$$

$$\{(1)+(2)+(3)\} \times \frac{1}{3} = \text{平均利益金額}$$

(2) 所得の金額

所得の金額は、所得税法第27条第2項に規定する事業所得又は法人税法第22条第1項に規定する各事業年度の所得の金額とし、それらの所得の金額の計算の基礎に次に掲げる金額が含まれているときは、これらの金額は、いずれもなかったものとみなして計算した場合の所得の金額とする。

イ 経常的損益以外の損益の額

ロ 支払利子、手形割引料又は青色専従者給与額若しくは事業専従者控除額（法人にあっては、損金算入を行った役員報酬の額）

ハ その企業の主宰者又は役員の配偶者その他の親族でその企業者の主宰者又は役員と生計を一にする者に対して支払った土地、家屋その他の財産の賃借料の額

ニ 準備金勘定又は引当金勘定に繰り入れた金額

(3)　企業者報酬の額

企業者報酬の額は、次に掲げる平均利益金額の区分に応じ、それぞれ次に掲げる金額とする。ただし、企業者の特殊な信用、従事状況その他の状況に照らし、次に掲げる金額によることが不適当であると認められる場合においては、次に掲げる金額に、その金額の100分の30の範囲内において相当と認める金額を加算又は減算した金額によることができる。

(4)　総資産価額

総資産価額は、この通達に定めるところにより評価した課税時期（法人にあっては、課税時期直前に終了した事業年度の末日とする。）における企業の総資産の価額とする。この場合において、その企業が(2)のハの者から土地、家屋その他の財産の貸与を受けているときは、これらの財産の価額は、その企業の総資産価額に加算する。

平均利益金額の区分		企業者報酬の額
200万円以上	300万円未満	90万円
300 〃	400 〃	125 〃
400 〃	500 〃	160 〃
500 〃	700 〃	200 〃
700 〃	1,000 〃	250 〃
1,000 〃	1,500 〃	300 〃
1,500 〃	2,000 〃	400 〃
2,000 〃	3,000 〃	550 〃
3,000 〃	5,000 〃	700 〃
5,000 〃	7,000 〃	850 〃
7,000 〃	10,000 〃	1,000 〃
10,000〃		平均利益金額の10%相当額

167　次に掲げる営業権の価額は、評価しない。

(1)　165（営業権の評価）の算式によって計算した超過利益金額が5万円未満の企業の営業権

(2)　前項の(1)の定めにより計算した平均利益金額が200万円未満の企業の営業権

(3)　開業後10年（他人よりその企業を継続した場合は、その他人の営業期間と通算して10年とする。）に満たない企業の営業権

(4)　医師、弁護士等のようにその者の技術、手腕又は才能等を主とする事業で、その事業者の死亡と共に消滅すると認められるものの営業権

(4) 国税庁方式の特徴

国税庁方式は、課税のための財産評価手法であるが、課税財産の時価（その時の客観的な交換価値を示す価額）を実務上可能な方法で、しかもなるべく容易かつ適確に把握しようとするものである。結果的には、西欧で広く採用されている無体財産権評価の手法との共通点も多い。

目的が異なるため、民間での特許権等の譲渡価額案や実施料原案等の作成にそのまま用いるにはなじまないが、特許権等の時価を試算する手法の一つとしてはわかり易く、また相手側を納得させやすいという長所がある。

特許権、ノウハウ等のような無体財産権を実施した場合は、定額実施料が約定された場合を除き、普通は、毎年の収入利益が必ずしも一定せず、何年間かの決った期間又は約定された期間で実施が終了する。

国税庁方式では、その年ごとの収入利益を年ごとに推定し、またそれぞれを所定算式で現価に換算し、その合計額をその権利の時価（評価額）としている。厳密にいえば、上記した“各年ごとの収入利益”が、同方式においては“第ｎ年目の補償金額”というように難しく表現されている。その原価（時価）への換算に使用する利子率も８％に固定されているが、これを各企業のポリシーに基づく独自のもの（例えば10％とか12％等、アメリカでは12％の使用例が多いという文献もある）に置き換れば、そのまま特許権等の時価の試算に役立つ。

また、定額実施料が約定または検討されている場合のように、一定期間の年平均利益が確定又は仮定（推定）される時には、国税庁方式中の営業権評価手法が参考になる。複利年金現価率をそのまま乗ずれば、その答えが試算時価額となる。厳密にいえば、国税庁方式ではこの年平均利益に若干の加工を施し、超過利益金額を算出し、それに対して複利年金現価率を乗じている。この加工部分には、課税額算出プロパーの処理が多い。適宜、取捨し、自社の独自の加工を施すことで、民間でも、利用し、又は活用することができるであろう。

実施料（率）を決める（特許権等を評価する）民間の方式

特許権等の実施許諾の対価は、民間においては、契約書の対価条項に記載される実施料（率）のことのみを意味しない。輸出制限の有無等、契約書のその他の条項に記載される様々な拘束条件を含めた総合的なものとして評価される。

それは、周知のようにライセンサーとライセンシーのケース・バイ・ケースの合意によって決定される。また合意に至る段階で、その交渉のテーブルには叩き台としての契約書案が載っており、その契約書案のなかには実施料原案が含まれている。

したがって、実施料（率）を決める民間の方式は、実務では実施料原案を作成・評価する方式のこととなる。

この実施料原案の作成、評価等の方法については当協会研究所が平成４年にヒヤリング調査を実施し、その調査結果を開示した書籍「技術取引とロイヤルティ」が同年11月に、当協会より発行されている。

ここではその一部を以下に引用するが、詳しくは本書（P88～P89）に当られたい。

『この実施料原案は、ベーシックには、予測データで計算したライセンシーの実施利益にライセンサーの配分率（例えば25％）を乗ずるという手段で得られるものであるが、他方便宜的には、契約製品の分野や業界若しくは自社のライセンシング事例の実施料をベースに、新しいケースでの契約条件全般を勘案した加工を適宜ほどこすという手段でも得られている。

実施料（率）とライセンシーの実施利益とライセンサーの配分率との間には次の等価式が成立する。

実施料＝ライセンシーの利益×ライセンサーの配分率

実施料率＝ライセンシーの利益率×ライセンサーの配分率

したがって、契約製品の販売単価が１kg５ドルで1.5ドルの利益が予測され、かつライセンサーが20％の配分を期待する事例でのランニング・ロイヤルティ（出来高払い実施料）原案は次の通りである。

ａ．従量方式による実施料原案；$1.5\text{ドル}\times\frac{20}{100}=30\text{セント}$（１kg当り）

ｂ．料率方式による実施料原案；$\frac{1.5\text{ドル}}{5\text{ドル}}\times\frac{20}{100}\times100=6\%$（売上高に対し）

しかし、この単位量当たり1.5ドルの利益を得るためには、ライセンシーには、設備投資、その金利、原材料、労務費、光熱費、営業費、管理費などの多くの負担があり、またそれに見合った売上げ高が達成されなければならない。契約製品のライフサイクルのサインカーブと契約期間の僅かなずれだけでも、全期の利益計算から逆算される単位量当たりの利益はかなり変わることがあり得る。

仮に上記した6％をライセンシーが受容したけれど売上数が伸びず、結果として単位量当たりの実施利益が0.5ドルであったとすると、上式から$\frac{0.5ドル}{5ドル}\times\frac{x}{100}\times100=6\%$　x＝60が得られる。この場合のライセンシーは、6％という外見的には通常レベルのランニング・ロイヤルティで成約しているのに、実質的には儲けの60％をライセンサーに吸いあげられているということになる。

ランニング・ロイヤルティは、当事者にとって公正そのものであるという外見をもつが、このような裏の事情とつながることがあるため、仮面性をもつという問題を抱えている。したがって、ランニング・ロイヤルティのチェックでは、論理的にはその外見上の数値の大小より、前記した裏事態との出会い可能性のチェックが優先される。

なお、実施料の支払い方法では、一括払いの事例も少なくない。この場合の実施料原案の試算では、通常、契約期間の毎年のライセンシーの実施利益を予測データで試算し、それぞれの年の金額を複利現価率（一括払現価係数）（注1）で現在価値に等価換算したものの総和をベースにするか、また、実施利益が年平均するのになじむものであるような場合はその平均利益金額を試算し、それに複利年金現価率（同一額年末払現価係数）（注2）を乗じ、契約期間全期の実施利益の原価を得、それをベースにすることが広く行われている。』

（注1）　複利現価率：“付録”の複利現価率表の注記欄参照のこと。
（注2）　複利年金現価率：“付録”の複利年金現価率表の注記欄参照のこと。

なお、実施料原案を作成するときの目安とか決め方のルールに関し、アメリカでのアンケート調査例がある。

前出の書籍の第3章4の(1)の「実施料原案を作成するとき参考にしたデータのウェイトについて」の中で参考資料として紹介されたものであるが、企業ごとに異なる様々な対応姿勢が良く示されている。本書でも、原文を添えて再度引用する。

『このアンケート調査は、ライセンシングの専門家の団体であるアメリカLES協会に属するスペシャリストのなかから、さらに海外ライセンシングの経験が多い人を選び出しての内部的アンケート調査結果である。

なお、同アンケート設問中の選択肢“E”（その他記載欄）の集計結果に関し、次のコメントが付されていた。あわせて紹介する。

『Only one response to part ”E” had a frequency of response greater than two. The decision rule cited in that case was, ”Whatever the traffic will bear,” which was mentioned by eight respondents.』

（設問“E”に対し、2人以上が同じ回答であったものがただ一つあった。その回答で示された“決定のルール”は、“取引が成立する限度まで〔可能なかぎり沢山要求する〕”というものであった。8人がそう答えていた。）』

A－2　特許権等契約ガイドラインについて

これまで国等の公的研究機関から派生する国有特許等を民間が実施する場合に適用されてきた国有特許権実施契約書は、「被許諾者の売り上げや利益を基準としたものではなく、許諾される特許発明等の実施価値を基準としたもの（国有特許権実施契約書の2　国有特許実施契約説明書の第5条参照）」とするなど、かつてはその先進性が高く評価されたが、契約自由度の低さ（固定された実施料率、支払い方式を出来高払いに限定)、民間の特許侵害損害賠償請求への悪影響などを省みつつ、特許庁は平成10年6月に新たに「特許権等契約ガイドライン」を制定することとなった。

なお、今回の制定で見直したのは以下の5点である。

1)実施料率決定の自由化

従来、売上金額の2～4%に定められていた実施料率の算定方法を自由化し、価値が高ければ、いくらでも高い実施料（ロイヤリティー）がとれるように、価値が低いものはそれなりの実施料となるようにした。

2)実施料の支払方式の多様化

実施料の支払方式としてランニングロイヤリティー方式のほか、一括払い方式、イニシャルペイメント方式（一時金とランニングロイヤリティーの併用）も可能にした。

3)共有特許権（国と民間の共有）の取扱について規定

従来、国単独所有の特許権の実施契約しか定めていなかったが、近年、国と民間との共有特許権が増えてきたことから、この取扱を新たに規定した。

4)出願中、出願前の発明のライセンス、売買の契約について規定

従来、特許権（特許になったもの）しかライセンス、売却しか規定を定めていなかったが、早い段階で国から民間への技術移転を可能にするため、出願前、出願中の「特許を受ける権利」の取扱も新たに定めた。

5)技術移転事業者を活用するモデル契約について規定

技術移転事業者による特許権の仲介に関する契約として、再実施許諾権付特許権等実施契約のモデル契約書及び解説を定めた。

※詳細については、特許庁ホームページhttp://www.jpo.go.jp/shoukai/guidel.htmを参照。

特許権等契約ガイドライン

平成10年６月29日
特総第１１７３号
特許庁長官通達

目　次

Ⅰ．特許権等実施契約ガイドライン

１．特許権等実施契約についての留意事項（省略）

2．特許権等実施契約書のモデル契約書及び解説

1)国単独所有特許権等について実施許諾する場合（一般標準モデル）

（前文省略）

第１章　実施権の取扱（省略）

第２章　実施料

（実施料）

第６条　乙は、甲に対し本契約の契約期間中に次の基準で計算した金額を実施料として支払わなければならない。

基準例

例１：製品売上金額の○%

例２：製品生産数量×○円（単位基準あたり歩合）

例３：製品販売数量×○円（単位基準あたり歩合）

例４：特許使用件数×○円（単位基準あたり歩合）

例５：製品販売利益金額の○%

例６：最低実施料○円及び
　　　製品売上金額から○円を差し引いた金額の○%

例７：一括払い実施料○円

例８：一時金○円及び製品売上金額の○%

2　乙は、甲が定める納付期限までに前項の実施料を支払わないときは、納付期限の翌日から納付の日までの日数に応じ、国の債権の管理等に関する法律施行令第29条に規定する大蔵大臣の定める率（○%）で計算した延滞金を甲に対して支払わなければならない。

3　乙は、本発明に係る特許権に関し、特許請求の範囲が変更若しくは減縮されたとき、又は特許を無効にすべき旨の審決若しくは取消決定が確定したときにおいても、当該確定日までの第１項に規定する実施料の支払債務を免れることはできない。

4　乙は、甲が本発明に係る特許権［又は特許を受ける権利］を第三者に移転したときにおいても、当該移転の日までの第１項に規定する実施料の支払債務を免れることはできない。

5　甲は、本発明に係る特許権［又は特許を受ける権利］に関し、特許請求の範囲が変更若しくは減縮されたとき、特許を無効にすべき旨の審決若しくは取消決定が確定したとき［、出願を拒絶すべき旨の査定若しくは審決が確定したとき又は出願が却下されたとき］は、すでに支払われた実施料は返還しない。

6　甲は、本契約の解約がなされたとき、又は乙に起因する事由により実施料の返還請求がなされたときは、すでに支払われた実施料は返還しない

（解説）

1)当条項は実施料の支払い義務を定めたものである。

2)実施料については、実施対象となる製品を特定し、実施料率等を明記することが必要である。特に、製品売上金額、製品販売利益金額については、付属書等で何が含まれるのか定義しておくことが必要である（後述の「3．実施料算定方法」を参照のこと）。

3)支払方式は例示した通りであるが、基本的には以下の3通りである。

・ランニングロイヤリティー方式（出来高払い）：例1～6

・一括払い方式：例7

・イニシャルペイメント方式（一時金及び出来高払いの併用）：例8

ランニングロイヤリティー方式の場合は、毎年、実施料を納付させなければならない。実施義務を課した専用実施権の場合においては、例6のように最低実施料（支払期ごとに実施状況にかかわらず一定額の実施料を徴収するもの）を課してもよい。最低実施料、一括払い方式及びイニシャルペイメント方式による一括払い実施料、一時金の支払は、実施料の前払いに当たるから、国有財産法上認められる。実施料の支払期間の対象は10年を限度とする。

4)実施料を支払わない場合は、延滞金を取る必要があることから、第2項の規定を設けたものである。利率は現在8.25％となっているが、変更がされた場合にはそれを適用する。

5)特許権が無効、取消になった場合や特許権の移転が生じた場合においては、その確定あるいは移転の日までの実施料、特許を受ける権利の実施許諾において特許権が取得できなかった場合のすでに支払われた実施料については、第3項、第4項及び第5項の規定を設けて、返還をしなくてもよいように定めたものである。また、契約が解約された場合や実施権者に起因する実施料の返還請求は一切認めない旨定めた。

特許権が無効、取消になった後、特許権が取得できないことが確定した後も実施料を支払わせることは独占禁止法上問題があるとされているが、分割払い、延払いの場合は、特許権消滅後も実施料を支払わせることは認められている（特許・ノウハウライセンス契約における不公正な取引方法の規制に関する運用基準参照）。

＜関係法令等＞

○国有財産法第23条

普通財産の貸付料は、毎年定期に、これを納付させなければならない。但し、数年分を前納させることを妨げない。

○国の債権の管理等に関する法律第35条（抄）

契約等担当職員は、債権の発生の原因となる契約について、その内容を定めようとする場合には、～(略）～次に掲げる事項についての定をしなければならない。

一　債務者は、履行期限までに債務を履行しないときは、延滞金として一定の基準により計算した金額を国に納付しなければならないこと。

○国の債権の管理等に関する法律施行令第36条

契約等担当職員が法第35条の規定により同条第１号に規定する事項についての定をする場合においては、同号に規定する一定の基準は、第29条本文に規定する率を下ってはならない。

○国の債権の管理等に関する法律施行令第29条に規定する大蔵大臣の定める率

（昭和45年５月18日大蔵省告示第61号）

国の債権の管理等に関する法律施行令第29条本文に規定する大蔵大臣が定める率は、年8.25％とする。

<関係基準>

○特許・ノウハウライセンス契約における不公正な取引方法の規制に関する運用基準

・不公正な取引に該当することとなるおそれが強い事項

（特許権消滅後の使用制限又は実施料支払）

特許権が消滅したにもかかわらず、ライセンシーが当該技術を使用することを制限し、又は特許権の消滅後における当該技術の実施に対して実施料の支払義務を課すこと（不公正な取引方法の一般指定第13項又は第14項第３号に該当するおそれ）。

・原則として不公正な取引方法に該当しないと認められる事項

（特許権消滅後の実施料支払義務が許容される場合）

実施料の分割払い又は延払いと認められる範囲内で、特許権の消滅後においても実施料の支払義務が継続する旨規定すること。

（実施料の変更）

第７条　乙は、本発明に係る複数の特許権［及び特許を受ける権利］のうち、一部の権利について特許を無効にすべき旨の審決若しくは取消決定が確定したとき、若しくは一部の権利が消滅したとき［、又は一部の権利に係る出願を拒絶すべき旨の査定若しくは審決が確定したとき、若しくは出願が却下されたとき］には、その影響を受ける範囲内で、支払期限の来ていない実施料の減額について、甲に協議を申し入れることができる。

2　乙は、本発明に係る特許権［又は特許を受ける権利］の特許請求の範囲の変更又は減縮があったときには、その影響を受ける範囲内で、支払期限の来ていない実施料の減額について、甲に協議を申し入れることができる。

3　甲又は乙は経済事情その他に著しい変化が生じたときは、支払期限の来ていない実施料の変更について、乙又は甲に協議を申し入れることができる。

4　協議が整わなかったときは、従前の実施料を引き続き用いる。

（解説）

1）当条項は、包括ライセンス契約を締結した際に、複数の特許権、特許を受ける権利の一部が無効、取消あるいは消滅した場合、さらに特許請求の範囲の変更、減縮が生じた場合には、実施料の算定根拠に影響を与えるため、その後の支払期限の来ていない実施料の変更ができるようにしたものである。複数の特許権等のうち実施料に影響を与える重要な特許権等と影響をほとんど与えない特許権等がある場合、また、契約期間中に一部の権利について期間満了を迎えることが予見できる場合には、予め、実施料の減額幅を付属書に定めておくことが望ましい。なお、第１項は単一の権利について実施許諾した場合は不要である。

2)第３項は、経済事情その他に著しい変化が生じたときは、当然実施料の見直しが必要になることがあり、その後の支払期限の来ていない実施料の変更ができるようにしたものである。

3)なお、どのような状況が実施料の変更事由に該当するのか不明確にならないように、個別の事例を付属書に記載しておくとよい。

4)なお、実施料変更の協議が整わなかった場合には、従前の実施料率を使用することとする。

第３章　実施に関する権利義務（省略）

第４章　契約期間、契約の解約及び解除、契約終了時の取扱（省略）

第５章　雑則

2)共有の国有特許権等について共有権利者が実施する場合

（前文省略）

第１章　実施の同意等（省略）

第２章　実施料

（実施料）

第５条　乙は、甲に対し本契約の契約期間中に次の基準で計算した金額を実施料として支払わなければならない。

基準例

例１：製品売上金額の○％

例２：製品生産数量×○円（単位基準あたり歩合）

例３：製品販売数量×○円（単位基準あたり歩合）

例４：特許使用件数×○円（単位基準あたり歩合）

例５：製品販売利益金額の○％

例６：一括払い実施料○円（一括払い実施料）

例７：一時金○円及び製品売上金額の○％

2　乙は、甲が定める納付期限までに前項の実施料を支払わないときは、納付期限の翌日から納付の日までの日数に応じ、国の債権の管理等に関する法律施行令第29条に規定する大蔵大臣の定める率（○％）で計算した延滞金を甲に対して支払わなければならない。

3　乙は、本発明に係る特許権に関し、特許請求の範囲が変更若しくは減縮されたとき、又は特許権の無効若しくは取消が確定したときにおいても、当該確定日までの第１項に規定する実施料の支払債務を免れることはできない。

4　乙は、甲が本発明に係る特許権［及び特許を受ける権利］を第三者に移転したときにおいても、当該移転の日までの第１項に規定する実施料の支払債務を免れることはできない。

5　甲は、本発明に係る特許権［又は特許を受ける権利］に関し、特許請求の範囲が変更若しくは減縮されたとき、特許を無効にすべき旨の審決若しくは取消決定が確定したとき［、出願を拒絶すべき旨の査定若しくは審決が確定したとき又は出願が却下されたとき］は、すでに支払われた実施料は返還しない。

6　甲は、本契約の解約がなされたとき、又は乙に起因する事由により実施料の返還請求がなされたときは、すでに支払われた実施料は返還しない。

（解説）

1）共有特許権者の自己実施に対して、最低実施料を課す必要はないので、例からはずしてある。

2）それ以外は一般標準モデル第6条参照。

（実施料の変更）

第6条　乙は、本発明に係る複数の特許権［及び特許を受ける権利］のうち、一部の権利について特許を無効にすべき旨の審決若しくは取消決定が確定したとき、若しくは一部の権利が消滅したとき［、又は一部の権利に係る出願を拒絶すべき旨の査定若しくは審決が確定したとき、若しくは出願が却下されたとき］には、その影響を受ける範囲内で、支払期限の来ていない実施料の減額について、甲に協議を申し入れることができる。

2　乙は、本発明に係る特許権［又は特許を受ける権利］の特許請求の範囲の変更若しくは減縮があったときには、その影響を受ける範囲内で、支払期限の来ていない実施料の減額について、甲に協議を申し入れることができる。

3　甲又は乙は、本発明に係る特許権［又は特許を受ける権利］の甲若しくは乙の持分に変更があったとき、又は経済事情その他に著しい変化が生じたときは、支払期限の来ていない実施料の変更について、乙又は甲に協議を申し入れることができる。

4　協議が整わなかったときは、従前の実施料を引き続き用いる。

（解説）

1）共有特許権の持分が変更された場合は実施料の算定根拠が変更になるため、当然実施料は変更される。このときの扱いを、付属書に定めておくとよい。

2）それ以外は一般標準モデル第7条参照。

第3章　実施に関する権利義務（省略）

第4章　契約期間、契約の解約及び解除、契約終了時の取扱（省略）

第5章　雑則（省略）

3）共有の国有特許権等について第三者に実施許諾する場合

（前文省略）

第１章　実施権の取扱（省略）

第２章　実施料

（実施料）

第６条　丙は、甲及び乙に対し本契約の契約期間中に次の基準で計算した金額を実施料として支払わなければならない。

基準例

例１：甲に対して製品売上金額の○%、乙に対して製品売上金額の○%

例２：甲に対して製品生産数量×○円（単位基準あたり歩合）
乙に対して製品生産数量×○円（単位基準あたり歩合）

例３：甲に対して製品販売数量×○円（単位基準あたり歩合）
乙に対して製品販売数量×○円（単位基準あたり歩合）

例４：甲に対して特許使用件数×○円（単位基準あたり歩合）
乙に対して特許使用件数×○円（単位基準あたり歩合）

例５：甲に対して製品販売利益金額の○%
乙に対して製品販売利益金額の○%

例６：甲に対して最低実施料○円及び
製品売上金額から○円を差し引いた金額の○%
乙に対して最低実施料○円及び
製品売上金額から○円を差し引いた金額の○%

例７：甲に対して一括払い実施料○円（一括払い実施料）
乙に対して一括払い実施料○円（一括払い実施料）

例８：甲に対して一時金○円及び製品売上金額の○%
乙に対して一時金○円及び製品売上金額の○%

2　丙が、甲が定める納付期限までに前項の実施料を支払わないときは、納付期限の翌日から納付の日までの日数に応じ、国の債権の管理等に関する法律施行令第29条に規定する大蔵大臣の定める率（○%）で計算した延滞金を甲に対して支払わなければならない。

3　丙は、本発明に係る特許権に関し、特許請求の範囲が変更若しくは減縮されたとき、又は特許を無効にすべき旨の審決若しくは取消決定が確定したときにおいても、当該確定日までの第１項に規定する実施料の支払債務を免れることはできない。

4　丙は、甲又は乙が本発明に係る特許権［又は特許を受ける権利］を第三者に移転したときにおいても、当該移転の日までの第１項に規定する実施料の支払債務を免れることはできない。

5　甲及び乙は、本発明に係る特許権［又は特許を受ける権利］に関し、特許請求の範囲が変更若しくは減縮されたとき、特許を無効にすべき旨の審決若しくは取消決定が確定したとき［、出願を拒絶すべき旨の査定若しくは審決が確定したとき、又は出願が却下されたとき］は、すでに支払われた実施料は返還しない。

6　甲及び乙は、本契約の解約がなされたとき、又は丙に起因する事由により実施料の返還請求がなされたときは、すでに支払われた実施料は返還しない。

（解説）

1）実施許諾する特許権、特許を受ける権利が共有であるため、実施権者が支払う実施料は、その持分に応じて、各共有特許権者が受け取ることとする。

2）実施料の支払方法は、原則として、各共有特許権者とも同じにしておくことが好ましい。

3）実施権者が実施料を支払わない場合は、国は延滞金を取り立てる必要があるが、他の共有特許権者である民間がこの場合どのように対応するかは自由に決定できる。

4）それ以外は一般標準モデル第6条参照。

（実施料の変更）

第7条　丙は、本発明に係る複数の特許権［及び特許を受ける権利］のうち、一部の権利について特許を無効にすべき旨の審決若しくは取消決定が確定したとき、若しくは一部の権利が消滅したとき［、又は一部の権利に係る出願を拒絶すべき旨の査定若しくは審決が確定したとき、若しくは出願が却下されたとき］には、その影響を受ける範囲内で、支払期限の来ていない実施料の減額について、甲及び乙に協議を申し入れることができる。

2　乙は、本発明に係る特許権［又は特許を受ける権利］の特許請求の範囲の変更又は減縮があったときには、その影響を受ける範囲内で、支払期限の来ていない実施料の減額について、甲及び乙に協議を申し入れることができる。

3　甲、乙又は丙は経済事情その他に著しい変化が生じたときは、支払期限の来ていない実施料の変更について、他の二者に協議を申し入れることができる。

4　協議が整わなかったときは、従前の実施料を引き続き用いる。

（解説）

一般標準モデル第7条参照。

第3章　実施に関する権利義務（省略）

第4章　契約期間、契約の解約及び解除、契約終了時の取扱（省略）

第5章　雑則（省略）

3．実施料算定方法

1）ランニングロイヤリティー(running royalty)方式

ランニングロイヤリティー方式は実施製品の製造・使用・販売の出来高に応じて契約期間中継

続して、実施料を支払うものである。

ランニングロイヤリティー方式には、従率方式と従量方式がある。

ａ）従率方式は製造・使用・販売した製品の価格等（基本額）に一定料率（実施料率）を乗じて、実施料を計算して支払う方式である。

ｂ）従量方式は製造・使用・販売した製品の一単位（例えば、製品１個）あたり幾らと金額を定めて支払う方式である。

①従率方式における基本額

基本額は、以下の類型の中から発明の実施態様に応じて適切なものを選択する。

ａ）販売価格及び生産数量の明確な場合、販売単価に生産数量を乗じたもの

ｂ）販売価格及び販売数量の明確な場合、販売単価に販売数量を乗じたもの

ｃ）本発明の実施によって得た価値又は価値の増加（費用の低減を含める）を金額に見積もってこれに利用件数を乗じたもの

ｄ）本発明の実施によって得た価値又は価値の増加（費用の低減を含める）を金額に見積もってこれに生産数量を乗じたもの

ｅ）本発明の実施によって得た価値又は価値の増加（費用の低減を含める）を金額に見積もってこれに販売数量を乗じたもの

ｆ）製品を販売することによって得た利益金額

基本額の決定にあたっては以下の点に留意する

・基本額の確定は、実施料算定の基礎となるものであり、その対象が不明瞭にならないように留意する必要がある。そのため、発明の実施が製品の一部にしかかかわらない場合（部品、製造工程の一部にのみ使用される場合）、実施対象の製品が単独で販売されていない場合には、販売額、販売数、生産数量等が容易に捕捉可能な最終製品（実施料支払の対象製品）を基本額の算定根拠とする。このように、実施料の算定に不便な場合に、実施者が販売する最終製品等を実施料支払いの対象製品とすることは独占禁止法上問題ないとされている(特許・ノウハウライセンス契約における不公正な取引方法の規制に関する運用基準参照)。

＜関係基準＞

○特許・ノウハウライセンス契約における不公正な取引方法の規制に関する運用基準

・原則として不公正な取引方法に該当しないと認められる事項

（特許製品以外の製品等を実施料の算定基礎とし得る場合）

契約対象特許が製造工程の一部に使用される場合又は部品に係るものである場合に、計算等の便宜上当該特許権若しくは部品を使用した最終製品の製造・販売数量若しくは製造・販売額を実施料の算定基礎とし、又は計算等の便宜上特許製品の製造に必要な原材料、部品等の使用数量若しくは使用回数を実施料の算定基礎とすること。

・一般に、製品の販売価格は工場出荷価格（蔵出し価格）を採用する場合が多い。ただし、実施企業がグループ企業で、製品製造会社と販売会社に分かれている場合には、販売会社の販売価格（グループ出荷額）をそれぞれ採用することも相当ある。これら販売価格は、実施の

管理面からみても、帳簿等で確認が容易である。これらの価格は、公租公課、運送費、梱包費、保険料を含めない正味の販売額（Net Sale Price）とするのが一般的である。

・数量は生産数量で算定するのが、本来あるべき姿であるが、生産はしたものの、実際の販売数と大きなギャップがある場合など、生産数量を実際に適用すると実態にそぐわないこともある。このような場合には、販売数量を適用しても差し支えない。

・建築・施工方法、プラント等の建設方法においては、その実施により得た価値を計算し、その利用件数を乗じて基本額とするが、価値は従来の方法に比較して増加した利益等から算出することなる。

・改良発明等の場合、発明の実施によって得た価値又は価値の増加、費用の低減額を使用するほうが把握しやすいこともあり、その場合には、これらを算定の基礎として使用しても差し支えない。

・製品販売によって得た利益金額を基本額とする場合は、利益金額の確定を原価と販売額との差などで計算するため、捕捉することが困難な場合が多い。また、原価としてどこまで含まれる（販売経費、一般管理費など、当該発明の実施にどこまで寄与しているのか不明な経費は特に問題となりやすい）のか、予め決めておく必要がある。

②従率方式における実施料率

実施料率は、販売額等を基本額として採用した場合における実施料率と、利益額、利益増加額等を基本額として採用した場合における実施料率とが存在する。

これらの実施料率は、財政法第９条の規定により、適正な実施料率を設定する必要があるが、その限りにおいて実施料率は当事者間の交渉により自由に決定できる。

また、実施料率はどの実施者に対しても公平にすることが原則であるが、契約時期の違いにより、実施許諾対象の特許権や特許を受ける権利の価値が異なるようになった場合、相手方が実施許諾対象の特許権や特許を受ける権利に対し、有効性を争った場合や、侵害行為があった場合においては、それ以外の者と同様の実施料率とする必要はない。

③従量方式による実施料の算定

従量方式では、上記従率方式における販売単価に実施料率を乗じたものを単位当たりの実施料とし、これに販売数量、生産数量、利用数を乗じて実施料を決定する。

従量方式では、単位当たりの実施料を予め決定するため、販売単価が将来にわたって固定されることになるため、算定根拠の販売単価の設定は重要である。単位当たりの実施料を決定するための実施料率については、従率方式と同様に決めればよい。

④最低実施料（minimum royalty）の算定

専用実施権を付与する代償として最低実施料を徴収することがある。最低実施料は実施の状況にかかわらず、各支払期ごとに最低額の実施料を徴収するものであり、実施料として支払うべき額が最低実施料を超えれば、その分の実施料をランニングロイヤリティー方式で徴収する。

専用実施権は特許権者も含め、他の者の実施が制限されるため、専用実施権を付与して技術移転を進める際には、その実施を契約で義務づけ、最低実施料を徴収することも考えられる。

最低実施料は、最低実施に相当する製品個数を定め、それに販売単価と実施料率を乗じて算出できる。

2)一括払い方式（lump sum）

一括払い方式は一定金額を契約締結時に実施料として支払うものである。一括払い方式の実施料は、予定基本額に実施料率を乗ずることにより算定する。

予定基本額は、契約期間中を通じて実施されるすべての製品を対象にして決定される。

a）予定販売単価に予定生産数量を乗じたもの

b）予定販売単価に予定販売数量を乗じたもの

c）本発明の実施によって得られる予定価値又は予定される価値の増加（費用の低減を含める）を金額に見積もってこれに予定利用件数を乗じたもの

d）本発明の実施によって得られる予定価値又は予定される価値の増加（費用の低減を含める）を金額に見積もってこれに予定生産数量を乗じたもの

e）本発明の実施によって得られる予定価値又は予定される価値の増加（費用の低減を含める）を金額に見積もってこれに予定販売数量を乗じたもの

f）製品を販売することによって得られる予定利益金額

予定基本額の決定にあたっては、以下の点に留意する。

・契約期間中の予定販売単価、予定販売数量、予定生産数量、予定利用件数、予定利益等については、類似品等の過去の販売実績や市場価格、市場規模、当該製品の標準利益率等のデータにより推定する。

・実施権者からの申告に基づいて、予定販売単価、予定販売数量、予定生産数量、予定利用件数、予定利益等を設定する場合において、それら数値の信頼性が認められなければ、申告の数値の信頼性を確認するため、申告された額や数量を、実施の上限数値として契約に盛り込むことができる。

実施料率の設定にあたっては、ランニングロイヤリティー方式の場合と同様自由に設定できる。

3)イニシャルペイメント（initial payment）方式

一定金額を契約締結時に実施料の一部として支払い、その後、契約期間中、ランニングロイヤリティー方式で実施料を支払うもの。

イニシャルペイメントは、必ずしも実施料の前払いとなるだけではなく、過去実施分の実施料補償の性格も持つ。

①実施料の一部前払いによる実施料の算定方法

予め所定の販売額、販売数量、生産数量、利益額を設定しておき、当該設定値に相当する実施料を一時金（イニシャルペイメント）として支払い、設定値を超える分については、ランニングロイヤリティー方式で支払うもの。

実施料の算定方式は、イニシャルペイメントについては、一時払い方式による実施料算定方式に準じて算定し、ランニングロイヤリティーについては、ランニングロイヤリティー方式による実施料算定方式に準じて算定する。

また、ランニングロイヤリティーの実施料率を引き下げるために、イニシャルペイメントを支払う場合においては、契約期間中の予定販売額に実施料率を乗じたものからイニシャルペイメントの額を差し引き、それを予定販売個数等で割り戻して実施料率を設定する。

②契約前実施料

実施権者が契約締結前に、当該特許権に係る発明を実施していた場合、その実施料を一時金として徴収する。

特許等が出願公開された後は、実施者に警告をすれば補償金請求権が発生する（特許法第65条）ため、権利成立前の実施分について実施料として徴収することができる。しかしながら、権利の行使は特許権成立後でないとできないため、権利成立後の契約締結時に一時金として徴収することとなる。

実施料は、前記のロイヤリティー方式等による実施料の算定方式に準じて、契約締結前の販売額等に実施料率を乗じて算定する。

なお、この実施料の算定方式は特許権侵害等の不法行為がないことを前提としての実施料であり、もし侵害等の不法行為があった場合においては、損害賠償金は別途徴収することができる。

＜注＞

国と民間との共有に係る特許権等を共有特許権者が自己実施する場合の実施料については、その持分に応じた実施料とする。

参考資料において、実施料算定例を例示してあるので、これらも参考にされたい。

Ⅱ．特許権等売買契約ガイドライン（省略）

Ⅲ．特許権譲与契約ガイドライン（省略）

Ⅳ．特許権等の仲介に関する契約ガイドライン（省略）

Ⅴ．参考資料

１．実施料算定例

1)ランニングロイヤリティー方式

ランニングロイヤリティー方式は実施製品の製造あるいは販売の出来高に応じて契約期間中継続して、実施料を支払うものである。

ランニングロイヤリティー方式には、従量方式と料率方式がある。

従量方式は製造・使用・販売した製品の一単位（例えば、製品１個）あたり幾らと金額を定めて支払う方式である。

料率方式は製造・販売した製品の価格あるいは利益金額に一定料率を乗じて、実施料を計算して支払う方式がある。

実施料は以下に説明する実施料支払の対象となる「基本額」に「実施料率」を乗じて算定される。

①基本額の決定

基本額は、以下の類型の中から発明の実施態様に応じて適切なものを選択する。

ａ）販売価格及び生産数量の明確な場合、販売単価に生産数量を乗じたもの

ｂ）販売価格及び販売数量の明確な場合、販売単価に販売数量を乗じたもの

ｃ）本発明の実施によって得た価値又は価値の増加（費用の低減を含める）を金額に見積もってこれに利用件数を乗じたもの

ｄ）本発明の実施によって得た価値又は価値の増加（費用の低減を含める）を金額に見積もってこれに生産数量を乗じたもの

ｅ）本発明の実施によって得た価値又は価値の増加（費用の低減を含める）を金額に見積もってこれに販売数量を乗じたもの

ｆ）製品を販売することによって得た利益金額

なお、利益、価値の増減を基本額にすることは民間では、実施権者側の営業に関する諸情報の開示が必要なため、ほとんどなく、販売額に準拠する方式、単位当たりの定額実施料を取る方式が一般的である。

基本額の決定にあたっての留意事項

・基本額の確定は、実施料算定の基礎となるものであり、その対象が不明瞭にならないように留意する必要がある。

そのため、発明の実施が製品の一部にしかかかわらなくても、販売額、販売数、生産数量等が容易に捕捉可能な最終製品を対象にする場合が多い。

対象製品が単独で販売されていない場合等実施料の算定に不便な場合には、実施権者が販売する最終製品等を実施料支払いの対象製品とする。このことは独占禁止法に違反しない（特

許・ノウハウライセンス契約における不公正な取引方法の規制に関する運用基準参照)。

<関係基準>

○特許・ノウハウライセンス契約における不公正な取引方法の規制に関する運用基準

・原則として不公正な取引方法に該当しないと認められる事項

(特許製品以外の製品等を実施料の算定基礎とし得る場合)

契約対象特許が製造工程の一部に使用される場合又は部品に係るものである場合に、計算等の便宜上当該特許若しくは部品を使用した最終製品の製造・販売数量若しくは製造・販売額を実施料の算定基礎とし、又は計算等の便宜上特許製品の製造に必要な原材料、部品等の使用数量若しくは使用回数を実施料の算定基礎とすること。

・製品の販売価格は工場出荷価格、グループ出荷額のいずれかを使用する場合が多く、公租公課、運送費、梱包費、保険料を含まない正味の販売価格(Net Sale Price)とする場合が多い。また、実施の管理面からみても、帳簿等により確認しやすい。

・数量は生産数量で算定するのが、本来あるべき姿であるが、生産はしたものの、実際の販売数と大きなギャップがある場合など、生産数量を実際に使用すると実態にそぐわないこともある。このような場合には、販売数量を使用しても差し支えない。

・建築・施工方法、プラント等の建設方法においては、その実施により得た価値を計算し、その利用件数を乗じて基本額とするが、価値は従来の方法に比較して増加した利益等から算出することなる。

・改良発明等の場合、発明の実施によって得た価値又は価値の増加、費用の低減額を使用するほうが把握しやすいこともあり、その場合には、これらを算定の基礎として使用しても差し支えない。

・製品販売によって得た利益金額を基本額とする場合は、利益金額の確定を原価と販売額との差などで計算するため、捕捉することが困難な場合が多く、できれば使用しないほうが好ましい。また、原価としてどこまで含まれる(販売経費、一般管理費など、当該発明の実施にどこまで寄与しているのか不明な経費は特に問題となりやすい)のか、予め決めておく必要がある。

②実施料支払いの対象製品の決定

実施料支払いの対象製品は、実施許諾の対象となる特許権等の請求の範囲、意匠権においては、願書の記載及び図面で定められる登録意匠の範囲にカバーされる製品である。

③実施料率の算定方式

a)実施料率の算定にあたっての考え方

実施料率は、実施対象の特許権等の実施価値及び特許権等の製品への関与度及び契約条件等実施にあたっての条件を総合的に勘案して決定される。

イ)特許権等の実施価値(基準率)

「特許権等の実施価値」は、従来の国有特許権実施契約書において、「基準率」とされていた考え方であるが、これの価値を測って実施料率を決めるには以下の項目を考慮する。これらの項目の中でも、特に、特許権等の権利範囲の広さ、特許権等の有効性、実施にあたっての第三者への抵触の有無が重要視されている。

・特許権等の権利範囲の広さ

実施対象の特許権等の権利範囲が広いほど権利としては強くなるため、実施料率が上げる。このため、複数の特許権等を包括して契約すれば、権利範囲が広くなり、実施料率は高くなる。

・特許権等の有効性

特許異議の申立てを経て権利が成立していれば、一般に有効性は高く評価されるし、特許を受ける権利は特許権に比べれば一般に有効性という観点では低く評価されるため、実施料率はこれを反映することになる。

・基本特許か改良特許か

基本特許は、改良特許より、実施料率が高くなる。この場合、改良の程度によって実施料の差が生じる。

・実施にあたっての第三者の特許権等への抵触の有無

実施する際に第三者の特許権等に抵触する場合は、第三者から実施許諾を得ない限り実施できないことから、実施料率は低くなる。

・特許対象製品の市場規模

実施対象の製品が大きな市場規模を有し、市場が拡大していれば、実施料率は高くなる。

・特許対象製品に対する競合製品の存在の有無

市場に有力な競合製品が存在すれば、実施料率は低くなる。

・特許対象製品の収益性

製品が収益性の高いものであれば、実施料率は高くなる。

ロ）特許権等の製品への関与度（利用率）

実施料支払いの対象製品において、実施対象となる発明（複数の特許権が一括して契約されているときはそれらのすべての発明）がその製品において、どの程度関与しているのかによって実施料率に影響を与える。

この考え方は、従来の国有特許権実施契約書において、「利用率」とされていたものであるが、民間では、一部を除き、この考え方を採用して実施料率を算定することは比較的少なくなっている。

利用率を具体例により説明すると、実施対象の発明が「エンジンのバルブ」についてのものであり、販売額として捕捉できるのがエンジン（基本額の対象が「エンジン」）である場合において、実施対象となったバルブの効果のエンジン全体へ及ぼす関与の程度が利用率になる。したがって、利用率は0～100%の範囲で選択することとなる。利用率の算定方法としては、特許部分（部品）の購入価格相当額、原料価格相当額、工数原価、工程比率等を算定根拠とするケースが多い。

ただし、発明がその製品の一部分しか占めていない場合であっても、その発明の効果が製品全体に及び、製品全体が創意的で特許の実施価値が認められれば、利用率をこれより上げることができる。米国の損害賠償訴訟においては、以下のような条件を満たす場合に利用率を100%と考える判例(Entire Market Value方式)が確立してきており、日本国内においても近年同様の傾向がある。

・特許部分とそれを包含する製品全体との間に有用性の観点で密接な関係がある
・特許部分と非特許部分との間に経済的取引依存関係がある
・特許部分と非特許部分を一緒に販売することが想定されている

＜関係判例＞

平成４年（ワ）第474号・第808号（平成10年３月６日名古屋地裁判決）

特許権侵害の損害賠償額の算定にあたって、損害賠償額を実施料相当として算定するにあたり、その基本額として、特許部分である「示温材料」ではなく、「示温材料」を使用した製品全体（転写シート、成形材料、風呂用玩具等）を用いた。

ハ）契約条件等実施にあたっての条件（増減率、開拓率）

「実施にあたっての条件」としては、契約条件のほか、実施の容易性、制限その他実施にあたっての外的要因がある。従来、国有特許権実施契約書においては、「増減率」、「開拓率」とされていた考え方である。

実施にあたっての条件としては以下の項目を考慮する。これらの項目の中でも、独占的実施権か非独占的実施権か、実施にあたっての制限の有無、権利の有効性が重要視されている。

・特許権等の出願内容以外の技術情報の提供の有無

特許権等の出願内容以外に技術情報が提供されているものであれば、その技術情報に見合った形で実施料率が高くなる。ただし、情報提供料を別途徴収している場合はこの限りではない。

・実施にあたっての容易性

特許発明の商品としての完成度が低く、特許権の実施にあたって、実施権者側において、さらなる研究開発が必要である場合には、実施料率は低くなる。

・独占的実施権か非独占的実施権か

実施権が実施権者しか実施できない専用実施権あるいは優先実施権等の独占的な実施権の場合には実施料率は高くなり、非独占的な実施権（通常実施権）の場合は実施料率が低くなる。

・実施にあたっての制限の有無

実施にあたって、地域制限、製造、販売に関して何らかの制限が課される場合には、実施料率が低くなる。

ただし、外国に特許権等を有する場合であって、その地域への輸出制限等を課す場合並びに特許権の対象となる製品範囲が、実施許諾の段階では、すべて特定できないために、特定製品のみに製造、販売を制限する場合はこの限りでない。

・契約時期（早期参入リスクの有無）

契約時期が早く、実施リスクが大きい場合には、実施料率が低く、その後、市場が拡大する等して実施リスクが小さくなった場合には、実施料率を高くする。

・権利の状態

特許を受ける権利の段階での実施契約については、実施料率を低く、特許権が付与された後の実施契約は、実施料率が高くなる。

・権利の有効性を争う等権利者に対する関係

特許権等の権利侵害に対して、訴訟等により非友好的な交渉をした者、権利の有効性を争った者に対しては、事前に実施契約の申し込んだ者に対する実施料率よりもその実施料率を高くできる。

・公益性が高い場合

国有特許権等の実施契約において、当該実施が公益に資する場合には、特に実施料率を低くできる。

例）環境に関するもの
　　福祉に関するもの

・その他特殊の事情があるとき

上記以外の場合であって、社会慣習及び商慣習上の理由により、実施料率を増減することはできる。

b）過去の契約例を参考とする方式

過去、自己が同一の特許権等あるいは類似の特許権等を他者に実施許諾した場合の実施料率に準拠して、契約時の状況変化等を勘案して、実施料率を算定する方法。

c）各業界で慣行的に使用されている実施料率を参考とする方式

その業界での契約実例による実施料率等を参考に、実施料率を算定する方法。

民間業界における実施料率の実例を調査したものとして以下のものが存在する。

・特許ライセンス契約等に関する実態調査（平成10年３月：社団法人発明協会）

・外国技術導入の動向分析（毎年度：科学技術庁科学技術政策研究所）

・実施料率第４版（社団法人発明協会）　等

d）利益準拠方式

今後、対象とする製品に対してどれだけ利益が見込まれるか算定し、その一部を実施料として回収する方式である。

過去、純利益の１／３を実施料に当てるとされた判例等(昭和６年抗告審判第549号－昭和６年８月14日審決、昭和33年（ワ）6097号－昭和37年５月７日東京地裁判決）や米国において利益の25％を実施料にあてるとするいわゆる25％Ruleの慣行がある。

e）研究投資回収方式

研究開発費及び特許権等の取得及び維持にかかった経費を実施料相当額として徴収する方式である。研究開発費を含めて算定すると相当高額の実施料をとることになる場合が多く、用いられるケースはあまりない。

具体的には、研究開発経費及び特許権等の取得、維持にかかった経費を総経費とし、実施権者の予想製品販売数等で割り戻すことにより、実施料率を設定する。

f）最低実施料（minimum royalty）

一定期間ごとに、実施状況のいかんを問わず、一定数量の実施を義務づけ、その分の実施料（最低実施料）を必ず徴収し、一定数量を超える実施についてはランニングロイヤリティー方式で徴収する方式である。実施料の算定方法としては、後述のイニシャルペイメント方式と同じであるが、イニシャルペイメント方式が契約締結時にのみ一時金を徴収するのに対して最低実施料は、一定期間ごとに必ず支払う点で相違する。

2)一時払い方式による実施料の算定方式

一時払い方式は、一時金の形で実施料を支払い、その後ランニングロイヤリティーを支払わない方式である。

一時金の算定方式として以下の方式がある。

①予定基本額（契約期間中の予定販売額、予定利益額等）を推計し、これに実施料率を乗ずる方式

・実施料＝（予定販売単価）×（予定販売・生産数量）
×（実施料率（販売額等基準））

・実施料＝（予定利益・予定増加利益）×（実施料率（利益基準））

実施料率はランニングロイヤリティー方式に準じて算定する。

予定基本額として、ランニングロイヤリティー方式で示した類型に準じて対象となる製品を選択し、以下の予定基本額を適宜選択し、推計する。

a）予定販売単価に予定生産数量を乗じたもの

b）予定販売単価に予定販売数量を乗じたもの

c）本発明の実施によって得られる予定価値又は予定される価値の増加（費用の低減を含める）を金額に見積もってこれに予定利用件数を乗じたもの

d）本発明の実施によって得られる予定価値又は予定される価値の増加（費用の低減を含める）を金額に見積もってこれに予定生産数量を乗じたもの

e）本発明の実施によって得られる予定価値又は予定される価値の増加（費用の低減を含める）を金額に見積もってこれに予定販売数量を乗じたもの

f）製品を販売することによって得られる予定利益金額

・予定基本額の決定に当たっての留意事項

実施料算定の基礎となるものであり、正確な予定基本額を決定することが必要である。そのため、予定販売単価、契約期間中の予定販売単価、予定販売数量、予定生産数量、予定利用件数、予定利益等については、類似品等の過去の販売実績や市場価格、市場規模、当該製品の標準利益率等客観的データにより確認する。

実施権者からの申告に基づいて、予定販売単価、予定販売数量、予定生産数量、予定利益

件数、予定利益等を設定する場合には、それを証明する資料を提出させる。それができない場合には、申告の数値の信頼性を確認するため、申告された額や数量を、契約における上限数値として採用することも考慮する。

それ以外の事項は、ランニングロイヤリティー方式の実施料算定方式に準拠する。

・実施料率の決定

実施料率の決定はランニングロイヤリティー方式の算定方式に準拠する。

②研究投資回収方式

研究開発費及び特許権等の取得及び維持にかかった経費を実施料相当額として徴収する方式である。研究開発費を含めて算定すると相当高額の実施料をとることになる場合が多く、用いられるケースはあまりない。

具体的には、研究開発経費及び特許権等の取得、維持にかかった経費を総経費とし、これを想定される実施権者の数で割り戻して一時払いの実施料率として設定する。

3)イニシャルペイメント（一時金払い）方式の実施料算定方式

一定金額を契約締結時に実施料の一部として支払うもの。契約後、ランニングロイヤリティーと組み合わせて、実施料を支払う。

イニシャルペイメントは、過去実施分補償、実施料の前払いとして支払われる。

①実施料の一部前払い

予め所定の販売額、販売数量、生産数量、利益額を設定しておき、当該部分に対する実施料を一時金（イニシャルペイメント）として支払い、それを超える分については、ランニングロイヤリティー方式で支払う。

実施料の算定方式は、イニシャルペイメントについては、一時払い方式による実施料算定方式に準じて算定し、ランニングロイヤリティーについては、ランニングロイヤリティー方式による実施料算定方式に準じて算定する。

イニシャルペイメントとランニングロイヤリティーの配分比は、適宜決定してよい。

また、販売数量、生産数量に限定をかけた場合、その限定数値の設定に特に制約はない。

②契約前実施料

実施権者が契約締結前に、当該特許権、特許を受ける権利に係る発明を実施していた場合、その実施料を一時金として徴収する。

特許出願等が出願公開された後は、その発明を実施している者に警告をすれば補償金請求権が発生する（特許法第65条）ため、権利成立前の実施分についても実施料として徴収することができるが、権利の行使は特許権成立後でないとできないため、権利成立後の契約締結時に一時金として徴収する。

実施料は、前記のロイヤリティー方式等による実施料の算定方式に準じて、契約前の販売額等に実施料率を乗じて算定する。

なお、この実施料の算定方式は特許権侵害等の不法行為がないことを前提としての実施料であり、もし侵害等の不法行為があった場合において、別途損害賠償金を請求することを妨げない。

2．売買代金算定例（省略）

3．仲介手数料算定例（省略）

B．複利現価率(注)表

利子率 / 年数	3.5％	4％	5％	6％	7％	8％
1	0.96618	0.96154	0.95238	0.94340	0.93458	0.92593
2	0.93351	0.92456	0.90703	0.89000	0.87344	0.85734
3	0.90194	0.88900	0.86384	0.83962	0.81630	0.79383
4	0.87144	0.85480	0.82270	0.79209	0.76290	0.73503
5	0.84197	0.82193	0.78353	0.74726	0.71299	0.68058
6	0.81350	0.79031	0.74622	0.70496	0.66634	0.63017
7	0.78599	0.75992	0.71068	0.66506	0.62275	0.58340
8	0.75941	0.73069	0.67684	0.62741	0.58201	0.54027
9	0.73373	0.70259	0.64461	0.59190	0.54393	0.50025
10	0.70892	0.67556	0.61391	0.55839	0.50835	0.46319
11	0.68495	0.64958	0.58468	0.52679	0.47509	0.42886
12	0.66178	0.62460	0.55684	0.49697	0.44401	0.39711
13	0.63940	0.60057	0.53032	0.46884	0.41496	0.36770
14	0.61778	0.57748	0.50507	0.44230	0.38782	0.34046
15	0.59689	0.55526	0.48102	0.41727	0.36245	0.31524
16	0.57671	0.53391	0.45811	0.39365	0.33873	0.29189
17	0.55720	0.51337	0.43630	0.37136	0.31657	0.27027
18	0.53836	0.49363	0.41552	0.35034	0.29586	0.25025
19	0.52016	0.47464	0.39573	0.33051	0.27651	0.23171
20	0.50257	0.45639	0.37689	0.31180	0.25842	0.21455

（注）　複利現価率：

将来の価値を現在の価値に複利で換算するための係数である。一括払現価係数ともいわれる。ライセンシーの実施利益額の計算等において用いられている。英語では、Single payment present worth factor (s.p.f.)という。上表の数値は次式で計算されている。

$$\frac{1}{(1+i)^n}$$　ｉは利子率、ｎは第何年目のおわりという場合の年数

例えば、利子率８％で５年後のもの（上表の８％枠の上から５番目）は$\frac{1}{(1+0.08)^5}=0.68058$である。したがって、ライセンシーのライセンス生産の５年後の実施利益が１千万円と予測される場合の現価は680万円となる。各年分を別々に計算し、それぞれの現価を算出し合計すれば、特許権等の現在価値を算出することができる。

『アメリカにおける海外ライセンシングを行っている主たる企業（化学32、電気11、石油９、
（LES日本部会監修「適正なロイヤルティの決定方法」ニホンブレーン株式会社出版局刊48
アンケート設問：「相手に請求するロイヤリティレート及びその他の報酬条項を決定するといものにチェックをして下さい。」

Rule of Thumb, Decision Rule（目安、決定のルール）

A. A rate equal to prior rates offered by your company for previous foreign licenses for similar products or processes	同様の製品又はプロセスについて、以前貴社が外国にライセンスした時に課したと同じレート
B. A rate equal to recent rates for similar products or processes within the industry	業界において同様の製品又はプロセスに対して課せられている最近のレート
C. An established rate for all company licenses irrespective of product	製品の種類にかかわらず、会社がすべてのライセンスに一率に適用するレート
D. A rate sufficiently high to yield a minimum fixed dollar amount from the license	ある最低の確定金額を保証してくれるロイヤルティ
E. Other-Please specify	（その他）

薬品９、機械８、その他14）への関連アンケート調査と結果』
．８．１より）
きに次の“目安、決定ルール”のどれを使用するか、貴方が平常行っているやり方に最も近

Always（常に使う）	Usually（よく使う）	Often（ときどき使う）	Seldom（まれに使う）	Never（使わない）
21%	59%	18%	2%	0%
14%	50%	23%	10%	3%
0%	5%	9%	29%	57%
6%	25%	23%	32%	14%

C．複利年金現価率(注)表

利子率 / 年数	7％	8％	10％	12％	14％	16％
1	0.93458	0.92593	0.90909	0.89286	0.87719	0.86207
2	1.80802	1.78326	1.73554	1.69005	1.64666	1.60523
3	2.62432	2.57710	2.48685	2.40183	2.32163	2.24589
4	3.38721	3.31213	3.16987	3.03735	2.91371	2.79818
5	4.10020	3.99271	3.79079	3.60478	3.43308	3.27429
6	4.76654	4.62288	4.35526	4.11141	3.88867	3.68474
7	5.38929	5.20637	4.86842	4.56376	4.28830	4.03857
8	5.97130	5.74664	5.33493	4.96764	4.63886	4.34359
9	6.51523	6.24689	5.75902	5.32825	4.94637	4.60654
10	7.02358	6.71008	6.14457	5.65022	5.21612	4.83323
11	7.49867	7.13896	6.49506	5.93770	5.45273	5.02864
12	7.94269	7.53608	6.81369	6.19437	5.66029	5.19711
13	8.35765	7.90378	7.10336	6.42355	5.84236	5.34233
14	8.74547	8.24424	7.36669	6.62817	6.00207	5.46753
15	9.10791	8.55948	7.60608	6.81086	6.14217	5.57546
16	9.44665	8.85137	7.82371	6.97399	6.26506	5.66850
17	9.76322	9.12164	8.02155	7.11963	6.37286	5.74870
18	10.05909	9.37189	8.20141	7.24967	6.46742	5.81785
19	10.33560	9.60360	8.36492	7.36578	6.55037	5.87746
20	10.59401	9.81815	8.51356	7.46944	6.62313	5.92884

（注）　複利年金現価率：

契約期間が数年にわたるような実施許諾契約で定額実施料が約定された場合のライセンサーの収入のように、毎年、一定の金額が入ってくる場合の特許権等の現在価値を複利で算出するための係数である。英語では、Uniform annual series present worth factor（u.p.f.）という。

上表の数値は、次式で計算されている。

$$\frac{(1+i)^n-1}{i(1+i)^n}$$　　iは複利の利子率、nは年数

例えば、利子率8％で5年後のもの（上表の8％枠の上から5番目）は、$\frac{(1+0.08)^5-1}{0.08(1+0.08)^5}=3.99271$ である。

したがって、毎年300万円ずつ得られる5年分の現在価値は、金利8％の場合

$$300万円\times\frac{(1+0.08)^5-1}{0.08(1+0.08)^5}=1,198万円$$

となる。毎年支払う一定額の複数年間の合計額に対する、現在価値を算出することができる。

参考文献

参 考 文 献

(1) 科学技術庁科学技術政策研究所、(1991～93)、「外国技術導入の動向分析」

(2) 日経BP社、(1992.6.15)、「日経コンピュータ」

カバーデザイン
㈱フォレストアート

実施料率〔第5版〕

1973年（昭和 48 年） 9 月 1 日 初 版 第1刷発行
1975年（昭和 50 年） 4 月 10 日 改訂版 第1刷発行
1980年（昭和 55 年） 11 月 1 日 第3版 第1刷発行
1990年（平成 2 年） 8 月 20 日 第3版 第2刷発行
1993年（平成 5 年） 8 月 25 日 第4版 第1刷発行
2003年（平成 15 年） 9 月 30 日 第5版 第1刷発行

編 集 社団法人 発明協会研究センター

発 行 社団法人 発 明 協 会

発行所 社団法人 発 明 協 会
所在地 〒105-0001
東京都港区虎ノ門2－9－14
電 話 東京 03(3502) 5 4 3 3（編集）
東京 03(3502) 5 4 9 1（販売）
ＦＡＸ 東京 03(5512) 7 5 6 7（販売）

乱丁・落丁はお取替えいたします。
ISBN4-8271-0740-8 C2034

印刷：㈱ 丸井工文社
Printed in Japan

発明協会 HP：http://www.jiii.or.jp/